# Nietzsches „Zarathustra“

Natalie Schulte

# Nietzsches „Zarathustra“

## Einführung und Kommentar

J.B. METZLER

Natalie Schulte
Nietzsche-Forschungszentrum
Universität Freiburg
Freiburg, Deutschland

ISBN 978-3-662-72819-2 ISBN 978-3-662-72820-8 (eBook)
https://doi.org/10.1007/978-3-662-72820-8

Die Deutsche Nationalbibliothek verzeichnet diese Publikation in der Deutschen Nationalbibliografie; detaillierte bibliografische Daten sind im Internet über https://portal.dnb.de abrufbar.



Einbandabbildung: abdulhadi korcan/getty images

Planung/Lektorat: Franziska Remeika
J.B. Metzler ist ein Imprint der eingetragenen Gesellschaft Springer-Verlag GmbH, DE und ist ein Teil von Springer Nature.
Die Anschrift der Gesellschaft ist: Heidelberger Platz 3, 14197 Berlin, Germany

Wenn Sie dieses Produkt entsorgen, geben Sie das Papier bitte zum Recycling.

*In Liebe*
*Für meine Eltern*
*Irmi und Rolf*

# Danksagung

An dieser Stelle möchte ich mich herzlich bei allen bedanken, die mich auf vielfältige Weise bei meinem Buch unterstützt haben:

- bei Herrn Prof. Dr. Andreas Urs Sommer, durch den Nietzsche ein inspirierender Teil meines Lebens geworden ist.
- ganz besonders bei meiner Lektorin Franziska Remeika, die meinen Text sorgfältig Korrektur gelesen hat: Für ihr kritisches Denken, ihr scharfes Auge, für ihren klaren Stil und ihre Geduld.
- bei Adrian Höhnemann, meinem Freund und Erstleser, für seine Sprachkunst, seine Widerspruchslust, seinen weiten Wissensschatz und natürlich seine Zuneigung.
- bei meinen Freunden und meiner Familie für ihren Zuspruch, ihren Großmut und ihre Liebe für einen wankelmütigen Geist. Ganz besonders bei Irmlind und Rolf, Tana, Nadine und Jule. Bei Peter und Vero, Marc und Alex, Franz und Franziska, Marie und Pedro, bei Raf, Jon, Georg, Gerrit, Ariane, Edu, Tommi und immer bei Laura. Dankeschön!

# Editorische Notiz

Dieses Buch nutzt einen Wechsel zwischen männlichen und weiblichen Bezeichnungen. Dabei sind stets alle Geschlechteridentitäten (m/w/d) vollumfänglich mitgemeint.

Bei Zitaten aus *Also sprach Zarathustra* wird auf die Kennzeichnung von Zeilenumbrüchen durch Schrägstriche (/) verzichtet, sofern es sich um regulären Text handelt. Dies dient einer besseren Lesbarkeit und einem ungestörten Textfluss. Eine Ausnahme bilden lediglich explizite Gedichte sowie metrisch strukturierte Passagen. In diesen Fällen wird der Schrägstrich weiterhin eingesetzt, um die formale Struktur und den rhythmischen Aufbau der Originalstelle kenntlich zu machen.

## Hinweis zur Formatierung

Zur Wahrung der Lesbarkeit und zur didaktischen Unterstützung folgt die Hervorhebung zentraler Konzepte Nietzsches einem gezielten System: Schlüsselbegriffe und Experimentalfiguren (wie etwa Übermensch, Wille zur Macht, Ressentiment) werden nur bei ihrer **inhaltlich relevanten Erstnennung** innerhalb eines Kapitels fett gesetzt. Diese Ankerpunkte erleichtern nicht nur die Orientierung beim Durchblättern, sondern dienen auch als direkter **Verweis auf das Stichwortverzeichnis** am Ende des Buches, in dem alle hervorgehobenen Begriffe für eine vertiefende Recherche gelistet sind. Alle begrifflichen Formen der „ewigen Wiederkunft des Gleichen“ (wie etwa „Gedanke/Idee der ewigen Wiederkunft“) finden sich im Indexverzeichnis unter „ewige Wiederkunft“, alle Formen von „Gott ist tot“ unter „Tod Gottes“.

## Hinweis zur Zitation

Nietzsches Werke werden gemäß dem Siglenverzeichnis im Anschluss an das jeweilige Zitat in Klammern genannt. Zitate aus dem Werk *Also sprach Zarathustra* werden mit Angabe des Teils und der Seitenzahl gemäß der kritischen Studienausgabe (KSA) ausgewiesen.

Um Studienanfängern und Interessierten den Zugang zu Nietzsches Gesamtwerk zu erleichtern, werden alle anderen Zitate aus Nietzsches Werken anstatt mit der Seitenzahl mit der Nummer des jeweiligen Aphorismus angegeben, die sowohl in der KSA als auch auf nietzschesource.org verwendet wird. Zur Prüfung der Zitate und weiteren Recherche braucht man also entweder den Zugang zu einer zitierfähigen Ausgabe von Nietzsches Gesamtwerk – KSA, die Kritische Studienausgabe, oder KGW, die Kritische Gesamtausgabe – oder Internetzugang zu nietzschesource.org. In beiden Fällen lassen sich alle Zitate mithilfe der Nummer oder der Kapitelüberschrift auffinden. Auf nietzschesource.org ist das Gesamtwerk Nietzsches in wissenschaftlich zitierfähiger Form zugänglich, ebenso seine gesammelten Briefe. Die Suchfunktion erleichtert die thematische Recherche und ist ein hilfreiches Werkzeug im Selbststudium.

Die Siglen für das übrige Werk Nietzsches folgen dem Schema: Sigle des Titels, Nummer (bzw. Kapitelname und gegebenenfalls Nummer). Entsprechendes gilt für den Nachlass: Sigle NF, Jahreszahl, Fragmentnummer. Die Briefe: Jahreszahl, Briefnummer, N. (für Nietzsche als Absender) an Empfänger: wenn möglich genaues Datum.

Der Nietzsche-Kommentar, herausgegeben von der Heidelberger Akademie der Wissenschaften, wird ebenfalls durch Siglen ausgewiesen. Diese folgen dem Schema: Band, Seitenzahl (z. B. NK 4/1, 315). Er ist der erste übergreifende Kommentar zu allen von Nietzsche veröffentlichten bzw. zur Veröffentlichung vorgesehenen Schriften, verfasst von international anerkannten Nietzscheexperten. Die ersten Kommentare wurden 2012 veröffentlicht, die Kommentarbände zum Zarathustra 2024. Sie entsprechen dem neuesten Stand der Forschung.

Die Werke von Platon, Aristoteles, René Descartes, Immanuel Kant und Arthur Schopenhauer werden ebenfalls in Siglen ausgewiesen: Sigle des Werks, Seitenzahl.

Alle weiteren Verweise folgen dem Schema Autor, Jahreszahl, Seitenzahl. Die vollständigen bibliographischen Angaben finden Sie im Literaturverzeichnis.

# Siglenverzeichnis

## Nietzsches Werke

| | | |
|---|---|---|
| AC | Der Antichrist | |
| DD | Dionysos-Dithyramben | |
| EH | Ecce homo | |
| FW | Die fröhliche Wissenschaft | |
| GD | Götzen-Dämmerung | |
| GM | Zur Genealogie der Moral | |
| | GM I | Erste Abhandlung |
| | GM II | Zweite Abhandlung |
| | GM III | Dritte Abhandlung |
| JGB | Jenseits von Gut und Böse | |
| KSA | *Sämtliche Werke. Kritische Studienausgabe in 15 Bänden*, hg. von Giorgio Colli und Mazzino Montinari, München/New York 1980. | |
| KSB | *Sämtliche Briefe. Kritische Studienausgabe*, hg. von Giorgio Colli und Mazzino Montinari, München/New York 1886. | |
| M | Morgenröthe | |
| MA | Menschliches, Allzumenschliches | |
| | MA I | Erster Band |
| | MA II | Zweiter Band |
| NF | Nachlass | |
| WA | Der Fall Wagner | |
| WS | Der Wanderer und sein Schatten (in MA II) | |
| Za | Also sprach Zarathustra | |
| | Za I | Erster Teil |
| | Za II | Zweiter Teil |
| | Za III | Dritter Teil |
| | Za IV | Vierter Teil |

## Andere Werke

| | |
|---|---|
| DWB | Deutsches Wörterbuch von Jacob Grimm und Wilhelm Grimm, Erstbearbeitung (1854–1960), digitalisierte Version im Digitalen Wörterbuch der deutschen Sprache, https://www.dwds.de. |
| DWDS | Digitales Wörterbuch der Deutschen Sprache, digitalisierte Version, https://www.dwds.de. |

| | |
|---|---|
| GMS | Kant, Immanuel: *Grundlegung zur Metaphysik der Sitten*, hg. von Bernd Kraft und Dieter Schönecker, Hamburg 1999. Textgrundlage ist in erster Linie die 1786 erschienene zweite Auflage (A). |
| KdU | Kant, Immanuel: *Kritik der Urteilskraft*, hg. von Heiner F. Klemme, Hamburg 2009. Zit. nach der zweiten Originalausgabe B von 1792. |
| KrV | Kant, Immanuel: *Kritik der reinen Vernunft*, hg. von Jens Timmermann, Hamburg 1998. Zit. nach der zweiten Originalausgabe B von 1787. |
| Med. | Descartes, René: *Meditationes de prima philosophia*, Auf Grund der Ausgaben von Artur Buchenau neu hg. von Lüder Gäbe, Hamburg 1992. |
| NE | Aristoteles: *Nikomachische Ethik*, hg. von Ursula Wolf, Reinbek bei Hamburg 2023. |
| NK 4/1 | Grätz, Katharina: Kommentar zu Nietzsches Also sprach Zarathustra I und II, in: *Historischer und kritischer Kommentar zu Friedrich Nietzsches Werken*, Bd. 4/1, hg. von der Heidelberger Akademie der Wissenschaften, Berlin/Boston 2024. |
| NK 4/2 | Grätz, Katharina: Kommentar zu Nietzsches Also sprach Zarathustra III und IV, in: *Historischer und kritischer Kommentar zu Friedrich Nietzsches Werken*, Bd. 4/2, hg. von der Heidelberger Akademie der Wissenschaften, Berlin/Boston 2024. |
| Pol. | Platon: Politeia, in: *Platon. Werke in acht Bänden. Griechisch und Deutsch, Vierter Band, Übers. von Friedrich Schleiermacher*, hg. von G. Eigler, Darmstadt 1971. |
| Theait. | Platon: Theaitetos, in: *Platon. Werke in acht Bänden. Griechisch und Deutsch, Sechster Band, Übers. von Friedrich Schleiermacher*, hg. von G. Eigler, Darmstadt 1970. |
| WWV | Schopenhauer, Arthur: *Die Welt als Wille und Vorstellung. Gesamtausgabe*, München 1998. |

# Inhaltsverzeichnis

# Liste der Exkurse

# Einleitung

# 1

Nietzsches *Also sprach Zarathustra. Ein Buch für alle und keinen* ist zweifellos ein philosophischer Klassiker. Und das ist bereits alles, was sich über den Zarathustra ohne Schwierigkeiten sagen lässt, wenn man ihn als Werk kategorisieren möchte. Er ist weder ein System noch die Grundlegung einer Philosophie. Es handelt sich nicht um eine Monographie über ein philosophisches Thema und erst recht ist er keine Essaysammlung. Was ist das für ein dichterisches, metapherngeladenes Buch über einen gottlosen Heiligen, der sich den Namen eines iranischen Religionsstifters leiht? Das fragt sich die Forschung, seitdem sie das Werk zu Kenntnis nimmt. Sei es denn überhaupt unter die Philosophie und nicht vielmehr unter die Kunst zu rechnen (vgl. z. B. Riehl 1898, S. 29)? Es ist ein Buch, das sich jeder klaren Einordnung entzieht, ein Buch zwischen Philosophie und Dichtung, das sich wahlweise als Heiligenlegende, als neues Evangelium oder als „Vorhalle" (1884,494; N. an Franz Overbeck: 8.3.1884) zu Nietzsches Philosophie bezeichnen lässt. Es gilt als schwer zugänglich und sei überhaupt viel schwerer zu begreifen als man in naivem, voreiligem Verständnis vermuten würde. Deshalb war es nicht unüblich, sogar davor zu warnen (Lessing 1985, S. 108).

## 1.1 Der historische Zarathustra und Nietzsches Zarathustra

Aber beginnen wir zunächst mit der naheliegendsten Frage. Wer ist eigentlich Zarathustra, der iranische Religionsstifter, nach dem Nietzsche seine Hauptfigur benannt hat? Es gibt nur wenig gesicherte Erkenntnisse über Zarathustra – griech. Zoroaster – da keine archäologischen Zeugnisse überliefert sind. Einig ist man sich weitestgehend darüber, dass Zarathustras Leben zwischen1500 bis 600 v. Chr. angesiedelt werden kann, dass er im östlichen Iran gelebt hat und seine Wirkungsstätte besonders rund um den Urmia See lag. Seine Botschaft wurde in den Gathas überliefert, 17 (bzw. 16 – bei einem wird die Authentizität bezweifelt) kurzen metrischen Texten, die den zentralen Bestandteil des *Avesta* bilden, einer Sammlung heiliger Schriften. Das *Avesta* entstand zwischen dem 2. und 1. Jahrtausend v. Chr.,


N. Schulte, *Nietzsches „Zarathustra"*, https://doi.org/10.1007/978-3-662-72820-8_1

wobei nur etwa ein Viertel des ursprünglichen Textes erhalten geblieben ist (Frye 1994; Schlerath 1970; Rudolph 1970; Kreyenbroek 2013). Die Gathas gelten als sprachlich und inhaltlich besonders komplex und anspruchsvoll, was das Verständnis von Zarathustras Lehre auch nach jahrzehntelanger Forschung zu einer Herausforderung macht.

Zur Zeit Zarathustras herrschte in der Region ein polytheistischer Glaube mit einem Pantheon aus verschiedenen Göttern wie dem Sonnen-, dem Mond- und dem Feuergott. Unter den Göttern gab es keine klare Rangordnung. Die religiösen Rituale waren oft von blutigen Tieropfern und dem Konsum des Rauschtranks Sauma begleitet (Bartholomae 1970; Frye 1994; Henning 1970).

Inmitten dieser polytheistischen Tradition stellte Zarathustra eine neue Lehre vor: einen patriarchalen Monotheismus. Er empfing die Offenbarung, dass es nur einen einzigen, allwissenden Gott gebe, Ahura Mazda, den Herrn der Weisheit. Dieser monotheistische Entwurf ist jedoch durch ein moralisch-dualistisches Weltkonzept geprägt. Ahura Mazda hat einen Gegenspieler, seinen Zwillingsgeist Angra Mainyu (später als Ahriman bekannt), der als Ursprung alles Bösen gilt. Die Welt ist demnach Schauplatz eines ununterbrochenen Kampfes zwischen zwei Mächten: der Macht der Wahrheit und des Lichts und der Macht der Lüge und der Finsternis. Zarathustra lehrte, dass der Mensch mit einem freien Willen ausgestattet sei und sich aktiv zwischen diesen beiden Mächten entscheiden müsse. Er rief seine Anhänger dazu auf, sich für Ahura Mazda zu entscheiden, indem sie sich um Pflanzen, Tiere und andere Menschen kümmerten (Rudolph 1970; Hintze 2013; Bartholomae 1970).

Dieser endzeitliche Kampf werde so lange andauern, bis die Welt ans Ende des Lebens komme. Erst dann werde Ahura Mazda den vollen Sieg davontragen und sein Reich errichten. Obwohl der Mensch einen freien Willen besitze, sei sein Schicksal im Sinne eines eschatologischen Historizismus letztlich vorbestimmt. Die finale Entscheidung führe zur endzeitlichen Gnadenwahl oder zur Verdammnis (Bartholomae 1970; Altheim 1970; Henning 1970).

Inwieweit Nietzsche das Avesta kannte und auf welchem Wissen er aufbaute, ist bis heute umstritten (Birus 2006). Obwohl sich Nietzsche nicht systematisch mit der indischen und fernöstlichen Philosophie auseinandersetzte, beschäftigte er sich doch immer wieder damit und partizipierte so auch am zeitgenössischen Diskurs. Nietzsche selbst antwortete in *Ecce homo* auf die imaginierte Frage, warum er seinem philosophischen Protagonisten den Namen Zarathustra gibt:

> „Man hat mich nicht gefragt, man hätte mich fragen sollen, was gerade in meinem Munde, im Munde des ersten Immoralisten, der Name *Zarathustra* bedeutet: denn was die ungeheure Einzigkeit jenes Persers in der Geschichte ausmacht, ist gerade dazu das Gegentheil. Zarathustra hat zuerst im Kampf des Guten und des Bösen das eigentliche Rad im Getriebe der Dinge gesehn, – die Übersetzung der Moral in's Metaphysische, als Kraft, Ursache, Zweck an sich, ist *sein* Werk. Aber diese Frage wäre im Grunde bereits die Antwort. Zarathustra *schuf* diesen verhängnissvollsten Irrthum, die Moral: folglich muss er auch der Erste sein, der ihn *erkennt*. Nicht nur, dass er hier länger und mehr Erfahrung hat als sonst ein Denker – die ganze Geschichte ist ja die Experimental-Widerlegung vom Satz der sogenannten ‚sittlichen Weltordnung' –: das Wichtigere ist, Zarathustra ist wahrhaftiger als sonst ein Denker. Seine Lehre und sie allein hat die Wahrhaftigkeit als oberste Tugend – das heisst den Gegensatz zur *Feigheit* des ‚Idealisten', der vor der Realität die Flucht ergreift,

> Zarathustra hat mehr Tapferkeit im Leibe als alle Denker zusammengenommen. Wahrheit reden und *gut mit Pfeilen schiessen*, das ist die persische Tugend. – Versteht man mich? … Die Selbstüberwindung der Moral aus Wahrhaftigkeit, die Selbstüberwindung des Moralisten in seinen Gegensatz – in mich – das bedeutet in meinem Munde der Name Zarathustra". (EH, Schicksal 3)

Nietzsche sieht in der zoroastrischen Lehre einen frühen Vorläufer des Christentums: einen guten, allmächtigen Gott, einen Gegenspieler, der zum Weltenplan gehört, der Kampf um die Seelen der Menschen, Erlösung und Bestrafung. Vor allem aber die Erfindung einer absoluten, das heißt für alle Menschen und für alle Zeit geltenden Moral. Dem Juden- und Christentum wird damit die Originalität entzogen: Sie erscheinen nicht mehr als die ursprünglichen monotheistischen Religionen. Sie haben sich bloß Versatzstücke aus dem Zoroastrismus herausgebrochen. Diese Behauptung ist natürlich eine Provokation. Nietzsche gehört, das ist bekannt, zu den schärfsten Religionskritikern der Philosophiegeschichte, und mit besonderer Vorliebe attackiert er das Christentum. Weil Zarathustra der eigentliche Religionsstifter des Monotheismus ist, kann er am längsten überblicken, was aus seiner Lehre, seiner Erfindung hervorgegangen ist – dies als Gedankenexperiment gedacht. Und was daraus geworden ist, würde Zarathustra nicht gefallen – zweite Provokation. Weil seine Lehre aber aus ‚Wahrhaftigkeit' hervorgegangen ist, wird er ihre Falschheit nicht nur erkennen, sondern sich auch von ihr distanzieren. Den jüdischen und christlichen Religionsstiftern kommt, so die implizite Kritik, eine solche Wahrhaftigkeit nicht zu. Deshalb sind sie auch ungeeignet für Nietzsches Gegenentwurf einer Lehre, die mit dem aus Nietzsches Sicht moralischen Irrtum aufräumt – dritte Provokation.

Bleiben wir noch einen Moment bei der **Wahrhaftigkeit**, einen für Nietzsche nicht unwichtigen Begriff. Nietzsche schreibt sie Zarathustra als seine höchste Tugend zu. Wahrhaftigkeit kann als Ehrlichkeit mit sich selbst verstanden werden, sich über die eigenen Motive nicht im Unklaren zu lassen, d. h. sie zu erforschen, auch wenn es schmerzhaft und erniedrigend ist, alle eigenen Motive zu durchschauen. Aus der Prüfung der eigenen Gründe erfolgt der Entschluss, sich in das zu transformieren, was man als sein Bestes erkannt hat, ohne sich dabei verleugnen zu müssen.

Weil Zarathustra wahrhaftig ist, würde er nicht nur merken, dass er sich geirrt hat und seine eigene Lehre widerlegen, er würde sie sogar in sein eigenes Gegenteil verkehren, in, wie Nietzsche schreibt: „mich". Und mit dieser Antwort sind wir schnell beim gängigsten Trugschluss, wenn es um Zarathustra geht. Ist Zarathustra nur ein Name für Nietzsche selbst? Könnte man überall da, wo Zarathustra steht, genauso gut Nietzsche schreiben? Wollte er sich mit seinem Zarathustra nur selbst mythologisieren?

Die jüngere Nietzscheforschung steht der Gleichsetzung Nietzsche/Zarathustra (meistens) kritisch gegenüber. Nietzsche lebte nicht das Leben des einsamen Weisen im Walde (auch wenn er das Wandern und die Wälder mochte), Zarathustra ist auch nicht eine individuelle Gestalt (auch wenn sie hier und da etwas individuellere Züge erhält). Zarathustra ist ein Typus, mit dem Nietzsche seine Philosophie erprobt, mit der er herausfinden möchte, ob das Denkbare auch das Lebbare sein könnte und was während des Versuchs mit seinem Protagonisten passiert. Dabei schwankt er, ob Zarathustra selbst schon das vollendete Ideal darstellen kann oder ob er nur eine Vorbereitung ist für den Übermenschen, die wirkliche Spitze seines Ideals. In *Ecce homo* schreibt er, wie ihm auf Wanderungen der erste Teil seines Werkes einfiel: „vor Allem Zarathustra selber, als Typus: richtiger, er *überfiel mich…*" (EH, Zarathustra 1).

Viele philosophische Standpunkte teilt Zarathustra mit Nietzsche: Die Kritik an der geltenden, aber bereits niedergehenden Religion – dem Christentum –, an den Bildungsanstalten, den Tugenden, dem Staat, der allgemeinen Menschenwürde. Für Nietzsche wie für Zarathustra ist Gott tot. Aber Nietzsche weiß um den Unterschied zwischen ihm und Zarathustra, der letztlich ein Ideal verkörpert. Was diesem gelingen kann, gelingt jenem eben nicht. 1882, also zu der Zeit, als Nietzsche am Zarathustra arbeitet, schreibt er: „Ich will das Leben nicht wieder. Wie habe's ich ertragen? Schaffend. Was macht mich den Anblick aushalten? der Blick auf den Übermenschen, der das Leben bejaht. Ich habe versucht, es selber zu bejahen – Ach!" (NF-1882, 4[81]). Zarathustra ist also nicht Nietzsche, aber ist er dessen bessere Version? Derjenige, der Nietzsche gern gewesen wäre und der den tiefsten Gehalt Nietzsches philosophischer Wahrheiten ausdrückt?

## 1.2 Zur Stellung des Zarathustra innerhalb von Nietzsches Schriften und der Lehren vom Übermenschen, dem Willen zur Macht und der Wiederkunft des Gleichen

Zarathustra wurde und wird als Lehrer dreier großer Hauptlehren verstanden: Dem **Übermenschen**, dem **Willen zur Macht** und der **ewigen Wiederkunft des Gleichen**. Nietzsche selbst leistet dieser Deutung Vorschub und stellt besonders die Bedeutung des Wiederkunftsgedankens heraus: „Ich erzähle nunmehr die Geschichte des Zarathustra. Die Grundconception des Werks, der *Ewige-Wiederkunfts-Gedanke*, diese höchste Formel der Bejahung, die überhaupt erreicht werden kann –, gehört in den August des Jahres 1881: er ist auf ein Blatt hingeworfen, mit der Unterschrift: ‚6000 Fuss jenseits von Mensch und Zeit'" (EH, Zarathustra 1). Glaubt man Zarathustra als Sprachrohr, das ungebrochen Nietzsches Philosophie verkündet, wird Nietzsche selbst zum Verkünder dieser drei Ideen.

Allerdings wird bei der Lektüre des Zarathustra schnell fraglich, ob man diese drei Themen tatsächlich zu den Hauptanliegen des Werkes deklarieren kann. Ja, sie tauchen an mehreren Stellen prominent auf, und Zarathustra selbst stellt sich in seiner allerersten Rede als Lehrer des Übermenschen vor. Indes gibt es eine ganze Reihe anderer Motive, die genauso häufig wiederkehren: die Verlogenheit der Tugendhaften, die Religion als bigotte Todessehnsucht bei enormem Lebenshunger, das Ressentiment als Nährboden für Selbstgerechtigkeit, Rachegelüste und Gerechtigkeitsfanantismus. Viele dieser Themen haben keine so schlagkräftigen Namen bekommen wie Übermensch, Wille zur Macht oder Ewige Wiederkehr des Gleichen. Letztere sind nicht zuletzt deshalb besonders eingängig, weil sich jeder etwas darunter vorstellen kann, bevor er auch nur eine Zeile von Nietzsche gelesen hat. So verwundert es nicht, dass diese drei Formeln in der Rezeptionsgeschichte als Zarathustras Kernlehren deklariert und darüber hinaus zum esoterischen Kern von Nietzsches ‚eigentlicher' Philosophie stilisiert wurden. Inwiefern Zarathustra sich selbst kritisch gegenüber seinen vermeintlichen Kernlehren verhält, werden wir in den späteren Kapiteln beim Close Reading noch genauer betrachten (s. z. B. die Abschn. 3.2.17, 4.2.13 und 5.2.17).

Nietzsche hat keine systematische Philosophie geschrieben. Seine Bücher sind überhaupt schwer unter Überbegriffe zu bringen. Viele sind kunstvoll konzipierte Sammlungen von Kurztexten, Mini-Essays, Aphorismen und Sentenzen. Darunter fallen Bücher vor dem Zarathustra wie: *Menschliches Allzumenschliches* (1878/1879), *Morgenröthe* (1881) und *Die fröhliche Wissenschaft* (1882) und nach dem Zarathustra Bücher wie *Jenseits von Gut und Böse* (1886) und die *Götzen-Dämmerung* (1889). Darüber hinaus sind die anderen Schriften, die nicht unter den „Aphorismenbüchern" verortet werden können, vielleicht noch schwerer zu bestimmen. So etwa Nietzsches schwärmerische Erstlingsschrift *Die Geburt der Tragödie aus dem Geiste der Musik* (1872), die ihn zum akademischen Außenseiter machte, die drei Abhandlungen umfassende *Zur Genealogie der Moral* (1887) und Nietzsches philosophische Autobiographie *Ecce homo* (1888/89).

Ein Hauptwerk, auf das man sich einigen könnte, fehlt. Auch Nietzsche selbst schwankte bezüglich der jeweiligen Wertschätzungen seiner Bücher. Mal ist der Zarathustra bloß die „Vorhalle" (1884,494; N. an Franz Overbeck: 8.3.1884) für die eigentliche Aufgabe, die ihm nach diesem Buch erst bevorstehe, mal stellt er die höchste Spitze der bisherigen literarischen Entwicklung deutscher Sprache dar (vgl. 1884,490; N. an Erwin Rohde: 22.2.1884). Klar jedoch ist: Übermensch und Wiederkunft des Gleichen treten namentlich nur noch sehr sporadisch in Nietzsches Werken auf, während der Wille zur Macht zu einem wichtigen Terminus in *Jenseits von Gut und Böse* avanciert. Nietzsche plant auch ein Hauptwerk mit dem Namen Wille zur Macht, wird es allerdings niemals schreiben. Dennoch gibt Nietzsches Schwester Elisabeth Förster-Nietzsche gemeinsam mit Heinrich Köselitz 1906 ein Textkompilation mit ebendiesem Namen heraus. So verwundert es nicht, dass Nietzsche besonders in der Zeit, als er als Philosoph entdeckte wurde, als Verkünder des Willens zur Macht wahrgenommen wurde. Sowohl der Terminus ‚Übermensch' als auch ‚Wille zur Macht' haben bis heute einen negativen Beigeschmack: Sie sind für immer mit den geschichtlichen Ereignissen des 20. Jahrhunderts verknüpft, besonders mit dem Nationalsozialismus, aber auch mit dem Ersten Weltkrieg. Nietzsche avancierte in der Deutung vieler Intellektueller zum kriegstreiberischen Philosophen par excellence und darüber hinaus zum Stichwortgeber und Vordenker nationalsozialistischer Lehren. Dass das Nietzsche-Archiv unter Elisabeth Förster-Nietzsche und später unter Max Oehler sich dem Nationalsozialismus andiente, plausibilisierte diese Lesart auch nach dem Ende des Zweiten Weltkriegs. Gab es bis in die 1930er-Jahre noch einen Streit unter rechtsnationalen Denkern, ob man Nietzsche als entartet aus dem eigenen Gedankengut streichen sollte, entschied man sich unter besonderer Fürsprache von Heinrich Härtle, dem späteren Sekretär des Reichsministers Rosenberg und Denkern wie Alfred Bäumler, Nietzsche zu inkorporieren (vgl. Mittmann 2004, S. 89). Durch besondere Ausgaben mit ausgewählten

Stellen wurde Nietzsches Werk in den 1930er-Jahren in Deutschland weit verbreitet (vgl. Aschheim 1996, S. 265). Dass dafür seine Beschimpfungen gegen Deutsche im Allgemeinen, gegen Nationalisten und Antisemiten im Besonderen aus diesen Ausgaben gestrichen werden mussten, versteht sich von selbst.

Nach dem Zweiten Weltkrieg begann die kritische Ausgabe seiner Werke in Italien mit Giorgio Colli und Mazzino Montinari. In der BRD wurde Nietzsche akademisch kaum berücksichtigt, in der DDR wurde Nietzsche zur Persona non grata, um ein Haar wäre sein Grab in seiner Geburtsstadt Röcken dem Erdboden gleichgemacht worden (Busch 2000). Nietzsche kehrte erst allmählich an die deutschen Universitäten zurück. Dennoch bleibt er für die Philosophie des 20. Jahrhunderts bestimmend: Von den französischen Philosophen des Existentialismus über die Schriften der Frankfurter Schule bis hin zu zahlreichen direkten und indirekten Referenzen auf Nietzsche in der Postmoderne – ist er so präsent, dass man versucht sein kann, geradezu von einer Allgegenwärtigkeit Nietzsches zu sprechen. Dennoch gab es bis 2019 de facto keinen Nietzsche-Lehrstuhl in Deutschland. Seit 2019 existiert das Nietzsche-Forschungszentrum (NFZ) in Freiburg, das zum Ziel hat, den Missstand fehlender institutionell-universitärer Verankerung zu beheben, damit die universitäre Nietzscheforschung nicht vollständig ins Ausland abwandert.

Wenn wir uns dem *Zarathustra* als Werk zuwenden, sind wir aufgefordert, uns auch mit der deutschen Vergangenheit auseinanderzusetzen. Die Frage, ob Nietzsche zu Unrecht vereinnahmt wurde oder genug Anschlussfähigkeit an antihumanitäre Gesinnungen enthält, ist bis heute nicht abschließend geklärt. Zwar steht für den größten Teil der heutigen Nietzscheforschung außer Frage, dass die Indienstnahme von Nietzsches Philosophie durch die nationalsozialistische Elite eine unrechtmäßige Vereinnahmung darstellt und Nietzsche den Nationalsozialismus mit großer Wahrscheinlichkeit zutiefst als Bewegung des Ressentiments und des Pöbels verachtet hätte. Dennoch herrscht Uneinigkeit darüber, inwiefern Nietzsches Elitarismus und Antihumanismus ihn für rechtsradikale Anschauungen prädestinieren. Auch dies macht die Auseinandersetzung mit Nietzsches Werk so brisant.

Die philosophischen Diskussionen rund um den Willen zur Macht und die Wiederkunft des Gleichen – und ob es sich bei ihnen um metaphysische Prinzipien handelt – sind gleichfalls bis heute kontrovers und genauso unentschieden wie die Frage, ob der *Zarathustra*, den Höhepunkt von Nietzsches philosophischen Schaffen darstellt.

## 1.3 Der Stil des *Zarathustra*

Den Stil des *Zarathustra* ungewöhnlich für ein philosophisches Werk zu nennen, ist eine Untertreibung. *Also sprach Zarathustra* ist im Stil einer Heiligenlegende verfasst mit Zarathustra als Protagonisten und Propheten einer neuen Lehre. Dabei bedient sich Nietzsche gerne einer Sprache, die an die Bibel erinnert. Sie ist bilderreich, wenn nicht gar überladen, Sentenzen und Gleichnisse fügen sich teils nahtlos ineinander, Symbole, sprechende Tiere, Metaphern und eine Redeweise, die sich an der Art von Sprichworten orientiert, sind die Regel. Teils ist die Sprache rhythmisch durchstrukturiert, ganze Gedichte bzw. Lieder sind in das Werk eingearbeitet. Dabei liebt es Nietzsche, seine Themen zu wiederholen, zu variieren und zum Teil auch zu persiflieren. Es finden sich zahlreiche Anspielungen, von denen sich einige klar bestimmen lassen, während es bei anderen der Deutung des jeweiligen Interpreten überlassen bleibt, darin einen klaren Verweis z. B. auf eine Bibelstelle zu sehen oder nur eine sprachliche oder inhaltliche Nähe zu konstatieren.

Metaphern und Dichtungen sind vieldeutig. Daraus ergibt sich ein Problem, wenn man Nietzsches Philosophie in eine prosaische Sprache „übersetzen" und klare philosophische Positionen extrahieren möchte. Denn notwendigerweise findet bei einer solchen „Übersetzung" ein Bedeutungsverlust statt, bei dem man Gefahr läuft, die Philosophie des Werkes erheblich zu reduzieren, wenn nicht gar fehlzuinterpretieren.

Es lässt sich keine klare philosophische Agenda der Lebensführung aus dem Zarathustra entnehmen – dies zeigt der vierte Teil des Werks besonders eindringlich –, die nicht sehr leicht angreifbar wäre. Jede Verallgemeinerung würde ihn verfälschen (‚opfere dich für dein Ziel') oder bliebe bloße Plattitüde (‚sei authentisch'). Es handelt sich um ein persönliches Buch, das zum Persönlichen der jeweiligen Leserin redet.

Der Zarathustra will nicht nur gelesen, sondern auch nachempfunden und -gedacht werden. Er verlangt von den Lesenden, sich mit ihm auseinanderzusetzen. Man soll Zarathustras Standpunkte nicht ‚gut' finden und man soll ihnen nicht einfach ‚zustimmen'. Wie macht Nietzsche das in seinem Werk deutlich? Indem er verhindert, Zarathustras Aussagen widerspruchsfrei aufzulisten. Darüber hinaus soll das Werk empören, es soll gerade all die moralischen Empfindungen beleidigen, die jeder einzelne für seine besten hält. Nicht nur Nietzsches Gegner werden kritisiert – Vertreter des Christentums, der Bildungsinstitutionen, der linken wie rechten politischen Bewegungen des 19. Jahrhunderts sowie humanistische Intellektuelle –, sondern auch all diejenigen, die selbst nach Idealen streben, die den zarathustrischen nahekommen. Ja, man könnte sagen, je näher jemand zarathustrischen Idealen kommt und nach einem Menschentypus strebt, der für sich Höheres in Anspruch nimmt – die Künstlerin, die Dichterin, die Edle, die Weltbürgerin als freier Geist –, desto perfider wird die Kritik, die Nietzsche Zarathustra äußern lässt: Der Künstler? Ein verlogener Schauspieler, der sich verloren hat. Der Dichter? Ein bequemer und reichlich denkfauler Romantiker. Der Edle ein Masochist, der Europäer und freie Geist nichts anderes als ein skeptischer Nihilist.

Der Geist soll sich an den Widersprüchen entzünden, die Ideen sollen dazu anspornen, ins Leben übertragen zu werden – aber als Experiment, das einfordert, sich selbst zu durchschauen, geheime Triebkräfte zu entlarven, die ein Ideal verkehren (das Streben nach einem Himmelreich, weil man zu schwach und feige ist, sein Begehren im realen Leben zu verwirklichen) und doch nicht die Ideale selbst aufzugeben (wie der letzte Mensch, s. Abschn. 2.3.5).

Wenn auch der *Zarathustra* vom Lesenden den Einsatz eigener Denkkraft verlangt, wenn die Einzelne selbst Widersprüche finden und mit ihnen umgehen lernen muss, so heißt dies nicht, dass die Deutungen beliebig, also bloß subjektiv, sind. Durchweg wird die christliche Religion angegriffen. Sie sei heuchlerisch, sie verspreche etwas, das nicht existiere, sie sei eine Religion für Duckmäuser und Feiglinge (um nur wenige Punkte herauszugreifen). Wer Nietzsches Zarathustra als Forderung läse, das Christentum zu reformieren und zu erneuern (und das wurde auch getan), ginge fehl. Mehrdeutig bleiben aber die Gottesmetaphern: „Ich würde nur an einen Gott glauben, der zu tanzen verstünde" (Za I, 49, s. Abschn. 2.3.7). Wäre eine neue, vielleicht polytheistische Religion wünschenswert? Soll der Mensch selbst vergöttlicht werden („lieber selber Gott sein!"; Za IV 325, s. Abschn. 5.2.6)? Ist Gott eine Metapher für ein wünschenswertes Ideal? Hier können wir Nietzscheforschenden beginnen zu diskutieren, wir können weitere Stellen heranziehen, andere Querverweise aus Nietzsches nachgelassenen Notizen oder aus seinem veröffentlichten Werk. Und wir werden schwerlich zu einem Ende kommen. Aber das müssen wir auch nicht. Eine Philosophie, die nicht aufhört, uns anzustacheln, weitere Fragen zu stellen, das ist eine lebendige Philosophie, wie Nietzsche sie begriffen hat. Und sie ist, nebenbei gesprochen, auch die Antwort auf die Frage, wie Denken Leben sein kann.

Für diese Einführung bedeutet es Folgendes: Neben der Zusammenfassung der einzelnen Kapitel, die es ermöglichen, einen Überblick über den Zarathustra zu erhalten und ihn unabhängig davon, davor oder danach zu lesen (oder am allerbesten nebenbei), werden gängige Interpretationen aus der Forschung vorgestellt. Stets wird auf eine Auswahl von Metaphern und Kernideen näher eingegangen. Jedoch geht mit jeder Interpretation, selbst wenn auf die Mehrdeutigkeit des Originaltextes hingewiesen wird, notwendig eine Verengung einher. Dieses Lehrbuch ist daher ein wenig anders als andere. Es fordert die Leser auf zu widersprechen und eigene Ideen und Positionen zu entwickeln. Die Fragen am Ende der jeweiligen Kapitel sollen als Anregung dafür dienen, sich in einen eigenen Austausch mit Nietzsches Philosophie zu begeben. Und wer weiß, vielleicht wird die eine oder der andere dazu inspiriert, aus dieser Auseinandersetzung eine eigene Philosophie zu entwickeln oder klarer für sich zu erkennen, wonach sie im Leben streben, wonach er sein Leben ausrichten will. Denn falls es nur ein Leben gibt, sollten wir es nicht verschwenden.

## 1.4 Aufbau des *Zarathustra* und Aufbau des Lehrbuchs

Die vier Teile des *Zarathustra* wurden von Nietzsche zwischen 1882 und 1885 verfasst. Er brachte sie zunächst unabhängig voneinander heraus. Noch bevor der erste Teil erschienen war, was sich bis in den August 1883 verzögerte, arbeitete Nietzsche bereits am zweiten. Eng aufeinander folgten die Teile zwei und drei, der vierte und letzte wurde – auch aufgrund von Schwierigkeiten mit seinem Verleger – nur privat in geringer Auflage von insgesamt 45 Exemplaren gedruckt, und einige davon nahestehenden Menschen und Freunden gesendet. Die ersten drei Teile wurden 1886 von Nietzsche gesammelt veröffentlicht, der vierte Teil erstmals separat 1891 und schließlich im Gesamtwerk 1893, beide Male von Nietzsches Vertrautem und Bewunderer Heinrich Köselitz.

Aufgrund der schwierigen Editionsgeschichte kam der *Zarathustra* als Ausgabe, die wissenschaftlichen Kriterien standhielt, erstmals 1967 innerhalb der *Kritischen Gesamtausgabe* von Giorgio Colli und Mazzino Montinari heraus. Elisabeth Förster-Nietzsche, die nicht nur ein Werk, das es so nie gab – *Der Wille zur Macht* –, zusammenstellte und erscheinen ließ, griff stellenweise erheblich in Nietzsches Werke ein, um allzu anstößige Provokationen zu vermeiden. Aber auch die vom Nietzsche-Archiv jeweils beauftragten Herausgeber versuchten sich hier und da an sprachlichen Korrekturen oder zeigten sich schlicht überfordert von Nietzsches nur schwer lesbarer Handschrift. So gelten die Kritische Gesamtausgabe (KGW) und die als Taschenbuch verfügbare Kritische Studienausgabe (KSA) als die einzigen wissenschaftlichen und zitierfähigen Ausgaben von Nietzsches Schriften im akademischen Diskurs. Digital ist Nietzsches Werk übrigens in zitierfähiger Form frei zugänglich unter: nietzschesource.org (eKGWB).

In diesem Einführungswerk werden wir uns Nietzsches Zarathustra sukzessive erschließen und folgen dem Aufbau des Werkes in vier Teilen, wobei diesen jeweils ein kurzes Kapitel zur Entstehungsgeschichte vorangestellt ist. Der erste Teil besteht aus einer nicht betitelten Vorrede mit zehn nummerierten Abschnitten und 22 Kapiteln, letztere zusammengefasst unter „Die Reden Zarathustra's". Der zweite Teil enthält 22 Kapitel, der dritte 16 und der vierte und letzte 20. Die Kapitel selbst sind bis auf wenige Ausnahmen nicht sonderlich lang, ca. 2 bis 4 Seiten, aber sprachlich ausgesprochen dicht. Zusätzlich zu den textnah interpretierten Kapiteln werden in drei Exkursen zu den bis heute umstrittensten Themen – Nietzsches antihumanistisches Potential, seine mögliche Frauenfeindlichkeit und seine Stellung zum Judentum – exemplarisch die Herausforderungen und Interpretationsspielräume gezeigt, die sich bei der Arbeit mit Nietzsches Texten ergeben. Im letzten Kapitel werfen wir einen kurzen Blick auf die äußerst spannende Rezeptionsgeschichte des Zarathustra, was hoffentlich Lust auf mehr macht.

**Fragen und Anregungen**

- Wer sich über Nietzsches Lektüre zum Buddhismus und indische Lehren informieren möchte, findet weitere Informationen in Hendrik Birus' Essay (2006) oder im Nietzschekommentar (NK 4/1, S. 12 f.).
- Ernst Seydls Angriff auf Nietzsches Philosophie und deren (vermeintliche) Folgen kann als exemplarisch für die Vorwürfe gelten, die gegen Nietzsches erhoben wurden, seitdem man ab den 1890er-Jahren begann, ihn zur Kenntnis zu nehmen: „Giebt es kein Recht und Gesetz, hinter dem eine ewige Sanktion steht, warum soll dann nicht jeder erfüllt und durchglüht vom Willen zur Macht der Herrschsucht und Grausamkeit die Zügel schießen lassen? […] Doch genug – die wenigen Worte zeigen schon die furchtbaren Folgen, zu denen die Grundsätze Nietzsches führen würden. Sie werfen riesengroße, unheimliche Schatten voraus, sie sind, wie der geistvolle Jesuit von Nostitz-Rieneck sagt: Literarische Präludien zu einem Umsturz ohnegleichen!" (Seydl 1902). Inwiefern Nietzsches Philosophie als gesellschaftsgefährdend und gefährlich wahrgenommen wurde, vgl. auch das zweite Kapitel „Befreiung und

Infektion. Die frühe Nietzscherezeption (1890–1930)" in: *Gefährlich Leben – Gefährlich Denken. Eine Untersuchung von Nietzsches Philosophie* (Schulte 2023).

- Welche Erwartungen evozieren Titel und Untertitel *Also sprach Zarathustra. Ein Buch für Alle und Keinen* bei Ihnen?
- Schreiben Sie in Stichpunkten nieder, was Sie über Nietzsche und seine Philosophie wissen oder zu wissen meinen, noch bevor Sie weitere Informationen einholen. Schauen Sie sich am Ende Ihrer Lektüre noch einmal diese Aufzeichnungen an. Inwiefern hat sich Ihr Nietzschebild verändert? Benennen Sie die wichtigsten Punkte.
- Mehr Informationen zur Konzeption und dem Aufbau des Werkes finden Sie bei Ottmann (2012).

# Also sprach Zarathustra. Ein Buch für Alle und Keinen. Erster Theil

2

## 2.1 Die Entstehung des ersten Teils

Nietzsche schreibt den ersten Teil des *Zarathustra* zwischen November 1882 und Februar 1883. Später wird er die Schreibezeit – auch von den anderen Teilen – immer wieder als eine Arbeit von zehn Tagen herausstellen:

> „Die ungeheure Last, die in Folge des Wetters auf mir liegt […] hat sich bei mir in Gedanken und Gefühle verwandelt, deren Druck *furchtbar* war: und aus dem plötzlichen *Loswerden* von dieser Last, in Folge von 10 absolut heitern und frischen Januartagen, die es gab, ist mein ‚*Zarathustra*' entstanden, das *losgebundenste* meiner Erzeugnisse." (1883,381; N. an Heinrich Köselitz: 19.2.1883)

Auch wenn Nietzsche den ersten wie auch alle weiteren Teile in einer beeindruckenden Geschwindigkeit verfasst, kann man seinen Hang zur Selbststilisierung kaum verkennen. Er will den Zarathustra als Resultat einer Eingebung verstanden wissen: „Ich lerne eigentlich jetzt erst *Zarathustra* kennen. Seine Entstehung war eine Art Aderlaß, ich verdanke ihm, daß ich nicht erstickt bin. Es war etwas Plötzliches, die Sache von 10 Tagen" (1883,402; N. an Heinrich Köselitz: 17.4.1883).

Nietzsche erwähnt die Absicht, ein Werk mit dem Namen Zarathustra zu schreiben, das erste Mal in einem Brief an Köselitz von 1882 (vgl. 1882,282; N an Heinrich Köselitz: 20.8.1882). Nur ein halbes Jahr später kann er Köselitz mitteilen, dass er an ebendiesem Werk arbeitet und es bald druckfertig zu machen beabsichtigt (vgl. 1883,370; N. an Heinrich Köselitz: 1.2.1883).

Am liebsten hätte Nietzsche seinen Freunden zu Ostern 1883 sein Buch in die Hände gegeben, symbolisch für die Ablösung der Evangelien durch eine neue Lehre. Aber der Druck verzögert sich und Nietzsche klagt selbstironisch gegenüber Overbeck: „Übrigens – was stand diesem meinem Zarathustra im Wege? Eine halbe Million christlicher Gesangbücher!" (1883,398; N. an Franz Overbeck: Anfang April 1883), die als großer Druckauftrag bevorzugt behandelt wurden. So findet der Druck erst im Mai/Juni statt, die Auslieferung erfolgt im August 1883.



N. Schulte, *Nietzsches „Zarathustra"*, https://doi.org/10.1007/978-3-662-72820-8_2

Wie dieses Werk zu verstehen sei, darüber spekuliert Nietzsche in seinen Briefen gern. Bezeichnet er die Schriftsammlung einmal als „eine wunderliche Art von ‚Moral-Predigten'" (1883,370; N. an Heinrich Köselitz: 1.2.1883), wegen der er „von jetzt ab [...] wohl in Deutschland unter die Verrückten gerechnet werden" (ebd.) wird, so preist er sie gegenüber seinem Verleger – wohl auch um ihm einen schnellen Druck schmackhaft zu machen – als „eine ‚Dichtung', oder ein fünftes ‚Evangelium' oder irgend Etwas, für das es noch keinen Namen giebt" (1883,375; N. an Ernst Schmeitzner: 13.2.1883) an, um sie zuletzt als Ganze unter die „Symphonien" (1883,397; N. an Heinrich Köselitz: 2.4.1883) zu rechnen.

Über die allerhöchste Achtung, die man laut Nietzsche in *Ecce homo*, geschrieben 1888, gegenüber dem *Zarathustra* zu empfinden hätte („Dass ein Goethe, ein Shakespeare nicht einen Augenblick in dieser ungeheuren Leidenschaft und Höhe zu athmen wissen würde, dass Dante, gegen *Zarathustra* gehalten, bloss ein Gläubiger ist und nicht Einer, der die Wahrheit erst *schafft*, ein *weltregierender* Geist, ein Schicksal —, dass die Dichter des Veda Priester sind und nicht einmal würdig, die Schuhsohlen eines *Zarathustra* zu lösen, das ist Alles das Wenigste und giebt keinen Begriff von der Distanz, von der *azurnen* Einsamkeit, in der dies Werk lebt", EH, Zarathustra 6), ist Nietzsche um 1883 noch in Zweifel. Zwar solle man sich keineswegs durch die „legendenhafte Art dieses Büchleins [...] täuschen" (1883,427; N. an Carl von Gersdorff: Ende Juni 1883) lassen, wie Nietzsche seinem Jugendfreund Gersdorff schreibt, denn es sei nichts weniger als „mein *tiefster Ernst* und meine *ganze Philosophie*" (ebd.) in ihm enthalten, aber seine Einschätzungen des Zarathustra schwanken. Gegenüber Overbeck gibt Nietzsche zu, sich unsicher über den Wert des *Zarathustra* zu sein:

> „Das erinnert mich an meine letzte Thorheit, ich meine den ‚*Zarathustra*' (Ist es jetzt deutlich zu lesen? Ich schreibe wie ein Schwein) Es passirt mir alle Paar Tage, daß ich es vergesse; ich bin neugierig, ob es *irgend einen* Werth hat – ich selber bin in diesem Winter unfähig des Unheils [sic!] und könnte mich im allergröbsten Sinne über Werth und Unwerth täuschen." (1883,393; N. an Franz Overbeck: 22.3.1883)

Obwohl Nietzsche bereits im Juni 1883 mit dem Schreiben des zweiten Teils beginnt, steht der erste Teil zunächst einmal für sich allein und Fortsetzungen werden nicht erwähnt, bis Nietzsche Anfang Juli seiner Schwester das Versprechen abnötigen möchte, dafür zu sorgen, dass der zweite Teil, sobald beendet, möglichst schnell in Druck bei seinem Verleger Schmeitzner gehe, da sein gesundheitlicher Zustand ihm Anlass zur Sorge gebe, er werde sich selbst nicht darum kümmern können:

> „jetzt, meine liebe Schwester, eine Hauptsache, eine ganz ernsthafte Bitte an Dich! Du sollst Schmeitznern die *bestimmte Erklärung abnöthigen*, mündlich oder schriftlich, wie Du es am besten vermagst, daß er den 2ten Theil *Zarathustra unverzüglich* in Druck giebt, sobald das Manuscript in seine Hände kommt. Ich will damit zu Ende kommen und von dieser Expansion des Gefühls erlöst sein, die solche Produktionen mit sich führen: es ist mir öfter der Gedanke gekommen, daß ich an so Etwas plötzlich sterbe." (1883,430; N. an Elisabeth Nietzsche: 6.7.1883)

Das philosophische Schreiben, das Schreiben an einem Werk wie dem Zarathustra, erklärt Nietzsche zu einer gefährlichen Angelegenheit. Sie droht, den Verfasser zu zerreißen. Und nicht nur die Gedanken und Emotionen sind gefährlich, Nietzsche sieht sich durch das Werk auch außerordentlich exponiert. Seine (intellektuellen) Gegner werden sich nicht länger über ihn täuschen können: „Zuletzt: jetzt erst, nach der Veröffentlichung des *Zarathustra*, wird das Ärgste kommen, denn ich habe, mit meinem ‚heiligen Buche', alle Religionen herausgefordert" (1883,405; N. an Heinrich Köselitz: 21.4.1883).

Diese Einschätzung steht freilich im krassen Gegensatz zu dem Schweigen, mit dem der Zarathustra zunächst von Nietzsches Zeitgenossen aufgenommen wird. Dabei ahnt er schon, dass es nicht die Verunglimpfungen und Verurteilungen wären, die ihn am empfindlichsten träfen, sondern viel mehr ein falsches Verständnis: „Meine neuen Schriften werden an den Universitäten als Beweise meines allgemeinen ‚Verfalls' ausgelegt; man hat eben etwas zuviel von meiner Krankheit gehört. Aber das thut mir weniger wehe, als wenn mein Freund Rohde sie als ‚kalt-behaglich' empfindet und als ‚wahrscheinlich sehr zuträglich für die Gesundheit'" (1883,405; N. an Heinrich Köselitz: 21.4.1883). Dass die Gesundheit Zarathustra zufolge etwas ist, dass es zu riskieren gilt, das aber erfahren wir als Leser bereits in der Vorrede zum ersten Teil.

## 2.2 „Zarathustra's Vorrede"

### 2.2.1 Erster Abschnitt der Vorrede: Sonnenaufgang

Die Erzählung beginnt mit Zarathustras Entscheidung, das Gebirge – seinen zehnjährigen Aufenthaltsort als Eremit – zu verlassen und seine gereifte Weisheit mit den Menschen zu teilen. Über sein vorheriges Leben erfahren wir wenig. Wir wissen lediglich, dass er seine Heimat im Alter von 30 Jahren verließ, um in die Einsamkeit der Berge zu gehen. Seitdem sind zehn Jahre der geistigen Erkenntnis und der Vorbereitung vergangen. Zarathustra spricht zur **Sonne**, die er in archaischer, beseelter Weise anspricht. Er begrüßt sie und vergleicht seine Situation mit der ihren: So wie er und seine Tiere bislang der Sonne ihre Gaben und ihren Überfluss abgenommen hätten, so bedürfe er jetzt der Menschen, dass sie ihm seinen Reichtum abnähmen. Der Schenkende bedarf des Beschenkten. Schon aus wenigen Sätzen zarathustrischer Rede wird deutlich, dass hier ein Weiser skizziert wird, der in Bildern und Gleichnissen spricht, die gedeutet werden müssen.

Als Anspielung sind schon in der ersten Szene zwei Hintergrundfiguren präsent: Jesus und Platon. Während Christus aber sein Wirken mit 30 Jahren beginnt, zieht es Zarathustra in diesem Lebensalter in die Berge, um seine Lehre erst reifen zu lassen. Später in der Rede „Vom freien Tode" wird Zarathustra spekulieren, dass vielleicht auch die Lehre Christi der Reifung bedurft hätte. Die Nähe der beiden Figuren wird zusätzlich durch den See als einziges Attribut der Heimat Zarathustras hergestellt – eine Assoziation zum See Genezareth. Dies ist umso bemerkenswerter, als es bereits eine Stelle ganz am Ende desjenigen Werkes gibt, das Nietzsche vor dem

Zarathustra geschrieben hatte, der *fröhlichen Wissenschaft*, die nahezu wortwörtlich mit dem ersten Abschnitt der Vorrede übereinstimmt. Abgesehen von der einleitenden Überschrift „*incipit tragoedia*" (FW 342) – Nietzsche setzt gern solch einen anspielungsreichen Hinweis als gesperrt gedruckte Schrift vor seine Aphorismen – gibt es nur einen einzigen weiteren inhaltlichen Unterschied. In *Die fröhliche Wissensch*aft ist Zarathustras Heimat am „See Urmi" genauer lokalisiert, was eine Identität mit Jesu Heimat ausschließen würde. Diese Eindeutigkeit nimmt Nietzsche in *Also sprach Zarathustra* jedoch zurück.

Auch das berühmte Höhlengleichnis Platons darf nicht unerwähnt bleiben. In Platons Philosophie repräsentiert die Sonne die Idee des Guten, die allem anderen erst die Möglichkeit des Seins verleiht. Der Weise, der zunächst wie die anderen Menschen in der schlichten, getrübten Sinnenwelt, wie in einer dunklen Höhle lebt, muss sich erst qualvoll zum Ausgang der Höhle zerren lassen. Vom Licht zunächst geblendet, erblickt er allmählich die Welt der Ideen, die von der Idee des Guten, der Sonne, erhellt werden. Zarathustra erwacht mit der Morgenröte offenbar unter freiem Himmel, womit er als Wissender gekennzeichnet sein soll. Sein Entschluss, zurück unter die Menschen zu kehren, erinnert an die Rückkehr in die Höhle: „Dazu muss ich in die Tiefe steigen: wie du des Abends tust [...] und noch der Unterwelt Licht bringst" (Za I, 11). Dieses Unterfangen ist, wie schon in Platons Höhlengleichnis, mit Gefahr assoziiert. Riskiert der Weise in dem Gleichnis, von den Mitmenschen erschlagen zu werden, wenn er versucht, sie ins Licht zu führen, so steht in der ersten Szene der Untergang als zentrales Motiv am Ende. „Also begann Zarathustra's Untergang" (Za I, 12) könnte einerseits auf ein tragisches Ende hindeuten, verweist aber andererseits auch auf den Sonnenuntergang, der eine notwendige Voraussetzung für einen neuen Sonnenaufgang ist, und somit auf den Zyklus des Lebens hindeutet.

### 2.2.2 Zweiter Abschnitt der Vorrede: Begegnung Zarathustras mit dem Heiligen

Unmittelbar nach seinem Aufbruch begegnet Zarathustra auf seinem Weg bergab einem alten Heiligen, der ebenfalls als Eremit in den Wäldern lebt. Dieser bemerkt die innere Wandlung Zarathustras und warnt ihn eindringlich davor, zu den Menschen, die er als „Schlafende[...]" (Za I, 12) bezeichnet, zurückzukehren. Der Heilige argumentiert, die Menschen seien misstrauisch und würden in Zarathustra nur einen Bettler oder gar einen Dieb sehen. Auf die Frage Zarathustras, was der Heilige selbst in der Einsamkeit des Waldes tue, antwortet dieser, er diene Gott mit Liedern. Zarathustra verabschiedet sich daraufhin eilig, und fragt sich verwundert, wie es denn sein könne, dass der Greis nichts davon gehört habe, „dass *Gott todt* ist!" (Za I, 14). Bereits diese zweite Szene des Werkes stellt die Annahme infrage, Zarathustras Legende könne die eines Propheten sein. Wenn **Gott tot ist**, wessen Prophet könnte Zarathustra dann sein? Die Nachricht vom Gottestod wird innerhalb der Erzählung nicht als Neuigkeit präsentiert; sie ist allgemein bekannt, nur dem alten Heiligen in seinen Wäldern ist sie entgangen. Wenn Gott jedoch gestorben ist, muss er zuvor gelebt haben. Daraus ergeben sich zentrale philosophische Fragen: Wie ist es möglich, dass ein Gott stirbt? Und kann dieser Gott eindeutig mit dem christlichen identifiziert werden? Der Heilige steht Zarathustras Vorhaben von Anfang an skeptisch gegenüber. Als er nach den Motiven für den Abstieg fragt, antwortet Zarathustra: „Ich liebe die Menschen" (Za I, 13). Durch diese Antwort, die durch das Attribut der Liebe eng mit der Figur Jesus Christus verknüpft ist, rücken die Gestalten Zarathustra und Jesus erneut in unmittelbare Nähe zueinander. Der Heilige kontert jedoch, die „Liebe zum Menschen" (Za I, 13) werde Zarathustra umbringen. Der Mensch sei zu unvollkommen, weshalb er, der Heilige, Gott liebe. Für Kenner Nietzsches als Religionskritiker verbirgt sich hierin eine subtile Kritik am christlichen Glauben. Die Liebe zu Gott entlarvt sich als eine Schwäche, da sie aus der Unfähigkeit resultiert, etwas Mangelhaftes wie den Menschen lieben zu können, der verletzen und zurückweisen kann. Der Heilige dient und liebt einen Gott, der in Wahrheit bereits gestorben ist, ohne dass der Liebende es bemerkt hat. Es handelt sich folglich um eine verblendete Liebe, die von der Verwirklichung hehrer Ziele wie Erleuchtung und Erkenntnis weit entfernt ist. Die Frage, ob sich die Erzählung tatsächlich in einem ex-monotheistischen Zeitalter befindet, bleibt vorerst offen. Wenn der Alte seinen Gott, „der mein Gott ist" (Za I, 13), mit „Singen, Weinen, Lachen und Brummen" (Za I, 13) – zugegebenermaßen einem einfältigen Gottesdienst – preist, könnte dies die Existenz anderer Götter implizieren. Das alttestamentarische Gebot, an das man sich erinnert fühlen kann, „du sollst keine anderen Götter haben neben mir" (2. Mose 20), lässt ebenso die Interpretation zu, dass andere Götter existieren. Der jüdisch-christliche Glaube und die Figur Jesus bleiben durch diese Anspielungen im Kontext des Gottesbegriffs präsent.

### 2.2.3 Dritter Abschnitt der Vorrede: Die Rede vom Übermenschen

Zarathustra kommt in einer Stadt an. Dort wartet auf dem Markt eine Menge auf den Auftritt eines Seiltänzers. Zarathustra nutzt den ihm günstig erscheinenden Augenblick, um vor einer versammelten Menge zu sprechen und hält seine Rede vom **Übermenschen**. In ihr fordert er das Publikum auf, sich selbst zu überwinden und weiterzuentwickeln.

Das zentrale Motiv, das den gesamten ersten Teil des Buches durchzieht, ist durch die gesperrt gedruckte Schreibweise deutlich hervorgehoben. Zarathustra, welcher der Menge nicht einmal seinen Namen nennt, charakterisiert sich durch sein Tun: „*Ich lehre euch den Übermenschen*" (Za I, 14). Zarathustra als Prophet des Übermenschen kündet nicht von einem neuen Gott, von dessen Wohltaten und Strafen, und doch zielt seine Forderung auf ein komplett neues Welt- und Wertverhältnis, wie es sonst nur Religionsstifter proklamieren. Zarathustra attackiert das gesamte Leben des Menschen und verlangt eine Revolution der geltenden Ideale, Ziele und Gefühlswelten.

Wenn wir einen genaueren Blick auf diese Rede werfen, können wir drei thematische Abschnitte unterscheiden. Im ersten fordert Zarathustra eine Höherentwicklung des Menschen, die evolutionistisch anmutet: „Ihr habt den Weg vom Wurme zum Menschen gemacht, und Vieles ist in euch noch Wurm" (Za I, 14). Dass Zarathustra von den Menschen fordert, sich in Eigenanstrengung in eine neue Spezies zu verwandeln, kann indes nicht recht überzeugen, obwohl einige Interpreten in Nietzsche einen verkappten Darwinisten erkennen wollten. Wenn aber „Vieles" in den Menschen noch Wurm ist und, wie Zarathustra weiterspricht, „jetzt noch [...] der Mensch mehr Affe, als irgend ein Affe" (Za I, 14) ist, so handelt es sich bei „Wurm" und „Affe" um Wesenszüge im Menschen selbst. Die evolutionäre Weiter- und Höherentwicklung wird Metapher für das Streben oder auch das fehlende Streben nach einer sinnvollen Selbstgestaltung: „Alle Wesen bisher schufen Etwas über sich hinaus: und ihr wollt die Ebbe dieser grossen Fluth sein [...]?" (Za I, 14). Wenn die Evolution ein Naturgesetz ist, handelt der Mensch, der nicht nach etwas anderem strebt, der nicht schöpferische Mensch, widernatürlich.

Der zweite Abschnitt gibt Hinweise, wonach der Mensch streben soll: „[D]er Übermensch sei der Sinn der Erde" (Za I, 14). Der Mensch solle nicht länger an „überirdischen Hoffnungen" (Za I, 15) hängen und nicht den Priestern glauben, die Zarathustra „Giftmischer" (Z 15) nennt. Diese würden das Leben geringschätzen und abwerten. Da Gott aber tot ist, gibt es kein Jenseits mehr, und alles, was die Priester mit Verachtung belegt haben – das Leibliche –, sei nichts Verächtliches mehr. Eine „mager[e] Seele" (Za I, 15), die der Welt habe entkommen wollen, entspreche der alten Weltdeutung. In diesem zweiten Abschnitt kündigt sich bereits eine Deutung an, die im *Zarathustra* nach und nach an Gestalt gewinnt. Die Existenz Gottes – genauso wie sein Tod – ist keine objektive Tatsache, sondern im Menschen begründet. Gott existiert, solange er in den Köpfen der Menschen existiert und er stirbt, wenn der Glaube an ihn vernichtet wird.

Im dritten Abschnitt fragt Zarathustra nach dem Zustand der heutigen Seele. Früher bedurfte sie eines Gottes und Idealen der Transzendenz aufgrund eigenen Ungenügens und eigener Dürftigkeit. Aber was sei die Seele des Menschen heute anderes als „Armuth und Schmutz und ein erbärmliches Behagen" (Za I, 15)? Armut kann als Mangel an Innenleben, Schmutz als fehlende geistige Selbstkultivierung und erbärmliches Behagen als niedrig gesinntes Wohlbefinden gedeutet werden. Der Mensch kümmere sich nicht um seine Seele, er wolle es nur gemütlich haben. Zarathustra fordert die Menge auf, verächtlich auf das zu blicken, worauf sie bisher ihren Stolz gründete, d. h. auf das Glück, die Vernunft, die Tugend, die Gerechtigkeit und das Mitleiden, denn das seien nur mittelmäßige Bestrebungen. „Nicht eure Sünde – eure Genügsamkeit schreit gen Himmel" (Za I, 16), ruft Zarathustra aus und steuert auf den fulminanten Höhepunkt der Rede zu. Der Übermensch steht für das feurig-leidenschaftliche Streben, das die Selbstgefährdung sucht. Denn Zarathustra verkündet: „Wo ist doch der Blitz, der euch mit seiner Zunge lecke? [...] Seht, ich lehre euch den Übermenschen: der ist dieser Blitz, der ist dieser Wahnsinn!" (Za I, 16).

Die Menge ist aber weit davon entfernt, von Zarathustras leidenschaftlicher Rede entflammt zu werden. Ein Spötter fordert Zarathustra auf, endlich still zu sein, man habe genug vom Seiltänzer gehört, nun wolle man ihn auch sehen. Die Menge beginnt Zarathustra auszulachen.

### 2.2.4 Vierter Abschnitt der Vorrede: Die Rede von Übergang und Untergang

Während der **Seiltänzer** sich ans Werk macht, improvisiert Zarathustra, der scheinbar immer noch nichts von der im Begriff stehenden Aufführung mitbekommen hat, und flicht in seine Rede die Metapher eines Seiltänzers, um ein Lob auf das gefährliche Leben anzustimmen: In dieser zweiten Rede preist er all die unruhigen Geister, die nicht stehen bleiben können, die intensiver fühlen und die sehnsuchtsvoll zu etwas anderem streben. Am Ende verspricht er die Ankunft des Übermenschen.

Zarathustra spricht: „Was gross ist am Menschen, das ist, dass er eine Brücke und kein Zweck ist: was geliebt werden kann am Menschen, das ist, dass er ein *Übergang* und ein *Untergang* ist. Ich liebe Die, welche nicht zu leben wissen, es sei denn als Untergehende, denn es sind die Hinübergehenden." (Za I, 16 f.). Für Zarathustra ist das Symbol des Übergangs mit dem des Untergangs verknüpft. Um etwas Neues zu werden, sich zu transformieren, ist es zunächst nötig, als derjenige unterzugehen, der man zuvor war. Man verwandelt sich also nicht ohne Weiteres oder nur weil man sich ein wenig Mühe gibt, sondern die ganze Existenz steht auf dem Spiel und die nächstliegende Erfahrung ist eine von Verlust und Furcht. Die aber, die sich behaglich in ihrem Leben eingerichtet haben, werden wohl nicht diejenigen sein, die buchstäblich ‚alles' riskieren wollen. Über eine größere Verwandlungsfähigkeit verfügen jene, die bereits mit dem Leben hadern, die nicht zurechtkommen in der Jetztzeit, welche bereits ein Ungenügen finden und welche die bisherigen Tugenden verachten. Aber auch jene Geister, die getrieben werden von einem Begehren nach Wissen, Erfindung, Hingabe und die sich einer Sache ganz verschreiben oder in deren Seele viele Empfindungen zum Klingen gebracht werden, sind, so lässt sich vermuten, bereit, noch einen Schritt weiter in Richtung eines Unterganges und einer möglichen Transformation zu gehen. Sie sind diejenigen, an die sich Zarathustra wendet: „Ich liebe die grossen Verachtenden, weil sie die grossen Verehrenden sind und Pfeile der Sehnsucht nach dem Ufer" (Za I, 17) oder auch: „ich liebe Den, dessen Seele sich verschwendet, der nicht Dank haben will und nicht zurückgiebt: denn er schenkt immer und will sich nicht bewahren" (Za I, 17).

Die Rede, die sich konsequent paralleler Satzstrukturen bedient – jeweils mit der Formulierung beginnend: „Ich liebe…" (Za I, 17) – und in Abwandlungen mit dem Motiv des Unterganges endet – „denn er will zu Grunde gehen" (Za I, 17) –, entwickelt einen eigentümlichen lyrischen Sog. Die Fülle an Metaphern, „Pfeile der Sehnsucht" (Za I, 17), „hinter den Sternen einen Grund suchen" (Za I, 17), ein „Knoten [...] an den sich das Verhängniss hängt" (Za I, 17), zielt nicht nur darauf ab, genau dechiffriert zu werden, sondern die bildgewaltige Sprache dient auch dazu, den Leser zu überwältigen. Und ja, man könnte fast meinen, auch dazu, sich intellektuell zu zarathustrischen Ideal verführen zu lassen.

### 2.2.5 Fünfter Abschnitt der Vorrede: Die Rede vom letzten Menschen

Die Menge allerdings zeigt sich stumpf gegenüber der lyrischen Sprachkunst. Zarathustra muss einsehen, dass seine Worte keinen rechten Widerhall finden und beschließt, sie zu provozieren, indem er ihnen als Kontrastfolie das Bild einer jämmerlichen Existenz zeigt, mit der man nicht identifiziert werden will. Farbenprächtig malt Zarathustra in der Metapher des **letzten Menschen** eine ideallose, nur auf Eintracht, Wohlbefinden und Gesundheit ausgerichtete Lebensform aus, ohne allerdings die erhoffte Wirkung zu erzielen. Die Menge lacht und ruft ihm zu, dass Zarathustra ihnen diesen letzten Menschen geben solle, man wäre durchaus mit ihm zufrieden. In der Identifikation der Menge mit dem von Zarathustra entworfenen Zerrbild liegt aber nicht nur ein kleiner Scherz – in ihrem Lachen hört Zarathustra bereits heraufziehenden Hass: „Es ist Eis in ihrem Lachen" (Za I, 21).

Die Kontrastfolie, vor der sich der **Übermensch** nur umso deutlicher abzeichnen soll, gewinnt in dieser dritten Rede Gestalt als *„der letzte Mensch*" (Za I, 19). Der Name kann mit dem Endpunkt einer Spezies assoziiert werden, die den Zeitpunkt vor dem Aussterben markiert. Danach, so können wir uns vorstellen, kommt nichts mehr. Zarathustra prophezeit, dass die Bedingungen noch vorhanden seien, aus denen der Mensch sich entwickeln und neue Ziele stecken könnte, aber er warnt auch davor, dass die Bedingungen dabei sind, zu verkümmern: „[M]an muss noch Chaos in sich haben, um einen tanzenden Stern gebären zu können. Ich sage euch: ihr habt noch Chaos in euch" (Za I, 19). Zarathustra verknüpft kosmologische Metaphern wie die Sterngeburt und das Chaos genauso gern wie die Wetterzeichen Blitz und Donner zu gewaltigen Vorboten des sich ankündigenden Übermenschen. Zuvor aber stünden die Zeichen schlecht, die Menschen verlernten zu streben und fühlten keine Sehnsucht mehr: „Was ist Liebe? Was ist Schöpfung? Was ist Sehnsucht? Was ist Stern? – so fragt der letzte Mensch und blinzelt" (Za I, 19).

Erneut können wir uns an das Höhlengleichnis erinnert fühlen: Derjenige, der aus der Höhle tritt und ins Ideenreich, d. i. den Himmel blickt, ist von der **Sonne** geblendet. Er sieht zunächst nichts und nach kurzer Zeit zwar etwas, aber schlechter noch als in der Höhle, weil sich seine Augen an den Dämmerzustand gewöhnt hatten. Der letzte Mensch wäre gar unfähig, Ideale zu sehen, auch wenn er draußen im Sonnenlicht stünde. Er strebt nicht mehr, weil er meint, schon alles zu haben und zufrieden zu sein: „Wir haben das Glück erfunden" (Za I, 19). Gegenüber dem zarathustrischen Glücksbegriff augenblickshafter Erfüllung angesichts drohenden Unterganges ist der Begriff des Glücks bei den letzten Menschen entwertet und auf einen mittelmäßigen Daseinszustand zusammengeschrumpft, der möglichst lange anhalten soll. Man geht Anstrengungen und Herausforderungen aus dem Weg – „Sie haben die Gegenden verlassen, wo es hart war zu leben" (Za I, 19) – genauso wie Konflikten und tieferen risikoreichen Gefühlen – „Man liebt noch den Nachbar und reibt sich an ihm: denn man braucht Wärme" (Za I, 19). Ein wenig Gehässigkeit, ein wenig Stolz auf die eigene Klugheit fühlt sich noch angebracht an, alles, was aber ernsthafte Auseinandersetzungen und Unterschiede zwischen Menschen an den Tag bringen könnte, wird vermieden: „Man zankt sich noch, aber man versöhnt sich bald – sonst verdirbt es den Magen" (Za I, 20). Die Gesundheit, der Ermöglichungsgrund anhaltender Zufriedenheit, ist von hohem Wert und wird daher nur in zarten Dosen – wir dürfen dies als Anspielung auf Alkoholika, Narkotika und Sexualpraktiken verstehen – gefährdet. Keinen wahrhaften Rausch, sondern nur „sein Lüstchen für den Tag und Lüstchen für die Nacht" (Za I, 20) genießt der Mensch. Herausfallen aus solch gleichgeschalteter Gesellschaft sollte man freilich lieber nicht, wer es dennoch tut, „geht freiwillig ins Irrenhaus" (Za I, 20) und findet dort, wer weiß, vielleicht gar interessantere Begegnungen. Zarathustra lässt die Menschen einer Gesellschaft, die keine Herausforderungen mehr kennt und keinen Existenznöten Gegenwehr leisten muss, erneut und abschließend urteilen: „Wir haben das Glück erfunden" (Za I, 20).

Dieses Zerrbild erscheint – und an dieser Stelle müssen wir das Wörtchen ‚fast' zwischenschalten – als das Ideal der Zeitgenossen Zarathustras. Noch streitet man sich zu schlimm, noch ist man nicht satt genug, muss noch zu viel arbeiten: „Gieb uns diesen letzten Menschen" (Za I, 20), rufen die Menschen spöttisch und der Spott rührt daher, dass sie zwei Sachen verstanden haben. Zum einen, dass die Ziele des letzten Menschen – Eintracht, Zufriedenheit, Gesundheit, Gleichförmigkeit – ihre eigenen sind, zum anderen aber, dass diese von Zarathustra abgewertet und verachtet werden.

Zarathustra als der Andere, als Außenseiter und Gefährder ihrer Ordnung erzeugt Hass. Dieser zeigt sich dort, wo die Menge sich aufgrund ihrer Zahl überlegen fühlt, zunächst als Auslachen. Schnell könnte solche Stimmung allerdings ins Dunklere kippen, wie Zarathustra zu ahnen beginnt.

### 2.2.6 Sechster Abschnitt der Vorrede: Sturz des Seiltänzers

Plötzlich lenkt sich aber alle Aufmerksamkeit wieder auf den balancierenden **Seiltänzer**. Dieser ist aufs Seil getreten, hat sein Schauspiel begonnen, als plötzlich ein zweiter Seiltänzer, ein „bunter Gesell" (Za I, 21), hinter ihm aufs Seil tritt und dem ersteren vorwirft, zu langsam zu sein. Der Auftritt des Zweiten gehört offenbar nicht zur geplanten Aufführung, denn er verwirrt den ersten Seiltänzer damit so sehr, dass, als plötzlich der zweite über ihn hinweg springt und wieder auf dem Seil landet, er die Balance verliert und zu Boden stürzt. Die Menge springt beiseite, um von dem Fallenden nicht erschlagen zu werden, und so kommt der Seiltänzer direkt neben Zarathustra als dem einzigen auf, der sich nicht bewegt hat. Zarathustra kniet sich neben den Sterbenden, der sich vor dem Teufel fürchtet, dem er allein schon durch sein von der Bevölkerung abgelehntes und daher als Sünde verschrienes Vagabundenleben gehöre. Zarathustra verspricht, dass er vom Teufel nichts zu fürchten habe, es gebe kein Jenseits und keine Qual nach dem Leben. Er weist auch die Klage des Seiltänzers zurück, wie ein dressiertes, verachtetes Tier gelebt zu haben. Zarathustra will ihn ehren, weil der Seiltänzer die „Gefahr zu seinem Beruf gemacht hat" (Za I, 22) und ihn selbst begraben.

Im sechsten Abschnitt erfahren wir einiges über die Person Zarathustra. Wie für einen Weisen angemessen, reagiert er nicht panisch und weicht dem Fallenden nicht aus. Die Furchtlosigkeit angesichts des Todes ist ein bedeutsamer Wesenszug. Das gezeigte Verhalten korrespondiert mit der Aussage, dass auch der Seiltänzer den Tod nicht fürchten müsse: „es gibt keinen Teufel und keine Hölle. Deine Seele wird noch schneller todt sein als dein Leib: fürchte nun Nichts mehr!" (Za I, 22). Zarathustra widerspricht mit diesen zwei lapidaren Sätzen nicht nur religiösen Schreckensbildern wie der Hölle, sondern greift das religiöse Fundament an, sofern er sowohl dem Jenseits als auch dem Dualismus eine Absage erteilt. Wir können die zweite Aussage – „Deine Seele wird noch schneller todt sein als dein Leib" (Za I, 22) – als die umfassendere ausmachen. Die Seele ist demnach keine ewige Entität, die über den Leib hinaus Bestand hätte, sondern die Seele ist, Zarathustra zufolge, an den Körper gebunden. Wenn die Seele noch schneller tot sein wird, heißt dies, dass Zarathustra sich vorstellen kann, dass ein Leib ohne Seele existiert. Eine solche Idee entspricht weit eher dem Todesverständnis im 20. Jahrhundert. Denn wir können bei einem Leib ohne Seele an die inzwischen gesetzlich verankerte Definition des Hirntodes denken, die Voraussetzung für die etwaige Organentnahme zwecks Transplantation ist. Die Möglichkeit eines Leibes ohne Seele entspricht also der wissenschaftlichen Forschung des 20. und 21. Jahrhunderts, während die Erforschung einer ‚Seele ohne Leib' in die Bereiche obskurer esoterischen Theorien gehören würde. Wenn aber die Seele nach dem Tod nicht weiter existiert, ist nicht nur die Hölle unmöglich, sondern auch jedes körperlose Jenseits, mithin also auch Erlösung und Himmelreich. Wer spitzfindig einwendet, dass das Christentum die Auferstehung des Leibes verspreche, wird dennoch einsehen müssen, dass Zarathustra eine solche Möglichkeit erst gar nicht in Erwägung zieht, so wenig Überzeugungskraft besitzt dieses Versprechen noch für ihn.

An dieser Stelle ist es wohl auch angebracht, den Begriff der ‚Seele', wie Zarathustra ihn benutzt, näher zu betrachten, mit dem wir bisher ganz naiv umgegangen sind. Die Seele ist, wie wir gerade festgehalten haben, keine unsterbliche Essenz des Menschen. Wir können auch feststellen, dass mit dem Begriff ‚Seele' das Innenleben des Menschen bezeichnet wird. Ein Innenleben, um das man sich den Forderungen Zarathustras entsprechend zu kümmern hat, das von den Bestrebungen und Bedürfnissen des jeweiligen Menschen präformiert wird, sodass eine Seele ‚edler' oder auch ‚schmutziger' sein kann. Auch wird die Seele von den Glaubensvorstellungen – seien es nun theologische, anthropologische oder politische– geformt, d. h., ob man hoch oder niedrig vom Menschen denkt, ob man den Leib verachtet, spielt eine Rolle für die Gestaltung der Seele. Wie man mit anderen umgeht, wie man mit sich selbst umgeht, wonach man strebt und woran man glaubt, all das ist von Belang. Demnach stellt sich Zarathustra die Seele veränderlich vor, ohne dass wir sagen könnten, ob es in seinem Konzept Gesetzmäßigkeiten der Entwicklung, einen eigentlichen inneren Kern oder eine höchste Entwicklungsstufe gibt.

Neben Zarathustra ist mit der letzten Szene auch eine zweite rätselhafte Gestalt präsent: der „Possenreisser" (Za I, 21), der über den Seiltänzer hinwegspringt, diesen damit zu Fall bringt und seinen Tod verursacht. Wir können versuchen, den **Possenreißer** als Karikatur von Zarathustra zu lesen. Dem Possenreißer ist der Seiltänzer nicht schnell, nicht begabt genug. Letzterer verhindere Entwicklung, weil er „einem Bessern [...] die freie Bahn" (Za I, 21) versperrt, ganz so wie für Zarathustra der letzte Mensch die Weiterentwicklung zum Übermenschen verhindert. Dass man des Weiteren das Überspringen mit dem **Übermenschen** assoziieren kann, bedarf wohl keiner näheren Erläuterung.

Ein Possenreißer ist ein ‚Spaßmacher', eine Gestalt, die derbe Streiche, Unfug und Schabernack treibt und die bei Nietzsche eng mit der Narrengestalt verknüpft ist (vgl. „Possenreißer", DWDS). In seiner Philosophie ist der Narr und ähnliche Personen wie der Possenreißer, Hanswurst und der ‚tolle Mensch', der in Nietzsches aphoristischem Werk, der *Fröhlichen Wissenschaft*, den Gottestod verkündet, eine ambivalente Gestalt. Auffällig ist sein Außenseitertum: er wird nicht ernst genommen, nicht verstanden, sondern verlacht. Bekanntlich verkünden allein Toren und Kinder die Wahrheit, sie sprechen das Offensichtliche, das die Menge sich aus Anstand nicht zu sagen getraut. Andererseits stellen die Narren auch andere Blickwinkel dar, die der Gesellschaft irrelevant erscheinen und doch Sprengkraft besitzen können. Die abwertende Art, mit der die Gesellschaft den Narren einen Narren nennt, dient auch dem Selbstschutz. Würde sie den Narren ernst nehmen wie die Weise, würde sie möglicherweise mit Wahrheiten konfrontiert, die sie nicht ertragen kann. Warum, fragen wir zuletzt, ist der Possenreißer dennoch als Karikatur von Zarathustra zu verstehen? Wir könnten behaupten, dass er die Rede Zarathustras zu wörtlich nehme und trivialisiere, allein wir könnten auch geneigt sein, sein Tun ebenfalls metaphorisch zu deuten. Es ist vielmehr die Achtung, die Zarathustra für den Seiltänzer bezeugt, die eine Distanz zwischen Possenreißer und Zarathustra offenbart. Zarathustra begründete seinen Gang zu den Menschen mit seiner Liebe zu ihnen. Diese Liebe wäre wohl wenig glaubhaft, wenn Zarathustra die Menschen bloß ins Verderben – in den realen Untergang – stürzen wollen würde. Mag in der zweiten Rede auch das Streben zum Untergang im Mittelpunkt gestanden haben, so kann dieser nur gepriesen werden, wenn ein darauffolgender erneuter Aufstieg in Aussicht gestellt wird. Einen solchen gibt es aber nur im diesseitigen Leben. Der Tod birgt stattdessen weder Leid noch Glück, und wer dort einen neuen Aufgang sucht, hat Zarathustras Rede vom Übermenschen schlecht verstanden.

### 2.2.7 Siebter Abschnitt der Vorrede: Totenwache

Zarathustra bleibt in Gedanken versunken neben dem Toten, bis die Menge sich verläuft und schließlich die Nacht hereinbricht. Da nimmt Zarathustra den Toten, um ihn an einen Platz zu tragen, an dem er ihn begraben kann. Währenddessen sinnt er über die Ironie des Schicksals nach, das ihm statt aufmerksamer Ohren einen Leichnam beschert hat. Das tiefe Nachdenken, die Selbsterkundung und -prüfung gehören gewöhnlich zum Set derjenigen Verhaltensweisen, die den Weisen kennzeichnen.

Zarathustras Scheitern, mit seiner Rede Gehör zu finden, nennt er bei sich einen „schönen Fischfang" (Za I, 23), der als eine weitere Anspielung auf Jesus als Menschenfischer verstanden werden darf. Gleich Jesus will Zarathustra seine Botschaft unter die Menschen bringen. Ob diese allerdings als eine Art „irdische Heilsbotschaft" verstanden werden kann, wird noch herauszufinden sein.

### 2.2.8 Achter Abschnitt der Vorrede: Begegnungen mit Außenseitern

Unterwegs begegnet Zarathustra plötzlich erneut dem **Possenreißer**, der ihm nachgeschlichen ist, um ihn zu warnen. Man würde ihn bereits als jemanden hassen, der die rechte Ordnung gefährde. Nur durch seine lächerliche Redeweise, gleich einem „Possenreisser“ (Za I, 23) und die Selbsterniedrigung, sich um den sterbenden Seiltänzer zu kümmern, sei er davor bewahrt geblieben, dass größeres Unglück über ihn breche. Bliebe er allerdings in der Stadt, würde es ihm schlecht ergehen, er müsste um sein Leben fürchten. Mit diesen Worten entfernt sich der Possenreißer. An den Stadttoren begegnet Zarathustra zwei Totengräbern, die, obgleich auch nur zum Rand der Gesellschaft gehörig, sich über ihn und den Seiltänzer erhaben dünken und ihn auslachen. Zarathustra verlässt die Stadt, läuft einen weiten Weg, bis er ein abseitsstehendes Haus entdeckt, wo er beschließt, um eine Mahlzeit zu bitten. Ein alter, mürrischer Einsiedler gibt Zarathustra Essen und Trinken, bevor er seinen seltsamen Gast, der mit einem Toten unterwegs ist, zum Gehen auffordert. Erst am Morgen ruht sich Zarathustra aus, nachdem er den Leichnam in einen hohlen Baum gebettet hat, um ihn vor Raubtieren zu schützen.

Der Possenreißer tritt also im achten Abschnitt erneut auf, diesmal als warnende Gestalt: „es hassen dich hier zu Viele. Es hassen dich die Guten und Gerechten und sie nennen dich ihren Feind und Verächter; es hassen dich die Gläubigen des rechten Glaubens, und sie nennen dich die Gefahr der Menge“ (Za I, 23). Es gibt also zwei führende Gruppen, die **Guten und Gerechten** und die **Gläubigen des rechten Glaubens**. Die einen, so können wir spekulieren, sind weltliche Herrscher, die anderen Priester. Beide Bezeichnungen verweisen auf die moralische Dimension des ‚Guten‘. Zarathustra, der die geltenden Normen in Frage stellt und mit Verachtung übergießt, tritt fast notwendigerweise als Feind derjenigen auf, die sich selbst als Bewahrer der Ordnung verstehen. Obwohl seine Rede keinen Erfolg hatte, fühlen sich diese Herrschenden von Zarathustra bedroht. Erneut rücken Possenreißer und Zarathustra näher zusammen, wenn ersterer konstatiert: „[D]u redetest gleich einem Possenreisser“ (Za I, 23).

Wenn aber der Possenreißer im siebten Abschnitt mit dem Bösen in Verbindung gebracht wird, als er mit Geschrei über den Seiltänzer hinweg setzte „wie ein Teufel“ (Za I, 21), so haben wir dasjenige Bild, das die „Guten“ und die „Gläubigen“ von Zarathustra zeichnen könnten, nämlich das eines Verführers zum Bösen. Selbst die scherzenden Totengräber nehmen die Vorstellung von Zarathustra als Seelendieb vorweg: „Will Zarathustra wohl dem Teufel seinen Bissen stehlen? [...] Wenn nur nicht der Teufel ein besserer Dieb ist, als Zarathustra! – er stiehlt sie Beide, er frisst sie Beide!“ (Za I, 24).

Der griesgrämige alte Einsiedler ist nach dem Seiltänzer, dem Possenreißer und den Totengräbern die nächste Außenseitergestalt, der Zarathustra begegnet. Er ist gewillt, Zarathustra und dessen müden Gefährten Speis und Trank zu geben. Als er allerdings aufgeklärt wird, dass der eine tot ist und daher nichts essen könne, entgegnet der Alte, dass ihn solcherlei nichts angehe. Die gewöhnliche Ordnung würde ihn nicht betreffen, Ärger durch Einmischung will er indes vermeiden. In dem kleinen Reich, das Außenseiter sich schaffen, gelten ihre eigenen Regeln, mit der übrigen Welt wollen sie unter Umständen nichts mehr zu tun haben.

### 2.2.9 Neunter Abschnitt der Vorrede: Wunsch nach Gefährten

Am nächsten Morgen wird Zarathustra mit einer neuen Erkenntnis munter. Es war ein Fehler, zu der Menge und zu vielen zu sprechen. Gefährten und Freunde werde er sich unter den Einsamen und den Außenseitern suchen, die schon mehr Sinn für Zarathustras Worte haben. Den Seiltänzer, der ihm im Baum gut geborgen erscheint, verlässt er, ohne ihn zu begraben, wie er es sich zuvor versprochen hatte.

Die Geschichte des Weisen Zarathustra entpuppt sich in der Vorrede auch als eine Entwicklungsgeschichte Zarathustras. Dieser muss erst lernen, sich Gehör zu verschaffen und nicht wie ein Narr auf die Menschen zu wirken. Er gelangt, so können wir vermuten, auch durch seine Begegnungen mit Außenseiterfiguren zu dem Schluss, dass er unter solchen weit eher „Gefährten" (Za I, 25) finden könne, „die mir folgen, weil sie sich selber folgen wollen" (Za I, 25). Zarathustra muss also seine eigene Rede berücksichtigen und einsehen, dass es die ‚Verachtenden' und die ‚Verachteten' sind, welche bereit sind, die Regeln zu missachten und sich auf die Suche nach einem Weg – hin zu sich selbst, wie Zarathustra andeutet – zu begeben.

Die Menge scheint ungeeignet für ein solches Individualprojekt, einer Menge könne man nur „Hirt und Hund" (Za I, 25) sein, also jemand, der autoritär führt, der Abweichler im Zaum hält und vor Räubern schützt. Solch ein Räuber will nun Zarathustra sein, der sich in der Menge diejenigen heraussucht, die das Potenzial besitzen, „Mitschaffende[...]" (Za I, 26) zu werden. Seine Gegner sind die Hirten, die sich selbst die **Guten und Gerechten** nennen. Zarathustra entkleidet sie ihres anmaßenden und selbstgefälligen Namens. Die Guten und Gerechten, so dürfen wir schließen, nennen sich die Herrschenden stets nur selbst, um die Menge leichter führen zu können (vgl. Za I, 26). Dabei sind sie eigentlich durch den Hass gegen das Abweichende gekennzeichnet. Da der Hass und das Gute aber schlecht zusammenpassen, liegt die Heuchelei als charakterliche Eigenschaft von Herrschern und Priestern bereits nahe. Die Kritik am Hirten darf als Seitenhieb auf das Christentum und auf Jesus Christus als selbsternannten Hirten verstanden werden. Zarathustra möchte Ähnliches wie Jesus, sofern er ein Menschenfischer ist, und doch möchte er ihn noch übertreffen und etwas Besseres als ein Hirte werden.

Als Abweichler und schlimmer noch als „Vernichter" (Za I, 26) und „Verächter des Guten und Bösen" (Za I, 26) werden all diejenigen klassifiziert, die in sich selbst den Drang zum eigenen kritischen Urteil und zu einer individuellen Lebensführung verspüren. Wir können bereits ahnen, dass hier Werte umgekehrt werden. Wenn die Guten diejenigen sind, die andere hassen, und **Vernichter** diejenigen heißen, welche ihren eigenen Versuch wagen, so wird es Zeit für Umbenennungen, die das Untere aufwerten und das Obere ab. Zarathustra nennt die „Vernichter" in seinem inneren Monolog nun „Miterntende" (Za I, 26) und „Mitfeiernde" (Za I, 26).

Wenn auch Zarathustras Projekt nicht direkt nach der gesamten Gesellschaft greift, so doch immerhin nach einer Gemeinschaft von Gleichgesinnten. Unter den „Einsiedlern" (Za I, 26) und den „Zweisiedlern" (Za I, 26) will er Gefährten suchen.

### 2.2.10 Zehnter Abschnitt der Vorrede: Adler und Schlange

Es ist bereits Mittag geworden, als Zarathustra beschließt, weiter des Wegs zu ziehen, als er am Himmel seine Tiere erblickt. Der **Adler**, „das stolzeste Thier unter der Sonne" (Za I, 27), und die **Schlange**, „das klügste Thier" (Za I, 27), die, wie er festgestellt, auf der Suche nach ihm sind, um zu sehen, wie es ihm unter den Menschen ergeht. „Gefährlicher fand ich's unter Menschen als unter Tieren" (Za I, 27), denkt Zarathustra und wünscht sich für seinen weiteren Weg die Klugheit der Schlange und den Stolz des Adlers.

Zarathustras Begleittiere sind zwei klassische Symboltiere. Die Schlange, deren unrühmliche Rolle im Paradies zur Vertreibung von Adam und Eva führt und die zur Bestrafung ihre Beine verliert, ist von jeher eine ambivalente Tiergestalt. Zwar tritt sie im Paradies als Verführerin und Inkarnation des Teufels auf, aber sie ist auch von vornherein mit Wissen und Wahrheit verknüpft. Sie verführt Eva dazu, eine Frucht vom Baum der Erkenntnis zu essen, den Gott – wir müssen hier schon fast sagen: versucherisch – in die Mitte von Garten Eden setzte (vgl. 1. Mose 3). Warum einen Baum mit so köstlichen Früchten in unmittelbare Reichweite stellen, um dann die Kost zu verbieten? Ahnte der allwissende Gott nichts von der Versuchung? Wie auch immer, die erste freie Tat des Menschen ist eine böse, und das Böse erweist sich – bezeichnenderweise – als Streben nach Wahrheit.

Zur Bestrafung für diese Tat werden Adam und Eva sterblich, sie werden eigentlich erst Menschen, die der *Conditio humana* unterworfen sind: Leid, Arbeit und Tod. Dass die Wahrheit selbst lebensfeindlich sein könnte, ist ein nietzschescher Topos, der sich von der *Geburt der Tragödie* bis in sein Spätwerk zieht. Auch diesen werden wir im Auge behalten. Die Schlange in biblischer Metaphorik ist Symbol des Bösen und Erscheinungsgestalt des Teufels. Ihre Giftigkeit prädestiniert sie freilich dafür, mit dem Tod verbunden zu werden. Dass allerdings die Dosis das Gift macht und manches Giftige in geringer Menge auch heilsam sein kann, macht sie auch zum geeigneten Symboltier für die Arzneikunst. Der Asklepiosstab zeigt eine Schlange, die sich um einen Stock windet. Den Heroldsstab des Hermes, der Menschen in Schlaf versetzen kann, umwinden zwei. Darüber hinaus ist die Schlange, die sich in den Schwanz beißt, in der Ikonographie mit der Unendlichkeit verknüpft.

Der Adler, der König der Lüfte, steht am oberen Ende der Nahrungskette. Er ist ein Flugtier mit scharfen Augen, das keine Feinde fürchten muss. Dass der Steinadler auch Lämmer jagen kann – wir denken hier an das Lamm Christi –, sei nur am Rande bemerkt. Als Personifikation von Zeus (griechisch) und Jupiter (römisch) steht der Adler für den jeweils höchsten Gott und ist später höchst kaiserliches Symboltier. Der zweiköpfige Adler, dessen Bildnis babylonischen Ursprungs ist, steht wie die Schlange für Unendlichkeit. Zuletzt: Adler erlegen Schlangen, es handelt sich also um Fressfeinde. Als Zarathustras Freunde sind sie allerdings friedlich vereint, die Schlange ringelt sich (Symbol für Unendlichkeit) um den Hals des Adlers.

Zarathustra deutet die Unvereinbarkeit von Adler und Schlange, von Stolz und Klugheit an, wenn er um „Unmögliches" (Za I, 27) bittet. Eher fürchtet er, von seiner Klugheit denn von seinem Stolz verlassen zu werden, und bittet daher darum, dass, wenn die Klugheit davonfliegt, der Stolz, sein Adler, eben mit seiner Torheit fliege. Das Oxymoron der fliegenden Schlange (oder handelt es sich bereits um einen Drachen?) kennzeichnet Zarathustra erneut als Weisen, der in widersprüchlichen Bildern denkt. Die Torheit selbst erscheint allerdings aufgewertet: Zarathustra nimmt leicht und selbstironisch zur Kenntnis, dass seine Klugheit hin und wieder davonfliegt, sodass wir uns als Leser fragen können, ob es nicht manchmal geraten sein kann, der eigenen Torheit auf ihren Wegen zu folgen. Oder deuten die letzten Worte doch an, dass Zarathustra mehr Wert auf die Klugheit hätte legen sollen? Mit den Worten „– Also begann Zarathustra's Untergang" (Za I, 28) endet die Vorrede identisch wie der erste Abschnitt.

**Fragen und Anregungen**

- Nietzsche hat die einzelnen Abschnitte der Vorrede nicht betitelt, sondern lediglich mit Ziffern versehen. Wie würden Sie die Abschnitte betiteln? Denken Sie sich für die 10 Abschnitte eigene Überschriften aus.
- Zarathustra verspricht dem Seiltänzer, ihn mit seinen eigenen Händen zu begraben, lässt ihn dann aber einfach in einem hohlen Baum liegen. Wie können wir ein solches Verhalten deuten? Wie wird Zarathustra dadurch charakterisiert?
- Auf- und Untergang könnten Teil eines zyklischen Weltbildes sein. Auf welche anderen Weltbilder wird in der Vorrede noch angespielt?
- Welche Art Mensch wird mit dem ‚Übermenschen' angekündigt (s. Abschn. 2.2.4)? Sammeln Sie die repräsentativen Typen. Sagt Zarathustra ihr Scheitern voraus, wenn sie „als Verkündiger zu Grunde" gehen, oder gibt es verschiedene Interpretationsmöglichkeiten?
- Skizzieren Sie das Bild eines typischen Weisen, wie es Ihnen aus Literatur und Kunst geläufig ist. Inwiefern entspricht Zarathustra diesem Bild, worin weicht er davon ab?
- Das Höhlengleichnis von Platon gehört zu den berühmtesten der Philosophie und ist allemal lesenswert. Sie finden es in Platons *Politeia* (Pol, 514a–521b).

## 2.3 „Die Reden Zarathustra's"

Der erste Teil, der mit „Die Reden Zarathustra's" betitelt ist, erweckt mit der Überschrift den Eindruck einer Sammlung, die weder Vollständigkeit beansprucht noch eine unbedingt richtige Abfolge chronologischer Ereignisse darstellen will. Im Stil eines heiligen Textes tritt der von Nietzsche evozierte Berichterstatter hinter seine Erzählung zurück. Ob es sich um Augenzeugen, Anhänger oder Nacherzählende handelt, welche die unterschiedlichen Reden zusammenfügten, bleibt ungewiss. Als Leserin wissen wir natürlich, dass Nietzsche der alleinige Autor ist. Insofern er die Bibelsprache und den Gestus heiliger Texte imitiert, zeigt er damit, dass sich auch ohne göttliche Inspiration eine ‚sakrale' Schrift komponieren lässt. Das infantile Staunen, das einige Gläubige, gleich welcher Glaubensrichtung beim Lesen ihrer heiligen Schriften überkommt, wird von Nietzsche karikiert. Dies gelingt ihm freilich nur dann, wenn seine Sprache dem Niveau der Bibel oder eines anderen ‚heiligen Textes' nahekommt. Es verwundert nicht, dass manche sich lautstark gegen eine so hohe Einordnung nietzschescher Sprachkunst verwehren. Einige Kapitel beginnen ohne weiteren Einstieg mit Zarathustras Rede, anderen sind einleitende Worte vorangestellt, welche die Sprechsituation genauer charakterisieren. Die Handlung tritt im Vergleich zur Vorrede in den Hintergrund.

**Fragen und Anregungen**

- Die Aburteilung von Nietzsches Philosophie als demagogisch und amoralisch und die gelegentlichen Seitenschlägen gegen seinen Stil (einige geben ganz unumwunden zu, dass Nietzsche ein Genie des Aphorismus sei, nur um dann dem Aphorismus einen Mangel an intellektueller Sauberkeit zu unterstellen) unterscheiden sich von den modernen Einschätzungen, für die es zum guten Ton gehört, nicht alles vom Zarathustra als hohe Poesie durchgehen zu lassen. Falls Sie das interessiert, vergleichen Sie beispielsweise die Polemiken von Stein 1893, Seydl 1902, Tönnies 2007 (erstmals erschienen 1897) mit den nüchternen Urteilen von Fink 1960, Figal 1999, Gerhardt 2012. Exemplarisch hier Fink: „Der ‚Zarathustra' hat als Dichtung gewiß nicht den hohen Rang, den Nietzsche ihm zuschreibt; es ist zuviel Effekt, Wortspiel und ‚Bewußtheit' darin; nur selten gelingt das Symbol […]. Zuweilen aber wird die Darstellung zu einer kaum erträglichen Bibel-Parodie, mit zahllosen Entgleisungen, wo der Stil plötzlich aus einer Höhenlage jäh abstürzt; und dann gibt es wieder Stellen von makelloser Schönheit." (Fink 1960, S. 62).
- Behalten Sie folgende Frage im Hinterkopf: Haben die genannten Autoren Recht, fehlt Nietzsche etwas zum dichterischen Genie oder verrät das schulmeisterliche Urteil einen Mangel an Humor, mit dem diese Autoren Nietzsches Zarathustra – und besonders den vierten Teil – missverstehen? Wie würden Sie am Ende Ihrer Lektüre urteilen? Und verrät das Urteil mehr über Ihren eigenen Geschmack oder über Nietzsches Sprachkunst?

### 2.3.1 Von den drei Verwandlungen

Die erste Rede Zarathustras gehört zu den am intensivsten interpretierten Passagen des Werks, nicht zuletzt wegen der prominenten Stellung. Zarathustra beschreibt hier einen positiven Transformationsprozess des Geistes, der vom „Kamel" über den „Löwen" zum „Kinde" führt und der mit jedem Schritt größere Freiheit verspricht. Dass dieser Prozess nicht von selbst stattfindet, gleich einem inneren Reifungsprozess, sondern dass ihm ein Entschluss und eine Willensanstrengung zugrunde liegt, darf angenommen werden, wenn man die erste Stufe der Entwicklung betrachtet. Den „starken, tragsamen" (Za I, 29) Geist verlangt es nach einer schweren Aufgabe, denn er möchte „dem Kamele gleich [...] gut beladen sein" (Za I, 29).

Nur was eine solch schwere Aufgabe sein könnte, ist gar nicht so leicht zu beantworten: „sich erniedrigen, um seinem Hochmuth wehe zu thun? [...] von unserer Sache scheiden, wenn sie ihren Sieg feiert? [...] sich von Eicheln und Gras der Erkenntniss nähren und um der Wahrheit willen an der Seele Hunger leiden? [...] in schmutziges Wasser steigen, wenn es das Wasser der Wahrheit ist, und kalte Frösche und heisse Kröten nicht von sich weisen?" (Za I, 29)

Nimmt man einige dieser Aufgaben wortwörtlich, könnten sie als typisch asketische Übungen gelesen werden. So finden sich:

1. Entsagung – sofern man seine eigenen Bedürfnisse ignoriert oder ihnen zuwiderhandelt, z. B. dem Stolz mit Selbsterniedrigung begegnet, dem Triumph des Sieges und der Anerkennung den Rücken kehrt.
2. Hungern und Fasten – sich nur von Eicheln und Gras ernähren.
3. Verzicht auf Hygiene – zum üblichen asketischen Inventar gehört auch das Vernachlässigen des körperlichen Reinheits- und Pflegebedürfnisses, wie etwa sich nicht die Haare und nicht die Nägel zu schneiden. Diese Übung ist präsent in der Aufforderung „in schmutziges Wasser [zu] steigen" (Za I, 29).
4. Rückzug in die Einsamkeit – „die Tröster heimschicken" (Za I, 29), mit „Tauben Freundschaft schliessen" (Za I, 29), „dem Gespenste die Hand reichen" (Za I, 30) und nicht zuletzt in die „Wüste" (Za I, 30) gehen, den ältesten Ort, an dem der Weise sich in einen Erleuchteten verwandeln kann. Es sollte erwähnt werden, dass das altgriechische ἐρῆμος (*erēmos*) sowohl ‚Wüste' als auch ‚Einsamkeit' bedeuten kann.

Indes wird sofort durch mehrere Zusätze offensichtlich, dass nicht solche praktischen Übungen gemeint sind, denn es handelt sich bei der defizitären Ernährung um „Eicheln und Gras der Erkenntniss" (Za I, 29) und beim schmutzigen Wasser um „das Wasser der Wahrheit" (Za I, 29). Die angedeuteten asketischen Übungen sind also Metaphern für Übungen des Geistes, die keine reale körperliche Entsprechung haben. Die **Wüste** muss nicht draußen aufgesucht werden, sondern im eigenen Innern.

All diesen geistigen Übungen ist gemein, dass es sich um Formen der Selbstverleugnung handelt, insofern Bedürfnisse ignoriert oder sogar ins Gegenteil verkehrt werden. So wird anstatt der naheliegenden Abneigung derjenigen, die „uns verachten" (Za I, 30), die Liebe zu ihnen proklamiert, was an das christliche Gebot, die Feinde zu lieben, erinnert. (vgl. Mt 5, 43–44 oder auch: Lk 6, 27–28). Das traditionelle Ziel der asketischen Übungen ist nicht nur eine Belohnung im Jenseits, sondern auch Stärkung des Geistes, Abhärtung und vor allem Erleuchtung.

In der Wüste geschieht die zweite Verwandlung. Das **Kamel** verwandelt sich in einen **Löwen**, es beginnt die Last abzulehnen, die es trägt, und möchte „Herr sein in seiner eignen Wüste“ (Za I, 30). Der Löwe, zu dem das Kamel geworden ist, begegnet dem großen **Drachen** „Du sollst“ (Za I, 30), den er niederringen muss, um ihm sein „ich will“ (Za I, 30) entgegenzustellen. Auch diesen Teil scheint Nietzsche der typischen Heiligenerzählung zu entlehnen. Derjenige der in die Wüste geht, wird vom Teufel versucht. Und der Drache ist in der Symbolik der Johannes-Offenbarung nichts anderes als der Teufel. Diesem muss der Held der Geschichte widerstehen. Nietzsche bringt diese bislang bekannte Erzählung nun aber in eine Schieflage, denn der große Drache, der letzte Herr – der mit dem Teufel gleichgesetzt werden kann – wird auch mit dem Namen Gott bezeichnet: „Welches ist der grosse Drache, den der Geist nicht mehr Herr und Gott heissen mag?“ (Za I, 30) Gott und Teufel werden gleichgesetzt, das Böse an Gott ist sein „Du sollst!“ (Za I, 30), welches den Menschen negiert. Am Drachen glänzen „tausendjährige Werthe“ (Za I, 30) und er spricht: „Aller Werth ward schon geschaffen, und aller geschaffene Werth – das bin ich. Wahrlich, es soll kein ‚ich will‘ mehr geben!“ (Za I, 30) Der Drache repräsentiert die Forderungen, mit denen sich das Kamel dienstbar und ehrfürchtig beladen hat und gegen die sich der Löwe nun auflehnt.

Was der Löwe selbst möchte, das weiß er bislang nicht, aber er weiß, dass er nicht mehr in Diensten stehen mag, dass diese Wüste (sein Inneres) ihm gehört, selbst wenn Traditionen und jahrhundertelang gewachsene Wertvorstellungen ihn und sein Leben zu bestimmen drohen. Die Freiheit hat grundsätzlich zwei Bewegungsrichtungen: Es gibt eine Freiheit *von* etwas, man ist beispielsweise frei von Fesseln. Und es gibt eine Freiheit *zu* etwas, beispielsweise die Freiheit, Philosophie zu studieren. Die erste Freiheit nennt man negative Freiheit, die zweite positive Freiheit.

Der Löwe erkämpft sich vom Drachen, dem Symbol der christlichen Tradition, den Lasten der Selbstverleugnung, der Behauptung, dass der einzelne keinen Wert erschaffen könnte und der Eigenwille gebrochen werden muss, seine negative Freiheit. Das ist, zugespitzt formuliert, die Verneinung des christlichen Wertekosmos. Aber der Löwe ist in dieser Verneinung noch gefangen, denn er vermag es nicht, sich selbst Werte zu geben. Selbst in seiner Verneinung ist er noch Teil dieses Kosmos, wenn auch *ex negativo*.

Um auch die positive Freiheit zu erringen, bedarf es der dritten Verwandlung in ein **Kind**. Dem Kind kommt die Fähigkeit zu, Neues zu schaffen, ohne eines Referenzrahmens zu bedürfen: „Unschuld ist das Kind und Vergessen, ein Neubeginnen, ein Spiel, ein aus sich rollendes Rad, eine erste Bewegung, ein heiliges Ja-sagen.“ (Za I, 31) Im Spiel tun sich neue Möglichkeiten noch unbewertet auf. Lust und Spannung erregt das Spiel, ohne bereits mit moralischen Wertvorstellungen aufgeladen zu sein. Das Symbol des Kindes und des Spiels sollten aber nicht zu wörtlich genommen werden. Sie sind keine Stellungnahmen dazu, wie selbstschöpferisch tatsächliche Kinderspiele sind. Bei der Metapher handelt es sich, wie Nietzscheforscher betonen, um eine Anspielung auf das brettspielende Kind (vgl. Heraklit Fragmente, B 52) des ‚dunklen‘ Philosophen (dunkel, weil mystisch und unverständlich) Heraklit, den Nietzsches sehr schätzte. Philosophiehistorisch gesehen ist die Aufwertung des Spielens ungewöhnlich. Man spielt nicht mit Werten, man probiert sie nicht aus, sondern man erkennt sie, entweder Kraft der Einsicht in bzw. der Teilhabe an Gottes Wirken oder Kraft seiner Vernunft.

Die Rede von den drei Verwandlungen des Geistes enthält also einige provokante Spitzen, die sich gegen das Christentum und die philosophische Tradition richten. Zuletzt müssen wir uns aber noch dem Bild der ‚Wüste' zuwenden. Die Wüste wird im eigenen Inneren aufgesucht. Aber warum ist es eine Wüste und kein tropischer Urwald? Folgt hier Nietzsche nur der klassischen Heiligenerzählung, um sie besser umkehren zu können? Die Wüste ist der lebensfeindliche Ort schlechthin, dorthin trägt das Kamel seine traditionellen, lebensfeindlichen Glaubenssätze und kämpft als Löwe gegen seinen letzten Gott, den Drachen, um sich schließlich ins Kind verwandeln zu können. Es würde sich anbieten, die Wüste vor dem Hintergrund des Gottestodes zu deuten (von dem, wie Zarathustra sprach, heute alle Welt weiß): **Gott ist tot** und daher ist die innere Welt eine Wüste. Ohne Gott gibt es keine Ideale mehr. Trotzdem ist das Kamel mit den Werten der christlichen Tradition beladen, sie sind die einzigen, die es kennt, sie sind jahrtausendelang gewachsen, es hat sie geliebt und verehrt, weil sie das einzige sind, was man lieben und verehren konnte. Aber ohne einen Gott, der sie befiehlt, sind sie sinnlos und absurd. Ihre Geltung beziehen sie nur aus der Tradition, der Gewöhnung und der Erziehung. Sie sind nur Relikte eines Gottes, der kein Fundament und kein Leben mehr bietet. Insofern kann man die Wüste mit dem **Nihilismus** identifizieren, der aus dem Ungläubig-Werden der Menschen des Abendlandes resultiert. Sobald der Löwe sich ins Kind verwandelt, ist von der Wüste keine Rede mehr.

**Fragen und Anregungen**

- Lesen Sie den 16. Abschnitt von Nietzsches *Zur Genealogie der Moral II*. Skizzieren Sie, wie dort die Seelenentwicklung des Menschen vor sich geht. Spekulieren Sie: Inwiefern ist die Ausbildung des „schlechten Gewissens" sowohl negativ als auch positiv zu bewerten?
- „Auf hohe Berge steigen, um den Versucher zu versuchen?" (Za I, 29) ist ein Zitat aus der Rede. Ordnen Sie es in seinen Kontext ein und interpretieren Sie. Behalten Sie die Konnotation von „Versuchen" als Möglichkeit geistiger Verführung weiterhin im Hinterkopf.

### 2.3.2 Von den Lehrstühlen der Tugend

Die zweite Rede sticht in diesem ersten Teil insofern heraus, als sie die einzige ist, die nicht von Zarathustra, sondern von „einem Weisen, der gut vom Schlafe und von der Tugend zu reden wisse" (Za I, 32), gehalten wird. Zarathustra, dem die Lehren dieses Weisen gerühmt wurden, möchte sich selbst ein Bild machen und sitzt schon bald mit einigen Jünglingen zu seinen Füßen.

Der Weise empfiehlt vierzig Übungen, die aus zehn Überwindungen, zehn Versöhnungen, zehn Wahrheiten und zehn Heiterkeiten bestehen und die zu einem guten Schlaf führen würden, vor dem Respekt und Ehrfurcht angebracht sei. Er empfiehlt Tugenden wie Ehrlichkeit und Bescheidenheit, die auf die zehn Gebote anspielen: „Werde ich falsch Zeugniss reden? Werde ich ehebrechen? Werde ich mich gelüsten lassen meines Nächsten Magd? Das alles vertrüge sich schlecht mit gutem Schlafe." (Za I, 32 f.) Weit weniger streng als die üblichen religiösen Gebote fügt der Weise an: „Und selbst wenn man alle Tugenden hat, muss man sich noch auf Eins verstehn: selber die Tugenden zur rechten Zeit schlafen schicken" (Za I, 33). Zu viele Gedanken über Tugenden, ihren möglichen Widersprüchlichkeiten, ihren Wahrheitsgehalt scheinen für den guten Schlaf hinderlich zu sein. Wenn sie dem Tugendhaften in ihrer extremen Ausprägung schädlich werden könnten, sei es angeraten, auf sie zu verzichten. Anstatt religiöser Strenge und Dogmatik, predigt der Weise Toleranz: „Friede mit Gott und dem Nachbar: so will es der gute Schlaf. Und Friede auch noch mit des Nachbars Teufel! Sonst geht er bei dir des Nachts um" (Za I, 33). Die Andersheit des Anderen, seine Überzeugungen oder Glaubensinhalte, die Widerspruch und Streit heraufbeschwören könnten, sollten toleriert und anerkannt werden.

Auch mit den Herrschenden sollte man sich nicht anlegen, selbst bei offensichtlichen Ungerechtigkeiten oder Fehlern. Die Macht, so der Weise, wandelt nun mal auf „krummen Beinen" (Za I, 33). Wer sich dagegen auflehne, riskiere seinen guten Schlaf, weil, so dürfen wir vermuten, die realen Probleme, die aus der Revolte gegen die Obrigkeit hervorgehen könnten, das Sicherheitsgefühl als Grundlage des guten Schlafes beeinträchtigen würden. Am besten solle man denjenigen folgen, die einen satt zu machen vermögen, also dem Hirten, „der sein Schaf auf die grünste Aue führt" (Za I, 33). Außerdem sei es gut, bescheiden zu sein – „viel Ehren will ich nicht, noch grosse Schätze" (Za I, 33) –, aber ein wenig Respekt, ein gutes Einkommen und Eigentum würden ebenfalls den guten Schlaf befördern.

Wenn nun aber der Abend gekommen sei, solle man alle seine vierzig bewältigten Aufgaben aufzählen und so werde der gute und wohlverdiente Schlaf bald über einen kommen.

Zarathustra lacht im Stillen über diesen Weisen, nennt ihn einen Narren, der sich aber immerhin auf die eine Sache, nämlich „das Schlafen" (Za I, 34), wohl verstehe. Er kritisiert in Gedanken, dass das Wertvolle, das Leben, im Dienst des Niederen, des Schlafens, stehe: „Weisheit heisst: wachen, um gut zu schlafen" (Za I, 34), und behauptet, dass dies überhaupt das Ziel der Lehren der bisherigen Weisen gewesen sei: „Allen diesen gelobten Weisen der Lehrstühle war Weisheit der Schlaf ohne Träume: sie kannten keinen bessern Sinn des Lebens" (Za I, 34). Nun aber habe ihre Stunde geschlagen: „[I]hre Zeit ist um. Und nicht mehr lange stehen sie noch: da liegen sie schon. Selig sind diese Schläfrigen: denn sie sollen bald einnicken" (Za I, 34).

Der **Weise des Guten Schlafes** dient als Kontrastfolie, von der Zarathustra sich umso deutlicher abheben soll. Man könnte beide zunächst nah beieinander verorten: Beide fordern Überwindung und Selbst-Versöhnung, suchen nach Wahrheit und stellen das Lachen als ein Zeichen der (Selbst-)Distanzierung, der Lebensbejahung und Freiheit in den Vordergrund. Von diesen Ähnlichkeiten sollte man sich aber nicht täuschen lassen.

Zunächst setzt der Weise die Quantität über die Qualität in Form der verlangten zehn Übungen in Überwindung, Versöhnung, Wahrheit und Heiterkeit. Gefordert wird jedoch keine extreme Praxis, sondern eher eine umfassende. „[M]an muss alle Tugenden haben" (Za I, 33), spricht der Weise, aber wenn Tugenden miteinander kollidieren, soll man sie schlafen schicken. Es gibt keine Prüfung der Tugenden, anstatt der behaupteten Wahrheitssuche gilt es, beschäftigt zu sein. Da diese Beschäftigungen als tugendhafte Übungen *per se* als gut gekennzeichnet sind, werden Grübeleien und schmerzhafte (Selbst-)Kritik vermieden und tiefere Problematiken in den Hintergrund gedrängt. Man ist beschäftigt und hat ein gutes Gewissen. Das Beschäftigtsein (mit einer Anzahl im Grunde genommen belangloser Aufgaben) und das reine Gewissen sind Bedingungen für den guten Schlaf.

Der gute Schlaf sei, so schlussfolgert Zarathustra, der traumlose. Er könnte auch als ein kleiner, vorübergehender Tod interpretiert werden. Das Leben ist dazu da, verdrängt zu werden, es soll in den Hintergrund treten zugunsten eines schmerzfreien, bewusstlosen Zustands. Insofern ist das Versprechen des tugendhaften Weisen ein gleichgültiges Leben, das Aufgabe und Herausforderung nie ins Bewusstsein treten lässt. Es soll nur möglichst ohne Schwierigkeiten verbracht werden. Nach den vielen kleinen Toden all der traumlosen Nächte steht am Ende der große, endgültige Tod, in den man ironischerweise auch ohne den Umweg des Lebens hätte hinüberschreiten können. Der Tod ist das Ziel dieses Lebens und der Schlaf die kleine Vorwegnahme des Endziels. Die Abwesenheit von Leid, die in manchen Religionen (z. B. im Buddhismus als Nirwana) für den Weisen als Endziel versprochen wird, steht in diesem Text in der Kritik.

Andererseits scheinen die Lehren des Weisen auch einer verkleinerten Form von Christentum zu entsprechen. Die christlichen Werte sind noch in Geltung, aber in verminderter Form. Dort wo sie den Einzelnen über die Maßen beanspruchen könnten (beispielsweise durch das Gebot der Nächstenliebe oder der Keuschheit), werden sie abgemildert. So erscheint der Weise des Guten Schlafes als jemand, der sich zwar verschiedene Versatzstücke diverser religiöser Lehren herausgepickt hat, aber keinen höheren Sinn in Aussicht stellen kann, der seine asketischen Übungen begründen würde. Insofern der Schlaf als erstrebenswertes Ziel den Tod vorwegnimmt, erweist sich dieser Lehrer sogar als Nihilist. Anstatt im Leben ein Ideal zu errichten, etwas zu vergöttlichen, behandelt er das Leben wie eine missliche Angelegenheit, die man möglichst konfliktfrei hinter sich bringen sollte.

Eine solche (möglicherweise atheistische) Lehre des guten Lebens, die aber nicht mehr als ein gutes Gewissen und traumlosen Schlaf versprechen kann, wird am Ende nicht überzeugend sein. Zarathustras Lehre, so dürfen wir annehmen, wird in Konkurrenz zu ihr treten.

### Fragen und Anregungen

- Finden Sie in der Rede des Weisen noch mehr Anspielungen auf Bibelstellen?
- Der Weise intendiert seine Rede nicht als satirische, obwohl wir als Leser sie als Satire verstehen. Spekulieren Sie: Wie würden Sie sie auffassen, wenn Za-

rathustra sie nicht abwerten würde? Könnten Sie sich vorstellen, an der Lehre Gefallen zu finden?

### 2.3.3 Von den Hinterweltlern

In der dritten Rede erfahren wir etwas über Zarathustras eigene Vergangenheit. Gleich anderen Gläubigen – die Zarathustra despektierlich **Hinterweltler** nennt, da sie ein nicht existentes Jenseits, d. h. eine Welt hinter der leiblichen Welt, annehmen – habe er selbst früher einmal eine **Hinterwelt** und einen Gott für wahrhaft existent gehalten.

Es sei das Leiden an der Welt gewesen, eine Form von Krankheit, welches die Welt in so düsteren Farben gemalt habe, dass sie ihm wie „farbiger Rauch vor den Augen eines göttlich Unzufriednen" erschienen sei. In dieser Krankheit, die von „Müdigkeit" (Za I, 36), „Verzweiflung" (Za I, 36) und „Unvermögen" (Za I, 36) geprägt gewesen sei und moderne Leser an eine Depression erinnern kann, kam ihm die Welt wie ein „unvollkommenes Abbild – eine trunkne Lust ihrem unvollkommenen Schöpfer" vor. Die Schöpfung Gottes erscheint nunmehr nicht als Geschenk, sondern so defizitär wie dieser Gott selbst. Er habe die Welt erschaffen, weil er von sich „[w]egsehn wollte" (Za I, 35). Nietzsche lässt Zarathustra hier mit religiösen Vorstellungen spielen, die er nach eigenem Gusto verzerrt. Der allmächtige, allwissende und allgütige Gott des Christentums wird unglaubwürdig. Er hat eine offensichtlich unvollkommene Welt erschaffen und daher liegt für Zarathustra der Gedanke nahe, dass auch der Erschaffer selbst unvollkommen ist: das heißt gelangweilt, unzufrieden und unfähig. Gleichzeitig rekurriert Nietzsche auf Platons Philosophie, der zufolge die Sinnenwelt als bloßes Abbild einer Ideenwelt grundsätzlich als defizitär zu begreifen ist. Auch auf östliche Religionen, welche die Sinnenwelt nur als Scheinwelt deuten, wird angespielt. Implizit soll dadurch ein religiöser Deutungshorizont enttarnt werden, der die Sinnenwelt abwertet.

Diese negative Weltdeutung ist aber keine Wahrheit, sondern nur der Versuch, der Krankheit zu entkommen: „Müdigkeit, die mit Einem Sprunge zum Letzten will, mit einem Todessprunge […] die schuf alle Götter und Hinterwelten" (Za I, 36). Der Wunsch, der Sinnenwelt zu entkommen, ist aber selbst ursächlich bedingt durch ein leibliches Leid, und wenn der Mensch auch glaubt, dass es der „Bauch der Seins" (Za I, 36) ist, der zu ihm spricht, so handelt es sich vermutlich weit eher um den eigenen Bauch, der da redet und an der Welt nur Ungenügen findet. Gleichgültig welcher Wert und welches Leid in der Welt gesehen wird, es ist immer ein von Menschen erdachter und erfundener Wert. Eine intelligible, rein geistige Erkenntnis gibt es nicht.

Es zeigt sich, dass die Anspielungen und die Kritik sich nicht nur auf den Bereich der Religion beschränken, sondern auch auf den erkenntnistheoretischen erstrecken. So kann man einen subtilen Angriff auf die kantische und schopenhauersche Philosophie entdecken. Kant versucht in seiner *Kritik der reinen Vernunft* zu zeigen, dass wir Menschen nur zu einer objektiven Erkenntnis, das heißt einer für alle vernünftigen Wesen gültigen gelangen können, wenn wir eine sinnlich wahrnehmbare Vorstellung von Etwas haben und dieses Etwas mit den Begriffen der Vernunft analysieren können. Da beispielsweise ein vollkommener Gott *über* unseren sinnlich wahrnehmbaren Vorstellungen liegt, können wir über ihn keine objektive Erkenntnis besitzen. Alles, worüber wir aber solche Erkenntnisse haben können, sind *keine Dinge an sich*, d. h. wie sie eben sind, wenn niemand sie wahrnimmt, sondern nur *Dinge, wie sie uns erscheinen*. Die kantische Welt der objektiven Tatsachen ist also eine Welt, wie sie uns erscheint, in nietzschescher Kritik eben eine Scheinwelt, während die wahre *Welt an sich* eine ist, über die wir nichts aussagen können. Sie könnte auch, wie Zarathustra es formuliert, eine „entmenschte unmenschliche Welt" sein, die eigentlich ein „himmlisches Nichts ist" (Za I, 36), also nicht existiert. Schopenhauer hat diese Leerstelle – „die Welt an sich" – zu füllen versucht, indem er in seinem Hauptwerk *Die Welt als Wille und Vorstellung* das *Ding an sich* als Wille begreift und die Welt als dessen bloß äußerliche Erscheinung. Auf diesen Willen ist mit „Bauch des Seins", den man sich leicht als hungrigen, drängenden vorstellen kann, angespielt. Der dunkle Drang, so Zarathustra, ist nicht außerhalb des Menschen zu verorten, er ist eben kein „Ding an sich", denn dieser „redet gar nicht zum Menschen, es sei denn als Mensch" (Za I, 36). Schopenhauers Metaphysik wird damit ebenfalls eine Absage erteilt.

Einzusehen, dass Götter und auch alle jenseitigen philosophischen Reiche nur Projektionen des Ichs sind, kann als Stufe zu einer höheren Form von **Redlichkeit** gesehen werden. Redlichkeit kann in Zarathustras Rede als eine Form von (Selbst-) Prüfung verstanden werden, welche Bedingungen enttarnt, unter denen etwas für wahr gehalten werden soll.

Diese Prüfung exemplifiziert Zarathustra am Beispiel des Glaubens an ein Paradies: In dem Moment, wo das Leben selbst als eine so beschwerliche Aufgabe erscheint, dass man an ihr nahezu zerbricht, findet der Selbsterhaltungstrieb einen Ausweg, eine Weltdeutung, die erlaubt, das Leben unter herabgesetzten Erwartungen fortzusetzen: Das mühsame irdische Leben muss ausgehalten werden (Selbsttötungsverbot), man sollte den Genüssen entsagen, enthaltsam und bescheiden leben, um einmal ins Paradies eingehen zu können, denn das allein sei tugendhaft. Dem Paradies werden allerdings alle schönen irdischen Genüsse zugeschrieben, auf die man selbst im irdischen Leben verzichten muss. So spricht Zarathustra: „Kranke und Absterbende waren es, die verachteten Leib und Erde und erfanden das Himmlische und die erlösenden Blutstropfen: aber auch noch diese süssen und düstern Gifte nahmen sie von Leib und Erde!" (Za I, 37).

Zarathustra kreidet all denen, die den religiösen Heilsvorstellungen Glauben schenken, an, dass sie zu schwach sind, um sich ein Leben zu erringen, das sie glücklich machen könnte, und dass sie die Genüsse verteufeln, weil sie sie selbst nicht haben können: „Ihrem Elende wollten sie entlaufen, und die Sterne waren ihnen zu weit. Da seufzten sie: ‚Oh dass es doch himmlische Wege gäbe, sich in ein andres Sein und Glück zu schleichen!'" (Za I, 37).

Insofern diese Deutungen das Leben unterstützen, selbst noch in der Abwertung des Daseins, können sie auch als Heilmittel und „Tränklein" (Za I, 37) für Kranke betrachtet werden. Zarathustra hofft, dass die „Kranken" (Za I, 37) solcher bald nicht mehr bedürfen und dass sie einmal so wie er „Genesende werden und Überwindende und einen höheren Leib sich schaffen“ (Za I, 37).

Aber nicht alle Gläubigen sind Zarathustra zufolge wirklich gläubig. Manche wollen nur andere zum Glauben verführen, um besser über sie herrschen zu können. Die Aufklärer, die mystische und religiöse Weltbilder kritisieren, sind eine Gefahr für religiöse Autoritäten: „Rückwärts blicken sie immer nach dunklen Zeiten: [...] sie wollen, dass an sie geglaubt werde, und Zweifel Sünde sei“ (Za I, 37). Nicht selten leisteten sich diese Autoritäten, was sie den anderen als Sünde versagten: „Allzugut weiss ich auch, woran sie selber am besten glauben. Wahrlich nicht an Hinterwelten und erlösende Blutstropfen: sondern an den Leib glauben auch sie am besten, und ihr eigener Leib ist ihnen ihr Ding an sich“ (Za I, 38). Priestern, die Zarathustra ‚Prediger des Todes‘ nennt, unterstellt er Heuchelei. Sie glauben die Lehren selbst nicht, die sie verbreiten, sie predigen eine Religion der Unterwerfung und Entsagung und wollen selbst irdische Macht.

Konträr zur metaphysischen Abwertung des Körpers rückt Zarathustra den „gesunde[n] Leib“ (Za I, 38) ins Zentrum seiner Verkündigung. Dieser vermittelt den „Sinn der Erde“ (Za I, 38). Damit vollzieht Zarathustra eine deutliche Aufwertung der Leiblichkeit und kehrt sich von traditionellen, abendländischen Entwürfen der Philosophie mit ihrer Körperfeindlichkeit ab.

**Fragen und Anregungen**

- Nietzsche findet 1865 Schopenhauers Hauptwerk in einem Antiquariat und war von der Lektüre zutiefst beeindruckt. Noch sein erstes Buch *Die Geburt der Tragödie* ist seinen damaligen geistigen Vorbildern Schopenhauer und Wagner verpflichtet. In Nietzsches späteren Werken, beginnend ab *Menschliches, Allzumenschliches*, kritisiert er beide scharf. Schopenhauer ist ein farbenprächtiger Beschreiber, wenn es um das Elend des menschlichen Daseins geht. Wer sich mit seinem Diktum „Alles Leben ist Leiden“ auseinandersetzen möchte, lese einmal § 57 aus *Die Welt als Wille und Vorstellung*.
- Kants Philosophie gilt bis heute als revolutionär, nicht zuletzt, weil er damit nach eigener Aussage die „kopernikanische Wende“ in der Philosophie einleitet. Was wir von der Welt erkennen können, hängt von unserem Wahrnehmungs- und Denkvermögen ab, es gibt keine subjektunabhängige Erkenntnis. Bekanntlich ist Kants Philosophie nicht leicht zu lesen. Wer es wagt, sich auf die *Kritik der reinen Vernunft* einzulassen, wird sich über eine gute Interpretationshilfe freuen. *Kants Kritik der reinen Vernunft. Die Grundlegung der modernen Philosophie* (2023) von Otfried Höffe ist ein exzellenter Begleiter.

### 2.3.4 Von den Verächtern des Leibes

Die vierte Rede betont die Aufwertung des Leibes und die Ablehnung des Dualismus. Zarathustra stellt klar: „Leib bin ich ganz und gar, und Nichts ausserdem; und Seele ist nur ein Wort für ein Etwas am Leibe“ (Za I, 39). Der **Leib** umfasst das gesamte Selbst, einschließlich Seele und Vernunft. Das bedeutet auch, dass die Seele nicht unsterblich ist, sondern mit dem Leib vergeht. Der platonische Dualismus wird damit verworfen.

Zarathustra unterscheidet zwischen der **kleinen Vernunft**, der Fähigkeit in Begriffen zu denken und der **großen Vernunft des Leibes**, die eine höhere Instanz darstellt. Die kleine Vernunft, die der Mensch Geist nennt, ist nur ein Teil des Leibes. Das bedeutet der Geist ist keine eigenständige Substanz, sondern ebenfalls leiblich bedingt.

Besonders der neuzeitliche Dualismus von Körper und Geist, wie ihn René Descartes formulierte, wird kritisiert. In seinem berühmten Gedankenexperiment aus den *Meditationes de prima philosophia* fragt er sich, welcher Sache man sich überhaupt sicher sein dürfe, wenn man doch alles anzweifeln könne. Die Wirklichkeit könnte doch auch ein Traum sein, ein böser Geist könnte einen ständig über die Welt täuschen (vgl. Med., S. 31–41). Schließlich findet Descartes jedoch den denkenden Geist als unbezweifelbare Gewissheit: „Das Denken ist's, es allein kann von mir nicht getrennt werden. Ich bin, ich existiere, das ist gewiß. Wie lange aber? Nun, solange ich denke" (Med., 47). Descartes' berühmte Schlussfolgerung „cogito ergo sum", auf Deutsch „Ich denke, also bin ich", schließt vom Denken auf die Existenz. Weil der Mensch im Denken nicht bezweifeln kann, dass er es ist, der denkt, muss er existieren. Damit setzte er das Denken als Grundlage des Seins und degradierte den Leib zur bloßen *res extensa*, einer mechanischen Substanz. Tiere ohne Geist seien folglich nur Automaten. Zarathustra stellt diese Perspektive infrage: „Leib und seine grosse Vernunft [sagen] nicht Ich, aber thun Ich" (Za I, 39). Der Leib ist eine handelnde, fühlende Gesamtheit, eine „grosse Vielheit mit Einem Sinne, ein Krieg und ein Frieden, eine Heerde und ein Hirt" (Za I, 39).

Nach Descartes gerät Kant implizit in den Fokus der Kritik. Kant überwand den Rationalismus Descartes' und den Empirismus Lockes, indem er Denken und Sinneserfahrung als wechselseitig notwendig ansah. „Gedanken ohne Inhalt sind leer, Anschauungen ohne Begriffe sind blind" (KrV B 75). Wir könnten nicht sagen, dass wir etwas wahrnehmen, wenn wir nicht die Fähigkeit hätten, in Begriffen zu denken und ein Etwas als Etwas auszumachen. Und wir hätten auch keinen Inhalt, über den wir in Begriffen reden könnten, wenn wir nicht etwas sinnlich wahrnehmen würden. Zarathustra hält dieses Modell für zu simpel: „Sinn und Geist möchten dich überreden, sie seien aller Dinge Ende: so eitel sind sie" (Za I, 39). Er betrachtet sie lediglich als „Werk- und Spielzeuge" des Selbst. Auch die kantische Unterscheidung von Sinnlichkeit und Vernunft wird hinterfragt: „Das Selbst sucht auch mit den Augen der Sinne, es horcht auch mit den Ohren des Geistes" (Za I, 39).

**Das Selbst** bzw. der Leib umfasst mehr als Gedanken und Gefühle. Es ist eine höhere Instanz als das denkende Ich. Dieses überschätzt sich selbst, wenn es sich für das Maß aller Dinge hält: „Das Selbst sagt zum Ich: ‚hier fühle Schmerz!' Und da leidet es und denkt nach, wie es nicht mehr leide – und dazu eben soll es denken" (Za I, 40). Das Denken ist eine Funktion des Leibes, nicht umgekehrt.

Der Leib begehrt nicht bloß Wohlbefinden, sondern will „über sich hinaus schaffen" (Za I, 40). Die **Verächter des Leibes**, die ihn geringschätzen, verkennen die schöpferische Kraft des Selbst und verhindern so ihre eigene Entwicklung. Sie entwerten die größere Einheit zugunsten eines isolierten Aspekts – mit fatalen Folgen: „[E]uer Selbst selber will sterben und kehrt sich vom Leben ab" (Za I, 40). Zarathustra sieht in dieser Haltung Heuchelei: „Ein ungewusster Neid ist im scheelen Blick eurer Verachtung" (Za I, 41). Ihr Weg führt nicht zum Übermenschen, sondern ins Nichts – eine Richtung, die Zarathustra entschieden ablehnt.

**Fragen und Anregungen**

- Descartes' *Meditationen* sind als Beispiel radikalen philosophischen Zweifels berühmt geworden. Lesen Sie die ersten beiden Meditationen – es handelt sich nur um 15 eingängig und verständlich geschriebene Seiten (Med.).
- Eine genaue Interpretation der vierten Rede vom bekannten Nietzsche-Forscher Volker Gerhardt finden Sie in: Gerhardt 2012, S. 93–122.
- Interessieren Sie sich für die Philosophie des Geistes? Paul Katsafanas systematisiert in seinem Werk *The Nietzschean Self* Nietzsches Ansichten zur Konstitution des Subjekts. Darüber hinaus versucht er zu zeigen, inwiefern Nietzsches Modell gegenüber demjenigen von Freud und Aristoteles überlegen sei, sodass der Leser einen guten Einblick in die aktuelle amerikanische Forschung zur Philosophie des Geistes erhält (Katsafanas 2016).

### 2.3.5 Von den Freuden- und Leidenschaften

Zarathustra möchte ein neues Verhältnis zu den eigenen Tugenden etablieren. Der Begriff der Tugend (lat. *virtus*, griech. *areté*) bezeichnet eine erstrebenswerte, moralisch wertvolle Eigenschaft eines Menschen, die sein Denken und Handeln leitet. Tugenden sind in philosophischen, ethischen und religiösen Traditionen zentrale Konzepte, die das Gute und das richtige Verhalten definieren. In der Antike war die Tugend (*areté*) zunächst ein Begriff für Exzellenz oder Vortrefflichkeit in einem bestimmten Bereich. Bei Platon und Aristoteles wurde Tugend zur charakterlichen Qualität, die ein gelungenes Leben ermöglicht. Im Christentum wurden die antiken Tugenden weiterentwickelt und um die theologischen Tugenden Glaube, Hoffnung und Liebe (1 Kor 13,13) ergänzt. Die sogenannten Kardinaltugenden (Weisheit, Gerechtigkeit, Tapferkeit, Mäßigung) wurden zentral für die christliche Moral.

Anstatt, dass Zarathustra ein verbindliches Set verschiedener löblicher Charaktereigenschaften formuliert, fordert er dazu auf, die eigene Tugend als ganz und gar individuelle zu betrachten. Nicht ein gemeinsamer Wertekanon verbürge das Recht und den Wert einer Tugend, sondern dass man sie selbst gutheiße, weil man sie gar nicht anders empfinden könne: „dieser Vogel baute bei mir sich das Nest" (Za I, 42). Hüten sollte man sich davor, die eigene Tugend mit anderen gemein zu machen: Indem man sie benenne, sie unter einen Begriff bringe, den auch andere zu verstehen glauben, mache man sie zu einer gemeineren Tugend, die man nachher noch mit „Volk und Heerde" (Za I, 42) teile.

Ein klarer Individualismus und Elitarismus wird in dieser fünften Rede deutlich. Die assoziierte dumme Schafherde wird verspottet, von der es sich zu distanzieren gilt, um seine Distinktion zu betonen. Mache dich mit dem Niedrigen nicht gemein, noch nicht einmal in ihren höheren Zielen und Idealen, denn auch diese sind gering (Elitarismus). Niemand anderes als du selbst verbürgst den Wert deiner Tugend, sie ist gut, weil du sie gut nennst. Du bist der Schöpfer ihres Wertes und sie ist für sich selbst und die eigene Steigerung wertvoll, nicht für eine fremde oder inexistente Herrlichkeit (Individualismus): „Nicht will ich es als eines Gottes Gesetz, nicht will ich es als eine Menschen-Satzung und -Nothdurft: kein Wegweiser sei sie mir für Über-Erden und Paradiese" (Za I, 42).

Die Tugenden selbst seien aus den Leidenschaften, den des Selbst inhärenten Triebkräften, entstanden: „Einst hattest du Leidenschaften und nanntest sie böse. Aber jetzt hast du nur noch deine Tugenden: die wuchsen aus deinen Leidenschaften" (Za I, 43). Einige der Triebkräfte, die sich im Charakter verfestigen, werden gut genannt, dann sind sie eine Tugend, die anderen böse, dann sind sie eine Leidenschaft. Was macht also den Unterschied, wenn sie einem gemeinsamen Nährboden entstammen? Der Unterschied entsteht durch unsere Bewertung. Wenn man, wie Zarathustra fordert, das „höchste[…] Ziel diesen Leidenschaften an's Herz" (Za I, 43) legt, wird eine Leidenschaft zu einer Tugend, weil wir selbst das Ziel als gut definieren und was immer es befördert ebenso. Diejenigen Triebkräfte, die unser Ziel nicht befördern, sondern ihm entgegenstehen, können wir weiterhin „Leidenschaft" nennen. Damit enthebt Zarathustra den Tugendbegriff des moralischen Kontextes, in dem wir gewöhnlicherweise Tugend verstehen. Es gibt auch keinen fundamentalen Unterschied zwischen Tugend und Leidenschaft mehr. Sie unterscheiden sich nur noch durch unsere subjektive Wertung und unsere subjektiven Ziele. Leidenschaft wird damit nebenbei aufgewertet.

In dem Wort Leidenschaft steckt buchstäblich der Drang, der Leiden schafft. Und es wird nicht verwundern, dass sie in der traditionellen Geistesgeschichte des Abendlandes unter einem schlechten Stern stehen. Wer leidenschaftlich ist, gilt als unbeherrscht, als seinen schwankenden Stimmungen und Emotionen unterworfen. Das, was dir gefällt, was du liebst und was dich erfreut, das, was du leidenschaftlich suchst, das, wohin du dich getrieben fühlst, wird nicht durch die Vernunft bestimmt. Im Reich der Emotionen und Neigungen bewegen wir uns im Reich des Chaos. Aufgrund der menschlichen Sinnlichkeit gilt der Mensch in der traditionellen Philosophie als leicht verführbar zum Bösen. Für Kant noch ist die ‚gute Handlung', die allein aus einer Neigung heraus motiviert wird, moralisch gesehen wertlos, weil sie nicht allein aus Achtung vor dem moralischen Gesetz geschieht, nicht aus Pflicht, sondern zufällig gemäß der Pflicht (vgl. GMS 397–401).

Dass Tugenden und Leidenschaften möglicherweise den gleichen Grund im Selbst haben, ist eine philosophische Provokation. Kant, der eine Pflicht- und keine Tugendethik vertritt, wäre damit weniger getroffen als beispielsweise der christliche Tugendkanon oder eine aristotelische Ethik. Die Tugend nach Aristoteles bewegt sich in der Mitte zwischen zwei Extremen: Tapferkeit steht zwischen Feigheit und Tollkühnheit, Besonnenheit zwischen Zögerlichkeit und Impulsivität. Dieses mittlere Wesen der Tugend lehnt Zarathustra ab. Wann ist eine Tugend gut? Wenn durch sie das ‚höchste Ziel' verwirklicht werden kann. Dem Extremen werden keine Grenzen gesetzt, die Zügel werden losgelassen. Ab jetzt werden wir eine Tugend eine Leidenschaft nennen, wenn sie Leiden bringt, eine **Freudenschaft**, wenn sie Freude bringt – so legt es Zarathustra nahe.

Dass den Tugenden und ihrem starken Triebcharakter doch ein ambivalenter Grundzug innewohnt, bezweifelt Zarathustra indes nicht. Tugenden können miteinander im Widerspruch liegen, jeder Trieb (z. B. der nach Geborgenheit oder Erfüllung oder Erregung) möchte der Herrschende sein. Je mehr Tugenden du hast, desto reicher und intensiver ist das Innenleben, aber leicht wird es auch unerträglich: „Auszeichnend ist es, viele Tugenden zu haben, aber ein schweres Loos; und Mancher gieng in die Wüste und tödtete sich, weil er müde war, Schlacht und Schlachtfeld von Tugenden zu sein“ (Za I, 43). Eine gewisse Skepsis gegen pure Leidenschaftlichkeit wird in diesen Zeilen deutlich: Sind die Säulenheiligen vielleicht nur in die Wüste gegangen, um ihren Leidenschaften zu entsagen, weil sie zu viele hatten? Ist die christliche Polemik gegen die Leidenschaft, nur Ausdruck ihres Leidens an ihrem Zuviel von Leidenschaftlichkeit?

In irgendeiner Form müssen die Triebkräfte der Tugenden unter Kontrolle gehalten werden, auch wenn die Leidenschaft zur höchsten Form hinstrebt, neigt sie dazu, für das Selbst alles sein zu wollen: „sie will deinen ganzen Geist, dass er *ihr* Herold sei, sie will deine ganze Kraft in Zorn, Hass und Liebe“ (Za I, 43). Darunter kann das Leben leicht verarmen und die verkümmerten Bedürfnisse, also diejenigen, die ignoriert werden, können sich in einer einzigen Tat gegen das Selbst zerstörerisch erheben: „Eifersüchtig ist jede Tugend auf die andre [...]. Wen die Flamme der Eifersucht umringt, der wendet zuletzt, gleich dem Scorpione, gegen sich selber den vergifteten Stachel“ (Za I, 43).

Und was ist nun Zarathustras Ratschlag zum Umgang mit Tugenden? Wenn sie so ambivalent und gefährlich sind, müsste man sie dann nicht doch einhegen? Irgendwie kontrollieren? Aber Zarathustra redet ganz der Maßlosigkeit das Wort. Erst einmal müssen die Tugenden ausbrechen, die so lange verleumdet wurden. Kann sein, dass der Mensch daran zugrunde geht, vielleicht wird er aber auch als verwandelter neu auferstehen: „Der Mensch ist Etwas, das überwunden werden muss: und darum sollst du deine Tugenden lieben, – denn du wirst an ihnen zu Grunde gehn“ (Za I, 44).

### Fragen und Anregungen

- Wenn Sie ihre Kenntnisse der aristotelischen Tugendethik vertiefen wollen, lesen Sie das zweite Buch von Aristoteles' *Nikomachischer Ethik*. Inwiefern stellt Aristoteles die Tugend als Mittleres zwischen zwei Extremen vor? Wie definiert er Leidenschaften? In welchem Verhältnis stehen Tugenden und Leidenschaften bei ihm?
- Nietzsche wertet verachtete Triebkräfte auf: „Mein Bruder, ist Krieg und Schlacht böse? Aber nothwendig ist diess Böse, nothwendig ist der Neid und das Misstrauen und die Verleumdung unter deinen Tugenden“ (Za I, 43). Wie verteidigt Nietzsche diese Triebkräfte? Für wie überzeugend halten Sie seine Argumentation? Wie würden Sie diese stützen, wie angreifen?

### 2.3.6 Vom bleichen Verbrecher

Die sechste Rede thematisiert Verbrechen und Strafe, denn Zarathustra trifft auf einen Verurteilten: „Ihr wollt nicht tödten, ihr Richter und Opferer, bevor das Thier nicht genickt hat? Seht, der bleiche Verbrecher hat genickt" (Za I, 45). Nun appelliert Zarathustra, den **Verbrecher** zu töten: „Dass er sich selber richtete, war sein höchster Augenblick [...]. Es giebt keine Erlösung für Den, der an sich selber leidet, es sei denn der schnelle Tod. Euer Tödten, ihr Richter, soll ein Mitleid sein und keine Rache" (Za I, 45).

Keinen Gnadenakt fordert Zarathustra, sondern die Tötung des Verbrechers. Nicht als Rache oder als Ausgleich für das geschehene Unrecht, auch nicht als Abschreckungsmaßnahme für andere, sondern aus „Mitleid". Hat der Täter durch seine Tat also bewiesen, dass er „an sich selber leidet", in einem Maße, dass es großzügig wäre, ihn zu vernichten? Diese Frage sollte man beim Lesen kritisch im Kopf behalten.

Zarathustra fordert im Hinblick auf den Verurteilten: „‚Feind' sollt ihr sagen, aber nicht ‚Bösewicht'; ‚Kranker', sollt ihr sagen, aber nicht ‚Schuft'; ‚Thor' sollt ihr sagen, aber nicht ‚Sünder'" (Za I, 46). Es darf also kein moralisches Urteil über ihn gefällt werden: Ein Feind ist ein Gegner, ein Kranker ist jemand, der seiner Krankheit ausgeliefert ist, also nicht anders handeln kann, ein Thor jemand, der es nicht besser wusste, folglich auch nicht anders handeln konnte, als er es getan hat. Mögliche Freiheit räumt Zarathustra nur der ersten Kategorie „Feind" ein, die anderen beiden erscheinen als Getriebene. Keiner von ihnen, einschließlich des Feindes, will in Freiheit das Böse.

Und wirft der Einzelne einen Blick in die eigene Gedankenwelt, müsste er feststellen, dass er selbst schon in mancher Vorstellung gewalttätig war. Zarathustra fordert den Richter auf, zu erkennen, welche Verbrechen sich dieser selbst in seiner Fantasie häufig ausgemalt habe. Würde man sehen, was der Richter alles in Gedanken verbrochen habe, würde man über ihn urteilen: „Weg mit diesem Unflath und Giftwurm" (Za I, 45). Die weit verbreitete moralische Empörung über Verbrechen sei scheinheilig. Denn in unseren Gedanken hätten wir alle schon viel Schlimmeres getan als zu morden.

Aber die Vorstellung allein ist noch nicht die Tat. Es gibt Zarathustra zufolge keine notwendige Beziehung zwischen den Fantasiebildern oder grausigen Tagträumen und dem tatsächlich begangenen Verbrechen (vgl. Za I, 45 f.). Was ist also passiert?

Vor der Tat, so behauptet Zarathustra, befiel den Verbrecher ein Wahnsinn, und zwar das Verlangen, Blut sehen zu wollen (vgl. Za I, 46). Nicht der Zweck ließ ihn die Gesellschaftsregeln, d. i. das Gesetz übertreten, sondern der Wunsch nach der Erregung durch Gewalt: „[E]r dürstete nach dem Glück des Messers!" (Za I, 46). Das Gesetz allerdings ist relativ. Es besteht aus Regeln einer Gesellschaft, seien sie von einigen wenigen aufoktroyiert oder durch eine Einigung zustande gekommen. Wer sich aus dem gemeinschaftlich-gesellschaftlichen Kontext durch einen Gesetzesübertritt herauslöst, ist von Wahnsinn getrieben bzw. braucht für diesen Schritt eine gehörige Portion davon: „Wer jetzt krank wird, den überfällt das Böse, das jetzt böse ist: wehe will er thun, mit dem, was ihm wehe thut. Aber es gab andre Zeiten und ein andres Böses und Gutes. Einst war der Zweifel böse und der Wille zum Selbst. Damals wurde der Kranke zum Ketzer und zur Hexe“ (Za I, 47). Der Raubmörder, um den es dieses Mal geht, wäre Zarathustra zufolge in einer anderen Zeit möglicherweise Gotteslästerer gewesen. Der Hass auf die Gesellschaft und die erlittene Verletzung durch sie ermöglichen den Schritt aus dem Gesetz. Die Tat, ob nun Raubmord, Vergewaltigung oder Lästerung, scheint demgegenüber relativ. Daher ist das scheinbare Ziel, das beim Raubmord das zu erbeutendes Geld wäre, nicht der wirkliche Antrieb, sondern nur eine Verschleierung des Wahnsinns dieser Tat, den der Verbrecher nicht erträgt: „Seine arme Vernunft aber begriff diesen Wahnsinn nicht und überredete ihn. ‚Was liegt an Blut! Sprach sie, willst du nicht zum mindesten einen Raub dabei machen? Eine Rache nehmen?‘ Und er horchte auf seine arme Vernunft: wie Blei lag ihre Rede auf ihm, – da raubte er, als er mordete. Er wollte sich nicht seines Wahnsinns schämen“ (Za I, 46).

Nun ist also die Ursache des Verbrechens gefunden, Hass und Verletzung sowie ein Teil Wahnsinn. Aber leidet der Täter unter dem, was er getan hat? Leidet er unter sich selbst? Und sollte ein anderes Urteil über ihn verhängt werden, sobald es ihm gelänge, nicht mehr an sich zu leiden?

Die mehrmals betonte Bleichheit des Verbrechers ist von besonderer Bedeutung. Denn an ihr erkennt Zarathustra, dass der Täter tatsächlich an sich selbst leidet: „Ein Bild machte diesen bleichen Menschen bleich. Gleichwüchsig war er seiner That, als er sie that: aber ihr Bild ertrug er nicht, als sie gethan war“ (Za I, 46). Es wird suggeriert, dass Zarathustra tatsächlich in die individuelle Seele dieses Verurteilten blicken und sein „Leiden“ erkennen kann, das nicht durch äußere Strafe entsteht, sondern von innen heraus, denn „aus seinem Auge redet die grosse Verachtung“ (Za I, 45). Man kann hier skeptisch sein und Zarathustras Anmaßung kritisieren, mit einem einzigen Blick die gesamte Seelenlage dieses Menschen erkennen zu wollen, müsste sie doch seiner letzten Rede gemäß rein individuell verstanden werden (s. Abschn. 2.3.5).

Dem bleichen Verbrecher gelinge es nicht, von seiner Tat abzusehen, fortan wird er von dieser einen Sache her definiert, die ihm zu seinem Seelengefängnis wird: „Immer sah er sich nun als Einer That Thäter. Wahnsinn heisse ich diess: die Ausnahme verkehrte sich ihm zum Wesen“ (Za I, 46). Jemand der gewöhnlich einen freundlichen Umgang mit Menschen pflegt, über Jahre hinweg ein zugewandter Mensch ist, kann auch weiterhin als freundlich gelten. Ein von diesem Menschen begangener Mord ist demgegenüber eine punktuelle Ausnahme. Und diese Ausnahme bestimmt plötzlich das Selbstbild, sie wird zu einem Urteil über das eigene Selbst. Der Mensch versteht sich also nicht mehr als freundlich, sondern als Raubmörder. Diese eine Tat brennt sich als Bild in sein Gedächtnis und kann ihn fortan nicht mehr verlassen. Der Gesetzesübertritt führt ihn nicht in eine Freiheit, sein Wahnsinn kann nicht überwunden werden, weil es ihm nicht gelingt, sich neu zu definieren. Das Todesurteil wird zum Gnadenakt.

Aber dies heißt auch, das Todesurteil wäre nicht mehr das Mittel der Wahl, wenn sich der Verbrecher von seiner Tat lösen und neu definieren könnte. Dafür müsste, aber dies wird in der Rede nicht thematisiert, ein gesellschaftlich anderer Umgang, vielleicht eine neue Form von Gerechtigkeit gefunden werden, die möglicherweise auf Bestrafung ganz verzichtet.

**Fragen und Anmerkungen**

- Zarathustra erkennt im Blick des Verurteilten die „grosse Verachtung" (Za I, 45). Im Sinne seiner Forderung „Der Mensch ist etwas, das überwunden werden soll" (Za I, 14) müsste sie positiv verstanden werden: ‚Untergang' und ‚Aufgang' – gehören im Sinne der Sonnenmetapher zusammen. Für den Verurteilten wird es aber keinen ‚Aufstieg' mehr geben, wenn er getötet wird, sondern nur den ‚Untergang' (zur Sonnenmetapher s. Abschn. 2.2.1). Wie interpretieren Sie Zarathustras Wertung der Verachtung, wenn Sie die bisherigen Stellen miteinbeziehen? Wie wichtig ist die Möglichkeit des Neuaufgangs für die Bewertung des Untergangs?
- Empfinden Sie Zarathustras Weisung als grausam oder als gnädig?
- Welche Situationen fallen Ihnen ein, die jemanden zum ‚Gefangenen der eigenen Vergangenheit' werden lassen? Halten Sie so ein ‚Gefängnis' überhaupt für plausibel? Glauben Sie, dass man ihm (sofern Sie an es glauben) auch wieder entkommen könnte? Wie?

### 2.3.7 Vom Lesen und Schreiben

Auch in der siebten Rede begegnen uns Motive, die uns durch die vorhergehenden schon bekannt sind: Die Ablehnung einer gefühlsarmen Rationalität und ein tief verwurzelter Elitarismus, der die lesende Mehrheit ablehnt: „Wer den Leser kennt, der thut Nichts mehr für den Leser. Noch ein Jahrhundert Leser – und der Geist selber wird stinken" (Za I, 48). Der Geist, sollte ein erhobener sein, einer, der von Gipfel zu Gipfel zu springen vermag, einer, der die Gefahr sucht und schwere Lasten: „Was haben wir gemein mit der Rosenknospe, welche zittert, weil ihr ein Tropfen Thau auf dem Leibe liegt?" (Za I, 49). Die Beschwerlichkeit ist keine Ausrede dafür zu klagen. Wem nicht der Spagat zwischen den Gipfeln gelingt, d. h. zwischen der Last des Lebens und einer lustigen Freiheit des Geistes, gehört nicht zu Zarathustras potentiellen Weggefährten.

Er fordert dabei keine Trennung zwischen Ratio und Gefühl, nicht eine Abspaltung von den Leiden- und Freudenschaften, sondern alles, auch und gerade die schmerzhaften Erlebnisse (Metapher des Blutes) sollen in die geistige Schöpfung hinein gegossen werden: „Von allem Geschriebenen liebe ich nur Das, was Einer mit seinem Blute schreibt. Schreibe mit Blut: und du wirst erfahren, dass Blut Geist ist" (Za I, 48). Die eigenen Verletzungen und die eigene Individualität, das ist der Stoff aus dem ein Werk gemacht sein soll.

Augenfällig ist der leichte Ton der Rede, die sich nicht nur auf die Thematik des Lesens und Schreibens beschränkt. Vielmehr ist sie selbst eine Exemplifizierung, wie ein solches Schreiben aussehen könnte: „Wer in Blut und Sprüchen schreibt, der will nicht gelesen, sondern auswendig gelernt werden./ Im Gebirge ist der nächste

Weg von Gipfel zu Gipfel: aber dazu musst du lange Beine haben“ (Za I, 48). Drei Beispiele für die Höhepunkte und die zwischen ihnen liegende Entfernung auf nur einer einzigen Seite sollen Zarathustras Stil augenfällig machen:

> „Wer auf den höchsten Bergen steigt, der lacht über alle Trauer-Spiele und Trauer-Ernste./ Muthig, unbekümmert, spöttisch, gewaltthätig – so will uns die Weisheit: sie ist ein Weib und liebt immer nur einen Kriegsmann.“ (Za I, 49)

> „Es ist wahr: wir lieben das Leben, nicht, weil wir an's Leben, sondern weil wir an's Lieben gewöhnt sind./ Es ist immer etwas Wahnsinn in der Liebe. Es ist aber immer auch etwas Vernunft im Wahnsinn.“ (Za I, 49)

> „Ich würde nur an einen Gott glauben, der zu tanzen verstünde./ Und als ich meinen Teufel sah, da fand ich ihn ernst, gründlich, tief, feierlich: es war der Geist der Schwere, – durch ihn fallen alle Dinge.“ (Za I, 49)

All diese herausgegriffenen Sätze haben den Charakter einer Sentenz. Sie sind sprachlich und metaphorisch dicht, interpretationsbedürftig, geschmeidig und leicht zu merken. Unter ihnen gibt es auf den ersten Blick keinen gemeinsamen thematischen Inhalt. Zwischen ihnen tut sich eine Kluft auf (s. „von Gipfel zu Gipfel“).

In der Rede ist auch ein impliziter Angriff auf eine Geistestradition enthalten, die als zu ernst empfunden wird. Ja, das Leben ist schwer, es ist verletzend und mühsam. Nehmen wir aber Distanz zu uns selber ein, können unsere alltäglichen Sorgen übertrieben, rein persönlich oder absurd erscheinen. Wir nehmen das Leben ernst, weil wir uns ernst nehmen, aber unser Leben ist kurz und zufällig, daher scheinen Zarathustra „Schmetterlinge und Seifenblasen und was ihrer Art unter Menschen ist, am meisten vom Glücke zu wissen“ (Za I, 49).

Das Lachen und die Leichtigkeit gerät bei Philosophen leicht unter den Verdacht der Oberflächlichkeit. Es ist unangemessenes, albernes Verhalten. So empört sich bereits Platon über die lachenden homerischen Götter. Sie wirken dabei allzu menschlich. Diese Ablehnung des Lachens findet sich im Christentum wieder, im Angesicht Gottes darf nicht gelacht werden. Wer lacht, hat keine Angst. Lachen tötet die Furcht vor der Hölle, vor der Sünde und letztlich vor Gott. Wenn der Mensch über die Welt lacht, nimmt er sie nicht mehr ernst. Wenn er die Welt nicht mehr ernst nimmt, verliert die Kirche ihre moralische Autorität als Instanz, die vor den Gefahren dieser Welt warnt. Und genau zu der Vernichtung der höchsten Instanzen will Zarathustra das Lachen gebrauchen: „Nicht durch Zorn, sondern durch Lachen tödtet man. Auf, lasst uns den Geist der Schwere tödten!“ (Za I, 49).

Zarathustra dreht die traditionelle Wertung um, der Ernst und die Schwere, die Deutung, dass das Leben im Wesentlichen Leiden ist – „das Leben ist schwer zu tragen“ (Za I, 49) – entwertet die Dinge und die positiven Momente. Durch den **Geist der Schwere** „fallen alle Dinge“ (Za I, 49). Demgegenüber soll das Leben als eine Herausforderung begriffen werden, welche Aufgaben in Angriff nimmt (Metapher des **Kriegsmann**), ohne sich zu fürchten, weil der Einzelne die Möglichkeit hat, sich von sich selbst zu distanzieren („Wer von euch kann zugleich lachen und erhoben sein?“, Za I, 49). Wir erkennen die Verstrickungen in das Leben an, wir erkennen den Wahnsinn, der in unseren starken Gefühlen liegt („immer etwas Wahnsinn in der Liebe“, Za I, 49), und sollten nach Zarathustra doch anerkennen, dass unser Selbst mit seiner „grossen Vernunft“ Gründe für die Hingabe an seinen spezifischen Wahnsinn hat („etwas Vernunft im Wahnsinn“, Za I, 49). Zarathustra, sofern er eine neue Geistestradition begründen möchte, wertet die Fröhlichkeit und das Lachen auf. Der Geist selber soll über Abgründen tanzen lernen. Das heißt, das Dunkle darf nicht ignoriert oder verschleiert werden, aber der Einzelne sollte sich nicht davon herunterziehen lassen. Die mit ihrem Titel zunächst bescheiden anmutende Rede „Vom Lesen und Schreiben“ erweist sich bei näherer Betrachtung als eine über den Geist schlechthin, der in ein neues, positives Verhältnis zum Sein eintreten und der selbst frei und fröhlich aufgefasst werden soll.

**Fragen und Anregungen**

- Suchen Sie ein Zitat aus der Rede aus, das Sie besonders anspricht. Nehmen Sie sich 3 min Zeit, es zu interpretieren, als ob es für sich alleine stünde. Nehmen Sie sich weitere 5 min Zeit, um es (stichpunktartig) im Kontext der Rede zu interpretieren. Wie verändert sich die Deutung? Welche empfinden Sie als reichhaltiger?
- Zarathustra postuliert eine Freiheit des Geistes, die auch als übermächtig empfunden werden kann. Wer kann aus all seinen Verletzungen ein Werk erschaffen? Wer kann sich von sich selbst distanzieren und über den eigenen Schmerz und den der anderen lachen? Finden Sie die von Zarathustra postulierte Freiheit überzeugend oder anmaßend?
- „Nicht durch Zorn, sondern durch Lachen tödtet man. Auf, lasst uns den Geist der Schwere tödten!“ (Za I, 49). Warum empfinden Autoritäten das Lachen als gefährlich? Wie kann Zarathustra das Lachen selbst als Waffe nutzen?

### 2.3.8 Vom Baum am Berge

Zarathustra begegnet einem Jüngling, der ihn in letzter Zeit gemieden hat, an einem Berghang. Die Tatsache, dass ihm das bewusste Ausweichen des jungen Mannes auffällt, beweist eine bereits etablierte persönliche Beziehung und verdeutlicht, dass Zarathustras Lehre inzwischen Anhänger gefunden hat.

Zarathustra, der schon auf die Gelegenheit gewartet hat, sich mit dem Jüngling auseinanderzusetzen, spricht ihn an und nimmt den Baum als Gleichnis für den Menschen: „Aber es ist mit dem Menschen wie mit dem Baume. Je mehr er hinauf in die Höhe und Helle will, um so stärker streben seine Wurzeln erdwärts, abwärts, in's Dunkle, Tiefe, – in's Böse“. (Za I, 51). Der Jüngling reagiert bestürzt auf die unerwartete Begegnung. Zarathustras Reden und dessen Persönlichkeit haben ihn aufgewühlt, nun fühlt er sich durchschaut: „Ja in's Böse […] Wie ist es möglich, dass du meine Seele entdecktest?“ (Za I, 51). Zarathustra reagiert auf diese Behauptung verhalten, aber der Jüngling spricht bereits weiter und teilt mit dem Älteren seine inneren Kämpfe.

Er sei misstrauisch gegen sich geworden und einsam. Seine Entwicklung gehe so schnell vonstatten, dass niemand ihm folgen könne. Er ziehe an den anderen vorbei und wer ihm noch vor einiger Zeit etwas hätte lehren können, sei schon längst überwunden: „Ich überspringe oft die Stufen, wenn ich steige, – das verzeiht mir keine Stufe“ (Za I, 52). Jede Erkenntnis, die er erringe, werde von der nächsten bestritten: „mein Heute widerlegt mein Gestern“ (Za I, 52). Welches Vertrauen kann er also in den jetzigen Stand der Dinge setzen? Ist all sein Streben nicht nur ein „Stolpern[…]“ (Za I, 52)? Warum sollte er überhaupt streben? Die Ideale, die ihn streben ließen, erweisen sich ja nur allzu schnell als überholt. Je höher er komme, desto einsamer werde er.

Als er schweigt, greift Zarathustra erneut die Metapher des Baumes auf. Dieser starke Baum, der einsam im Gebirge steht, ist so weit von allen entfernt, dass er auch niemanden mehr habe, der ihn verstehen könnte. Was tut er also im Gebirge, wartet er etwa „auf den ersten Blitz?“ (Za I, 52).

Der Jüngling, der Zarathustras Reden kennt, versteht auf Anhieb in der Blitzmetapher eine Anspielung auf den Übermenschen (s. Abschn. 2.2.3): „Nach meinem Untergang verlangte ich […] Du bist der Blitz auf den ich wartete! Siehe, was bin ich noch, seitdem du uns erschienen bist? Der *Neid* auf dich ist’s, der mich zerstört hat!“ (Za I, 52). Der Jüngling identifiziert Zarathustra als einen Überlegenen, womit er zweifelsfrei recht hat, gerade weil er ihn (noch) nicht versteht. Zarathustra selbst hat sich als Verkünder des Übermenschen bezeichnet, nicht aber selbst als Übermensch. Der Jüngling glorifiziert Zarathustra mit seiner Gleichsetzung. Als jemand, der sich selbst als talentiert erfährt, erschüttert ihn die Begegnung mit einem noch Begabteren. Erfährt er sich selbst im Vergleich mit anderen als jemand, der die Stufen überspringt, so erfährt er sich im Vergleich mit Zarathustra, dem Fliegenden, als stolpernd und getrieben von einem Begehren, das er nicht anerkennen will: „Wie spotte ich meines heftigen Schnaubens!“ (Za I, 52). Zarathustra scheint ihm so weit voraus, auf einer solchen Höhe, dass dem Jüngling sein eigenes Streben lächerlich vorkommt. Dass ihm Reife, Erfahrung und Gelassenheit fehlen könnten, dass zwischen ihm und Zarathustra ein erheblicher Altersunterschied besteht, fällt ihm gar nicht auf.

Zarathustra weist ihn darauf hin, dass seine geistige Entwicklung gerade erst begonnen habe, so wie seine körperliche vermutlich noch nicht abgeschlossen sei: „Noch bist du nicht frei, du *suchst* noch nach Freiheit. Übernächtig machte dich dein Suchen und überwach. In die freie Höhe willst du, nach Sternen dürstet deine Seele. Aber auch deine schlimmen Triebe dürsten nach Freiheit“ (Za I, 53).

Allein geistige Überlegenheit über Gleichaltrige ist kein hinreichender Hinweis eigener Macht. Gerade erst beginnt der Jüngling sich selbst zu entdecken und zu entwickeln. Je mehr er seine Höhen entdeckt, so auch seine Abgründe: Neid, Hochmut, Wut. Man kann in den **schlimmen Trieben**, dem **Bösen**, das mehrmals angesprochen wird, eine Anspielung auf die christlichen Todsünden erkennen: Hochmut, Zorn, Neid, Wollust, Völlerei, Habgier, Trägheit. Vermutlich ist der Jüngling nicht von allen gleichermaßen betroffen, zwei sind jedoch für ihn eine Herausforderung: Hochmut und Neid.

Zarathustra ist fern davon, dieses Böse zu verdammen oder dem Jüngling ‚Buße' und ‚Reue' zu empfehlen. Vielmehr erscheint die Entwicklung ins Böse für Zarathustra die Voraussetzung, um auch ins Helle zu streben. Wer sich von anderen distanziert und ihnen zu verstehen gibt, dass sie keine Ebenbürtigen (mehr) sind, zeigt sich redlich, muss aber mit Anfeindungen rechnen („das verzeiht mir keine Stufe" Za I, 52). Sich selbst für überlegen zu halten, ist bereits die Sünde ‚Hochmut'. Der Neid wiederum ist auch ein Stachel im eigenen Fleisch, der einen antreiben kann, den anderen zu überbieten. Die von anderen für Faulheit gehaltene Träumerei kann der Nährboden für künstlerische Werke werden. Manche von diesen ‚bösen' Zuständen werden als schmerzhaft erlebt. Sicherlich werden sie von der Gesellschaft verachtet. Zunächst muss man das Dunkle in sich selbst anerkennen, das verlangt die von Zarathustra geforderte **Redlichkeit**, aber sodann, dass der Geist ins Helle einer Freiheit wächst, die in der engen Form der Selbstverleugnung und Verbergung sich gar nicht hätte entfalten können. Der Jüngling aber befinde sich, so Zarathustras Deutung, mitten im Kampf, das Dunkle in sich zu sehen und nicht verleugnen zu können, obwohl seine junge Seele eigentlich auf die Suche ging, das Ideale, das Helle zu finden, das nun beschmutzt erscheint: „Deine wilden Hunde wollen in die Freiheit; sie bellen vor Lust in ihrem Keller, wenn dein Geist alle Gefängnisse zu lösen trachtet" (Za I, 53).

Dieser Prozess der Loslösung ist gefährlich, die Auseinandersetzung mit den eigenen Triebkräften birgt Sprengstoff. Und bald könnte es dem Jüngling erscheinen, alle Ideale seien leer und voller Heuchelei: „Aber bei meiner Liebe und Hoffnung beschwöre ich dich: wirf deine Liebe und Hoffnung nicht weg!" (Za I, 54). Nun wo die Ketten gelöst werden, gebe es zahlreiche Risiken. Der Jüngling wisse nichts von all den Kniffen, ihn wieder einzufangen und der Gesellschaft gefügig zu machen. Anerkennung und Bewunderung von restaurativen Kräften sei einer davon: „Auch den Guten steht ein Edler im Wege: und selbst wenn sie ihn einen Guten nennen, so wollen sie ihn damit bei Seite bringen" (Za I, 53). Eine weit größere Gefahr als eingehegt zu werden sei allerdings, ein „Frecher, ein Höhnender, ein Vernichter" (Za I, 53) zu werden. Dass die bisherigen Ideale dem Jüngling zweifelhaft werden, dass er seine Dunkelheit und seine Triebe entdeckt, könnte dazu führen, dass er nichts anderes mehr als diese Triebebene anerkennt, dass er jedes Ideal als geheuchelt behauptet und all seine höheren Bestrebungen als lachhafte begräbt. Entgegen der einseitigen Aufwertung der Leiblichkeit erweist sich Zarathustra jedoch als jemand, für den das geistige Streben zentraler Ermöglichungsgrund für ein ganzheitliches Leben ist. Wer dieses Streben verleugnet und in allen Leidenschaften nur Niedriges erkennt, statt den Anreiz zu Schöpfungen, mag urteilen „Geist ist auch Wollust" (ebd.), aber damit zerbrechen „ihrem Geiste die Flügel" (Za I, 53 f.). Die Hoffnung auf Erfüllung im Streben sollte stets bewahrt werden: „[W]irf den Helden in deiner Seele nicht weg! Halte heilig deine höchste Hoffnung!" (Za I, 54). So beschwört Zarathustra nicht zuletzt Kraft seiner Autorität den Jüngling, in seiner Seele Ideale zu bewahren.

**Fragen und Anregungen**

- Der Jüngling spricht verwundert: „Wie ist es möglich, dass du meine Seele entdecktest?" (Za I, 51). Worauf Zarathustra lächelnd erwidert: „Manche Seele wird man nie entdecken, es sei denn, dass man sie zuerst erfindet" (Za I, 51). Auf welche verschiedenen Weisen können Sie Zarathustras Erwiderung interpretieren?
- Interessieren Sie sich für die Philosophie der Freiheit und der Möglichkeit zum Bösen? Rüdiger Safranski folgt in seiner stilistisch leichten, philosophiegeschichtlichen Monographie *Das Böse* (2008) den philosophischen Versuchen, diese Problematik zu verstehen. Ein besonderes Augenmerk gilt dabei dem jeweiligen Kontext, in dem das Problem virulent wird, sei es das Erdbeben von Lissabon oder der Holocaust, die Frage der Rechtfertigung Gottes angesichts der Übel in der Welt (Theodizee-Problem) oder der Frage nach einer Moral ohne Gott.

### 2.3.9 Von den Predigern des Todes

In der neunten Rede attackiert Zarathustra alle Lehrenden, die eine „Abkehr" (Za I, 55) vom Leben predigen, weil sie das Leben nur als Leiden und Mühsal verstehen. Was diese Weisen predigen, sei keine Wahrheit, sondern nur ihre eigene Weltinterpretation. Obwohl er aber ihr Weltbild aufs Schärfste kritisiert, möchte er gemäß seiner eigenen Aussage niemanden davon abhalten, diesen Lehren Glauben zu schenken und dem Leben zu entsagen, denn dieses sei verdorben „durch die Viel-zu-Vielen" (Za I, 55).

Zunächst einmal handle es sich bei diesen **Predigern des Todes** häufig um gequälte und von starken Leidenschaften getriebene „Raubthier[e]", die „keine Wahl" (Za I, 55) haben außer der eigenen Selbstzerfleischung. Warum aber haben sie keine Wahl? Wir können mutmaßen, dass ihnen Zarathustra mit seiner Bezeichnung „Raubthiere" per se die Möglichkeit abspricht, sich gegen den eigenen Trieb zu entscheiden. Nur dem Menschen wird traditionell die Fähigkeit der Willensfreiheit zugesprochen, das Tier aber folgt allein seinen Trieben. Das ‚Menschenraubtier', das Zarathustra beschreibt, kann nicht anders als seinen Leidenschaften zu folgen. Da aber ein direktes Ausleben solch starker Leidenschaften gesellschaftlich sanktioniert werden würde, wird die Grausamkeit ins Innere verlagert. Die Aggression wird zur Autoaggression. In der Selbstquälerei, in der peinlichen Gewissenserforschung und in asketischen Übungen findet der Mensch Praktiken, mit denen er Folterknecht und Gefolterter in einer Person sein kann.

Während einige vermutlich schon allein aufgrund ihrer Disposition ein Übermaß an Leidenschaftlichkeit mitbringen, seien andere Prediger des Todes von Grund auf „Schwindsüchtige[...] der Seele" (Za I, 55). Diese haben nach Zarathustra nicht genug Lebenskraft, immer schon seien sie hingeneigt zu „Lehren der Müdigkeit und Entsagung" (Za I, 55).

Dass diese beiden Typen zu Lehren hinstreben, die ihnen das Leben erträglicher machen, ist für Zarathustra nicht unbedingt problematisch. Schwierig ist die Verallgemeinerung ihrer subjektiven Weltsicht: „Ihnen begegnet ein Kranker oder ein Greis oder ein Leichnam; und gleich sagen sie ‚das Leben ist widerlegt!'" (Za I, 55). Dabei unterliegt diese Weltsicht einer grundsätzlichen Verarmung. Nur ein kleiner Teil, und zwar der negative, dringt ins Bewusstsein. Freude, Glück, Liebe spielen bei der Wertung „[d]as Leben ist nur Leiden" (Za I, 56) nicht einmal eine marginale Rolle.

Wer aber tatsächlich und ernsthaft behauptet, dass das Leben nur Leiden ist, so spekuliert Zarathustra, sollte sich doch eigentlich umbringen. Da jedoch die wenigsten Prediger von Lehren der Weltabgewandtheit für ihre suizidalen Neigungen bekannt sind, können sie der Heuchelei bezichtigt werden. Sie leben ihre Lehren nicht – zwischen der Wahrheit, die sie behaupten und der Wirklichkeit, die sie leben, tut sich eine Kluft auf.

Natürlich wird es nicht verwundern, dass Religionen, welche die Lasten des Lebens als Erbsünde begreifen, zu den Predigten der Abkehr vom Leben zählen. Schopenhauers Philosophie, seine Mitleidsethik sowie seine an fernöstliche Religionen angelehnte Weltwertung, dass alles Leben Leiden ist, bieten ebenso Angriffsfläche für die Kritik. Darüber hinaus gerät allerdings auch die moderne Arbeitsethik in den Fokus: „Ihr Alle, denen die wilde Arbeit lieb ist und das Schnelle, Neue, Fremde, – ihr ertragt euch schlecht, euer Fleiss ist Flucht und Wille, sich selber zu vergessen. […] Aber ihr habt zum Warten nicht Inhalt genug in euch – und selbst zur Faulheit nicht" (Za I, 56 f.). Die pausenlose Beschäftigung selbst mit der Pflicht, die zur Erhaltung und Verbesserung der Lebensumstände überall zu beobachten sei, erweist sich für Zarathustra als problematisch. Sie ist Ausfüllung von Lebenszeit, ohne in einen größeren Sinnzusammenhang eingebettet zu sein und ohne Muße und Ideal, etwas in sich wachsen zu lassen. Arbeit kann als Ablenkung vom Leben begriffen werden, das nur bewältigt werden soll.

Überall sieht Zarathustra verschiedenste Ausformungen von der **Predigt des Todes**. Aber in reinster elitärer Form fordert Zarathustra den Untergang all derer, die den Lehren der Prediger des Todes Glauben schenken. Aber wenn all diese untergehen und untergehen sollen, so kann man sich beim Lesen skeptisch fragen, wen möchte Zarathustra mit seiner Rede überzeugen und wozu hält er sie dann überhaupt?

**Fragen und Anregungen**

- Dass Schopenhauer ganz persönlich zu denjenigen gehört, denen Nietzsche fehlende Wahrhaftigkeit vorwirft, lässt sich noch deutlicher vor dem Hintergrund von Aphorismus 36 „Streifzüge eines Unzeitgemässen" aus der *Götzendämmerung* herausarbeiten. Lesen und interpretieren Sie den Aphorismus in Bezug auf die neunte Rede von Za I.
- Werner Stegmaier, einer der bekanntesten Nietzsche-Forscher analysiert Zarathustras Reden als Anti-Lehren. Machen Sie sich mit dieser Idee vertraut, beispielsweise durch die Lektüre von „Anti-Lehren. Szene und Lehre in

Nietzsches Also sprach Zarathustra“ (Stegmaier 20212). Behalten Sie die Idee zur weiteren Einschätzung im Gedächtnis.

### 2.3.10 Vom Kriege und Kriegsvolke

Zarathustras Kriegsrede gehört zu den berüchtigtsten in Nietzsches Werk. Denn wer schreibt: „Ihr sagt, die gute Sache sei es, die sogar den Krieg heilige? Ich sage euch: der gute Krieg ist es, der jede Sache heiligt“ (Za I, 59), könnte zu Recht als Kriegstreiber verstanden werden. Und so wurde Nietzsche in der Tat interpretiert. Der Beginn der Rezeption von Nietzsches Werk setzte mit seiner geistigen Umnachtung ein. Die kulturelle Sphäre in Deutschland wurde um 1900 geradezu von einer Nietzschewelle überrollt. Die Künstler des Expressionismus lasen Nietzsche, die literarische Avantgarde (Thomas Mann, Heinrich Mann, Gottfried Benn, Hugo von Hofmannsthal), die Linke und die Rechte. Man feierte mit ihm das Leben, den Vitalismus, den Künstleridealismus oder man griff seine Philosophie an als amoralisch, zersetzend und krank. Beim Ausbruch des Ersten Weltkrieges, in den sich viele junge Menschen, unter ihnen Intellektuelle und Künstler, mit großer Begeisterung in dem Glauben stürzten, dass eine große geistige Reinigung im Gange sei, welche die Dekadenz hinwegspülen werde, war das Werk *Also sprach Zarathustra* neben der *Bibel* und dem *Faust* dasjenige, das am häufigsten den Weg ins Gepäck fand. Ungefähr 150000 Exemplare sollen im Schnellverfahren als Kriegsausgabe gedruckt und verkauft worden sein (Aschheim 1996, S. 138).

Selbst im Ausland nahm man die Nietzschebegeisterung wahr. Deutschland als Kriegstreiber, angestachelt von einem verrückten Philosophen. Letzteres mag uns übertrieben erscheinen, war in der damaligen Zeit aber eine These, die ebenfalls zu Propagandazwecken verwendet wurde: „The European-Nietzschean War“, so titelte die Presse in England (vgl. Aschheim 1996, S. 130). Nietzsche als Kriegstreiber, als Vordenker des Faschismus und als Ideengeber für den Nationalsozialismus – dies ist ein Vorwurf, der bis heute immer wieder gegen seine Philosophie erhoben wird, nicht selten mit dem Ziel, sie aufgrund moralischer Verwerflichkeit ad acta zu legen. In Zarathustras Rede vom Krieg sind schnell einige Zitate zur Hand, die diesen Vorwurf stützen können:

> „Ihr sollt den Frieden lieben als Mittel zu neuen Kriegen. Und den kurzen Frieden mehr, als den langen.“ (Za I, 58)

> „Der Krieg und der Muth haben mehr grosse Dinge gethan, als die Nächstenliebe. Nicht euer Mitleiden, sondern eure Tapferkeit rettete bisher die Verunglückten.“ (Za I, 59)

> „Einem guten Kriegsmanne klingt ‚du sollst‘ angenehmer, als ‚ich will‘. Und Alles was euch lieb ist, sollt ihr euch erst noch befehlen lassen.“ (Za I, 59)

Es ist jedoch zu vermuten, dass auch diese Rede nicht so vordergründig ist, wie sie auf den ersten Blick erscheinen mag. Zarathustra spricht die Soldaten mit „euch“ direkt an, sodass man sich als Leser eine Gruppe von „Kriegsmännern“ imaginieren kann, vor denen Zarathustra seine Rede hält. Wie einem guten Rhetor angemessen, versucht er durch die richtige Themenwahl die Aufmerksamkeit seiner Zuhörer zu erlangen: Den Krieg und den Krieger. Direkt mit dem ersten Satz will er eine Erfahrung ausdrücken, die vom Gegenüber geteilt wird: „Von unsern besten Feinden wollen wir nicht geschont sein, und auch von Denen nicht, welche wir von Grund aus lieben" (Za I, 58). Wer sich selbst als stark begreift, wird sich durch Schonung gedemütigt fühlen, da diese dem eigenen Selbstbild widerspricht. Denn entweder ist das Selbstbild falsch oder der andere kennt und achtet einen nicht genug. Gleichzeitig wird bereits mit den ersten Worten ein intensives Leben evoziert, eines zwischen Feind- und Liebschaft. Um dann dem möglichen Einwand entgegenzutreten, dass Zarathustra als Weiser gar nichts vom Krieg verstehe, weil er ihn nicht kenne, setzt sich Zarathustra mit den Soldaten gleich: „Meine Brüder im Kriege! Ich liebe euch von Grund aus, ich bin und war Euresgleichen" (Za I, 58). Nun ist er hinreichend legitimiert, um zu erklären, was er möchte, nämlich ihnen „die Wahrheit sagen" (Za I, 58), eine Wahrheit, die sie nicht schonen wird.

Und tatsächlich erklärt Zarathustra auch sofort, dass er um „den Hass und Neid" in ihren Herzen wisse. Sie seien „nicht gross genug, um Hass und Neid nicht zu kennen" (Za I, 58). Sie sollten sich dazu bekennen und sich dessen nicht schämen.

Die Erwartungen, die Zarathustra an seine Adressaten stellt, sind an sie angepasst. Sie können nicht alles verwirklichen, sie können keine „Heilige[n] der Erkenntniss" sein, aber immerhin „deren Kriegsmänner" (Za I, 58). **Kriegsmänner** der Erkenntnis? Redet Zarathustra überhaupt von stattfindenden Kriegen oder ist der Krieg eine Metapher für eine geistige Auseinandersetzung? Und sind die Soldaten wiederum eine Metapher für eine bestimmte Art von Denkern? Auch das erscheint plausibel, wenn wir beispielsweise folgenden Satz betrachten: „Euren Feind sollt ihr suchen, euren Krieg sollt ihr führen und für eure Gedanken! Und wenn euer Gedanke unterliegt, so soll eure Redlichkeit darüber noch Triumph rufen!" (Za I, 58). Das Selbst könnte ein Kriegsschauplatz von Ideen sein, von denen wir einige lieben und andere hassen, und wenn diejenigen unterliegen, die wir geliebt haben, so triumphiert immerhin die Redlichkeit, die den Sieg anerkennt. An diese Stelle schließt eines der genannten berüchtigten Zitate an: „Ihr sollt den Frieden lieben als Mittel zu neuen Kriegen" (Za I, 58). Die Gedanken stehen nicht lange still, sie suchen sich neue Ziele, und eine Idee, die sich behauptet hat, kann schon bald wieder fallen. Der Denkersoldat muss erkennen, welche Ideen ihm und seiner Persönlichkeit gemäß sind und welche ihm feindlich. Seinem Charakter entspricht es, Feinde haben zu wollen, diese sollen aber vor allem „*eure[…]* Feinde" sein. Die Hervorhebung des im Original gesperrt gedruckten Wortes (hier kursiv) betont eine persönliche Beziehung, die dem gewöhnlichen Freund-Feind-Verhältnis im Krieg fernliegt. Denn dort stehen sich anonyme Gegner gegenüber, die sich persönlich nicht gut kennen. Zarathustra hofft auf die innere Individualität des Kriegsmannes, wenn er spricht: „‚Ein-form' nennt man's, was sie tragen: möge es nicht Ein-form sein, was sie damit verstecken!" (Za I, 58). Nietzsche ersetzt den neutralen Begriff der „Uniform" durch die Wortneuschöpfung „Einform". Dieser Neologismus fungiert als pejorative Steigerung: Während die Uniform lediglich die Kleidung meint, suggeriert die „Einform" eine radikale Einförmigkeit, die das Individuum vollständig hinter der Masse verschwinden lässt. Individualität ist ohnehin keine Eigenschaft, die als charakteristisch für den Soldaten gilt – ein Heer aus Individualisten wäre aus militärischer Sicht geradezu ein Oxymoron. Mit der „Einform“ markiert Nietzsche somit die totale Preisgabe des Selbst zugunsten einer kollektiven, gesichtslosen Funktionalität, die er allerdings als Wesenskern des Kriegsmannes ablehnt.

Man könnte nun leichtfertig meinen, auf diese Weise die Kriegsverherrlichung einzuhegen und in den bloß geistigen Bereich des Selbst zu übertragen. Dagegen ließe sich jedoch einwenden, dass Kriege nicht nur aus rein wirtschaftlichen Interessen geführt werden, nicht nur um innenpolitische Probleme zu überdecken, sondern dass es auch um kulturelle Vorherrschaft geht, um Religionen, Rangfolgen, Herrschaftssysteme, um Götter, kurz gesagt um Wertesysteme und Narrative, die eine Gesellschaft mit ihren Regeln in ihrem Zusammenleben, in ihren Beziehungen durchdringen und die als diejenigen „Gedanken“ (Za I, 58) verstanden werden können, um derentwillen Zarathustra einen Kampf ausgetragen sehen will. Dieser Kampf wiederum kann auf allen Ebenen bestritten werden, auf wirtschaftlicher oder ideologischer, als militärische Intervention oder als Krieg (oder auch Stellvertreterkrieg). Wir könnten aus Zarathustras Worten auch ableiten, dass eine „Idee“ versagt, wenn das Heer fällt oder eine Herrschaft zusammenbricht. Die Idee eines christlichen römischen Reiches, so könnten wir gemäß dieser Argumentation schließen, wäre durch die andrängenden Goten ‚widerlegt‘ worden. Demzufolge wäre – weitergedacht – der Nationalsozialismus durch Deutschlands Niederlage widerlegt, hätte sich aber bewährt, wenn Deutschland gesiegt hätte. Freilich ordnet Zarathustra dem Soldaten dann immer noch eine Freiheit zu, die er im tatsächlichen Leben nicht hat: Sich nämlich dem Heer anschließen zu können, für dessen Idee er kämpfen möchte. Mit Ausbruch des Krieges hat er diese Wahlfreiheit in der Regel jedoch nicht mehr – als Verweigerer, Deserteur oder Überläufer wird er zu einem Flüchtigen.

Die Freiheit, sich seine Feinde suchen zu können, genauso, wie die persönliche Feindschaft und die erhoffte Individualität – Motive, die am Anfang der Rede zu einigen Irritationen Anlass geben –, scheinen gegen Ende der Rede kaum noch eine Rolle zu spielen: „Auflehnung – das ist die Vornehmheit am Sclaven. Eure Vornehmheit sei Gehorsam! Euer Befehlen selber sei ein Gehorchen!“ (Za I, 59). Der eklatante Widerspruch, sich seine Feinde selbst auszusuchen und gleichzeitig Befehlen zu gehorchen, sogar „Alles, was euch lieb ist“ (Za I, 59) sich „erst befehlen [zu] lassen“ (Za I, 59), wird nicht aufgelöst. Die fulminante Rede, der Feuereifer, der in den kriegstreibenden Imperativen steckt – „Euch rathe ich nicht zur Arbeit, sondern zum Kampfe. Euch rathe ich nicht zum Frieden, sondern zum Siege“ (Za I, 59) – verschleiert die Widersprüchlichkeit. Zarathustra, der sich mit den Soldaten zu Beginn seiner Rede gleichsetzte, schwingt sich nun zum Befehlshaber auf: „Eure Liebe zum Leben sei Liebe zu eurer höchsten Hoffnung: und eure höchste Hoffnung sei der höchste Gedanke des Lebens! Euren höchsten Gedanken aber sollt ihr euch von mir befehlen lassen – und er lautet: der Mensch ist Etwas, das überwunden werden soll“ (Za I, 60).

Plötzlich scheinen Zarathustras Ziele und die der Kriegsmänner identisch und zwar im Kern. Dennoch wird ein Rangunterschied postuliert: Zarathustra ist Befehlender, der Kriegsmann Gehorchender, vielleicht weil letzterer (noch) nicht in der Lage ist, den „höchste[n] Gedanken des Lebens" (Za I, 59) selbst zu entwickeln. Erneut bietet sich die Möglichkeit, den Kampf auf das Reich der Erkenntnis zu beziehen: Zarathustra ist kein Heerführer, seine Bundesgenossen kämpfen keinen blutigen Krieg für ein Ideal, sondern lassen es in ihrem Herzen reifen bzw. gegen veraltete Ideen kämpfen und siegen. Dieser innere Kampf, zu dem Zarathustra aufruft, erweist sich als gefährlich. Aber gerade mit der postulierten Gefährlichkeit möchte er den Krieger verführen, der sich für mutig hält: „Was liegt am Lang-Leben! Welcher Krieger will geschont sein!" (Za I, 60).

Dennoch muss dies keinesfalls die einzig mögliche Deutung bleiben. Vielleicht sammelt Zarathustra unter den Soldaten einige Anhänger, die ihm eines Tages mit Feuer und Schwert zur Seite stehen, um die Reste der alten Ordnung endgültig beiseite zu fegen, damit die kulturelle Revolution des postulierten Übermenschen eine politische Dimension gewinnt.

**Fragen und Anregungen**

- Finden Sie es überzeugender, die Rede wörtlich zu nehmen oder auf das Selbst als Kriegsschauplatz von Ideen zu beziehen? Warum?
- Fühlen Sie sich von dieser Rede provoziert? Warum?
- Formulieren Sie drei ‚heikle' moralische Folgerungen aus drei frei gewählten Zitaten. Kann man die Zitate auch anders, vielleicht sogar entgegengesetzt interpretieren?
- Welche Widersprüche beschäftigen Sie in der Rede? Lassen sie sich auflösen? Wie?
- Sie sind an Nietzsches Wirkung interessiert? Dann lesen Sie *Nietzsche und die Deutschen* von Steven E. Aschheim. Er beleuchtet differenziert und kenntnisreich die unterschiedlichen geistigen Strömungen Deutschlands im 20. Jahrhundert und ihre jeweilige Nietzsche-Aneignung. Neben der zentralen Stellung, die diese Monographie hinsichtlich der Rezeptionsgeschichte Nietzsches einnimmt, besticht sie auch durch den schönen, klaren Stil (Aschheim 1996).

### 2.3.11 Vom neuen Götzen

Zarathustras Rede wider den Staat provoziert durch ihre harten Töne. Dem lügnerischen Staat werden „Völker und Heerden" (Za I, 61) gegenübergestellt. „Völker" wurden einst von „Schaffenden" gestiftet, die ihnen „einen Glauben" und „eine Liebe" (Za I, 61) gaben. Jedes Volk spreche seine eigene Sprache, in der seine „Sitten und Rechte […]" (Za I, 61) lägen. Diese positive Aufwertung des Volkes irritiert, da Zarathustra an anderer Stelle gerade die Unüberbrückbarkeit individueller Sprech- und Denkweisen betont. Ob er sich ein Volk ohne Staat oder gar eine anarchistische Ordnung vorstellt, bleibt offen. Während die Aufwertung des Volksbegriffs interpretationsbedürftig bleibt, passt Zarathustras Ablehnung des Staates zu seinen bisher geäußerten Ansichten. Der Staat lässt sich, sofern kein zu komplexes

Bild entworfen werden soll, als ein Herrschaftsgebilde definieren, das sich selbst je nach Form unterschiedlich legitimiert und in dem Menschen über andere Menschen in einem territorial eingegrenzten Raum Macht ausüben. Der Staat, den Zarathustra angreift, ist derjenige, aus dessen Mund die Lüge dringt: „Ich, der Staat, bin das Volk" (Za I, 61). Diese Aussage erinnert an den Ludwig XIV. zugeschriebenen Ausspruch „L'État, c'est moi" – „Der Staat bin ich" –, nur dass der absolutistische Herrschaftsanspruch sich jetzt demokratisch verkleidet (vgl. NK 4/1, S. 347). Demokratische Bestrebungen waren bereits in den 1860er-Jahren virulent. 1871, das Jahr, in dem Nietzsche seinen *Zarathustra* schrieb, war auch das Jahr der deutschen Reichsgründung als föderale, konstitutionelle Monarchie, des heute so genannten ‚Deutschen Kaiserreichs' mit Wilhelm I. als König und Otto von Bismarck als Reichskanzler. Beide Staatsformen können vom Leser mit dem **neuen Götzen** assoziiert werden.

An die Stelle von „Glauben" und „Liebe" setzt der Staat Zarathustra zufolge Gewalt und Verführung: „Vernichter sind es, die stellen Fallen auf für Viele und heissen sie Staat: sie hängen ein Schwert und hundert Begierden über sie hin" (Za I, 61). Das „Schwert" kann als Sanktionsmacht verstanden werden, mit der Gesetzestreue erzwungen wird, aber auch als Symbol eines aggressiven Nationalcharakters, der sich gewaltsam gegen das Fremde abschottet. Die „hundert Begierden" (Za I, 61) lassen sich bereits kapitalistisch deuten, was durch Zarathustras spätere Worte unterstrichen wird: „Seht mir doch diese Überflüssigen! Reichthümer erwerben sie und werden ärmer damit. Macht wollen sie und zuerst das Brecheisen der Macht, viel Geld, – diese Unvermögenden!" (Za I, 63).

Der Staat nivelliert nach Zarathustras Meinung die Unterschiede zwischen Menschen und verleibt sich alles verfügbare Potential ein: Er übernehme fremdes Gut und Böse und mache es gleichförmig. Individualisten und Schöpfer beraube er ihrer Werke: „Sie stehlen sich die Werke der Erfinder und die Schätze der Weisen: Bildung nennen sie ihren Diebstahl" (Za I, 62 f.). Zugleich beanspruche er göttliche Autorität: „‚Auf der Erde ist nichts Grösseres als ich: der ordnende Finger bin ich Gottes' – also brüllt das Unthier" (Za I, 62). Damit richtet sich die Kritik nicht nur gegen demokratische oder partiell demokratische Staatsmodelle, sondern auch gegen von ‚Gottes Gnaden' legitimierte Staaten sowie gegen solche, in denen die Machthaber die Stelle Gottes einzunehmen trachten.

Verführerisch kann dieser Staat, so Zarathustra auf die „reichen Herzen" (Za I, 62) wirken, weil dieser eine große Aufgabe denjenigen verspricht, die „gerne sich verschwenden" (Za I, 62) – die also ihr Leben in den Dienst einer Sache stellen wollen. Auch die „Besieger des alten Gottes" (Za I, 62) seien gefährdet, da der Staat neue Sinnangebote mache und sich als Vertreter der Menschheit inszeniere. Er sammle alle Begabten um sich, stelle „Helden und Ehrenhafte […] um sich auf" (Za I, 62), um sich selbst zu legitimieren.

Aber wem dient der Staat, der Zarathustra zufolge alle „Außerordentlichen" verzehrt, von denen er stiehlt und die er verschlingt, wenn er offensichtlich nicht dem Volke dient? Darauf gibt Zarathustra eine direkte Antwort, die kaum menschenverachtender klingen könnte: „Viel zu Viele werden geboren: für die Überflüssigen ward der Staat erfunden!" (Za I, 62). Der Staat sei für diejenigen da, die keine Lebensberechtigung haben, für diejenigen, die „überflüssig" seien. Die Härte, die sich hier ausdrückt, sollte in aller Deutlichkeit wahrgenommen werden. Hier spricht kein Humanist und kein Menschenfreund. Nicht nur der Staat ist falsch, sondern auch die **Überflüssigen**. Wer aber einen Teil der Menschheit als Überflüssige denkt, liefert damit bereits eine Rechtfertigung für ihre Vernichtung.

Interessanterweise scheinen bei näherer Analyse die Überflüssigen genau die Staatsdiener selbst zu sein, die so eifrig einem gigantischen, alles verdauenden ‚Moloch' gehorchen. Es sind, so können wir Zarathustras Aussagen entnehmen, beispielsweise Lehrer und Professoren, welche die Weisheitsschätze stehlen und Bildung daraus machen (vgl. Za I, 62 f.). Es sind vor allem aber Karrieristen, die nach den Regeln des Staates spielen und in ihm zu Erfolg, Ruhm, Macht und Ehre kommen wollen, sei es durch Geld oder Intrige: „Oft sitzt der Schlamm auf dem Thron – und oft auch der Thron auf dem Schlamme" (Za I, 63). Wer seine Ziele in einer Karriere beim Staatsdienst sehe, sei verblendet. Zarathustra nennt das Ziel selbst „Wahnsinn" (Za I, 63), denn wer könne ernsthaft glauben, dass „das Glück auf dem Thron sässe" (Za I, 63)? Aber auch diejenigen, die den Staat kritisieren, kommen bei Zarathustra schlecht weg: Journalisten und Redakteure „erbrechen ihre Galle und nennen es Zeitung" (Za I, 63).

Dem Staat solle man nicht dienen, man solle ihn aber auch nicht bekämpfen, da man im Kampf mit ihm seine Regeln anerkennt und sich ihm noch im Gegensatz angleicht. Daher hat Zarathustra nur einen Rat: Weg vom Staat und den Staatsgeschäften, überall weg von dort, wo man sich seinen Regeln unterwerfen muss, d. h. weg von allen Ämtern und Institutionen, der Wille zur Reform würde einen nur umsonst verbrennen lassen: „Meine Brüder, wollt ihr denn ersticken im Dunste ihrer Mäuler und Begierden! [...] Geht fort von dem Dampfe dieser Menschenopfer! Frei steht grossen Seelen auch jetzt noch die Erde. Leer sind noch viele Sitze für Einsame und Zweisame, um die der Geruch stiller Meere weht" (Za I, 63).

Zarathustra empfiehlt die Einsamkeit und den Rückzug aus den Geschäften – denn dann werde man nicht „geopfert". Dafür muss allerdings Armut in Kauf genommen werden, aber „wer wenig besitzt, wird um so weniger besessen" (Za I, 63). Die Freiheit geht mit wenig materiellen Besitz und der politischen Unabhängigkeit einher: „Dort, wo der Staat aufhört, da beginnt erst der Mensch, der nicht überflüssig ist" (Za I, 63).

Anders als es der frühere Satz vermuten lässt – „Viel zu Viele werden geboren: für die Überflüssigen ward der Staat gefunden" –, ist man Zarathustra zufolge nicht qua Geburt überflüssig, sondern diese Überflüssigkeit wird erst erworben, indem man sein Leben einer Sache widmet, die zum größten Teil fremdbestimmt und im tiefsten Kern verdorben sei. Dennoch sollten zwei Punkte an dieser Stelle nicht vergessen werden: (1) Es ist sehr leicht, diesen Satz aus dem Kontext zu reißen und für fragwürdige Zwecke zu missbrauchen. (2) Auch wenn man sich die Überflüssigkeit erst erwirbt, bleibt der menschenverachtende Zug dieser Bezeichnung bestehen.

**Fragen und Anregungen**

- Der Turmbau zu Babel misslingt, weil Gott die Sprachen der Menschen verwirrt. Lesen Sie Genesis 11, 1–9. Können Sie diese Geschichte mit der 11. Rede des I. Teiles aus dem Zarathustra in Verbindung setzen? Wie?
- Beschreiben Sie den Unterschied von Volk und Staat, indem Sie erstens die beiden Begriffe recherchieren und zweitens in der 11. Rede herausarbeiten.

### 2.3.12 Von den Fliegen des Marktes

Der Aufruf in die **Einsamkeit** zu fliehen wird zum Hauptmotiv der 12. Rede. Denn nicht nur den Staat müsse man meiden, sondern auch das Volk und jede Gesellschaft: „Wo die Einsamkeit aufhört, da beginnt der Markt; und wo der Markt beginnt, da beginnt auch der Lärm der grossen Schauspieler und das Geschwirr der giftigen Fliegen" (Za I, 65).

Wurde das Volk gegenüber dem Staat in der letzten Rede noch aufgewertet, spricht Zarathustra von ihm nun ebenfalls despektierlich. Der **Schaffende**, der vorhin noch „einen Glauben und eine Liebe" (Za I, 61) für das Volk hervorbringt, wird von diesem nicht verstanden: „Wenig begreift das Volk das Grosse, das ist: das Schaffende" (Za I, 65). Wie es dem Schaffenden aber gelingen sollte, ohne die Wertschätzung des Volkes eine gemeinsame Basis für dieses zu errichten, bleibt von Zarathustra unbeantwortet.

Dem Volk imponiere, so Zarathustra, vielmehr der Typus des Schauspielers, der in dieser Rede das erste Mal erwähnt wird. Der **Schauspieler** hat Geist, aber kein Gewissen (Za I, 65). Er ist stets auf Wirkung bedacht und daher grundsätzlich ein Opportunist, der sein Fähnchen in den Wind hängt: „Er glaubt immer an Das, womit er am stärksten glauben macht, – glauben an *sich* macht!" (Za I, 65). Das im Buch gesperrt gedruckte „sich" unterstreicht den egomanischen Charakter des Schauspielers. Ihm geht es nicht um die Sache, für die er eintritt, sondern um das Ansehen, das er mit ihr gewinnen kann. Er wechselt schnell seine Meinungen, denn er braucht „[r]asche Sinne" (Za I, 65), um den neuesten Geschmack und Einfluss beim Volk wahrzunehmen. Jedes Mittel, um seinen Ruhm zu steigern, ist ihm recht. Rhetorisch will er „[u]mwerfen" (Za I, 65), anstatt „beweisen" (Za I, 65), d. h. die Menschen bei ihren Affekten packen, anstatt ihren Verstand anzusprechen. Wenn er sie dabei „[t]oll" (Za I, 65) macht, sie in einen unkritischen und unreflektierten, nahezu wahnsinnigen Geisteszustand versetzt, glaubt er, dass er etwas bewiesen hat. Der Schauspieler überwältige das Volk und das Volk reagiere mit Bewunderung. Dies seien die „grossen Männer" (Za I, 65), denke es und rühme sich mit ihnen.

Für Nietzsche ist der Schauspieler mit dem Typus des Künstlers und konkret mit Richard Wagner verknüpft, den er in seinen Briefen und Aufzeichnungen als einen solchen benennt. Die Bayreuther Festspiele, die 1876 uraufgeführt wurden, hatten Nietzsche mit herbem Ekel erfüllt. Anstatt einer neuen kulturellen Wiederbelebung antiker Ideale erlebte er Wagner als Künstler, der sich der Macht und dem Geld anbiederte und bewundert werden wollte. Die wachsende Skepsis gegen Wagner führte zum Bruch. Nietzsche verließ frühzeitig die Festspiele, in Sorrent sahen sich ein letztes Mal, ihre Freundschaft fand ein Ende.

Dem Typus des Schauspielers setzt Zarathustra diametral den Typus des „einsamen Schaffenden" entgegen, der keinen bestimmten Namen erhält. Mag sich das Volk und der Ruhm auch um die Schauspieler drehen, „[u]m die Erfinder von neuen Werthen dreht sich die Welt" (Za I, 65). Mag der Schauspieler auch verschiedene Einflüsse zusammenmischen, er erschafft doch nichts Neues. So müsse die Welt auf Veränderung warten, bis der Einfluss eines einsamen Schaffenden aufgegriffen werde. Wie sich das Verhältnis zwischen dem Schaffenden, der Werte kreiert, und dem Schauspieler, der zum geeigneten Zeitpunkt neue Werte vermitteln kann, darstellt, ist sicherlich ein interessanter Aspekt, auf den Zarathustra in seiner Rede allerdings nicht eingeht. Er ruft jedenfalls die Schaffenden auf, die schnelllebige Gesellschaft zu meiden, sich nicht um ihre eigene Wirkung zu kümmern, denn sie müssten sich Zeit nehmen für die Veränderungen, die sich in ihnen ankündigten: „Langsam ist das Erleben allen tiefen Brunnen: lange müssen sie warten, bis sie wissen, *was* in ihre Tiefe fiel" (Za I, 66). Anerkennung und Achtung dürften sie sowieso nicht erwarten, im Gegensatz zum Schauspieler hätten sie viel eher ein Talent, andere gegen sich aufzubringen. Das Volk, die Gesellschaft, die „Fliegen des Marktes" (Za I, 65) spürten beim Schaffenden, dass dieser nicht ihresgleichen sei, dass er sich selbst gar für besser halte, und ganz vage spürten sie, dass er recht haben könnte, dass in ihm mehr Blut fließe: „Blut möchten sie von dir in aller Unschuld, Blut begehren ihre blutlosen Seelen – und sie stechen daher in aller Unschuld. Aber, du Tiefer, du leidest zu tief auch an kleinen Wunden" (Za I, 67). Die Gesellschaft ergötze sich daran, den Außenseiter zu verletzen, und freue sich, dass es so leicht gelinge. Denn dieser sei empfindsam und spüre die Verletzungen stärker als diejenigen, die schon abgestumpft seien. Diese Verletzungen könnten für den Außenseiter gefährlich werden, wenn aus ihnen Rachegelüste entstünden, die ihn vergifteten. Er könnte all die Verletzungen anhäufen und mit sich herumtragen. Er solle sich aber nicht gegen diejenigen richten, die ihm Schmerzen zufügen wollen, denn sie seien es nicht wert, sie seien ja nur Fliegen oder Stechmücken des Marktes.

Doch noch andere Mittel stünden der schlechten Gesellschaft zur Verfügung, um den Schaffenden auf das eigene Niveau herabzuziehen. Lob und Liebenswürdigkeit sind – so können wir uns vorstellen – schwerer zu durchschauen als die kleinen bösartigen Feindseligkeiten, mit denen sie über den anderen herfallen. Und sie sind sicherlich verführerischer. Diese Mittel sollten allerdings nicht darüber hinwegtäuschen, dass, so Zarathustra, der Schaffende die Menschen weiterhin empört, dass sie ihm die Erfolge neiden und ihm aus tiefster Seele misstrauen, weil sie ihn nicht einschätzen können: „Sie denken viel über dich mit ihrer engen Seele, – bedenklich bist du ihnen stets!" (ebd.). Wenn der Schaffende aber achtsam sei, würde er selbst die Indizien bemerken, die ihn zum Außenseiter in der Gesellschaft machten: „Merktest du nicht, wie oft sie stumm wurden, wenn du zu ihnen tratest, und wie ihre Kraft von ihnen gieng wie der Rauch von einem erlöschenden Feuer?" (Za I, 68). Es kann nur eine Folgerung geben, wenn sich eine solche Kluft auftut:

„Fliehe, mein Freund, in deine Einsamkeit und dorthin, wo eine rauhe, starke Luft weht. Nicht ist es dein Loos, Fliegenwedel zu sein" (Za I, 68).

Die Rede enthält mit ihren Beschreibungen von zwei Menschentypen einen charakteristischen Zug von Nietzsches Philosophie, nämlich die Einführung von philosophischen Experimentalfiguren, mit denen sich anhand eines bestimmten Sets an Charaktereigenschaften philosophische Gedanken oder exemplarische Lebensweisen erproben lassen (vgl. Sommer 2010, S. 18). Man kann diese Typen mit eigenen Erfahrungen abgleichen, sich selbst in einem erkennen oder andere, vielleicht nahestehende Personen oder solche im politischen, künstlerischen, kulturellen Wirkungskreis. Besonders überzeugend wirken diese Beschreibungen, wenn wir sie in unserem Umfeld wiedererkennen können.

Aber die Typen werden nicht rein deskriptiv eingeführt, sondern auch normativ. Der Typus des Schauspielers wird genauso abgewertet, wie der Typus des einsamen Schaffenden aufgewertet wird. Zu wem spricht also dieser Text, wen kann er überzeugen? Weniger solche Menschen, die in hohem Maß soziale Anerkennung erfahren, sondern weit eher Außenseiter, die unter fehlenden Resonanzerfahrungen leiden, die sich in Gesellschaft ungeschickt benehmen und sich nicht zu präsentieren wissen. Anstatt dass sie aufgefordert werden, sich in der Welt zu beweisen und in einen (kapitalistischen) Wettstreit zu treten, der auch kulturelle Bildungsgüter betrifft (beispielsweise Universitätsabschlüsse), soll man sich abkehren. Das Lob, das einen bei Erfolg erwartet, sei nichts als leere Schmeichelei. Zarathustra beschwört „den Schaffenden" – und als solchen kann man sich nur selbst definieren –, sich von der Gesellschaft und ihren Kämpfen abzukehren, denn dort gewännen nur Schauspieler. Man solle allerdings nicht hassen, sondern sich großmütig abkehren. Dennoch kommt man nicht umhin festzustellen, dass diejenigen, die sich angesprochen fühlen, auch diejenigen sind, die möglicherweise von Minderwertigkeitskomplexen geplagt werden, die – so kann man annehmen – nicht weit vom Ressentiment gedeihen, das später noch Thema sein wird.

### Fragen und Anregungen

- Auf einem Nebenschauplatz richtet sich Zarathustra gegen die **Unbedingten**: „Dieser Unbedingten und Drängenden halber sei ohne Eifersucht, du Liebhaber der Wahrheit! Niemals noch hängte sich die Wahrheit an den Arm eines Unbedingten" (Za I, 66). Gegen wen könnte sich dieser Seitenhieb richten? Wie stellt Zarathustra hier die „Unbedingten" und „Drängenden" mit den „Liebhabern der Wahrheit" in Beziehung. Wer sind letztere?
- In welchem Verhältnis kann man sich die Typen ‚Schauspieler' und ‚einsam Schaffender' vorstellen? Benötigen sie einander? Sind sie Feinde?
- Eine exemplarische Charakterisierung von Richard Wagner als Schauspieler finden Sie in den nachgelassenen Fragmenten im 11 Band der KSA (NF, 1884, 26[377]).
- Falls Sie sich für Nietzsches Biographie interessieren, dann sei Ihnen als gut lesbares Standardwerk mit viel Material die dreibändige von Curt Paul Janz empfohlen (*Friedrich Nietzsche*, 1993).

### 2.3.13 Von der Keuschheit

Vom Motiv der Flucht in die Einsamkeit leitet Zarathustra zu seinem neuen Thema über: dem der Keuschheit. Städte solle man fliehen, denn dort lebten zu viele der „Brünstigen" (S. 69). Ist es also vielleicht doch nicht so weit her mit der Aufwertung der Leiblichkeit? Wird die Sinnlichkeit doch verteufelt? Dass Zarathustra sich höhere Ideale für ein Menschenleben wünscht als erotische Sinnlichkeit wird offensichtlich: „Ist es nicht besser, in die Hände eines Mörders zu gerathen, als in die Träume eines brünstigen Weibes? Und seht mir doch diese Männer an: ihr Auge sagt es – sie wissen nichts Besseres auf Erden, als bei einem Weibe zu liegen" (Za I, 69). Nicht nur die Sinnlichkeit, auch die Geschlechter kommen schlecht weg. Sowohl das „brünstige[…] Weib" (Za I, 69), in dessen Träume man besser nicht gerät, als auch die Männer, die sich nichts Schöneres vorstellen können, gehören zum niedrigsten Niveau, das Zarathustra noch unter dem der Tiere verortet. Denn Tiere lebten ihre Sexualität in Unschuld aus (vgl. Za I, 69).

Zarathustra ruft dementsprechend nicht zur Keuschheit, sondern zur „Unschuld der Sinne" (Za I, 69) auf. Dass die Keuschheit als generelle Tugend gelte, vergifte das Innere derjenigen, die von der sexuellen Lust angetrieben würden. Man schaffe Ersatz für das unterdrückte Lustempfinden, verschleiere seine Antriebe, sei neidisch auf diejenigen, die sich dem „Laster" (Za I, 69) hingäben, halte sich für moralisch einwandfrei, obwohl man im tiefsten Inneren verlogen sei:

> „Diese enthalten sich wohl: aber die Hündin Sinnlichkeit blickt mit Neid aus Allem, was sie thun. […] Und wie artig weiss die Hündin Sinnlichkeit um ein Stück Geist zu betteln, wenn ihr ein Stück Fleisch versagt wird! Ihr liebt Trauerspiele und Alles, was das Herz zerbricht? Aber ich bin misstrauisch gegen eure Hündin. Ihr habt mir zu grausame Augen und blickt lüstern nach Leidenden. Hat sich nicht nur eure Wollust verkleidet und heisst sich Mitleiden?" (Za I, 69 f.)

Mit diesem drastischen Bild greift Nietzsche eines seiner zentralen Gegenkonzepte an: die schopenhauersche Mitleidsmoral. Die im Zitat beschriebene „Hündin Sinnlichkeit" verweist auf einen Trieb, der sich scheinbar gezähmt gibt, in Wahrheit aber nur seine Gestalt wechselt. Wo der unmittelbare Genuss („ein Stück Fleisch") versagt wird, sucht sich die Sinnlichkeit eine sublimierte Form („ein Stück Geist"). Gerade in der Vorliebe für „Trauerspiele" und für alles, „was das Herz zerbricht", sieht Nietzsche diese Verkleidung am Werk: Das Mitleiden erscheint als moralische Haltung, ist jedoch von einer lustvollen Faszination am Leid des Anderen durchzogen.

Was sich hier nur als ein kleiner, impliziter Seitenhieb darstellt, expliziert Nietzsche in vielen, scharfzüngigen Aphorismen. Für Schopenhauer ist das Mitleid die Fähigkeit des Menschen, sein individuiertes, illusionäres Ich zu überschreiten, sich vom Leiden des anderen auf eine Weise affizieren zu lassen, als ob es das Eigene sei, und zu erkennen: „Dieses bist Du!" (Schopenhauer 1998, WWV, S. 483). Nicht die Vernunft, sondern das Gefühl, die Möglichkeit, sich im Mitleid zu transzendieren, ist für Schopenhauer der wahre Grund, warum Menschen moralisch handeln. Nietzsche hingegen spricht dem Mitleid die moralische Bedeutung ab. In Wirklichkeit erhebe sich der Mitleidende über den Bemitleideten. Er fühle sich gut, weil er im Mitleiden seine Macht erfahre und genieße das Leid in einer Verschleierungsform. Warum besuchen wir Theater, die herzzerreißende Tragödien spielen und leiden mit dem Helden mit? Weil wir das Mitleiden im Herzenskern genießen, Mitleid ist für Nietzsche in vielen Fällen verkleidete Grausamkeit.

Nietzsche nimmt damit Freuds Theorie der Sublimierung vorweg. Triebauslebung, so Freud, ist in einer zivilisierten Welt mit tausenden von Individuen nicht möglich – zumindest nicht für die meisten, ohne dass die Auslebung heftig sanktioniert würde. Wohin aber mit den unterdrückten Trieben? Machen sie uns nicht psychisch krank? Dies wird von Zarathustra angedeutet: Neid, Missgunst, Selbstbetrug breiten sich unter der Triebunterdrückung aus wie eine böse Krankheit. Letzten Endes ist es eigentlich unmöglich, sie zu unterdrücken, die Triebe nehmen nur eine andere, giftigere Form an. Manchmal werden sie aber auch transformiert: Wir finden sie in den Werken geistiger Hochkultur. Kunst, Literatur, Theater werden für Freud Sublimierungen hervorbringen, die den dunklen Trieben eine Gestalt geben, die für eine Gesellschaft tolerierbar ist und auch dem Publikum das Ausleben seiner unterdrückten Seiten in Fantasien ermöglicht.

Dem gegenüber scheint Zarathustra die radikale Auslebung der Triebe zu empfehlen: „Wem die Keuschheit schwer fällt, dem ist sie zu widerrathen: dass sie nicht der Weg zur Hölle werde – das ist zu Schlamm und Brunst der Seele“ (Za I, 70).

Allerdings ist die Sexualität für Nietzsches Zarathustra im Gegensatz zu den Theorien Freuds keine Triebkraft, die ausnahmslos jeden beherrscht. Nur einige werden durch sie getrieben, und diese würden vielleicht weniger von ihr dominiert, wenn sie ihre Sexualität ausleben könnten, statt in einem engen Korsett moralischer Anständigkeit gefangen zu sein. Jungfräulichkeit bis zur Ehe und Monogamie gehörten zum allgemeinen Sittenkodex des 19. Jahrhunderts. Dieser Kodex wird von Zarathustra implizit als verderblich gebrandmarkt. Darüber hinaus gibt es Individuen, die selbst wegen ihres Wesens keusch sind. Diese sind „milder von Herzen, sie lachen lieber und reichlicher“ (Za I, 70). Sie gehören einem anderen Typus Mensch an, für den Keuschheit kein Entbehren ist: „wir boten diesem Gaste Herberge und Herz: nun wohnt er bei uns, – mag er bleiben, wie lange er will“ (Za I, 70).

Die unterdrückte Sexualität in der Gesellschaft des 19. Jahrhunderts bleibt für Nietzsche ein Randthema, das er nur gelegentlich streift. Dennoch kann man vermuten, dass Freud, der sich intensiv damit auseinandersetzen wird, auch von Nietzsche inspiriert wurde. Für sich selbst nahm Freud jedoch stets in Anspruch, Nietzsche nie ausgiebig gelesen zu haben (vgl. Freud, 1947, S. 37).

### Fragen und Anregungen

- Lesen Sie zum Verhältnis von Mitleid und Grausamkeit *Jenseits von Gut und Böse* 229 für ein besseres Textverständnis.
- Nietzsches Mitleidskritik umfasst noch weitere Aspekte, sowohl auf der Seite des Mitleidenden als auch auf der des Bemitleideten. Recherchieren Sie auf Nietzschesource (http://www.nietzschesource.org/) in der digitalisierten Kritischen Gesamtausgabe *mitleid*. Wählen Sie eine Handvoll Aphorismen aus

seinem von ihm veröffentlichten bzw. autorisierten Werk zufällig aus. Wie viele Aspekte der Mitleidskritik können Sie ausmachen?

- Neben seinem Hauptwerk *Die Welt als Wille und Vorstellung* sind insbesondere zwei kleinere Schriften Schopenhauers zur Freiheit und zum Mitleiden sehr spannend: *Die beiden Grundprobleme der Ethik. Behandelt in zwei akademischen Preisschriften von Dr. Arthur Schopenhauer. Mitglied des Königl. Norwegischen Societät der Wissenschaften* (Schopenhauer 1977).

### 2.3.14 Vom Freunde

So sehr die Einsamkeit gewürdigt wird, gibt es doch zumindest eine soziale Beziehung, der Zarathustra ganz besonderen Wert beimisst: die Freundschaft. Der Freund ist Rettung vor den Fallstricken der Einsamkeit. Wahres Alleinsein gibt es nach Zarathustra ohnehin nicht, denn da man immer im Gespräch mit sich selber sei, müsse man sich als Zweiheit begreifen. Die jedoch kann einseitig sein: „Immer ist für den Einsiedler der Freund der Dritte: der Dritte ist der Kork, der verhindert, dass das Gespräch der Zweie in die Tiefe sinkt. Ach, es giebt zu viele Tiefen für alle Einsiedler" (Za I, 71). Unproduktives Grübeln, sich in sich selbst verbeißen, sich extremisieren, Gefühle köcheln lassen: man kann sich leicht vorstellen, dass diese Neigungen des ununterbrochenen Selbstgesprächs eine ungute Eigendynamik gewinnen können. Die Neigung zur Oberflächlichkeit im Austausch mit einem Dritten ist nicht negativ konnotiert. Der **Freund** ist ein Gegenüber, der das Fallen in eigene Abgründe verhindern kann.

Mit keinem anderen Begriff als dem der Feindschaft drückt Zarathustra allerdings das besondere Verhältnis zum Freund aus. In demjenigen, mit dem man befreundet sein möchte, sieht der Einzelne die Verwirklichung dessen, was er selbst gerne wäre. Er bewundert ihn und könnte gar neidisch auf ihn werden: „Und oft will man mit der Liebe nur den Neid überspringen. Und oft greift man an und macht sich einen Feind, um zu verbergen, dass man angreifbar ist" (Za I, 71). Das Wunschobjekt der Freundschaft erweist sich als gefährlich. Es ist zu vermuten, dass es leichter und tiefer verletzten kann als diejenigen, zu denen man keine Neigung verspürt. Für Zarathustra sind Bewunderung oder Sympathiebekundung allerdings keine geeigneten Mittel, um Freundschaft zu erlangen: „‚Sei wenigstens mein Feind!' – so spricht die wahre Ehrfurcht, die nicht um Freundschaft zu bitten wagt " (Za I, 71). Indem man den anderen zum Gegner erklärt, zeigt man Interesse und ringt darum, dass der andere sich einem ebenfalls zuwendet. Wie häufig interessiert uns in einer Diskussionsrunde eben nicht derjenige, der uns zustimmt, sondern der, der uns widerspricht? Der intellektuelle Schlagabtausch führt dem jeweils anderen die Wortgewandtheit und die Wendigkeit des Verstandes vor Augen. Aber nicht alle mögen solch intellektuelle Scharmützel. Es ließe sich einwenden, dass ein solch spielerischer Kampf eitel sei, unauthentisch, ja, dass es vielleicht noch nicht einmal um die Sache gehe, sondern um das Gewinnen. Zarathustra spricht:

> „Du willst vor deinem Freunde kein Kleid tragen? Es soll deines Freundes Ehre sein, dass du dich ihm giebst, wie du bist? Aber er wünscht dich darum zum Teufel! [...] Ja, wenn ihr Götter wäret, da dürftet ihr euch eurer Kleider schämen!" (Za I, 72)

Der artifizielle Schlagaustausch, der eigene Schwächen verbirgt, die Stärken übertreibt, kann als eine Form von Verkleidung verstanden werden. Gleichzeitig gibt man sich größte Mühe, um die Anerkennung des anderen zu ringen, indem man sich so stark wie möglich vor ihm zeigt. Der andere soll aber nicht mit Ängstlichkeit, Unterwerfung oder einer Intrige darauf reagieren, sondern stark genug sein, noch härter, schärfer, noch gnadenloser dem anderen zu erwidern, um dessen Bewunderung zu erlangen. Unterwerfung, das Eingestehen der Überlegenheit des anderen oder der Wunsch, ihn zu beherrschen, beenden das Spiel um die Freundschaft sofort. Denn miteinander gefochten werden kann nur auf der gleichen Stufe, die gegenseitige Anerkennung fordert. Folglich kann man nach Zarathustras nicht mit jemanden befreundet sein, den man als überlegen oder als unterlegen erkennt oder der sich selbst immer in eine solche Position bringen will: „Bist du ein Sclave? So kannst du nicht Freund sein. Bist du ein Tyrann? So kannst du nicht Freunde haben" (Za I, 72).

Die von Zarathustra geforderte Härte im Umgang mit dem Freund schließt eine andere, weniger offensive Form der Nähe nicht aus: „Sahst du deinen Freund schon schlafen, – damit du erfahrest wie er aussieht? [...] Es ist dein eignes Gesicht, auf einem rauhen und unvollkommenen Spiegel" (Za I, 72). Bei der Maskerade darf die Freundschaft genauso wenig stehen bleiben wie beim bloß intellektuellen Spiel: Möglicherweise ist dies nur die Phase der Werbung um den anderen und dessen Freundschaft. Bald sieht man den anderen auch, wie er in seiner Schwäche ist und darf vermuten, dass auch die eigene vom anderen gesehen wird. Die Metapher des Schlafes in Gesellschaft eines anderen kann als unbedingter Vertrauensbeweis und als Preisgabe gedeutet werden. Von der Metapher des Feindes ist nun keine Rede mehr, denn ein **Feind** wäre nun nicht gerade derjenige, in dessen Anwesenheit wir gerne schliefen. Der Schlafende ist abwesend, die Schwäche wird vom Wachenden erhascht, aber nicht thematisiert. Erkennt man das Leid des anderen und leidet mit, kann es, so Zarathustra, angemessen sein, dieses Gefühl zu unterdrücken, um den anderen nicht herabzusetzen und ihm nicht zu nahe zu treten: „Ein Errathen sei dein Mitleiden: dass du erst wissest, ob dein Freund Mitleiden wolle" (Za I, 72). Dennoch, und dies ist eine seltene Stelle innerhalb von Nietzsches Philosophie, wird dem Mitleiden nicht gänzlich aller Wert abgesprochen. Es gibt also auch innerhalb seiner Philosophie Platz für etwas Echtes im Mitleiden mit einem geliebten Menschen, das sich kaum verhindern, sondern nur verbergen lässt: „Das Mitleiden mit dem Freunde berge sich unter einer harten Schale, an ihm sollst du dir einen Zahn ausbeissen" (Za I, 72).

Zuletzt wendet sich Zarathustra der Frage zu, welches Geschlecht der Freundschaft fähig sei. Das **Weib** sei (und dies gilt für das 19. Jahrhundert weit mehr noch als für unsere Zeit) gesellschaftlich nicht in einer gleichberechtigten Situation zum Mann, daher kenne sie keine gleichgewichtigen Beziehungen, die auf demselben Niveau stünden: „Allzulange war im Weibe ein Sclave und ein Tyrann versteckt.

Deshalb ist das Weib noch nicht der Freundschaft fähig: es kennt nur die Liebe" (Za I, 72 f.). Die Frau ist nicht nur unfähig zur Freundschaft mit einem Mann, sondern weil die Liebe zu ihm gesellschaftlich ins Zentrum gerückt wird, sind auch alle Nicht-Liebes-Beziehungen, also auch zwischen Frauen untereinander, abgewertet: „In der Liebe des Weibes ist Ungerechtigkeit und Blindheit gegen Alles, was es nicht liebt" (Za I, 73). Dennoch gesteht Zarathustra den Frauen zu – erkennbar durch das wiederholt einschränkende „noch" –, einen Entwicklungsschritt zu mehr Emanzipation machen zu können: „Noch ist das Weib nicht der Freundschaft fähig" (Za I, 73). Aber auch die Männer haben wenig Grund auf sich stolz zu sein, denn auch unter ihnen gibt es kaum jemanden, der zur Freundschaft fähig sei. Der Mann bringe es nur zur „Kameradschaft" (Za I, 73). Zarathustra endet mit der Hoffnung auf eine bessere Zukunft: „möge es Freundschaft geben!" (Za I, 73).

**Fragen und Anregungen**

- Was ist für Sie eine gängige Vorstellung von einer Freundschaft? Was davon entspricht Zarathustras Auffassung und was nicht?
- Empfinden Sie die 14. Rede als misogyn? Und wenn ja, inwiefern?
- Wenn Sie Ihr philosophisches Interesse an dem Thema Freundschaft vertiefen wollen, können Sie das 8. und 9. Buch der *Nikomachischen Ethik* von Aristoteles lesen. Welche Gemeinsamkeiten und Unterschiede erkennen Sie im Vergleich zu Zarathustras Ausführungen?

### 2.3.15 Von tausend und Einem Ziele

In seiner 15. Rede legt Zarathustra seine Auffassung von der Wahrheit der Werte dar: Weder sind sie für ihn transzendente, ewig feststehende Konstanten, noch hat ein Gott sie in uns verankert, sondern Völker gaben sich die Werte selbst. Werte zu erschaffen und sich auf sie zu einigen, sei eine Existenzbedingung gewesen: „Leben könnte kein Volk, das nicht erst schätzte; will es sich aber erhalten, so darf es nicht schätzen, wie der Nachbar schätzt" (Za I, 74). In Abgrenzung zu einem anderen Volk, so Zarathustra, werden die eigenen Werte geschaffen, um, so dürfen wir spekulieren, eine eigene „Volksidentität" zu kreieren. Man versteht sich als eine bestimmte Gruppe mit distinkten Merkmalen, Glaubensvorstellungen, Gründungsmythen und Werten. Ein Volk kann über lange Zeit und bei großen Herausforderungen nur dann ein Volk bleiben, wenn die Einzelnen nicht in einem anderen Volk aufgehen. Zarathustra postuliert als Beziehung der Völker zueinander die Gegnerschaft. Was hier gültig ist, kann dort drüben etwas Schlechtes sein: „Vieles, das diesem Volke gut hiess, hiess einem andern Hohn und Schmach: also fand ich's. Vieles fand ich hier böse genannt und dort mit purpurnen Ehren geputzt" (Za I, 74).

Werte werden allerdings nicht aus reiner Verneinung des Anderen geboren, sondern das Gute ist dasjenige, was herausragend und selten ist. Es kann je nach Lebensbedingungen eines Volkes unterschiedlich sein:

> „Was da macht, dass es herrscht und siegt und glänzt, seinem Nachbarn zu Grauen und Neide: das gilt ihm das Hohe, das Erste, das Messende, der Sinn aller Dinge. Wahrlich, mein Bruder, erkanntest du erst eines Volkes Noth und Land und Himmel und Nachbar: so erräthst du wohl das Gesetz seiner Überwindungen und warum es auf dieser Leiter zu seiner Hoffnung steigt" (Za I, 74).

Jedes Volk schafft sich seine eigenen Narrative, in denen das Gute fest verankert wird. Diese Narrative finden sich in Erzählungen und heiligen Texten wieder. Auf diese Struktur spielt Zarathustra an, wenn er Wertbekundungen unterschiedlicher Völker aufzählt. Er unterstreicht damit zugleich ihre Diversität. So ist „Vater und Mutter ehren und bis in die Wurzel der Seele hinein ihnen zu Willen sein" eine Anspielung auf die 10 Gebote und daher auf das jüdische Volk, und „[i]mmer sollst du der Erste sein und den Andern vorragen: Niemanden soll deine eifersüchtige Seele lieben, es sei denn den Freund" (Za I, 75) auf den Wertkanon des antiken Griechenland.

Ohne den Menschen, erklärt Zarathustra emphatisch, gibt es keinen Wert. Ohne den Menschen ist das Dasein der Welt mitsamt seinen Pflanzen, seinen Tieren, seinen Sonnenaufgängen sinnlos. Erst wenn der Mensch auftritt und etwas für wertvoll hält, verleiht er damit einer Sache Wert, erklärt den Sonnenaufgang für schön, das Gebirge für majestätisch und eine Tugend für gut:

> „Wahrlich, die Menschen gaben sich alles ihr Gutes und Böses. Wahrlich, sie nahmen es nicht, sie fanden es nicht, nicht fiel es ihnen als Stimme vom Himmel. Werthe legte erst der Mensch in die Dinge, sich zu erhalten – er schuf erst den Dingen Sinn, einen Menschen-Sinn! Darum nennt er sich ‚Mensch', das ist: der Schätzende. Schätzen ist schaffen" (Za I, 75).

Erst indem der Mensch, so Zarathustra, Werte erfindet und in Relation setzt, schafft er eine Welt, die ihn angeht – ohne ihn wäre die Welt also absolut belanglos: „Durch das Schätzen erst giebt es Werth: und ohne das Schätzen wäre die Nuss des Daseins hohl" (Za I, 75).

Die Menschen, die Zarathustra sich in Gruppen lebend vorstellt, kreieren die Werte gemeinsam. Nicht der Einzelne, sondern das Volk hat in früheren Zeiten Werte geschaffen. Dass man sich überhaupt als Einzelnen begreifen kann, wirkt demgegenüber wie der jüngste Wertewandel.

Da der nächste Abschnitt der Rede schwer zugänglich ist, soll er genauer betrachtet werden. Zarathustra spricht:

> „Älter ist an der Heerde die Lust, als die Lust am Ich: und so lange das gute Gewissen Heerde heisst, sagt nur das schlechte Gewissen: Ich. Wahrlich, das schlaue Ich, das lieblose, das seinen Nutzen im Nutzen Vieler will: das ist nicht der Heerde Ursprung, sondern ihr Untergang." (Za I, 75 f.)

Zarathustra spricht von einer subjektlosen „Lust" (Za I, 75), die gemeinschaftlich gefühlt wird. Das Ich ist in seiner Lustempfindung vom anderen innerhalb einer „Heerde" (Za I, 75) kaum unterschieden. Derjenige, der seine Lust von der der anderen trennt, verletzt bereits die Regeln der **Herde**, die nur ein „Wir" kennt. Dennoch gibt es mit der Regel auch immer den Regelbruch. Das „Ich" (S. 76) fühlt sich und fühlt sich schuldig (schlechtes Gewissen). Das „schlaue Ich [...], das seinen Nutzen im Nutzen Vieler will" (Za I, 75), zerstört die Gemeinschaft, denn es erkennt Individuen mit unterschiedlichen Interessen, von denen nicht alle gleichermaßen anerkannt werden können. Mit dieser Erkenntnis zerfällt die Herde. Da wird nicht mehr eine subjektlose „Lust" gefühlt, sondern die Interessen weniger, einiger und vieler werden unterschieden. Die Herde muss mit dieser Vorstellung untergehen. Es scheint erstaunlicherweise so, als würde Zarathustra, der die Ethik der Vielen in früheren Reden geringschätzte, den Untergang der Herde nun bedauern, da ihr Niedergang durch etwas „lieblose[s]" (Za I, 75) eingeleitet wird. Dennoch lässt sich diese Irritation auflösen, indem wir den Wertewandel als genealogischen Prozess verstehen: Zuerst gab es eine stumpfsinnige Ethik der Herde. Danach wird diese Ethik zu Fall gebracht, was zu diesem Zeitpunkt als böse gilt. Sie wird allerdings, und das ist die wesentliche Pointe, nicht in einem Volk neu geschaffen von den ‚Schlauen', welche die Gruppe in verschiedene Interessensgemeinschaften zerlegen, sondern von „Liebenden" (Za I, 75). Das „schlaue Ich" (ebd.), das Zarathustra als „lieblos" (Za I, 75) charakterisiert, ist unfähig, Werte zu erschaffen, da es diese emotionslos und kühl berechnet. Wir müssen Zarathustra zufolge aber von den Wertschöpfungen affiziert werden, damit sie die Kraft haben, alte Ordnungen hinwegzufegen: „Liebende waren es stets und Schaffende, die schufen Gut und Böse. Feuer der Liebe glüht in aller Tugenden Namen und Feuer des Zorns" (Za I, 75). Wieder einmal scheint sich Zarathustra auf die Seite der glühenden Leidenschaftlichkeit zu stellen, statt auf die einer vernunftbestimmten Ethik.

Der Mensch habe einst in einer Herde mit einer Herdenmoral gelebt, dann in einem Volk, das sich eine ‚völkische Moral' gab. Irgendwann habe er auch das Ich erfunden und damit die Lust am Ich erfahren. Was es allerdings noch nie auf Erden gegeben habe, sei eine umfassende Deutung des Menschen als Einheit, d. h. als Menschheit. Auch sie wäre eine Erfindung. Und zuallererst müsste ihr Selbstbewusstsein fantasiert werden:

> „Tausend Ziele gab es bisher, denn tausend Völker gab es. Nur die Fessel der tausend Nacken fehlt noch, es fehlt das Eine Ziel. Noch hat die Menschheit kein Ziel. [...] wenn der Menschheit das Ziel noch fehlt, fehlt da nicht auch – sie selber noch? – " (Za I, 75)

Der bisherige an den Einzelnen gerichtete individualistische Appell, sich zu überwinden, sich selbst zu erschaffen, sich von anderen abzukehren und in die Einsamkeit zu gehen, scheint zugunsten des Wunsches nach einem überindividuellen Ideal abgelöst. Wenn Zarathustra nach dem Ziel der Menschheit fragt, schwingt ein Bedauern darüber mit, dass es ein solches bisher nicht gab. Diese Aufgabe sollte als Herausforderung angenommen werden. In diesem Fall dürfte das Ideal des **Übermenschen** nicht rein individuell verstanden werden. Denkbar wäre also, den letzten Abschnitt als Appell an die Menschheit zu verstehen, sich in eine Gemeinschaft von Übermenschen zu verwandeln oder – alternativ – einzelne Übermenschen zu erschaffen.

**Fragen und Anregungen**

- Dass der Mensch der Erschaffer von Werten und daher die Welt ohne ihn wertlos sei, ist zentraler Bestandteil von Nietzsches Philosophie. Lesen Sie den Aphorismus 301 aus der *fröhlichen Wissenschaft* zur Vertiefung.
- Finden Sie eine alternative Deutung für die Textstelle S. 75, Z.33–76, Z.8? Welche?
- Inwiefern können Sie sich das Projekt ‚Menschheit' in Verbindung mit dem Ideal des Übermenschen vorstellen? Welche Widersprüche tauchen auf?

### 2.3.16 Von der Nächstenliebe

Dass die Nächstenliebe, die christliche *caritas*, wohl nicht zu den Werten gehört, denen Nietzsche durch Zarathustra eine neue Dignität verleihen möchte, wird nicht mehr überraschen. Und so wird die Nächstenliebe auch schon mit den ersten beiden Sätzen dieser Rede abgekanzelt: „Ihr drängt euch um den Nächsten und habt schöne Worte dafür. Aber ich sage euch: eure Nächstenliebe ist eure schlechte Liebe zu euch selber" (Za I, 77). Der Mensch hält es, so können wir die anschließende Passage deuten, mit sich selbst nicht aus, er erträgt weder die Einsamkeit noch gelingt es ihm, sich selbst zu achten. In der Folge verführt er andere zu einer guten Meinung über sich, um durch ihr Lob den eigenen Selbstwert vermittelt zu bekommen, an den er sonst selbst nicht glauben kann. Dies ist für Zarathustra ein erbärmlicher Mechanismus, der in unterschiedlichen Verschleierungen hinter den Ausdrucksformen der Nächstenliebe steht und den er in wortgewandten Sentenzen wiederholt:

> „Ihr haltet es mit euch selber nicht aus und liebt euch nicht genug: nun wollt ihr den Nächsten zur Liebe verführen und euch mit seinem Irrthum vergolden." (Za I, 77)

> „Ihr ladet euch einen Zeugen ein, wenn ihr von euch gut reden wollt; und wenn ihr ihn verführt habt, gut von euch zu denken, denkt ihr selber gut von euch." (Za I, 77)

Im Beisammensein mit einem Anderen wird Zarathustra zufolge die eigene Mangelhaftigkeit verborgen, der fehlende innere Reichtum soll sich in Gesellschaft ergeben, und wer sich selbst in seiner Schwäche zu gut kennt, findet im Anderen Ablenkung von seinem ungenügenden Selbst: „Der Eine geht zum Nächsten, weil er sich sucht, und der Andre, weil er sich verlieren möchte. Eure schlechte Liebe zu euch selber macht euch aus der Einsamkeit ein Gefängniss" (Za I, 78). So wie die Menschen sich gegenseitig in Gesellschaft aufwerten, so werten sie den Abwesenden ab. Gemeinschaftsgefühl wird durch Ausgrenzung geschaffen, Selbstachtung entsteht durch Verachtung des Anderen: „und schon wenn ihr zu fünfen seid, muss immer ein sechster sterben" (Za I, 78). Auf den Festen sind auch die Populisten und geschickten Egomanen, die **Schauspieler**, anwesend, die die Bedürfnisse der Gruppe kanalisieren. Aber während jenen immerhin doch das Talent der Massenmanipulation zu eigen ist, gebärden sich selbst die Mitläufer noch als welche, die das Sagen hätten: „und auch die Zuschauer gebärdeten sich oft gleich Schauspielern“ (Za I, 78).

Wie schön wäre es, fantasiert Zarathustra, wenn den Menschen die soziale Bedürftigkeit eklig werden würde, wenn sie es nicht mehr ertrügen, sich gegenseitig den falschen Respekt zu erweisen, diesen leicht durchschaubaren Tauschhandel (vgl. Za I, 78). Denn dann müssten sie lernen, die Einsamkeit auszuhalten, und die ließe sich nur ertragen, wenn sie ihre eigene innere Welt ausbauten, bis sie selbst aus sich einen Freund geschaffen hätten und „sein überwallendes Herz“ (Za I, 78). Man muss sich, so Zarathustra, Freund sein können, um anderen einer sein zu können. Dafür ist ein reiches Innenleben ebenso nötig wie Selbstachtung. Aber Selbstachtung, die auf Selbstliebe aufbaut, gehöre bislang nicht zum geltenden Wertekanon. Das Ich sei gegenüber dem Du sekundär: „Das Du ist älter als das Ich; das Du ist heilig gesprochen, aber noch nicht das Ich“ (Za I, 77).

Anstatt zum Nächsten zu fliehen, der in seiner Individualität gar nicht gemeint, sondern nur der Nächstverfügbare ist, sollte sich der Mensch „Sachen und Gespenstern“ (Za I, 77) zuwenden. Inhalte und Ideale, die das Ich wachsen lassen, sollen erstrebt werden. Bislang könnten die Ideale als blutleer und daher als **Gespenster** begriffen werden, und doch seien sie „schöner“ (Za I, 77) als der Einzelne. Mit wahrer Leidenschaft sollten sie verfolgt werden, selbst wenn dies hieße, sich selbst aussaugen zu lassen und etwas von sich hinzugeben: „warum giebst du ihm nicht dein Fleisch und deine Knochen?“ (Za I, 77). Zarathustra möchte, dass die Sehnsucht sich auf Fernes und Künftiges, vielleicht niemals Da-Seiendes richtet. Auf Menschen, die vielleicht noch nicht existieren, aber einmal existieren könnten: „Die Zukunft und das Fernste sei dir die Ursache deines Heute: in deinem Freunde sollst du den Übermenschen als deine Ursache lieben“ (Za I, 77).

Das Ideal der Nächstenliebe möchte Zarathustra durch ein Freundschaftsideal abgelöst sehen. Das Ideal verwirklicht sich im Beisammensein, als stetiges Hinaufschrauben der eigenen Seinsmöglichkeiten, um dem anderen gewachsen zu bleiben.

**Fragen und Anregungen**

- Entdecken Sie in der 16. Rede eine gelungene Kritik der christlichen Caritas oder nicht? Was überzeugt und was überzeugt weniger?
- In der Rede *Vom Freunde* (s. Abschn. 2.3.14) forderte Nietzsche, dass die Freunde sich voreinander nicht nackt zeigen sollten, sondern in ihrem besten Kleide, vielleicht gar in einer Verkleidung, während in der Rede von der Nächstenliebe Verkleidung als ein „sich vor anderen als besser darstellen als man ist“ abgelehnt wird. Wie lässt sich mit diesem Widerspruch umgehen oder gibt es gar keinen?
- Erscheint Ihnen das Ideal des sich gegenseitig Anspornens, der steten Weiterentwicklung, des ständigen „ich muss ein besserer werden, um ihm, dem Freund, Genüge zu tun, um noch Freund sein zu können“ als attraktiv oder als entmutigend oder lesen Sie einen anderen Imperativ aus Nietzsches Freundschaftskonzept?

### 2.3.17 Vom Wege des Schaffenden

Zarathustras Rede vom Wege des Schaffenden richtet sich an Auserwählte, die sich bereit fühlen, eine Reise ins eigene Innere anzutreten, sich zu transformieren und in ein neues Selbstverhältnis zu treten. Einige Motive erinnern an die erste Metamorphose aus der Rede von den drei Verwandlungen (s. Abschn. 2.3.1). So fragt Zarathustra, auf die letzte Stufe des **Kindes** anspielend: „Bist du eine neue Kraft und ein neues Recht? Eine erste Bewegung? Ein aus sich rollendes Rad? Kannst du auch Sterne zwingen, dass sie um dich sich drehen?“ (Za I, 80).

Die Frage, die wie eine Probe klingt, ob man sich selbst unter die Auserwählten rechnen dürfte, invertiert Zarathustra allerdings durch den nächsten Satz: „Ach, es giebt so viel Lüsternheit nach Höhe! Es giebt so viel Kämpfe der Ehrgeizigen“ (Za I, 80). Der Wunsch, dass Sterne sich um einen drehen, wirkt in der Tat größenwahnsinnig. Zarathustra befürchtet, zu viele könnten sich angesprochen fühlen, weil ihnen diese Bilder schmeicheln und ihren Ehrgeiz wecken. Wer sich auf dem Weg des Schaffenden befinde, sollte die Frage nach dem Ziel seiner eigenen Freiheit beantworten können: „Frei wovon? Was schiert das Zarathustra! Hell aber soll mir dein Auge künden: frei *wozu*? Kannst du dir selber dein Böses und dein Gutes geben und deinen Willen über dich aufhängen wie ein Gesetz? Kannst du dir selber Richter sein und Rächer deines Gesetzes?“ (Za I, 81). Das Gute wird nicht mehr verkündet durch einen Gott oder eine Religion, nein, gottgleich gibt sich der Einzelne selbst sein moralisches **Gesetz**. Negative Freiheit, die darin bestehen könnte, einem religiösen Zwangskorsett einengender Regeln zu entkommen, ist nicht ausreichend. Allein die positive Freiheit, sich selbst einen „herrschenden Gedanken“ (Za I, 81) zu geben, privilegiert einen zur Ansicht, einer derjenigen besonderen Menschen zu sein, von denen Zarathustra spricht. Denn auch darauf liegt wieder einmal die Betonung: Zarathustras Lehren sind nicht für alle da, einige verbringen ihr Leben am besten als Diener, weil sie darin ihre höchste Daseinsstufe erreichen (zu Zarathustras Elitarismus s. auch Abschn. 2.3.7): „Es giebt Manchen, der seinen letzten Werth wegwarf, als er seine Dienstbarkeit wegwarf“ (Za I, 81). Zarathustras Elitarismus umwirbt, so muss man aber zweifelsohne feststellen, nicht eine bereits bestehende Elite von Machthabern oder Gebildeten, sondern autonome Einzelne, die einmal in ferner Zukunft eine neue Elite bilden könnten.

Die Heldenreise, die Zarathustra verspricht, führt allerdings nicht in die äußere, sondern in die innere Welt: Die Gesellschaft mit ihren Menschen, die hinter sich gelassen werden müssen, mögen dabei nur die ersten Hindernisse und Versuchungen des Auserwählten sein. Die Ablehnung der Gesellschaft, welche die Einsamen fürchtet, kann einem nach Zarathustra sicher sein (vgl. Za I, 82). Der Versuch, sich selbst zu finden, erregt nicht Bewunderung, sondern Verachtung, denn da „hält sich jemand für besser als den Rest“. Gelingt es einem später tatsächlich mit seiner Entwicklung zu imponieren, so zieht es ihn nicht zurück zu den Bewunderern, sondern weiter zum eigenen Kern. Dass aber die Bewunderung ausgeschlagen wird, erfährt die Gesellschaft als Kränkung: „Du zwingst Viele, über dich umzulernen; das rechnen sie dir hart an. Du kamst ihnen nahe und giengst doch vorüber: das verzeihen sie dir niemals“ (Za I, 81). Der **Einsame** lebt gefährlich, denn Neid und üble Nachrede können über ihn hereinbrechen. Der Mob kann denjenigen vernichten, der nicht mehr die Werte der Gesellschaft teilt (vgl. Za I, 82). Böse kann er ihnen erscheinen. Aber auch Liebe und Zuneigung können tückisch sein: Mancher, der einem die Hand hinstreckt, könnte den Gesellschaftsabstinenten leicht verführen, der eignen Aufgabe zu entsagen (vgl. ebd.). Sollte man aber all den gesellschaftlichen Gefahren entronnen sein, stehen die wahren Herausforderungen noch bevor:

> „Einsamer, du gehst den Weg zu dir selber! Und an dir selber führt dein Weg vorbei und an deinen sieben Teufeln! Ketzer wirst du dir selber sein und Hexe und Wahrsager und Narr und Zweifler und Unheiliger und Bösewicht. Verbrennen musst du dich wollen in deiner eignen Flamme: wie wolltest du neu werden, wenn du nicht erst Asche geworden bist!" (Za I, 82)

So wie der Held im Märchen archetypischen Gestalten begegnet, die ihm weiterhelfen, verführen oder in die Irre leiten, so begegnen dem Suchenden in den verschiedenen Gesichtern Anteile des eigenen Ichs, die zerstörerisch wirken, einen aber letztlich wachsen lassen, vorausgesetzt, man überlebt die Begegnung. Um überleben zu können, müssen aber die alten, verfestigten Formen des eigenen Ichs hinter sich gelassen werden. Das alte Ich muss sterben, damit das Neue sich aus der „Asche" erheben kann. Die dramatisierenden Sätze des letzten Teiles der Rede suggerieren, dass es in dieser Rede um alles geht: Höchstes Ziel und tiefstes Leid, Einsamkeit und Liebe. Verführerisch wirkt in der Rede die beschworene Gefährlichkeit: Denn welcher Held sollte sich nicht gerade durch den möglichen Untergang angezogen fühlen? Das Motiv der drohenden Vernichtung – notwendig für die Erneuerung des Ichs und die ankündigte Transformation – steht für das in der Rede nicht explizit genannte, aber zentrale Symbol Zarathustras, für den **Übermenschen**: „Ich liebe Den, der über sich selber hinaus schaffen will und so zu Grunde geht" (Za I, 83).

**Fragen und Anregungen**

- Vergleichen Sie diese Rede mit derjenigen „Vom Baum am Berge". Genügt der Jüngling den zarathustrischen Ansprüchen, dass er sich angesprochen fühlen darf, den Weg des Schaffenden zu beschreiten? Inwiefern (nicht)?
- Stellen Sie sich verschiedene Menschentypen vor (z. B. die Lehrerin, der Selbstversorger, die jugendliche Revoluzzerin) und überlegen Sie, inwiefern sie die Rede Zarathustras anziehen oder abschrecken würde.
- Warum sollte man sich für die Missachtung eines Gesetzes bestrafen, das man selbst erfunden hat? Sollte man nicht eher das Gesetz ändern, anstatt sich selbst?

### 2.3.18 Von alten und jungen Weiblein

Zarathustras Rede von den Frauen gehört neben seiner Kriegsrede zweifellos zu den umstrittensten des ersten Teils und provoziert den Vorwurf der Misogynie. Das Zitat

„Du gehst zu Frauen? Vergiss die Peitsche nicht!“ (Za I, 86) ist mit Sicherheit vielen Menschen bekannt, die sonst nichts weiter von Nietzsches Philosophie wissen. Wir werden die Rede zunächst zusammenfassend interpretieren, um anschließend in einem Exkurs verschiedene Interpretationsmöglichkeiten aufzuzeigen, die nicht zuletzt mit einem berühmten Foto zu tun haben, das Nietzsche selbst inszenierte: Er und sein Freund Paul Ree stehen vor einen Karren, als ob sie vor ihm gespannt seien und auf dem Karren sitzt Lou Andreas Salomé mit einer Peitsche in der Hand (s. Abb. 2.1).

Zarathustra wird auf seinem abendlichen Heimweg von jemanden angesprochen, über dessen Person wir auch in der weiteren Rede nichts erfahren: „Was schleichst du so scheu durch die Dämmerung, Zarathustra? Und was birgst du unter deinem Mantel? […] Ist es ein Schatz, der dir geschenkt? Oder ein Kind, das dir geboren wurde? […]“ (Za I, 84). Zarathustra erklärt, es sei ein Gedankenschatz, eine „kleine Wahrheit“ (Za I, 84), die aber gut gehütet werden müsse, damit sie nicht „überlaut“ (Za I, 84) schreie. Er sei heute einem **alten Weiblein** begegnet, dass ihn aufgefordert habe, über Frauen zu sprechen. Denn, so habe sie angemerkt, spreche er zwar zu Frauen, aber nie den Frauen über die Frau. Zarathustra erwidert, dies gehöre sich nicht: „über das Weib soll man nur zu Männern reden“ (Za I, 84). Das alte Weiblein aber überredet Zarathustra doch, zu ihr sprechen, denn sie sei so alt, dass sie sowieso vergessen werde, was er gesagt habe.

„Alles am Weibe ist ein Räthsel, und Alles am Weibe hat Eine Lösung. Sie heisst Schwangerschaft“ (Za I, 84), spricht Zarathustra. Die Frau habe einen Zweck und dieser sei immer „das Kind“ (Za I, 85). Der Mann sei für sie nur ein notwendiger Umweg. Der Mann währenddessen wolle die Frau und zwar als „das gefährlichste Spielzeug“ (Za I, 85). Mit diesem wolle er spielen als ein Krieger, der sich vom Krieg erhole. Die Frau solle dazu erzogen werden, dieser Erholung zu dienen. Dies würde ihr umso besser gelingen, wenn sie im Mann das Kind entdecke. Weil der Mann begehre, was er nicht haben kann, nämlich Zweck der Frau zu sein, entstehe der antagonistische Reiz in der Beziehung: „Allzusüße Früchte – die mag der Krieger nicht. Darum mag er das Weib; bitter ist auch noch das süsseste Weib“ (Za I, 85).

Entsprechend den neuen Idealen, die Zarathustra proklamiert, habe auch die Frau sich noch zu entwickeln, als „rein[es] und fein[es]“ (Za I, 85) Spielzeug, „bestrahlt von den Tugenden einer Welt, welche noch nicht da ist“ (Za I, 85). Ihre Rolle bestehe aber nicht darin, selbst **Übermensch** zu werden, sondern Übermenschen zu gebären. Allein dafür sei es nötig, dass sie auch neue Tugenden entwickele, vor allem innerhalb der Liebe, ihrem Spezialgebiet. Tapferkeit und Ehre, sonst männliches Terrain, sollen in die Liebe integriert werden. Tapfer sollten die Frauen „auf Den losgehn, der euch Furcht einflösst!“. Zarathustra fordert erneut eine antagonistische, spannungsreiche Beziehung der Geschlechter. Die Frau solle ihre Ehre darin finden, immer mehr zu lieben als geliebt zu sein. Möglicherweise weil sie allein im Lieben über den Mann triumphiert: „Der Mann fürchte sich vor dem Weibe, wenn es liebt: da bringt es jedes Opfer, und jedes andre Ding gilt ihm ohne Werth. Der Mann fürchte sich vor dem Weibe, wenn es hasst: denn der Mann ist im Grunde der Seele nur böse, das Weib aber ist dort schlecht“ (Za I, 85).

**Abb. 2.1** Friedrich Nietzsche (ganz rechts) mit Paul Ree und Lou Andreas Salomé (© ARCHIVIO GBB/Alamy)

Diese Formulierung kann irritierend wirken, da im natürlichen Sprachgebrauch, das Wort ‚böse' eine Steigerung im Vergleich zu ‚schlecht' darstellt. In Nietzsches Begrifflichkeit, die nach dem Werk *Also sprach Zarathustra* in der *Genealogie der Moral* entwickelt wird, unterscheidet er zwischen zwei Wertungsweisen und zwar

„gut und böse" und „gut und schlecht." „Gut und böse" sind demnach moralische Wertungen – wie man handeln *sollte* –, während „gut und schlecht" vormoralische Wertungen sind, die auf Handlungen bezogen sind, die man selber tut und will. Nietzsche bedauert die Dominanz der über Menschengenerationen entstandenen moralischen Deutung „gut und böse", weil diese einer Sklavenmoral entstamme, die den Menschen in der heutigen Zeit teuer zu stehen komme. Wenn also der Mann im Grund seiner Seele als böse begriffen werden kann, heißt dies, dass er sich stets im Kosmos moralischer Anerkennung bewegt – auch wenn er davon abweicht. In diesem Fall weiß er, sein Handeln ist böse, er sollte anders handeln. Wenn die Frau im Grunde der Seele als schlecht begriffen werden kann, heißt dies, dass sie sich eigentlich nicht um Moral schert. In ihr herrschen keine Moralbegriffe, die gesellschaftlich für objektiv gültig gehalten werden. Im Grunde ihrer Seele steht die Frau jenseits von Moral.

Und, sofern sie liebt, offenbart sich auch anderen, wie wenig die Frau von Moral beherrscht wird. Alle Zwänge, Traditionen und Normen können gesprengt werden, wenn nichts mehr außer ihrer Liebe von Wert ist. Wer nun aus diesen Sätzen den Schluss ziehen wollte, die Frau wäre nach Zarathustra die überlegene Gestalt, weil sie die Moral hinter sich lassen kann, wird durch die nächsten Zeilen irritiert. Denn plötzlich ist der Mann wieder der Überlegene:

> „Wen hasst das Weib am meisten? – Also sprach das Eisen zum Magneten: ‚ich hasse dich am meisten, weil du anziehst, aber nicht stark genug bist, an dich zu ziehen." (Za I, 85)

Die Frau wird von der männlichen Kraft angezogen, ohne dass der Mann sie halten kann. Der Mann hat noch anderes vor, in den „Krieg" ziehen beispielsweise. Die Frau ist nur zu seiner Erholung gut: „Das Glück des Mannes heisst: ich will. Das Glück des Weibes heisst: er will. ‚Siehe jetzt eben ward die Welt vollkommen!' – also denkt ein jedes Weib, wenn es aus ganzer Seele gehorcht" (Za I, 85).

Im Themenkreis „Befehlen und Gehorchen", das uns bereits in der Rede „Vom Krieger und Kriegsvolke" begegnet ist (s. Abschn. 2.3.10), wird nun dem Mann das Befehlen, der Frau das Gehorchen zugeordnet. Und im Gehorchen, so hatte Zarathustra bereits behauptet, liegt zuweilen der höchste Wert des Menschen, zumindest desjenigen, der sich selbst nicht zu befehlen vermag. Insofern ist das Wesen der Frau defizitär, sie ist traditionell „Hingabe", während der Mann „Begehren" ist. Für sein Begehren ist die Frau nur eine Sache. Die Gefährlichste zwar, weil durch seine Anziehungskraft so starke Gefühle in ihr entzündet werden, dass sie dem Mann gefährlich werden kann. Dennoch ist die Frau nicht in der Lage, selbst anzuziehen. Sie ist in der Metapher nur das Eisen, die Kraft aber geht vom Magneten aus. Der Mann gewinnt Gewalt über die Frau, ohne dass er sich ihr ebenso hingibt. „Und gehorchen muss das Weib und eine Tiefe finden zu seiner Oberfläche. Oberfläche ist des Weibes Gemüth, eine bewegliche stürmische Haut auf einem seichten Gewässer. Des Mannes Gemüth aber ist tief, sein Strom rauscht in unterirdischen Höhlen: das Weib ahnt seine Kraft, aber begreift sie nicht" (Za I, 86).

Da unterbricht nun das alte Weiblein Zarathustra. Er habe gut über die Frauen gesprochen, „sonderlich für Die, welche jung genug dazu sind" (Za I, 86). „Jung genug wozu?“, kann man sich fragen. Jung genug, um eine ideale Frau im zarathustrischen Sinne zu werden, die in der Lage ist, den Übermenschen zu gebären? Jung genug, um sich von solchen Männermeinungen überzeugen zu lassen? Deutet sich damit ein Distanzverhältnis an? Das Weiblein spricht weiter: „Seltsam ist's, Zarathustra kennt wenig die Weiber, und doch hat er über sie Recht! Geschieht diess deshalb, weil beim Weibe kein Ding unmöglich ist?“ (Za I, 86). Zarathustra, ganz der herkömmliche Weise, ist weder Lüstling noch Liebhaber, „er kennt“ also die Frauen nicht. Erotische Verhältnisse fesseln ihn nicht, er scheint befreit von geschlechtlichem Begehren zu sein. Dass er trotzdem über die Frauen Recht hat, könnte, so das Weiblein, daran liegen, dass „beim Weibe kein Ding unmöglich ist“ (Za I, 86). Dies würde allerdings heißen, dass jede Ansicht über Frauen immer wahr und gleichzeitig unwahr wäre, Zarathustras Ansichten also als beliebig gelten könnten. Die alte Frau will ihm aber doch noch eine Wahrheit mit auf den Weg geben, eine, für die sie selbst alt genug sei und auf die Zarathustra gut Acht geben solle, damit nicht jeder „diese kleine Wahrheit“ höre:

> „Du gehst zu Frauen? Vergiss die Peitsche nicht!“ (Za I, 86)

Mit diesem Ratschlag erweist sich das alte Weib als frauenfeindlicher als Zarathustra, wenn es wirklich nahelegt, dass man Frauen züchtigen müsse. Offensichtlich hält das alte Weib Frauen nicht für so gehorsam wie Zarathustra. Will der Mann Gehorsam, so ließe sich aus dem Zusammenhang schlussfolgern, müsse der Mann gewaltsam dafür sorgen.

Zarathustra nimmt bereitwillig die „kleine“ (Za I, 84) Wahrheit von dem alten Weib und trägt sie behutsam. Vorsichtig muss er mit ihr umgehen, damit sie nicht schreit und auf sich aufmerksam macht. Für alle Ohren ist sie offensichtlich nicht bestimmt.

### *Exkurs: „Du gehst zu Frauen? Vergiss die Peitsche nicht!“. Misogynie in der Rede „Von alten und jungen Weiblein“*

Es gab und gibt einige Versuche, die angeblich misogynen Einstellungen im Werk *Also sprach Zarathustra* zu relativieren. Die offensichtlichste Verteidigung lautet, Zarathustra sei gar nicht Verkünder dieser Wahrheit. Es ist die Frau, die das sagt. Nietzsches Schwester Elizabeth fühlte sich im alten Weiblein karikiert. Und Nietzsche hatte ein höchst problematisches Verhältnis zu seiner Schwester. Wollte er also mit dem **alten Weiblein** bloß seine Schwester kritisieren? Oder Frauen, die andere Frauen abwerten? Gehört der Satz also zu einer nietzscheanischen Kritik des Ressentiments – dass nämlich diejenigen, die in einer Gesellschaft entmachtet sind, dazu neigen, nach unten zu treten und zu verachten, wo sie solidarisch sein könnten?

Dagegen ließe sich einiges einwenden. Zarathustra nimmt sorgsam diese „Wahrheit“ (Za I, 84) entgegen, statt sie zu kritisieren. Und betrachtet man seine eigene Rede, lassen sich zahlreiche Abwertungen und stereotype Betrachtungen finden.

„Alles am Weibe ist ein Räthsel“ (Za I, 84). Die Frau gehört einer verstandeslosen und gefährlichen Naturwelt an, die der Vernunftmensch Mann nicht begreift. Ihre Emotionen sind heftig und setzen die Welt der Regeln, die der Mensch sich selbst notwendigerweise in Gesellschaft geben musste, außer Kraft. Sie liebt und hasst jenseits der Moral, weil sie im Inneren immer noch der Naturwelt angehört, die der Mann verlassen hat.

Aber selbst diese emotionale Tiefe wird der Frau in Zarathustras Rede nicht gelassen. Denn eigentlich ist das Gemüt der Frau nur ein „seichte[s] Gewässer" (Za I, 86). Ihre Gefühle sind oberflächlich. Vermutlich kann man sie deswegen so leicht in Bewegung, in Erregung versetzen. Demgegenüber wirkt der Mann vielleicht kalt, aber „sein Strom rauscht in unterirdischen Höhlen" (Za I, 86), welche die Frau gar nicht erfassen, sondern nur erahnen kann.

Kein Wunder also, dass der Mann dazu bestimmt ist, über die Frau zu herrschen. Und wenn die Frau ganz ehrlich zu sich selbst wäre, wüsste sie auch, dass sie in der Unterwerfung ihre höchste Lust findet: „‚Siehe, jetzt eben ward die Welt vollkommen!' – also denkt ein jedes Weib, wenn es aus ganzer Liebe gehorcht" (Za I, 85).

Zum Stereotyp der Natur- und Triebhaftigkeit der Frau gehört es auch, dass sie vollkommen in ihrer biologischen Bestimmung aufgeht: „Alles am Weibe hat Eine Lösung: sie heisst Schwangerschaft" (Za I, 84). In Zarathustras neuem Weltenplan kann ihr daher auch nur eine Aufgabe zukommen: „möge ich den Übermenschen gebären!" (Za I, 85). Fern davon, nach eigenen Zielen zu streben, bleibt sie eingebunden in das Dreieck: Mann, Frau, Kind. Wenn sie nicht gerade Kinder gebärt oder sich um die Erziehung des **Übermenschen** kümmert, soll sie dem „Krieger" (Za I, 85) die Zeit vertreiben und sein „gefährlichste[s] Spielzeug" (Za I, 85) sein. Der Antagonismus, der sich aus den Geschlechtern ganz naturgemäß ergibt, intensiviert immerhin die Liebesbeziehung. Gerade weil die Frau im Lieben und Hassen dem Mann gefährlich wird, ist sie für den „Krieger" interessant.

Da fügt sich die Peitsche zuletzt wunderbar ins Bild. Im Kampf der Geschlechter ist eine Waffe angebracht. Wer sollte sie bei sich tragen, wenn nicht der vernünftige, tiefsinnige Mann, der die Welt nach seinen Maßstäben gestaltet und darin seine höchste Bestimmung findet?

Aber auch an dieser Interpretation lässt sich einiges aussetzen. Sie nimmt Zarathustras Rede ausgesprochen wörtlich. Wir haben an vielen Stellen gesehen, dass ein buchstäbliches Verständnis nicht ausreicht, um Zarathustras Botschaft zu verstehen. Die Schwangerschaft, muss keineswegs als eine biologische verstanden werden. Mit Gedanken schwanger zu gehen ist ein häufiges Motiv im Zarathustra und rekurriert nicht zuletzt auf den Vater der abendländischen Philosophie: Sokrates. In Platons Dialog *Theaitetos* erklärt sich Sokrates selbst zum Geburtshelfer von Gedanken (vgl. Theait, 150b–151d). Die „kleine Wahrheit" (Za I, 84), die wie ein Säugling in Tücher gewickelt ist und laut zu schreien droht, lässt sich ohne weiteres als Ergebnis einer Schwangerschaft betrachten. Zarathustra wäre in diesem Sinne ein Geburtshelfer, der dem „alten Weiblein" geholfen hat, die eigene Wahrheit auszutragen. Was er mit dem Gedanken tun möchte, bleibt unklar. Er hält der Wahrheit den Mund zu, damit niemand auf sie aufmerksam wird. Das könnte heißen, dass er damit ihren Wahrheitsgehalt nicht unterschreibt.

Denken wir diese Möglichkeit weiter, könnten wir die Frau in der Metapher der Gebärenden als die Erschafferin des Übermenschen in seiner idealen, gedanklichen Form begreifen. Wir erfahren viel, was der Übermensch nicht ist, was er überwindet und inwiefern er als Mensch untergehen muss. Wenig aber erfahren wir über das neue Sein des Übermenschen. Muss dazu erst eine Frau auf den Plan treten, die alle gesellschaftlichen Konventionen und Regeln mit Füßen tritt? Die Frau ist in ihrer Liebe jenseits von Gut und Böse – sie heißt die eigenen Ziele „gut“, ohne sich um andere zu bekümmern, also ganz im Sinne zarathustrischer Philosophie.

Wie aber können wir die behauptete Unterwerfungslust und die mangelnde Tiefe positiv deuten? Dazu braucht es noch feinere interpretatorische Kniffe. Möglicherweise persifliert Zarathustra typisches Machogehabe. Oder aber er fürchtet sich selbst vor den Frauen. Vielleicht spricht er von ihrer Devotheit und Flachheit, weil er sich in Wirklichkeit nicht gut mit Frauen auskennt. Weil er sie alle für gleich hält, was das alte Weiblein durchschaut und mit ihrem spitzfindigen Kommentar zum Ausdruck bringt: „Zarathustra kennt wenig die Weiber, und doch hat er über sie Recht! Geschieht diess desshalb, weil beim Weibe kein Ding unmöglich ist?“ (Za I, 86). Wenn sie ihm die Peitsche mitzunehmen empfiehlt, dann vielleicht deswegen, weil der Mann trotz seiner körperlichen Überlegenheit keine Chance gegen die Frau hat. Wer wie Zarathustra glaubt, die Frau werde sich in höchster Lust dem männlichen Willen unterwerfen, der erlebt bei einer tatsächlichen Begegnung möglicherweise eine böse Überraschung.

In diesem Fall würde das alte Weiblein natürlich auf der Seite der Männer und ihrer Herrschsucht stehen und ihre Geschlechtsgenossinnen schändlich verraten, weil sie dem Mann eine Waffe empfiehlt. Wenn wir allerdings im alten Weiblein die Karikatur von Nietzsches Schwester Elizabeth sehen, könnte man meinen, (zumindest) diese Rede vom Misogynie-Vorwurf befreit zu haben.

Aber warum sollte Zarathustra, der bisher stets als überlegene Gestalt erschien, gerade an dieser Stelle mit einem unzulänglichen Frauenverständnis konzipiert worden sein? Nichts deutet innerhalb der Rede darauf hin, dass die Flachheit der Frau und ihr Unterwerfungsbedürfnis Irrtümer Zarathustras sein könnten.

Zuletzt sei angemerkt, dass es noch eine weitere Verteidigungsstrategie gibt. Wenn das alte Weiblein Zarathustra empfiehlt, eine Peitsche mitzunehmen, wenn er zu Frauen geht, so wird keineswegs gesagt, dass die Peitsche in der Hand des Mannes bleiben soll. Eine andere Möglichkeit wird plausibel durch Nietzsches Inszenierung eines Fotos, das auf der mittelalterlichen Legende von Aristoteles und Phyllis rekurriert: Aristoteles' Schüler Alexander habe eine Liebschaft mit der Hofdame Phyllis gehabt, weswegen er nur unkonzentriert Aristoteles' Ausführungen lauschen konnte. Daraufhin habe Aristoteles dem Schüler den Umgang mit der Hofdame verboten. Diese sei daraufhin so wütend geworden, dass sie beschlossen habe, sich an Aristoteles zu rächen und ihn liebestoll zu machen. Aristoteles sei bald in Liebe entbrannt, aber Phyllis habe sich ihm verweigert. Erst wenn sie auf seinem Rücken einen Ritt durch die ganze Stadt machten, wolle sie sich ihm geben.

Das Bild des liebestollen Philosophen, das die patriarchalen Verhältnisse umkehrt, ging in die Ikonographie-Geschichte ein. Zahlreiche Kupferstiche, Holzschnitte, Zeichnungen und Karikaturen bis in die jüngste Zeit rekurrieren auf diese Szene. Nietzsche, der in Lou von Salomé verliebt war und ihr durch seinen besten Freund Paul Rée, der ebenfalls Salomé umwarb, einen Heiratsantrag zukommen ließ, inszenierte ein Foto, auf dem er und sein Freund vor einen Karren gespannt sind, während Salomé darin sitzend locker die Peitsche schwingt. Bringt man also der Frau die Peitsche mit, wenn man zu ihr geht? Ist der Mann, der sich auf ein Liebesverhältnis einlässt, dazu verdammt, unterdrückt zu werden, auch wenn er sich als Beherrscher wähnt? Möglicherweise verstehen es Frauen viel besser zu unterdrücken als Männer. Denn das Angezogen-Werden, das die Männer den Frauen unterstellen, ist vielleicht nur das Begehren der Männer, durch das sie unterworfen werden können. In diesem Fall würde sich das alte Weiblein über Zarathustra lustig machen. Anstatt die Männerfantasien, die in Zarathustras Rede zum Ausdruck kommen, für glaubwürdig zu halten, gibt sie ihm einen Rat mit auf den Weg, den Zarathustra nur missverstehen kann. In seinen drolligen Vorstellung von der männlichen Vormachtstellung kommt ihm womöglich gar nicht in den Sinn, dass die Peitsche schon bald eine Frau halten wird. Nietzsches Foto wäre der Subtext zum richtigen Verständnis der Textstelle.

Die Schwäche dieser Deutung liegt in der biographischen Auslegung. Wann sollte eine Anekdote zur Interpretation einer Philosophie dienen? Leiten wir alle Interpretationen aus der Biographie ab, verstehen wir möglicherweise die Person Friedrich Nietzsche besser, aber die Philosophie ist nicht mehr für unser Welt-, Wert- und Selbstverständnis interessant. Das ist sie nur, wenn sie für sich selbst steht und einen Gehalt behauptet, der über die Person des Autors und ihre Lebensgeschichte hinausgeht. Dies gilt zumindest dann, wenn es uns genuin um das Philosophische geht und wir nicht zum Biographischen forschen.

Aus der Textstelle und aus dem Zusammenhang wird allerdings keineswegs ersichtlich, dass die Peitsche für die Frau bestimmt sei. Ganz im Gegenteil erscheint sie als Symbol der Steigerung des ungleichen Gewaltverhältnisses und zur Zementierung der patriarchalen Macht: Wer die Frau beherrschen will, so die Aussage, muss sie züchtigen.

**Fragen und Anregungen**

- Lesen Sie zur Vertiefung die erste Abhandlung in *Zur Genealogie der Moral*. Arbeiten Sie die Wertungsweisen „Gut und Böse" und „Gut und Schlecht" heraus.
- Finden Sie weitere Aufwertungen der Frau in scheinbaren Abwertungen? Welche?
- Finden Sie, dass biographische Kenntnisse über einen Philosophen das Verständnis erleichtern? Inwiefern? Fallen Ihnen auch Argumente ein, die den biographischen Ansatz problematisieren?
- Falls Sie sich für die Ikonographie-Geschichte von Aristoteles und Phyllis und den Misogynie-Vorwurf interessieren, lesen Sie den ausgesprochen kurzweiligen und amüsanten Essay von Ludger Lütkehaus, *Nietzsche, die Peitsche und das Weib* (2012).

### 2.3.19 Vom Biss der Natter

Als Zarathustra eines Tages unter einem Feigenbaum schläft, kriecht eine Natter zu ihm und beißt ihn in den Hals. Als er aufschreit, erkennt die **Schlange**, wer er ist und bereut ihre Tat. Verstohlen möchte sie sich davon machen, aber Zarathustra hält sie auf, um ihr zu danken, dass sie ihn geweckt habe. Betrübt bemerkt die Schlange, dass er nichts zu danken habe, weit würde er nicht kommen, ihr Gift sei tödlich. Davon will Zarathustra nichts wissen: „Wann starb wohl je ein Drache am Gift einer Schlange?" (Za I, 87). Er fordert sie auf, das Gift in sich zurück zu saugen, damit es ihr nicht verloren ginge und so saugt die Schlange das Gift aus Zarathustras Hals. Als Zarathustra diese Begegnung seinen „Jüngern" erzählt, fragen diese ihn nach der Bedeutung der Geschichte.

Wir erfahren zwar nicht, warum Zarathustra das Gift überlebt, dafür aber zwei andere wichtige Informationen: Zarathustras Zuhörer werden zum ersten Mal ‚Jünger' genannt, und sie fragen nach der Bedeutung der Geschichte, die sie im Vorhinein als Gleichnis auffassen. Zarathustras Hörergruppe besteht also nicht (mehr) aus wechselnden Grüppchen, sondern hat sich zusammengeschlossen und ihn als herausragenden Weisen akzeptiert. Mehr denn je erscheint Zarathustra als Prophet.

Zarathustra ist bereit, seinen Jüngern die Deutung zu präsentieren. Er habe Feinde, die **Guten und Gerechten**, welche seine Geschichte als unmoralisch bezeichnen und ihn einen „Vernichter der Moral" (Za I, 87) nennen würden. Habe man aber Feinde, solle man nicht „Böses mit Gutem [vergelten]: denn das würde beschämen. Sondern beweist, dass er euch etwas Gutes angethan hat" (Za I, 87). Zarathustra empfiehlt, eine Haltung einzunehmen, die sich nicht als moralisch höherwertig inszeniert und den anderen als zwangsläufig minderwertig kompromittiert. Es sei besser, mitzufluchen, wenn geflucht wird, und wenn ein „grosses Unrecht" geschieht, mit „fünf kleine[n]" zu antworten, denn „[e]ine kleine Rache ist menschlicher, als gar keine Rache" (Za I, 88). Man soll also nicht Gleiches mit Gleichem vergelten, aber auch nicht die andere Wange hinhalten.

Zarathustra kritisiert die geltende (christliche) Moral, die versucht, den Täter in innere Kämpfe, Gewissensbisse, Scham- und Schuldgefühle zu treiben. Ein Ausgleich im zarathustrischen Sinne möchte ein Gleichgewichtsverhältnis wiederherstellen, bei dem der Täter von der Tat entlastet wird. Zarathustra bedankt sich bei der Schlange, sie habe ihn mit einem Biss geweckt (vergilt Böses mit einem Dank) und fordert sie auf, sich ihr Gift zurückzuholen, denn sie habe nicht genug davon (der Schlange sei ein Unrecht geschehen, denn sie wurde verführt, ihr Gift an einen ‚Drachen' zu verschwenden). Die implizit angegriffene christliche Religion, die dazu auffordert, auch die andere Wange hinzuhalten, beschämt durch die Geste moralischer Überlegenheit den Täter. Zarathustra klagt einen Mangel an Liebe in dieser Moral der Gerechtigkeit an, die über den anderen richten wolle: „Ich mag eure kalte Gerechtigkeit nicht [...]. Sagt, wo findet sich die Gerechtigkeit, welche Liebe mit sehenden Augen ist? So erfindet mir doch die Liebe, welche nicht nur alle Strafe, sondern auch alle Schuld trägt! So erfindet mir doch die Gerechtigkeit, die Jeden freispricht, ausgenommen den Richtenden!" (Za I, 88).

Warum soll man den Richtenden aber nicht freisprechen? Diese Forderung kann man als eine Anspielung auf den christlichen Gott und als Kritik an der christlichen Religion begreifen: Dieser Gott hätte seine von ihm geschaffenen Menschen besser kennen oder mit einem anderen Wesen ausstatten sollen. Er trägt Mitschuld an jedem Unrecht, das der Mensch begeht. Und vielleicht lässt sich leichter der jeweilige Mensch verstehen als der Gott, der auch einen (moralisch) besseren Menschen hätte schaffen können. Stattdessen richtet Gott am jüngsten Tag über alle menschlichen Seelen.

Es würde einiges dazugehören, „von Grund aus gerecht" zu sein. Und Zarathustra bezweifelt, dass er dies selbst könnte: „Aber wie wollte ich gerecht sein von Grund aus! Wie kann ich Jedem das Seine geben! Diess sei mir genug: ich gebe Jedem das Meine" (Za I, 88). Die „Gegenmoral", die Zarathustra der Geltenden entgegenstellt, ist keine neutrale, keine ewig-gültige, keine objektive. Es ist seine – Zarathustras – eigene Moral.

Möglicherweise aufgrund seiner eigenen Begegnung mit einem Heiligen (s. Abschn. 2.2.2) gibt Zarathustra seinen Jüngern noch einen letzten Ratschlag mit auf den Weg. Sie sollten sich davor in Acht nehmen, einen „Einsiedler zu beleidigen" (Za I, 89), denn dieser könne so etwas nicht vergessen bzw. vergelten: „Leicht ist es, einen Stein hineinzuwerfen; sank er aber bis zum Grunde, sagt, wer will ihn wieder hinausbringen?" (Za I, 88).

Nicht nur die Innerlichkeit eines Täters kann durch Schuld- und Schamgefühle zu einem ‚Gefängnis' werden, auch die Innerlichkeit eines Opfers kann durch eine scheinbare Belanglosigkeit vergiftet werden, die der Täter bald wieder vergessen hat. Denn was ist schon eine Beleidigung? Für das Opfer kann die Tat aber unvergesslich und unverzeihlich sein. Rachegefühle können beim Opfer genauso heftig gären wie Schuld und Scham beim Täter. Dabei müssen die inneren „Folterinstrumente" keineswegs in einem angemessenen Verhältnis zur Schwere der Tat stehen, denn jeder Mensch ist anders und geht deshalb anders mit solchen Widerfahrnissen um. Daher sollte man sich auch als Täter klar darüber sein, was man anrichten kann, was aber Zarathustra nicht dazu veranlasst, zur Besonnenheit aufzurufen, sondern auf besondere Weise zu den Folgen zu stehen: „Hütet euch, den Einsiedler zu beleidigen! Thatet ihr's aber, nun, so tödtet ihn auch noch!" (Za I, 89). Wer nicht in der Lage ist, zu den Folgen zu stehen – wer den **Einsiedler** nicht töten kann oder will –, sollte, so lässt es sich im Umkehrschluss deuten, auch davon abzusehen, den Einsiedler zu beleidigen.

## Fragen und Anregungen

- Annemarie Pieper gehört zu den Nietzscheforscherinnen, die sehr genau auf Nietzsches Bildsprache eingehen und sie zu interpretieren versuchen. Nach ihrer Deutung ist der Imperativ, den Einsiedler zu töten, sofern man ihn beleidigt hat, keinesfalls wörtlich zu verstehen (Pieper 2010, S. 318). In ihrem Buch *Ein Seil geknüpft zwischen Thier und Übermensch* interpretiert sie detailliert den ersten Teil des Zarathustra.

- Überlegen Sie, ob Sie bei einer Begegnung mit einer Person, die Ihnen einmal Unrecht tat, mit einem Dank und einer Begründung, was daraus nun Gutes entstanden ist (auch wenn dies vielleicht eine Lüge oder Verzerrung ist), antworten könnten. Was macht diese Vorstellung mit Ihren eigenen Gefühlen der Person gegenüber?

### 2.3.20 Von Kind und Ehe

Zarathustra ist kein Theoretiker abstrakter Erkenntnis. Er spricht von hohen Zielen, dem Ansporn zum Schaffen, einer Kritik der geltenden Regeln und Normen, aber scheut sich auch nicht davor, Freund und Ratgeber in häuslichen Angelegenheiten zu sein: „Ich habe eine Frage für dich allein, mein Bruder: […] Du bist jung und wünschest dir Kind und Ehe. Aber ich frage dich: bist du ein Mensch, der ein Kind sich wünschen *darf*?" (Za I, 90).

Die Ehe als Not- und Zweckgemeinschaft, in der man leidlich gut zusammenlebt, die nur aus Schwäche entstanden ist, verachtet Zarathustra. Das Ehegelübde zwischen solchen „im himmlischen Netz verschlungenen Thiere[n]" (Za I, 91) lehnt er ab. Nietzsche spielt mit dieser Metapher auf den Koitus an. Die Ehe, die durch die Heirat symbolisch vor Gott im Himmel geschlossen wurde, wird zum himmlischen Netz, dem Bett, auf dem die verschlungenen Tiere sich ihren niederen Instinkten und ihrer Triebhaftigkeit hingeben, also genau dem, was dem idealen, reinen Himmel entgegengesetzt ist. Die Ehen der **Viel-zu-Vielen**, einer schon dem Namen nach überflüssigen Menge von Menschen (s. Abschn. 2.3.11), spiegeln nichts anderes als die „Armuth der Seele zu Zweien" (Za I, 91). Erträglich wäre es, wenn in dieser Liebe zumindest „Mitleiden sei[…] mit leidenden und verhüllten Göttern! Aber zumeist errathen zwei Thiere einander" (Za I, 91).

Aus diesen unglückseligen Ehen gehen **Kinder** hervor: „Welches Kind hätte nicht Grund, über seine Eltern zu weinen?" Aus dieser rhetorischen Frage lässt sich schließen, dass die gelungene Ehe eine Ausnahme darstellt. Was aber macht die gelungene Ehe aus? Zunächst muss der Einzelne selbst für sie bereit sein. Das ist er, wenn die Ehe und die Zeugung eines Kindes nicht eine Fluchtbewegung darstellt, sondern er selbst bereits „rechtwinklig an Leib und Seele" gebaut ist. Keinesfalls sollte die Familie als Ersatz für eigenes Ungenügen dienen oder als Versuch, den eigenen Schwächen zu entkommen: „[R]edet aus deinem Wunsche das Thier und die Nothdurft? Oder Vereinsamung? Oder Unfriede mit dir?" (Za I, 90).

Nein, siegreich, selbstbezwungen und nur als „Herr deiner Tugenden" (ebd.) ist man berechtigt, eine Ehe zu schließen und sich selbst „[l]ebendige Denkmale" (ebd.) zu bauen. Das Kind ist eindeutig das Ziel der Ehe. Es soll nichts weniger sein als „eine erste Bewegung, ein aus sich rollendes Rad, – einen Schaffenden sollst du schaffen" (Za I, 90). Inwiefern ein Kind zugleich ein „[l]ebendiges Denkmal", also etwas auf den Erzeuger Zurückweisendes und gleichzeitig „ein aus sich rollendes Rad", das nur in sich selbst seine Ursache hat, sein kann, bleibt ein Widerspruch, auf den Zarathustra nicht eingeht.

Beide Ehepartner sollen in „Ehrfurcht“ (Za I, 90) voreinander sich vereinen mit dem Ziel, ein Kind zu zeugen, das über sie hinausgeht. Nicht in einem ökonomischen Sinne, sondern in seinem ideellen Streben. Ob ein solch vereinter Wille entsteht, hängt davon ab, ob man den richtigen Ehepartner findet. Das ist Zarathustra zufolge schwierig, denn „seine Frau kauft auch der Listigste noch im Sack“ (Za I, 91). Viele gescheiterte Ehen, bei denen sich die ‚Transaktion‘ erst im Nachhinein als ‚Fehlkauf‘ erwies, habe Zarathustra mit eigenen Augen beobachtet. Dass seine Beispiele nur den Mann bedauern, dessen ‚Kauf‘ sich als unglücklich herausstellt, ist bezeichnend – besonders im Hinblick auf die noch offene Frage bezüglich des misogynen Charakters des Werkes (s. Abschn. 2.3.18). Die Eheschließung, die sich am ideellen Streben orientieren sollte und die Zarathustra propagiert, sei in der Realität eben doch eine ökonomische Angelegenheit. Durch diese Sprachwahl wird die Frau zu einer Ware, zu einem Objekt, degradiert. Dass es sich häufig um eine minderwertige Ware handelt, die der Mann naiv erwirbt, kommt letztlich nur als weitere misogyne Spitze hinzu.

So spricht Zarathustra: „Würdig schien mir dieser Mann und reif für den Sinn der Erde. [...] Ja, ich wollte, dass die Erde in Krämpfen bebte, wenn sich ein Heiliger und eine Gans mit einander paaren“ (Za I, 91). Einem anderen passiert es, dass sich die Machtverhältnisse von Befehlen und Gehorchen umdrehen: „Jener suchte eine Magd mit den Tugenden eines Engels. Aber mit Einem Male wurde er die Magd eines Weibes, und nun thäte es Noth, dass er darüber noch zum Engel werde“ (Za I, 91). Nein, es sei nicht abzusehen, was Männer alles falsch machen können, wenn sie sich an eine Frau binden. Das, was die Menschen gewöhnlich als Liebe bezeichneten, sei eine Abfolge von „kurzen Thorheiten“ (Za I, 91), denen durch die „lange Dummheit“ (Za I, 91) der Ehe ein Ende gesetzt werde.

Angesichts von so viel Torheit bleibt auch Zarathustra nichts anderes übrig als die neuen Ideale einer zukünftigen Ehe zu beschwören: „Durst dem Schaffenden, Pfeil und Sehnsucht zum Übermenschen [...] Heilig heisst mir solch ein Wille und solche Ehe“ (Za I, 92).

Es ist nicht verwunderlich, dass solche Abschnitte heute für viele abschreckend wirken. Bei den Themen ‚Mann‘, ‚Frau‘ und ‚Kind‘ bleibt Nietzsche scheinbar ganz zeitgemäß vergleichsweise platt und trivial. Dabei versucht er persönlich durchaus, neue Möglichkeiten des Zusammenlebens zu finden. Er war weder einem geistig-inspirierenden Zusammenleben mit Paul Rée und Lou von Salomé abgeneigt, das in der angedachten Form jedoch in keiner erotischen oder nichterotischen Form zustande kam, noch muss seiner Meinung nach die Ehe dauerhaft sein. Wäre es nicht günstiger, diese nur auf bestimmte Zeit einzugehen (vgl. MA I 421)? Dass er die Folgen eines solch befristeten Vertrages nur für den Mann durchspielt, bleibt allerdings bezeichnend.

### Fragen und Anregungen

- Können Sie eine Interpretation finden, welche die nur schwer zu vereinbarenden Metaphern der beiden folgenden Zitate zusammendenkt? „Lebendige Denkmale sollst du bauen deinem Siege und deiner Befreiung“ (Za I, 90).

Und: „Einen höheren Leib sollst du schaffen, eine erste Bewegung, ein aus sich rollendes Rad, – einen Schaffenden sollst du schaffen“ (Za I, 90).

- Katharina Grätz zitiert im Nietzsche-Kommentarband zum Zarathustra eine Stelle, in der Nietzsche die Durchsetzung männlicher Interessen im Ehebund kritisiert, d. h. eine weibliche Perspektive berücksichtigt (NK 4/1, S. 447). Sie beschäftigt sich in ihrem Kommentar zu *Von Kind und Ehe* außerdem mit der Frage, inwiefern eugenische Ideen in dieser Rede eine Rolle spielen (NK 4/1 S. 443–448).
- Unter welchen Bedingungen scheint Ihnen eine Ehe wünschenswert? Und – sofern ein Kinderwunsch besteht – haben Sie Sorge, mit einem Kind entweder eigene Bestrebungen zu kompensieren oder durch sein Vorhandensein bestimmte eigene Ziele dann nicht mehr zu erreichen?
- Falls Sie sich für Frauen und Feminismus im Zusammenhang mit Nietzsche interessieren, dann sei Ihnen der Sammelband *Frauen: Ein Nietzschethema? – Nietzsche: Ein Frauenthema?*, herausgegeben von Renate Reschke, empfohlen (Reschke 2012).

### 2.3.21 Vom freien Tode

In seiner Rede über das Lebensende empfiehlt Zarathustra die frei gewählte Selbsttötung als Akt höchster Autonomie: „Meinen Tod lobe ich euch, den freien Tod, der mir kommt, weil *ich* will“ (Za I, 94). Diese Proklamation wirft unmittelbar die Frage nach dem „richtigen“ Zeitpunkt auf. Nach Zarathustras Logik kann nur derjenige dem Imperativ „Stirb zur rechten Zeit“ (Za I, 93) Folge leisten, der auch zur rechten Zeit gelebt hat. Wer sein Leben nicht als gestaltetes Werk begreift, dessen Sterben bleibt bedeutungslos. Zarathustra bemerkt dazu spöttisch: „Aber auch die Überflüssigen thun noch wichtig mit ihrem Sterben, und auch die hohlste Nuss will noch geknackt sein“ (Za I, 93). Die Metapher der ‚hohlsten Nuss‘ versinnbildlicht ein sinnentleertes Dasein, in dem der Leib lediglich eine verkümmerte Seele beherbergt; das ‚Knacken‘ markiert hierbei das bloße Zerbrechen des Körpers durch einen passiv erlittenen, natürlichen Tod.

Im Gegensatz dazu entwirft Zarathustra das Bild eines „gelungenen“ Sterbens, das er wie folgt beschreibt:

> „Den vollbringenden Tod zeige ich euch, der den Lebenden ein Stachel und ein Gelöbniss wird. Seinen Tod stirbt der Vollbringende, siegreich, umringt von Hoffenden und Gelobenden. Also sollte man sterben lernen; und es sollte kein Fest geben, wo ein solcher Sterbender nicht der Lebenden Schwüre weihte! Also zu sterben ist das Beste; das Zweite aber ist: im Kampfe zu sterben und eine grosse Seele zu verschwenden.“ (Za I, 93)

Zarathustra empfiehlt somit zweierlei: Entweder einen Tod nach Erreichen der irdischen Ziele, durch den der Einzelne zum „Vollbringende[n]“ und damit zum Vorbild für die Hinterbliebenen wird, oder aber den Tod im heroischen Versuch, diese Ziele zu erreichen. Das Risiko des Scheiterns darf niemals als Grund für Untätigkeit dienen. Ein Leben ohne Risiko ist für Zarathustra weniger wert als ein früher Tod im Kampf.

Der Tod soll das Leben krönen und nicht „wie ein Dieb“ (Za I, 93) die Existenz stehlen. Die Notwendigkeit des Sterbens muss zur eigenen Wahl transformiert werden:

> „Meinen Tod lobe ich euch, den freien Tod, der mir kommt, weil ich will. Und wann werde ich wollen? – Wer ein Ziel hat und einen Erben, der will den Tod zur rechten Zeit für Ziel und Erben. Und aus Ehrfurcht vor Ziel und Erben wird er keine dürren Kränze mehr im Heiligthum des Lebens aufhängen.“ (Za I, 94)

Zarathustra tritt hier explizit für die Selbsttötung ein, da der natürliche Tod selten mit dem Erreichen der persönlichen Ziele korrespondiert. Der Einzelne soll den Tod wählen, bevor die Kräfte schwinden und das Leben durch Schwäche entwürdigt wird. Nur wer seine „Wahrheit“ noch aktiv verkörpern kann, ist ihrer würdig: „Mancher wird auch für seine Wahrheiten und Siege zu alt; ein zahnloser Mund hat nicht mehr das Recht zu jeder Wahrheit“ (Za I, 94). Wahrheit wird hier rein subjektiv verstanden; objektive Sinnwahrheiten lehnt Zarathustra ab (s. z. B. Abschn. 2.3.19: „Ich gebe Jedem das Meine“, Za I, 88, oder Abschn. 3.2.11: „‚Das – ist nun mein Weg, – wo ist der eure?‘ [...] Den Weg nämlich – den giebt es nicht!“, Za I, 245). Ein Kriterium für den Wert einer Wahrheit ist ihre Realisierung im Leben. Wer sie nicht mehr „zur Anschauung“ bringen kann, sollte sie nicht durch ein langes Siechtum abwerten. Es gilt, das Leben auf dem Zenit zu verlassen: „Man muss aufhören, sich essen zu lassen, wenn man am besten schmeckt: das wissen Die, welche lange geliebt werden wollen“ (Za I, 94.). Hierbei ist „Liebe“ weniger als zwischenmenschliche Beziehung, sondern als dauerhafte Bewunderung und Nachruhm zu verstehen.

Zarathustra formuliert jedoch keine Maßgabe, welches Alter das richtige zum Sterben wäre, sondern differenziert nach Menschentypen:

> „Saure Äpfel giebt es freilich, deren Loos will, dass sie bis auf den letzten Tag des Herbstes warten: und zugleich werden sie reif, gelb und runzelig. Andern altert das Herz zuerst und Andern der Geist. Und Einige sind greis in der Jugend: aber spät jung erhält lang jung. Manchem missräth das Leben: ein Giftwurm frisst sich ihm an's Herz. So möge er zusehn, dass ihm das Sterben um so mehr gerathe. Mancher wird nie süss, er fault im Sommer schon. Feigheit ist es, die ihn an seinem Aste festhält.“ (Za I, 94)

Der optimale Zeitpunkt hängt somit vom individuellen Charakter und den Zielen ab. Weit entfernt von humanistischer Milde fordert Zarathustra den Untergang derer, die weder zu leben noch zu sterben wissen: „Viel zu Viele leben und viel zu lange hängen sie an ihren Ästen. Möchte ein Sturm kommen, der all diess Faule und Wurmfressne vom Baume schüttelt!“ (Za I, 94).

Diese **Viel-zu-Vielen** sollen sich durch die „Prediger [...] des schnellen Todes“ (Za I, 94) überzeugen lassen. Zarathustra grenzt sich dabei scharf von christlichen Lehren ab, die er als Prediger eines „langsamen Todes“ bezeichnet, da sie auf den natürlichen Tod warten. In diesem Kontext nennt er namentlich den „Hebräer Jesus“, der seiner Ansicht nach zu früh gestorben sei. Es ist die einzige Stelle in *Also sprach Zarathustra*, in der eine historische Person namentlich genannt wird. Jesus sei wund gerieben worden von den damaligen Würdenträgern, den **Guten und Gerechten** (Za I, 95), die ihn zuletzt tot hätten sehen wollen. Jesus hätte in der Wüste bleiben sollen (Za I, 95) und hätte Jesus länger gelebt, so hätte er seine lebensverneinende Lehre, die aus jugendlicher Enttäuschung über die Guten und Gerechten der damaligen Gesellschaft resultierte, widerrufen (vgl. Za I, 95).

Zum Ende der Rede werden die Kriterien des **vollbringenden Todes** zusammengefasst:

> „Frei zum Tode und frei im Tode, ein heiliger Nein-sager, wenn es nicht Zeit mehr ist zum Ja: also versteht er sich auf Tod und Leben. Dass euer Sterben keine Lästerung sei auf Mensch und Erde, meine Freunde: das erbitte ich mir von dem Honig eurer Seele. In eurem Sterben soll noch euer Geist und eure Tugend glühn, gleich einem Abendroth um die Erde: oder aber das Sterben ist euch schlecht gerathen." (Za I, 95)

Dieser Tod ist kein Suizid aus Verzweiflung oder unheilbarer Krankheit, wie wir ihn heute oft verstehen, sondern die Tat nach Erreichen des letzten Ziels – ein Höhepunkt des Lebens, kein Ausweg aus dem Elend.

Der **freie Tod**, für den Zarathustra sich ausspricht, ist auch keine Rechtfertigung im Sinne der stoischen oder epikureischen Philosophie. Diese akzeptieren die Selbsttötung zum einen als letzte Möglichkeit, einem Zwang zu entkommen, der einen zu einer untugendhaften Handlung nötigen würde, zum anderen erklären sie die Selbsttötung als verbleibenden Ausweg vor einem elenden Tod in Alter und Krankheit für statthaft. Der autonome Tod, für den Zarathustra eintritt, erfordert noch „eure[n] Geist und eure Tugend" (Za I, 95). Es handelt sich also nicht um die geringe Wahlmöglichkeit zwischen Tod, Selbstverachtung oder Elend, sondern er ist vielmehr als die Tat nach dem letzten erreichbaren Ziel, gleichsam als Höhepunkt einer bestimmten Art zu leben gedacht.

Abschließend scheint Zarathustra seinen eigenen Tod in Erwägung zu ziehen, da er seine Lehre an seine Jünger, die „Erbe[n]", weitergegeben hat:

> „Wahrlich, ein Ziel hatte Zarathustra, er warf seinen Ball: nun seid ihr Freunde meines Zieles Erbe, euch werfe ich den goldenen Ball zu. Lieber als Alles sehe ich euch, meine Freunde, den goldenen Ball werfen! Und so verziehe ich noch ein Wenig auf Erden: verzeiht es mir!" (Za I, 95)

Doch Zarathustra zögert den Abschied hinaus, um zu sehen, wie seine Aufgabe fortgeführt wird. Diese letzten Sätze Zarathustras könnten seine vorherigen Aussagen relativieren. Wenn seine Aufgabe erfüllt und er im Zenit angekommen ist, aber als Zuschauer weiterlebt, könnte dies bedeuten, dass er im Vollzug „scheitert" und erkennen muss, dass er seinen eigenen Ansprüchen nicht gerecht wird bzw. dass seine eben erst ausgesprochenen Forderungen des vollkommenen Todes unhaltbar sind. Möglicherweise offenbaren die letzten Worte aber nur einen leisen Zweifel Zarathustras: Den „rechten" Zeitpunkt kann man nie mit absoluter Gewissheit kennen. Da auch die Zukunft für Zarathustra ungewiss ist, ahnt er nicht, welche Selbstüberwindungen er noch vor sich hat. Kurz vor Ende des ersten Teils glaubt Zarathustra, dass er seinen Jüngern alles gegeben hat, was er ihnen geben konnte. Nun müssen sich seine Jünger selbst finden, Zarathustras Aufgabe ist vorerst erledigt. Wie wir sehen werden, fallen die Freunde von Zarathustra ab, Irrlehren werden über ihn kursieren. Viele seiner Jünger werden wieder religiös, und Zarathustra wird sich erneut aufgerufen fühlen, seine Lehre zu verteidigen und sie weiterzuentwickeln. Im Nachhinein kann Zarathustra erkennen, dass er zu früh gestorben wäre, hätte er zu jenem Zeitpunkt den Tod gesucht. Allerdings ist eine Beurteilung nur dann möglich, wenn der Betreffende weiterlebt. Dass wirklich der richtige Zeitpunkt zum Sterben gekommen ist, bleibt für denjenigen, der die Selbsttötung vollzieht, immer ungewiss. So bleibt die Entscheidung für den richtigen Zeitpunkt ohne Gewähr – und die Gefahr, aus Feigheit zu verweilen, nur um Zuschauer zu sein, besteht auch für Zarathustra.

**Fragen und Anregungen**

- Wie lässt sich Zarathustras Urteil über Jesus rechtfertigen? Stirbt nicht gerade Jesus einen vollbringenden Tod, da dieser als notwendig für die christliche Lehre betrachtet werden muss? Durch seinen Tod (und seine Auferstehung) gewinnt die Lehre Gewalt über die Lebenden.
- Das Ende ließe sich auch als Distanznahme Zarathustras deuten. Anstatt Zarathustras Reden als Lehren zu interpretieren, könnte man sie lediglich als Lebensmöglichkeiten betrachten. Die Zuhörenden werden am Ende durch eine Irritationspraxis auf sich zurückgeworfen, sie müssen entscheiden, wie ernst sie die Rede nehmen, ob sie diese für sich wählen oder ablehnen. Fallen Ihnen noch weitere Deutungsmöglichkeiten ein? Welchen geben Sie den Vorzug und warum?

### 2.3.22 Von der schenkenden Tugend

Im letzten Kapitel des ersten Teiles nimmt Zarathustra Abschied von seinen Jüngern. Das Kapitel ist in drei Abschnitte gegliedert, die jeweils eine Veränderung in Zarathustras Redeweise beinhalten. Im ersten Abschnitt dankt Zarathustra für ein Abschiedsgeschenk seiner Jünger und nimmt es als Anlass für eine letzte Rede zur Lobpreisung der **schenkenden Tugend**. Im zweiten beschwört er seine Jünger, der **Erde treu zu bleiben** und nicht wieder jenseitige Ideale anzubeten. Im dritten fordert er sie auf, ihn zu verraten, um sich selbst zu finden. Er verspricht seine Wiederkehr und bekräftigt das Ideal des **Übermenschen**, das den Glauben an Gott ablösen soll.

Wie schon durch die vorherige Rede „Vom freien Tode" ankündigt, steht eine Zeit der Trennung bevor. Zarathustra verlässt die Stadt „die bunte Kuh" (Za I, 97), die offensichtlich ein dauerhaftes Domizil für ihn geworden ist. Seine Jünger begleiten ihn aus der Stadt, bis sich Zarathustra von ihnen verabschiedet. Sie schenken ihm einen Stab mit einem goldenen Griff, auf dem sich eine Schlange um die **Sonne** ringelt. Zu seinen Ehren haben die Jünger eins seiner Symboltiere gewählt sowie die Sonne, die das Leben auf der Erde ermöglicht. Zu Beginn der Vorrede

(s. Abschn. 2.2.1) sprach Zarathustra zur Sonne als der Schenkenden. Inspiriert durch das symbolische Geschenk hält Zarathustra nun seine Rede von der schenkenden Tugend, und schließt damit den Kreis zum Anfang. Die höchste Tugend, so Zarathustra, sei eine schenkende Tugend (vgl. Za I, 97), d. h., sie muss sich selbst hingeben wollen, sie will ein Geschenk und ein „Opfer" sein. Damit man aber ein Geschenk sein könne, bedürfe es des Gegenteils, nämlich der Selbstsucht: „Unersättlich trachtet eure Seele nach Schätzen und Kleinodien, weil eure Tugend unersättlich ist im Verschenken-Wollen. Ihr zwingt alle Dinge zu euch und in euch, dass sie aus eurem Borne zurückströmen sollen als die Gaben eurer Liebe" (Za I, 98). Als Erkenntnissuchende und Neuschaffende von Werten, als die von Zarathustra gewünschten Adressaten, gälte es, wertvolle Gedanken zu sammeln, geistig-sinnlich zu erfahren, um sie transformiert an diejenigen zu verschenken, die selbst auf der Suche sind. Die Motivation entsteht im eigenen Inneren als Lustgefühl, *sich* zu schenken. Es handelt sich also um keinen Imperativ, der von außen an einen herangetragen wird. Dieses Gefühl kann der Einzelne erfahren oder eben nicht.

Die Selbstsucht und Sammelleidenschaft, die sich wieder hingeben will, grenzt Zarathustra scharf ab von einer kranken Selbstsucht, die er „*Entartung*" (Za I, 98) nennt und deren Kerngedanke „Alles für mich" (Za I, 98) heißt. Die höchste Tugend kann – abgesehen davon dass sie schenkend ist – nicht näher bestimmt werden. Sie ist für jeden eine Verschiedene. Aber sie kann aufleuchten, sodass man erahnt, was die eigene höchste Tugend ist, die alle anderen ermöglicht: „Achtet mir, meine Brüder, auf jede Stunde, wo euer Geist in Gleichnissen reden will: da ist der Ursprung eurer Tugend. […] Wenn euer Herz breit und voll wallt, dem Strome gleich […]. Wenn […] euer Wille allen Dingen befehlen will, als eines Liebenden Wille [...]. Wenn ihr Eines Willens Wollende seid, und diese Wende aller Noth euch Nothwendigkeit heisst: da ist der Ursprung eurer Tugend" (Za I, 99). In einem emphatischen Wollen, in dem alles zusammenfließt, kann der Einzelne den Ursprung seiner eigenen Tugend erfassen: „[E]in herrschender Gedanke ist sie und um ihn eine kluge Seele: eine goldene Sonne und um sie die Schlange der Erkenntnis." (Za I, 99). Zarathustra formuliert, so lässt sich feststellen, seine Idee der höchsten Tugend in Anlehnung an Platons Idee des Guten. Man kann sie nicht direkt erkennen, aber durch sie wird alles sichtbar und durch sie wird alles Sein erst ermöglicht.

Dass für Zarathustra die höchste Tugend nicht in ihrer Eigenart als schenkende zureichend bestimmt ist, wird durch den unbestimmten Artikel deutlich: „eine schenkende Tugend ist die höchste Tugend" (Za I, 97). Nun könnte Zarathustra am Ende seiner Rede sein, eine letzte Weisung hat er seinen Jüngern ans Herz gelegt und ihr Geschenk angemessen gewürdigt.

Er hält aber inne (2 Abschnitt), besinnt sich und beginnt erneut zu sprechen – „und seine Stimme hatte sich verwandelt" (Za I, 99). Nun spricht er vom **Sinn der Erde** und beschwört seine Jünger, dem Irdischen treu zu bleiben. Die Menschheitsgeschichte erscheine seit langer Zeit verfehlt. Dabei sei jeder ein Kind seiner Zeit und ein Erbe. In vielem, so Zarathustra, mag sich die Vernunft entwickelt haben, in vielem aber auch getäuscht: „Nicht nur die Vernunft von Jahrtausenden – auch ihr Wahnsinn bricht an uns aus. Gefährlich ist es, Erbe zu sein" (Za I, 100). Bisher, so konstatiert Zarathustra, war das Sein der Menschheit „Unsinn, der Ohne-Sinn" (Za

I, 100). Man kann spekulieren, dass erst jetzt, nach dem **Tod Gottes**, dem Menschen die Möglichkeit gegeben ist, sich selbst einen Sinn und einen Auftrag zu geben. Obwohl die Geschichte lange zurückreicht, ist noch vieles unentdeckt: „Tausend Pfade giebt es, die nie noch gegangen sind; tausend Gesundheiten und verborgene Eilande des Lebens. Unerschöpft und unentdeckt ist immer noch Mensch und Menschen-Erde" (Za I, 100). Zarathustra spricht zu seinen Jüngern wie zu Entdeckern, deren Abenteuerlust geweckt werden soll mit der Aussicht auf unentdeckte Landstriche und geheime Schätze. Als geistiger Verführer erklärt er sie zu Auserwählten: „Von der Zukunft her kommen Winde mit heimlichen Flügelschlagen; und an feine Ohren ergeht gute Botschaft. Ihr Einsamen von heute, ihr Ausscheidenden, ihr sollt einst ein Volk sein: aus euch, die ihr euch selber auswähltet, soll ein auserwähltes Volk erwachsen: – und aus ihm der Übermensch" (Za I, 100 f.). Die Wortwahl – wie „einst" – erinnert an das Alte Testament und das Bündnis Gottes mit dem auserwählten Volk der Juden. So wie dieses aus Ägypten floh und durch die Wüste wanderte, steht nun diesem sich selbst ermächtigenden und von einem Gott unabhängigen Volk erstmals die Fremde bevor. Aber wer die Herausforderung annimmt, dem winkt wie auch wie in der Bibel das Heil: „Und schon liegt ein neuer Geruch um [die Erde], ein Heil bringender, – und eine neue Hoffnung!" (Za I, 101).

Erneut (3. Abschnitt) schweigt Zarathustra für geraume Zeit und erneut verwandelt sich seine Stimme. Er fordert die Jünger auf, sich selbst zu suchen. Dafür sei es aber nötig, sich von Zarathustra und seinen Weisheiten zu distanzieren. Sie sollten sich vielmehr angreifbar machen: „Der Mensch der Erkenntniss muss nicht nur seine Feinde lieben, sondern auch seine Freunde hassen können" (Za I, 101). Liebe kann es schwer machen, die Schwächen des anderen zu sehen oder gar zu verurteilen. Jemandes Ansichten sollten nicht in geschönter Form behütet werden, nur weil man denjenigen liebt. Um angreifen zu können, braucht es aber ein entsprechendes Gefühl. Die Liebe verlangt nach ihrem Gegensatz für die Weiterentwicklung: „Ihr verehrt mich; aber wie, wenn eure Verehrung eines Tages umfällt? Hütet euch, dass euch nicht eine Bildsäule erschlage!" (Za I, 101). Das Verehrte droht immer zu einem Bild zu erstarren. Denn wer verehrt, so kann man annehmen, will das Verehrte zum schönsten aller Bilder erheben, was leicht zur Selbsttäuschung führen kann. Was, wenn sich diese Täuschung auflöst und sich das Verehrte als bloß steinernes Bild enthüllt? Eine solche Enttäuschung kann sogar vernichtend sein. Vielleicht ist man weder in der Lage, sich selbst seinen Irrtum zu verzeihen, noch demjenigen, der einen zum Irrtum verleitete. All die Zeit der Verehrung erscheint vertan.

Warum aber überhaupt die Gefahr einer Verehrung eingehen? Müssten wir nicht ein Verhältnis auf Augenhöhe anstreben? Zarathustra erkennt ein Begehren nach Glauben an eine Autorität, die über die eigenen Unzugänglichkeiten hinwegtröstet und uns den richtigen Weg weist: „Ihr hattet euch noch nicht gesucht: da fandet ihr mich. So thun alle Gläubigen; darum ist es so wenig mit allem Glauben" (Za I, 101). Noch bevor wir von den Unsicherheiten des Weges und des eigenen Selbst erschüttert würden, neigten wir dazu, uns bei etwas unterzustellen, das Eindeutigkeit und Sicherheit verspreche. Zarathustra verlangt, dass seine Jünger nun auf die Suche nach sich selbst gehen: „Nun heisse ich euch, mich verlieren und euch finden;

und erst, wenn ihr mich Alle verleugnet habt, will ich euch wiederkehren" (Za I, 101). Jeder muss mindestens einen Teil von Zarathustras Lehre heftig ablehnen, sonst ist er nur ein „Jünger". Zarathustra stellt in Aussicht, dass sie sich einmal auf Augenhöhe als Wegbereiter einer neuen Zukunft begegnen könnten: „Und einst sollt ihr mir Freunde geworden sein und Kinder Einer Hoffnung: dann will ich zum dritten Male bei euch sein, dass ich den grossen Mittag mit euch feiere" (Za I, 102).

Der **große Mittag** soll Symbol für die Mitte zwischen „Thier und Übermensch" (ebd.) sein und erinnert an die Metapher vom **Seiltänzer**, der sich auf einem gefährlichen Dazwischen bewegt (s. Abschn. 2.2.3–2.2.6). Die Feier, die Zarathustra verspricht, ist also nicht die Ankunft des Übermenschen, sondern nur ein Unterwegssein: „Alsda wird sich der Untergehende selber segnen, dass er ein Hinübergehender sei; und die Sonne seiner Erkenntniss wird ihm im Mittag stehn" (Za I, 102). Der vielfach betonte Untergang, auch Zarathustras eigener angekündigter Untergang (s. Abschn. 2.2.1) soll als Übergang verstanden werden, so wie die Sonne jeden Abend untergeht und am Morgen wieder aufgeht. Mit dem Tod Gottes geht eine Weltdeutung zu Grunde, mit dem Ideal des Übermenschen wird sie wieder auferstehen. Der Übermensch nimmt den Platz ein, der Gott ehemals zukam: *„Todt sind alle Götter: nun wollen wir dass der Übermensch lebe*" (Za I, 102).

Im Finale der letzten Rede des ersten Teiles sind viele Anspielungen auf die Evangelien und den Abschied Jesu von seinen Jüngern gegenwärtig. Zarathustra trifft seine Jünger an einem Kreuzweg, wobei das Kreuz symbolisch auf Jesus verweist. Als Jesus sich von seinen Jüngern verabschiedet, beginnen diese einen Streit miteinander, den Jesus schlichtet, indem er Bescheidenheit empfiehlt, während Zarathustra konträr dazu Selbstsucht empfiehlt, wenn auch eine recht außergewöhnliche Form davon. Jesus beschwört seine Jünger, dass sie nicht in „Anfechtung fal-l[en]" (Lk 22), denn „der Geist ist willig; aber das Fleisch ist schwach" (Mk 14,38). Diametral entgegengesetzt klingt Zarathustras Aufforderung, der Erde treu zu bleiben. Jesus weiß, dass ihn Judas verraten hat, und offenbart den Verrat seinen Jüngern, wobei er je nach Evangelium mehr oder weniger deutlich auf Judas hinweist. Kurz vor dem Abschied bekräftigen die Jünger, insbesondere Petrus, ihre Treue, worauf Jesus zum einen die Zerstreuung seiner Herde ankündigt sowie den Verrat des Petrus: „Wahrlich, ich sage dir: In dieser Nacht, ehe der Hahn kräht, wirst du mich dreimal verleugnen" (Mt 26, 34). Auch Zarathustra scheint den zukünftigen Verrat zu erahnen. Statt jemanden beim Namen zu nennen, bleibt es bei einer Andeutung. Zarathustra verdammt den Übeltäter im Gegensatz zu Jesus im Markusevangelium nicht („weh aber dem Menschen, durch den der Menschensohn verraten wird! Es wäre für diesen Menschen besser, wenn er nie geboren wäre", Mk 14, 21), sondern heißt den Verrat notwendig gut (wie auch Jesus anerkennt, dass er notwendig ist, damit sich sein Schicksal erfülle). Es lässt sich leicht erkennen, dass Nietzsche zahlreiche Motive aus den Evangelien in die Abschiedsszene aufnimmt. Er möchte die Bibel philosophisch übertreffen und die Deutung nahelegen, der Zarathustra sei eine Art neues Testament, das die alten ablöse. Dieses neue Testament ist eines, das durch den Tod Gottes notwendig wird. Denn die Leerstelle erfordert ein neues Ideal, damit der Mensch nicht zum letzten Menschen degeneriert. Die Ankündigung des Übermenschen erscheint wie die Prophezeiung eines Messias, nur das nicht das Übermensch-Sein, sondern das Streben zum Übermenschen in Aussicht gestellt wird. Der irreale Charakter des Übermenschen kulminiert in der letztlich unbestimmten Eigenschaft des endlosen Strebens. Das spräche für eine Deutung, die die Existenz des Übermenschen ironischerweise in einem transzendenten und niemals (auf Erden) zu verwirklichenden Ideenreich verortet, wie es doch in zahlreichen Passagen von Zarathustra abgelehnt wird.

### Fragen und Anregungen

- Der Schluss lässt sich auch anders deuten. Warum aber kündigt Zarathustra ‚nur' den großen Mittag und nicht die Ankunft des Übermenschen an?
- Vergleichen Sie diese Rede mit derjenigen „Vom neuen Götzen" (s. Abschn. 2.3.11). Dort lehnte Zarathustra einen Staat ab, der von seinen Besten ihre Opferung verlangt. Derjenige, dem die schenkende Tugend zu eigen ist, möchte sich allerdings gerne opfern. Sehen Sie darin einen Widerspruch? Warum oder warum nicht?
- Auf der einen Seite scheint der Übermensch ein individuelles Projekt des je Einzelnen (s. z. B. Abschn. 2.3.8 oder 2.3.17) zu sein, auf der anderen Seit kulminiert das Übermenschenprojekt in der Idee eines selbsterwählten Volkes: „Ihr Einsamen von heute, ihr Ausscheidenden, ihr sollt einst ein Volk sein: aus euch, die ihr euch selber auswähltet, soll ein auserwähltes Volk erwachsen: – und aus ihm der Übermensch" (Za I, 101; s. auch Abschn. 2.3.11). Halten Sie diese beiden Verwirklichungsoptionen, angesichts des radikal geforderten Individualismus (s. Abschn. 2.3.7 oder auch 3.2.11) überhaupt für vereinbar?
- Kann der *Zarathustra I* es Ihrer Meinung nach mit den Evangelien aufnehmen? Warum oder warum nicht?
- Sprechen Sie die Lehren Zarathustras an? Und wenn ja welche? Welche stoßen Sie ab? Oder gibt es Ihrer Meinung nach hier gar keine Lehren, die aus Zarathustras Reden abgeleitet werden können?

# Also sprach Zarathustra. Ein Buch für Alle und Keinen. Zweiter Theil

3

## 3.1 Die Entstehung des zweiten Teils

Auch der zweite Teil des *Zarathustra* wird von Nietzsche in rasanter Geschwindigkeit verfasst. Er entsteht zwischen Ende Juni und Mitte Juli 1883. Bereits am 10. Juli stellt er seiner Schwester die Absendung des druckfertigen Manuskriptes Ende der Woche in Aussicht (vgl. 1883,432; N. an Elisabeth Nietzsche: 10.7.1883). Erneut beschäftigen Nietzsche verlagstechnische Schwierigkeiten, diesmal die antisemitischen Agitationen von Schmeitzner, seinem Verleger. Der erste Teil von *Zarathustra* ist immer noch nicht ausgeliefert, aber auch der ins Auge gefasste Wechsel des Verlegers gestaltet sich schwierig:

> So komme ich spät zu Dir, ganz wie mein Sohn *Zarathustra*, der sich nach *meinem Willen* schon diese Ostern meinen Freunden präsentiren sollte: aber da kam erst ‚das *christliche* Hinderniß' (die 500 000 Gesangbücher, von denen ich wohl schrieb?) und nun steht ihm wieder „das *judenfeindliche* Hinderniß" im Wege. Denn wirklich, es verhält sich so: Herr Schmeitzner meldete jüngst, die „äußerst wichtigen" Verhandlungen und Reisen in Sachen des Antisemitenthums machten, daß der Verlag zurückstehn müsse die sämmtlichen Exemplare des Zarath<ustra>, eingerechnet die Freiexemplare seien noch in Leipzig! – Bravo! (1883,431; N. an Franz Overbeck: 9.7.1883)

In auffällig vielen Briefen dieser Zeit ist die Eile spürbar, mit der Nietzsche den Druck vorantreiben und den *Zarathustra* beenden möchte: „Ein verlornes halbes Jahr der *Wirkung meiner* Gedanken kommt *recht sehr* in Betracht, namentlich in Hinsicht auf die Dauer meines eignen Lebens. –" (1883,432; N. an Elisabeth Nietzsche: 10.7.1883).

Mit dem zweiten Teil ist auch der Entschluss zu einem dritten gefasst, nach dessen Ende Nietzsche dann – nach eigenem Dafürhalten – zufrieden dahinscheiden könnte. So deutet er in einem Brief an Elisabeth Nietzsche an: „Bevor ich den dritten und letzten Theil *Zarathustra* nicht fertig habe, ist das Leben für mich noch *unerlöst*. Dies privatissime!" (1883,440; N. an Elisabeth Nietzsche: Mitte Juli 1883). Auch gegenüber Köselitz verknüpft Nietzsche die Vollendung des Zarathustra mit



N. Schulte, *Nietzsches „Zarathustra"*, https://doi.org/10.1007/978-3-662-72820-8_3

einem vollendeten Leben, das den Leser an das Kapitel *Vom freien Tode* (s. Abschn. 2.3.21) zurückdenken lassen wird:

> Im Übrigen habe ich alles Schwere und Schwerste noch vor mir. Nach einem ziemlich genauen architektonischen Überschlag des Ganzen giebt es noch ebenso viel als bisher — ungefähr noch 200 Seiten. Gelingt es mir so, wie mir – trotz der fürchterlichsten Gegnerschaft, die ich im Herzen gegen das gesamte *Zarathustra*-Gebilde mit mir herumschleppe – die ersten zwei Theile gelungen *erscheinen*, so will ich ein Fest feiern und vor Vergnügen dabei sterben. Pardon! (1883,460; N. an Heinrich Köselitz: Ende August 1883)

Während Nietzsche die Teile eins und zwei als aus lichter Heiterkeit kommend vorstellt, so befürchtet er, dass ihm der schwerste Teil mit dem dritten noch bevorstehe:

> Zarathustra I und II sind Licht- und Heiterer-Himmel-Ausgeburten, ebenso der Sanctus Januarius. Wer mich nach solchen Dingen beurtheilt, beurtheilt mich hundert Mal zu günstig, à la Köselitz. […] Mein allgemeinster Gesichtspunkt ist, daß ich nächstes Jahr hier oben meinen *Zarathustra-Schluß* mache — der Gedanke daran, wie er mir vorschwebt, macht mich fast schwindeln, die Aufgabe ist *ungeheuer schwer* und *einstweilen* weit über das Maaß meiner Kräfte gehend. (1883,453; N. an Elisabeth Nietzsche: Mitte August 1883)

Mitte August kann Nietzsche auch den Overbecks vermelden, dass nicht mehr Teubner, sondern Naumann den Druck übernimmt. Zwar gelangt Nietzsche nicht an die Exemplare vom ersten Teil, aber immerhin wird der zweite gedruckt: „Wir sind bei Bogen 4 Zarathustra II. Drucker ist Naumann: den ersten Theil rückt Teubner nicht heraus, *wahrscheinlich*, weil Hr. Schm[eitzner] seine Schulden nicht bezahlen kann. –" (1883,449; N. an Ida Overbeck: 14.8.1883).

Ebenfalls in einem Brief an Ida Overbeck schreibt Nietzsche von dem Menschen, der seinem Zarathustra am nächsten gekommen sei. Darüber, dass es sich bei diesem Menschen („ihn") um Lou von Salomé handelt, wird sich keiner, der sich in Nietzsches Biographie auskennt, täuschen lassen, zumal die letzte Zeile den Namen noch hinterherschiebt:

> inzwischen druckt man eifrig am zweiten Bande meines Zarathustra. Ich habe einmal den Glauben gehabt, einen solchen M[enschen] gefunden zu haben. Als ich diesen Glauben verlor, da war es nicht eine Enttäuschung, sondern *die* Ent[täuschung]. Ich hatte den besten Willen, ihn umzuschaffen zu dem Bilde, welches ich mir von ihm gemacht hatte: man hat mich dabei *gestört* –; wer weiß, wie weit ich es gebracht hätte! Sonderbar! Noch in einem ihrer jüngsten Briefe sagte M[alwida von Meysenbug], sie habe seit Olga Niemanden so zärtlich geliebt als L[ou]. (1883,442; N. an Ida Overbeck: 29.7.1883)

Dass derjenige Typus – Zarathustra –, welcher auch dem Ideal des Übermenschen am nächsten kommt, in der Realität am deutlichsten durch eine Frau vorgestellt wird – die freilich noch einiger Erziehung bedurft hätte –, sollte einem beim Lesen auch bei den misogynen Stellen in Erinnerung bleiben.

Einiges, ja sogar Aller-persönlichstes, ist in den Zarathustra eingeflossen, daraus macht Nietzsche keinen Hehl. Und auch für die glückseligen Inseln, auf denen der gesamte zweite Teil spielt, gibt es eine reale Vorlage:

> Das Schicksal Ischia's hat mich immer mehr erschüttert; und außer alle dem, was jeden Menschen angeht, giebt es Etwas daran, das mir persönlich nahe geht, auf eine eigne schauerliche Weise. Diese Insel lag mir so in den Sinnen: wenn Sie *Zarathustra* II zu Ende gelesen haben werden, wird dies Ihnen deutlich sein, wo ich meine ‚glückseligen Inseln' suchte. ‚Cupido mit den Mädchen tanzend' ist nur in Ischia sofort verständlich [...]. (1883,452; N. an Heinrich Köselitz: 16.8.1883)

Im November dann spricht Nietzsche gegenüber Overbeck von einer vierteiligen Grundkonzeption: „Meine Schwester hat den Auftrag, Dir zum 16 Nov. den zweiten Theil *Zarathustra*'s einzuhändigen — lies ihn als einen zweiten Theil von *vieren* dh. verstehe, daß Mancherlei darin erst im *Sinne des Ganzen* seine Nothwendigkeit bekommen wird" (1883,473; N. an Franz Overbeck: 9.11.1883). Erneut verknüpft er den Zarathustra mit einem herrlich grandiosen Ende seiner selbst und stellt ihn als singuläres Ereignis heraus: „Es handelt sich um eine ungeheure Synthesis, von der ich glaube, daß sie noch in keines Menschen Kopf und Seele gewesen ist. Bringe ich sie so an's Licht, wie ich sie auf Augenblicke vor mir gesehn habe, so will ich ein Fest feiern und sterben. –" (1883,473; N. an Franz Overbeck: 9.11.1883).

Nachdem der zweite Teil am 3. September 1883 fertig gedruckt ist, steckt Nietzsche aber bereits tief im dritten „düstere[n]" (1883,461; N. an Heinrich Köselitz: 3.9.1883) Stück, während wir als Lesende Zarathustra zunächst auf den glückseligen Inseln begleiten, wo er Jünger, vielleicht sogar Freunde gefunden hat.

## 3.2 *Also sprach Zarathustra* II

### 3.2.1 Das Kind mit dem Spiegel

Das erste Kapitel des zweiten Teils beginnt mit dem Sonnenaufgang. Wir erfahren, dass Zarathustra längere Zeit allein im Gebirge verbracht hat. Wie lang genau, bleibt unbestimmt. Zarathustra sehnt sich nach seinen Freunden. So viel habe er zu geben und das Schwierigste sei, „aus Liebe die offne Hand schliessen und als Schenkender die Scham bewahren" (Za II, 105). Es kann verschiedene Gründe geben, warum man beim Schenken zurückhaltend sein sollte. Zum Beispiel kann, wer zu viel gibt, den Beschenkten beschämen. Oder das Gegebene kann deswegen unpassend sein, weil der Beschenkte noch nicht auf der Entwicklungsstufe angekommen ist, um mit dem Geschenk etwas anfangen zu können, wie wenn man einem Kind ein wissenschaftliches Physikbuch schenkt. Und schließlich kann man auch aus Selbstachtung nicht alle Geschenke annehmen. Zarathustras Zurückhaltung ist eine aus Liebe, die dem anderen Raum lassen will. Inzwischen hätten sich aber so viele geistige Reichtümer in Zarathustra angehäuft, dass er es als schmerzlich empfindet, sie nicht teilen zu können.

So kommt ihm ein Traum, den er im Anschluss deutet, gerade recht: Ein Kind habe ihm einen Spiegel vorgehalten, in dem er aber statt des eigenen Angesichts nur eine Fratze habe sehen können: „meine *Lehre* ist in Gefahr, Unkraut will Weizen heissen!" (Za II, 105). Er habe so viele Feinde, die seine Lehre verfälschten, dass er sie verteidigen müsse. Nun fühlt sich Zarathustra berufen, zu den Menschen und vor allem zu seinen Jüngern zurückzukehren, um sie wiederzugewinnen. Die Euphorie löst einen solchen Taumel bei ihm aus, dass er sich wie ein Besessener bzw. von einer höheren Macht durchdrungener Mensch benimmt: „Mit diesen Worten sprang Zarathustra auf […] wie ein Seher und Sänger, welchen der Geist anfällt" (Za II, 106). Seine anwesenden Tiere, Schlange und Adler, nehmen den Gefühlsausbruch verwundert zu Kenntnis.

Zarathustra freut sich nicht nur über das Wiedersehen mit seinen Freunden, die er auf den glückseligen Inseln suchen will, sondern auch auf seine „Feinde unter ihnen" (Za II, 107), gegen die er seinen „Speer schleuder[n]" (Za II, 107) will. Die Herausforderung belebt Zarathustras Rede, die Vorfreude ist in seinen Worten deutlich zu spüren und nur leichte Sorge schwingt mit, wenn er bedenkt, dass seine **wilde Weisheit** vielleicht nicht nur seine Feinde, sondern auch seine Freunde in die Flucht schlagen könnte (vgl. Za II, 107). Das Sinnbild der wilden Weisheit steht in Widerspruch zu dem, was man gewöhnlicherweise mit Weisheit verbindet: besonnene Unverrückbarkeit, die sich nicht aus der Fassung bringen lässt und weder zu überschwänglichen noch zu negativen Gefühlsausbrüchen neigt. Und nicht nur als wild wird diese Weisheit bezeichnet, sondern sogar noch als „närrisch" (Za II, 107), sofern sie in der harten Wüste nach „sanftem Rasen" (Za II, 107) sucht. Zarathustra muss seine ‚Wüste' – das Gebirge – verlassen und unter Menschen gehen, dorthin, wo er auf ‚saftige Wiesen' – die offenen Herzen der Menschen – hofft. Der ‚sanfte Rasen' wird zum nahezu erotischen Schlussmotiv von Zarathustras Rede. Dieser nämlich soll der Boden für Zarathustras Weisheit sein: „Auf eurer Herzen sanften Rasen, meine Freunde! – auf eure Liebe möchte sie ihr Liebstes betten!" (Za II, 108).

**Fragen und Anregungen**

- Dem ersten Kapitel ist ein Motto aus dem ersten Teil des *Zarathustra* vorangestellt. Welche Erwartungen weckt es?
- Was soll auf den „sanften Rasen" gebettet werden? Spekulieren Sie.
- Zarathustra möchte seine Freunde auf den **glückseligen Inseln** wiederfinden. Welche Assoziationen können Sie zu der Metapher entwickeln?

### 3.2.2 Auf den glückseligen Inseln

Bereits im zweiten Kapitel hat Zarathustra, wie durch die Überschrift angedeutet, die glückseligen Inseln erreicht, wo er seine Jünger zu treffen hofft. Indes fällt auf, dass Zarathustras Gefährten hier nicht mehr als Jünger angesprochen werden, sondern als Freunde: „Also, gleich Feigen, fallen euch diese Lehren zu, meine Freunde" (Za II, 109). Wenn wir bedenken, was Zarathustra in der Rede „Vom Freunde" (s. Abschn. 2.3.14) forderte, nämlich ein Verhältnis auf Augenhöhe, so könnte man annehmen, dass seine ehemaligen Jünger sich tatsächlich vom bloßen Glauben an Zarathustra abgekehrt und sich selbst gefunden haben und damit keine Jünger mehr sind.

Zarathustra vergleicht in seiner Rede die Nachteile der Gotteshypothese mit den Vorteilen des Übermenschenideals: „Gott ist eine Muthmaassung" (Za II, 109), spricht Zarathustra mehrmals sein Verdikt. Gott sei nur eine Annahme, die überdies unglaubwürdig sei, weil Gott weder durch menschliche Sinneswahrnehmungen noch durch Denken erfasst werden könne. Dies zumindest impliziert die rhetorische Frage – „Könntet ihr einen Gott *denken*?" (Za II, 109) –, welche die Unmöglichkeit, diese Frage mit ‚Ja' beantworten zu können, voraussetzt. Außerdem lasse Gott, wenn er denn als existent geglaubt wird, dem Menschen keinen Gestaltungsraum übrig, weil nur von ihm her alles seine Bedeutung empfange, sodass dem Menschen nicht mehr die Freiheit vergönnt sei, selbst etwas für ihn Wertvolles zu bestimmen. Dabei scheint Gott mit allerlei Attributen ausgestattet, die für den Menschen nicht greifbar seien: „Böse heisse ich's und menschenfeindlich: all diess Lehren vom Einen und Vollen und Unbewegten und Satten und Unvergänglichen!" (Za II, 110).

Zarathustra zieht einen ungewöhnlichen Schluss: „[W]enn es Götter gäbe, wie hielte ich's aus, kein Gott zu sein! Also giebt es keine Götter. [...] Gott ist eine Muthmassung" (Za II, 110). Zarathustra widerlegt durch seine Schlussfolgerung keinesfalls das Dasein Gottes. Gott ist weder widerlegbar noch beweisbar, sondern eine Hypothese. Diese solle aufgrund ihrer Folgen abgelehnt werden, weil sie schädlich für den Menschen sei.

Kant hat in seiner *Kritik der reinen Vernunft* bereits zu zeigen versucht, dass der Mensch sich in Widersprüche verstrickt, wenn er versucht, das Dasein Gottes zu beweisen bzw. zu widerlegen. Nach ihm muss der Mensch an Gott allerdings als ein Postulat der praktischen Vernunft glauben, um seinem Denken ein Fundament zu geben, auf das er weiter aufbauen kann. Zarathustra, so könnten wir argumentieren, unterschreibt Kants erste These (Gott ist unbeweisbar) und widerspricht der zweiten (Gott ist für unser Denken notwendig).

Für Zarathustra besitzt Gott keine Denknotwendigkeit, sondern ist vielmehr eine lebensfeindliche Idee. Die Gotteshypothese erlöse den Menschen nicht von seinem Leid. Zarathustra verkündet stattdessen ein anderes Ideal, von dem er behauptet, dass es tatsächliche Befreiung verspricht: „Schaffen – das ist die grosse Erlösung vom Leiden, und des Lebens Leichtwerden. Aber dass der Schaffende sei, dazu selber thut Leid noth und viel Verwandelung" (Za II, 110). Indem Zarathustra das Leid als Bedingung für den Schaffensprozess erklärt, rechtfertigt er das persönliche Leid: „Ja, viel bitteres Sterben muss in eurem Leben sein, ihr Schaffenden! Also seid ihr Fürsprecher und Rechtfertiger aller Vergänglichkeit" (Za II, 111). Wie lässt sich das Leid über die Vergänglichkeit aushalten? Dadurch, dass etwas Neues gewollt wird. Der **Wille** bejaht sich selbst und sein Ziel: „Wollen befreit: das ist die wahre Lehre von Wille und Freiheit" (Za II, 111).

Der subjektabhängige Wille wird neben dem Übermenschen und dem Schaffen zum zentralen Motiv dieser Rede. Der freie Wille, auf den Zarathustras Satz anspielt, ist eine komplizierte Idee innerhalb der Philosophiegeschichte. Auf zwei Theorien soll hier in aller Kürze eingegangen werden. Nach Kant ist der Wille nur dann frei, wenn er durch die Vernunft bestimmt wird. Da die Vernunft gar nicht anders kann als das Gute zu wollen, kann der freie Wille mit dem guten Willen identifiziert werden. Wer sich allerdings durch seine Neigungen und Gefühle bestimmen lässt, handelt Kant zufolge fremdbestimmt und damit unfrei.

Schopenhauer hingegen bestimmt den Willen auf ganz andere Weise als Kant. Für ihn ist der Wille ein drängender Impuls, den wir ganz *unmittelbar* in uns erfahren können. Da er keiner weiteren Vermittlung bedarf, kann der Wille als *Ding an sich* bestimmt werden. Nach Schopenhauer ist der Wille nicht frei, d. h. wir können uns nicht einfach aussuchen, was wir wollen oder nicht, sondern wir erleben uns als Getriebene unseres Willens. Etwas anderes zu glauben wäre nach Schopenhauer unsinnig, denn ein freier Wille, der durch nichts hinreichend begründet wird, wäre ein zufälliger Wille, der schlichtweg nicht unserer eigenen Erfahrungswelt entspricht. Wenn wir glauben, „ich hätte auch anders handeln können", so wünschen wir uns Schopenhauer zufolge eigentlich, dass ein anderes Willensmotiv stärker gewesen wäre als dasjenige, was sich durchgesetzt hat. Aber es dominiert zwangsläufig das stärkste Motiv. Insofern kann man mit Schopenhauer sagen, dass wir zwar tun, was wir wollen, aber nicht (frei) wollen können, was wir wollen. Dass für Schopenhauer der Wille die Ursache für all das Leid in der Welt ist, kann kaum mehr verwundern.

Zarathustra nimmt den Begriff der Willensfreiheit wörtlich und setzt dabei ‚Wille' und ‚Freiheit' in ein kausales Verhältnis: „Wollen befreit: das ist die wahre Lehre von Wille und Freiheit". Wovon befreit der Wille? Von der Stagnation, von Gefühlen der Gleichgültigkeit und Leere: „Nicht-mehr-wollen und Nicht-mehr-schätzen und Nicht-mehr-schaffen! ach, dass diese grosse Müdigkeit mir stets ferne bleibe!" (Za II, 111). Dass das Leiden mit dem Willen aufhöre (Schopenhauer), wird abgewiesen. Wenn das Wollen aufhört, befinden wir uns nach Zarathustra nicht in einem leidlosen Zustand, sondern in einer Depression. Ist der Wille frei? Dem scheint nicht Zarathustras Augenmerk zu gelten. Zarathustra beobachtet vielmehr, wie wir uns fühlen, wenn wir etwas wollen. Durch diesen introspektiven Zugang erfährt der Wille eine Aufwertung. Denn wenn wir etwas wollen, beschäftigen wir uns nicht mit Leid, Verlusten, Demütigungen der Vergangenheit, sondern wir sind auf die Zukunft gerichtet. Der Wille befreit von den Verlusten der Vergangenheit und stellt Aktivitätspotenzial bereit. Der Wille, wie Zarathustra ihn begreift, ist dem Denken und Erkennen nicht entgegengesetzt (wie bei Schopenhauer), noch wird er (wie bei Kant im besten Fall) durch das Denken definiert, sondern er befeuert das Erkennen und ist Ermöglichungsgrund des freudvollen Entdeckens: „Auch im Erkennen fühle ich nur meines Willens Zeuge- und Werde-Lust" (Za II, 111). Der Wille ist schöpferisch und will umwandeln. In der Bildhauermetapher findet Zarathustras Rede ihren Höhepunkt: „Aber zum Menschen treibt er mich stets von Neuem, [...] so treibt's den Hammer hin zum Steine. Ach, ihr Menschen, im Steine schläft mir ein Bild, das Bild meiner Bilder!" (Za II, 111).

Zarathustra ist gleich einem Künstler, nur dass dort, wo der Bildhauer die Skulptur eines Menschen aus dem Stein schlägt, Zarathustra ein neues, herrschendes Ideal für den Menschen kreieren möchte, das in einer unbestimmten Zukunft in den Menschen zum Leben erwachen soll.

**Fragen und Anregungen**

- Zeitlichkeit und Endlichkeit können auch als wesentliche Motive der Rede bestimmt werden. Welche Zitate finden Sie? Wie wertet Zarathustra die Endlichkeit auf? Welches Urteil trifft er über das Unvergängliche?
- „Alles Unvergängliche – das ist nur ein Gleichnis! Und die Dichter lügen zuviel" (Za II, 110). Interpretieren Sie das Zitat im Kontext. Lesen Sie außerdem die letzten Zeilen von Goethes *Faust II* (Verse 12104–12111). Was bewirkt die Umkehrung des Zitats?
- Das Ende der zweiten Rede ist rätselhaft: „Vollenden will ich's: denn ein Schatten kam zu mir – aller Dinge Stillstes und Leichtestes kam einst zu mir! Des Übermenschen Schönheit kam zu mir als Schatten. Ach, meine Brüder! Was gehen mich noch – die Götter an! –" (Za II, 112). (1) Was fällt Ihnen zum Symbol des **Schattens** ein? (2) Lesen Sie noch einmal das Höhlengleichnis und beziehen Sie die Schatten der menschlichen Artefakte, die die Höhlenbewohner als einzige für wirklich halten, in Ihre Überlegungen mit ein. (3) Welche positiven und negativen Konnotationen finden Sie für den Schatten?
- Schopenhauers Thesen zur Willensfreiheit finden Sie in seiner Preisschrift „Über die Freiheit des menschlichen Willens" (Schopenhauer 1977).

### 3.2.3 Von den Mitleidigen

Die Kritik am Mitleiden, die schon in früheren Reden wie „Von der Keuschheit" und „Vom Freunde" (s. Abschn. 2.3.13 und 2.3.14) präsent war, steht in dieser Rede im Mittelpunkt. Zarathustra formuliert verschiedene Einwände gegen die Ausuferung dieses Gefühls.

Zunächst einmal wirft er den Mitleidigen vor, dass sie zudringlich seien, weil ihnen das Gefühl für die Distanz fehlt. Sie träten dem Bemitleideten zu nahe und beschämten ihn damit, dass man ihm beim Leiden zusehe. Habe man das Recht, ihm zu helfen und dessen Situation überhaupt als Leid zu klassifizieren? Gehe es einen etwas an? Zarathustra wirft den **Barmherzigen** vor, dass sie sich an ihrem Gefühl bereichern: „[I]ch mag sie nicht, die Barmherzigen, die selig sind in ihrem Mitleiden" (Za II, 113). Im Hintergrund dieses Vorwurfs steht Nietzsches Kritik, dass der Mitleidige im Helfen sein Machtgefühl genießt sowie den Rangunterschied, der sich zwischen dem Helfenden und dem Geholfenen ergibt (MA I, 103; FW 14; FW 118; GD, Was ich den Alten verdanke 5). Man leidet nur mit demjenigen mit, dem es schlechter geht. Man genießt folglich seine eigene Überlegenheit. Diese angenommene Überlegenheit ist eine Interpretation, die den anderen abwertet und nicht von demjenigen geteilt werden muss, der leidet, auch wenn er sich dagegen kaum wehren kann (MA II, 68; FW 338; JGB 270; EH, Warum ich so weise bin 4).

Anstatt zu beschämen, solle man unter Umständen sein Gefühl verschweigen oder die Situation vermeiden, in der man Zeuge des Leidens werden könnte: „Gerne verhülle ich auch das Haupt und fliehe davon, bevor ich noch erkannt bin" (Za II, 113). Anstatt ungefragt dem Nächstbesten zu helfen, rät Zarathustra, sich am Glück des anderen zu erfreuen. Nicht an Leid und Mitleid mangele es in der Welt, sondern an Freude und Mitfreude. Diese hätten den Vorteil, dass sie ungebrochen genossen werden können und nicht dem anderen unter dem Deckmantel der Hilfe Wunden zufügten. Zarathustras Erfahrung lehrt: „Grosse Verbindlichkeiten machen nicht dankbar, sondern rachsüchtig; und wenn die kleine Wohltat nicht vergessen wird, so wird noch ein Nage-Wurm daraus" (Za II, 114). Man würde es dem anderen übelnehmen, wenn sich dieser über einen gestellt und aus einer Situation herausgeholfen habe, von der der eigene Stolz gefordert hätte, sich selbst zu helfen und sie aus eigener Kraft zu überwinden. Ein solches Ungleichgewicht mache rachsüchtig: Man wünsche, dass der andere auch mal genauso leide und erfahre, wie sich Abhängigkeit als Angewiesen-Sein auf Großmut anfühle.

Zarathustra beschreibt im Folgenden eine Spielart des **Ressentiments**: In demjenigen, dem immer wieder zu verstehen gegeben wird, dass er machtlos ist und dass er sich selbst nicht helfen kann, gären Rachegedanken. Diese werden noch verstärkt, wenn man sich tatsächlich dem barmherzigen Gefühl eines anderen ausliefern muss, an ein Mitgefühl, das nicht verdient, sondern erbeten wird. Können sich diese Rachegefühle nicht durch eine „böse Tat" Luft machen, fangen sie im Inneren des Individuums zu wuchern an, „bis der ganze Leib morsch und welk ist vor kleinen Pilzen" (Za II, 115). Die böse Tat ist für Zarathustra Ausdruck einer „Krankheit". Die Empfehlung, statt kleinlicher, böser Gedanken besser das Böse in sich großzuziehen, sollte man mit einiger Skepsis zur Kenntnis nehmen: „Dem aber, der vom Teufel besessen ist, sage ich diess Wort in's Ohr: ‚besser noch, du ziehest deinen Teufel gross! Auch für dich giebt es noch einen Weg der Grösse!'" (Za II, 115).

Könne man sich vom Leiden eines anderen nicht abkehren, weil es sich um einen Freund handle, solle die Hilfe in geringen Dosen verabreicht werden. Nicht zu viel solle man geben, sondern nur das Mindeste, sodass, so können wir schließen, der andere noch seinen Anteil hat, wenn er sich wieder erholt: „sei seinem Leiden eine Ruhestätte, doch gleichsam ein hartes Bett, ein Feldbett: so wirst du ihm am besten nützen" (Za II, 115). Nicht Verzärtelung, sondern Abhärtung sei auch im Leiden angebracht.

Dies entspricht Zarathustras Forderung, sich in Freundschaften höher zu entwickeln und sich wechselseitig zu erschaffen. Die Liebe als Mitleiden – eine deutliche Kritik christlicher Werte – sei nur von geringem Wert. Wohlmöglich zerstört sie, Zarathustra führt diese These nicht weiter aus, auch den Mitleidenden: „Also sprach der Teufel einst zu mir: ‚auch Gott hat seine Hölle: das ist seine Liebe zu den Menschen' [...] Gott ist todt; an seinem Mitleiden mit den Menschen ist Gott gestorben" (Za II, 115). Dass gerade der Teufel Aussagen zum Gottestod macht, darf als Hinweis verstanden werden, dass es sich nicht um den vertrauenswürdigsten Überbringer einer Nachricht handelt, auch wenn Zarathustra fern jeder Skepsis im Anschluss daran vor dem Mitleiden warnt. Er prophezeit schlimme Zeiten, die da gleich Wolken heraufkommen und beschwört eine Liebe, die über dem Mitleiden steht.

Diese verlangt, sowohl sich selbst als auch den „*Nächsten gleich mir*" (Za II, 116) der Liebe des Schaffenden zum Opfer zu bringen. Wer etwas schaffen will, solle keine Rücksicht auf andere nehmen, weder auf sich selbst noch auf Freunde oder Familie. Die Umwandlung des Gebots Jesu – „Du sollst deinen Nächsten lieben wie dich selbst" (Markus 12:30–31) in eine Forderung, den anderen wie sich selbst zu opfern – kann als Versuch verstanden werden, das neutestamentarische Gebot zu überbieten und abzulösen. Die christliche Nächstenliebe, die auch die Selbstliebe anerkennt, strebt laut Zarathustra nur nach Existenzsicherung. Das ist für Zarathustra nicht genug, die eigene Existenz ist etwas, das im Sinne der Selbstüberwindung riskiert werden muss. Und offenbar bleibt diese Forderung nicht auf den rein persönlichen Bereich beschränkt, wenn auch der Freund für dieses Projekt riskiert werden darf. Wenn es dem Gefährten nicht gelingt, sich in die gleiche Höhe aufzuschwingen, wenn er zu fallen droht, so muss dieses Risiko bewusst einkalkuliert und mit in Kauf genommen werden. Dass ein anderer Ton als im neuen Testament angeschlagen wird, macht der Abschluss unmissverständlich klar: „‚Mich selber bringe ich meiner Liebe dar, *und meine Nächsten gleich mir*' – so geht die Rede allen Schaffenden. Alle Schaffenden aber sind hart" (Za II, 116).

**Fragen und Anregungen**

- „Meine Freunde, es kam eine Spottrede zu eurem Freunde: ‚seht nur Zarathustra! Wandelt er nicht unter uns wie unter Thieren?' Aber so ist es besser geredet: ‚der Erkennende wandelt unter Menschen *als* unter Thieren'" (Za II, 113). Was unterscheidet diese beiden Sätze in ihrer Bedeutung?
- Es ist tatsächlich Nietzsche, der das Konzept des Ressentiments und dessen Folgeerscheinungen populär gemacht hat. In vielen politischen Diskussionen geht es um dieses Phänomen, auch wenn das Wort ‚Ressentiment' nicht explizit auftaucht: Beispielsweise, wenn die Frage verhandelt wird, wie sich rechtspopulistische Einstellungen zunächst in Ostdeutschland in breiten Bevölkerungsschichten etablieren konnten und ob westliche Hilfsleistungen mitverantwortlich sind. Fallen Ihnen weitere Beispiele ein?
- Der Teufel wird in dieser Rede von Zarathustra erwähnt. Ist Gott also tot, während der Teufel überlebt hat? Versuchen Sie verschiedene Interpretationen, wie Gott und Teufel verstanden werden können.
- Die Mitleidsethik spielt auch in den Debatten der Naturethik eine große Rolle, z. B. wenn es um die Frage geht, welche Rechte Tiere haben. In dem Sammelband *Naturethik* versucht Ursula Wolf anhand eines Konzepts universalisierten Mitleids, eine Tierethik zu begründen (Krebs 1997, S. 47–75).
- Ergänzen Sie die bisherige Liste der Mitleidskritik um neue Aspekte, die in dieser Rede vorkommen.

### 3.2.4 Von den Priestern

Zarathustra hält seine Anhänger dazu an, nicht gegen seine Gegner, die Priester, vorzugehen. Seine Anhänger werden vom Erzähler nun erneut als Jünger bezeichnet, sodass sich die Frage nach dem Verhältnis zwischen Zarathustra und seiner Zuhörerschaft stellt. Sind sie tatsächlich zu den Freunden geworden, als die Zarathustra sie in seinen Reden ansprach oder sind sie doch schlicht die Anhänger von Zarathustras Lehre geblieben (s. Abschn. 3.2.2)?

Das Motiv des **Ressentiments** als Wesenskern der herrschenden religiösen Lehre taucht erneut auf. In Bezug auf die Priester spricht Zarathustra: „Auch unter ihnen sind Helden; Viele von ihnen litten zuviel –: so wollen sie Andre leiden machen" (Za II, 117). Dennoch wird ihnen durch Zarathustras Worte einige Würde zuteil. Er fühlt einen gemeinsamen Charakter: „Aber mein Blut ist mit dem ihren verwandt; und ich will mein Blut auch noch in den ihren geehrt wissen" (Za II, 117). Sofern Zarathustra als Prophet verstanden werden kann, ist er wie die Priester dazu berufen, Höherem zu dienen: Ist es bei den Priestern die Gotteslehre, so bei Zarathustra das Ideal des **Übermenschen**. Sowohl er als auch die Priester prägen eine Lehre, nach der das Leben geformt werden soll. In der *Genealogie der Moral* (III: „Was bedeuten asketische Ideale?") beschreibt Nietzsche den Urtypus des kontemplativen Charakters, aus dem zunächst Priester, später aber auch Philosophen hervorgehen. Dieser ursprüngliche, kontemplative Charakter kann daher als gemeinsamer ‚Vorfahre' von Priestern und Philosophen verstanden werden.

Nachdem die Priester an Zarathustra und seiner Gruppe vorbeigezogen sind, befällt Zarathustra ironischerweise gerade nach seiner letzten Rede „Von den Mitleidigen" (s. Abschn. 3.2.3) das Mitleid: „Es jammert mich dieser Priester. Sie gehen mir auch wider den Geschmack [...] Aber ich leide und litt mit ihnen" (Za II, 117). Zum einen lehnt Zarathustra aus rein individuellen Gründen die religiöse Lehre ab. Seine Ablehnung begründet er nicht etwa mit ‚objektiven' oder verstandesmäßigen Gründen, sondern aus einer (Ab-)Neigung heraus, die traditionell nicht gerade ein philosophisches Bestimmungsmerkmal für oder wider eine Sache ist. Mit anderen Worten: Die religiöse Lehre gefällt ihm nicht. Zum anderen begründet er seine Abneigung durchaus mit einem nachvollziehbaren Grund: Ihn bekümmert die Lehre, weil sie aus den Priestern Gefangene mache. Er assoziiert die religiöse Weltdeutung mit Tod und Schwermut.

Ihre Kirchen spannten eine Decke über den Himmel, sodass die Seele nicht frei fliegen könne. Ihr Verhältnis zu Gott sei paradox. Sie hätten denjenigen, der ihnen widersprach, Jesus (dessen Name ungenannt bleibt), als Mensch töten müssen, um danach an seine Göttlichkeit glauben zu können: „Und nicht anders wussten sie ihren Gott zu lieben, als indem sie den Menschen an's Kreuz schlugen! Als Leichname gedachten sie zu leben, schwarz schlugen sie ihren Leichnam aus; auch aus ihren Reden rieche ich noch die üble Würze von Todtenkammern" (Za II, 118). Die schwarzen Gewänder der Priester werden für Zarathustra, so können wir uns vorstellen, zum Symbol des Todes. Die Skulpturen von einem ans Kreuz geschlagenen Jesus, die trauernde Maria, die Bildnisse der Märtyrer – in der Tat könnte dies jemanden, der mit der christlichen Religion vollkommen unvertraut ist, beim Betreten einer Kirche vielleicht weniger an eine Religion der Liebe als vielmehr an eine des Todes erinnern. Von einer verführerischen Schwermut spricht Zarathustra, wenn er ein Bild von „schwarzen Teichen" (Za II, 118), aus denen ein „Lied mit süssem Tiefsinne" (Za II, 118) dringt, ausmalt.

Warum aber findet Zarathustra die christliche Erlösungslehre nicht glaubwürdig? Darauf gibt er eine schlichte Antwort: „erlöster müssten mir seine Jünger aussehen!" (Za II, 118). Und ein weiteres Argument macht er gegen die Priester stark: Nietzsche beschreibt den Gottesglauben als ein Produkt menschlichen Unwissens: „Aus Lücken bestand der Geist dieser Erlöser; aber in jede Lücke hatten sie ihren Wahn gestellt, ihren Lückenbüsser, den sie Gott nannten" (Za II, 119). Gott fungiert hier als eine Art Platzhalter für das Unverstandene. Früher, so können wir uns vorstellen, diente der Glaube dazu, gedankliche Leerstellen zu füllen: Wo der Mensch für Naturphänomene wie Blitz, Donner oder Missernten keine logische Ursache fand, setzte er Gott als handelndes Subjekt ein. Gott ist somit eine Erfindung, die aus einem Mangel an Wissen geboren wurde – ein metaphysischer Lückenbüßer für fehlende wissenschaftliche Erklärungen.

Um die Verstandeskräfte der Priester und der „Erlöser" scheint es auch generell nicht gut bestellt zu sein. Von übergroßen Gefühlen wie dem Mitleid bewegt, trieben sie unaufhaltsam „gross[e] Thorheit[en]" (Za II, 119). Dass dazu das Martyrium wie auch Kreuzzüge gehören, darf die Leserin annehmen: „Blutzeichen schrieben sie auf den Weg, den sie giengen, und ihre Thorheit lehrte, dass man mit Blut die Wahrheit beweise. Aber Blut ist der schlechteste Zeuge der Wahrheit; Blut vergiftet die reinste Lehre noch zu Wahn und Hass der Herzen" (Za II, 119). Leid und Opfer beweisen also nicht die Wahrheit einer Lehre. Dies widerspricht auf den ersten Blick Zarathustras eigener Rede, der zur Selbstneuschöpfung die Selbstopferung durchaus gutheißt und der Leid als Ermöglichungsgrund für das Schaffen betrachtet (s. Abschn. 3.2.2 und 3.2.3). Die Opferbereitschaft, welche die christliche Religion verlangt, ist nach Zarathustra eine andere als diejenige, die er fordert. Der Leser muss daher, wenn er Zarathustra nicht Inkohärenz vorwerfen möchte, selbst die Antwort finden, was die beiden ‚Opferbereitschaften' voneinander unterscheidet. Dass sie im zarathustrischen Sinn nur im Dienst des eigenen Selbst und nicht etwa für Gott in Kauf genommen wird oder dass nur eine verhärtete und veraltete Identität geopfert wird, während das Ich sich transformiert, sind Antwortmöglichkeiten, die jeder selbst entfalten kann. Klar sollte jedenfalls sein, dass nach Zarathustra nicht jede Opferung ein Ideal verwirklicht.

Die Priester und ihre Anhänger sehen, so Zarathustra, jedenfalls alles andere als erlöst aus. Was wäre da naheliegender als der Apell ‚Erlösung von Erlösern'? Dies sei der Weg, der allein Freiheit verspreche: „Und noch von Grösseren, als alle Erlöser waren, müsst ihr […], erlöst werden" (Za II, 119). Dies könnte auch Zarathustra in seiner Funktion als Erlöser von religiösen (Irr-)Lehren betreffen. Wenn es einmal einen Übermenschen geben wird, dann – so können wir folgern – wird sich ein solcher auch von Zarathustras Lehre lösen müssen. Bislang schwebe allerdings die Existenzmöglichkeit des Übermenschen noch in weiter Ferne, vorläufig konstatiert Zarathustra den geringfügigen Unterschied zwischen dem „Grössten" und dem „kleinsten Menschen" (Za II, 119).

**Fragen und Anregungen**

- Inwiefern ist Zarathustra den Priestern ähnlich? Sammeln Sie Gemeinsamkeiten.
- Welche Unterschiede gibt es zwischen den Lehren Zarathustras und den Priestern? Machen Sie eine Liste.
- Inwiefern können die (scheinbaren) Gemeinsamkeiten religiöser Ideale und zarathustrischer Lehre (Opferbereitschaft, Blut) durch die Interpretation zu Unterscheidungsmerkmalen werden? Beziehen Sie das Zitat – „Von allen Geschriebenen liebe ich nur Das, was Einer mit seinem Blute schreibt. Schreibe mit Blut: und du wirst erfahren, dass Blut Geist ist.“ – aus der Rede „Vom Lesen und Schreiben“ (s. Abschn. 2.3.7) in Ihre Überlegungen mit ein, indem Sie es mit demjenigen aus diesem Kapitel vergleichen: „Blutzeichen schrieben sie auf den Weg, den sie giengen, und ihre Thorheit lehrte, dass man mit Blut die Wahrheit beweise. Aber Blut ist der schlechteste Zeuge der Wahrheit; Blut vergiftet die reinste Lehre noch zu Wahn und Hass der Herzen“ (Za II, 119).

## 3.2.5 Von den Tugendhaften

Diese Rede widmet Zarathustra der Kritik der Tugend (s. auch Abschn. 2.3.5), wobei er eine Facette besonders hervorhebt: Tugend als Hauptbestandteil einer religiösen Ethik wie dem Christentum.

Diese sei **unredlich**, weil sie sich in ihrem innersten Kern selbst widerspreche. Wahrhaft moralisch gut im religiös-christlichen Sinne sei nur derjenige, der das Gute um seiner selbst wolle. Indem das Christentum für das Gute im Himmelreich eine Belohnung verspreche, korrumpiere es allerdings die Motivation: „Ihr wollt noch bezahlt sein, ihr Tugendhaften! Wollt Lohn für Tugend und Himmel für Erden und Ewiges für euer Heute haben?“ (Za II, 120). Zarathustra gießt seinen ganzen Hohn über die christliche Tugend aus und diffamiert sie als Tauschgeschäft. Er erklärt die Feindseligkeit, welche die Gläubigen gegen ihn hegen, mit deren Befürchtung, Zarathustra würde sie um ihren Gewinn für bereits getätigte Arbeit betrügen: „Und nun zürnt ihr mir, dass ich lehre, es giebt keinen Lohn- und Zahlmeister? Und wahrlich, ich lehre nicht einmal, dass Tugend ihr eigener Lohn ist“ (Za II, 120). Der Gläubige, der behauptet, dass er das Gute liebt, während er nach dem Himmelreich schielt, ist für Zarathustra ein Heuchler. Er vergleicht die inferiore, d. h. minderwertige, Liebe eines solchen Tugendhaften mit der superioren Mutterliebe: „Ihr liebt eure Tugend, wie die Mutter ihr Kind; aber wann hörte man, dass eine Mutter bezahlt sein wollte für ihre Liebe?“ (Za II, 121).

Aber auch jenseits des religiösen Glaubens wird Tugend als ein Wert anerkannt, auch wenn sie im religiösen Weltbild ihren Ursprung hat. Zarathustra beginnt, die verschiedenen Facetten einer behaupteten Tugendhaftigkeit zu dekonstruieren, indem er sie auf die dahinterstehenden Motive befragt. ‚Tugend' bedeutet also verschiedenen Personen Verschiedenes, z. B.:

- „der Krampf unter einer Peitsche" (Za II, 121): Wir können hier an die asketischen Übungen und die Selbstgeißelungen der Priester denken. Ein Überlegenheitsgefühl und religiöser Wahn, der daraus erwächst, sich desgleichen antun zu können und dadurch Erstaunen, Irritation, aber letztlich auch Achtung bei anderen zu erregen.
- „das Faulwerden ihrer Laster" (Za II, 121): Die Einbildung, man würde auf Ausschweifungen verzichten, während man tatsächlich nur zu alt und müde für das Ausleben starker Triebe geworden ist.
- „was ich *nicht* bin, das, das ist mir Gott und Tugend!" (Za II, 121). Selbst die Schuldgefühle und die gegen sich selbst gerichteten Gedanken, die in demjenigen wachsen, der sich selbst als unfähig zu einer tugendhaften Lebensführung erlebt, können einen (perversen) Genuss an den sich selbst zugefügten Schmerzen erwecken: „Aber je mehr sie sinken, umso glühender leuchtet ihr Auge und die Begierde nach ihrem Gotte" (Za II, 121).
- „ihr [...] Hemmschuh" (Za II, 121), als dasjenige, was sie daran hindert, sich dem Laster und der Ausschweifung hinzugeben. Weil sie selbst schwer und träge sind – Zarathustra beschreibt dies mit der Metapher eines mit Steinen beladenen Karrens, der einen Berg hinab transportiert wird –, bilden sich solche Leute etwas auf „Würde und Tugend" (Za II, 121) ein.
- „Tiktak" (Za II, 121). Solche Leute haben sich vollkommen daran gewöhnt, dass ihr Leben von einer ‚Pflicht' bestimmt wird, die sie nicht hinterfragen. Nun, da sie pragmatisch funktionieren, fordern sie von anderen die gleiche Unterwerfung.
- ihre „Gerechtigkeit" (Za II, 122). Die ist gleich doppelt vertreten: Zum einen sind die **Gerechten**, diejenigen, die an ihrem Verzicht leiden und eifersüchtig und neidisch diejenigen verurteilen, die ein ausschweifendes Leben führen. Sie ziehen ihre Selbstachtung aus der Verurteilung der anderen. Zum anderen sind Gerechte im zarathustrischen Sprachgebrauch auch solche, die geradezu von einem ‚Gerechtigkeitswahn' beherrscht werden, dem alles zum Opfer fallen kann, was nicht in ihre Weltsicht passt: „also dass die Welt in ihrer Ungerechtigkeit ertränkt wird" (Za II, 122). Dass der hohe Wert der Gerechtigkeit eigentlich dem Wunsch nach Rache entstammt, ist auch in anderen Werken Nietzsches präsent. Das nicht ausgelebte Rachegefühl und andauernde Neidgefühle sind für Nietzsche der eigentliche Nährboden des **Ressentiments**, das sich gerne als Forderung nach Gerechtigkeit verkleidet: „‚ich bin gerecht,' so klingt es immer gleich wie: ‚ich bin gerächt!'" (Za II, 122).
- „still im Sumpfe" (Za II, 122) sitzen. Wer sich nicht wehrt und unangenehme Situationen erträgt, weil er zu feige zum Kämpfen ist, verbrämt dieses Aushalten und die Resignation zum tugendhaften Wert.
- „Wir beissen Niemanden" (Za II, 122). Dieser Ausspruch ist eng mit dem vorherigen Motiv verbunden, geht aber in der Autoritätsgläubigkeit und Denkfaulheit noch einen Schritt über die Resignation hinaus: sofern „[wir] in Allem [...] die Meinung [haben], die man uns giebt" (Za II, 122).

- „Gebärde" (Za II, 122). Diejenigen, für die Tugend Gebärde ist, geben sich bloß den Anschein von Tugendhaftigkeit, indem sie bestimmte (religiöse) Handlungen vollziehen, die als besonders demutsvoll gelten (z. B. Beten, Knien).
- „Polizei" (Za II, 122). Solche halten Tugendhaftigkeit zwar für die Grundlage einer funktionierenden Gesellschaft, fordern aber ihre Durchsetzung durch Regeln, Gesetze und Exekutivgewalt. Insofern glauben sie auch nicht an ein innerliches Streben des Menschen zum Guten, sondern an autoritäre Macht.
- ihr „böse[r] Blick" (Za II, 122). Selbst wer die Unredlichkeiten und Selbstbeweihräucherungen anderer durchschaut, täuscht sich oft über die eigene angebliche **Wahrhaftigkeit**. In Wahrheit entspringt diese Haltung einem Hang zur Missgunst, der andere herabsetzen möchte. Es handelt sich um eine verzerrte Perspektive, die leugnet, dass ein Streben nach Höherem überhaupt möglich ist.
- Erbauung und Überwältigung: „Und Einige wollen erbaut und aufgerichtet sein [...] und Andre wollen umgeworfen sein" (Za II, 122). Für einige kann Tugend ein Maßstab und eine Krücke sein, um Orientierung zu finden und Hoffnung aufrechtzuerhalten, anderen ist Tugend ein Mittel der Verzückung und Unterwerfung unter heilige Gefühle. Das letzte Beispiel betont mit seiner These und Antithese die vollkommene Uneinigkeit der Menschen darüber, was Tugend eigentlich ausmacht.

Nahezu jeder, so schließt Zarathustra, bildet sich etwas auf die eigene Tugend ein. Jeder glaube zu wissen, was Gut und Böse sei, und doch meinten die Menschen Unterschiedliches damit. Allen ‚Tugendhaften' gemeinsam ist allerdings ihre Unredlichkeit, denn das ‚Gute' wird nicht um seiner selbst willen geschätzt, sondern weil es ein positives Selbstbild aufrechterhält. Unter den jeweiligen Ausprägungen der Tugend lauern alle möglichen Antriebe, die der herrschenden Tugendlehre moralisch zuwiderlaufen:

- Genuss an der Grausamkeit
- Faulheit
- Eigendünkel, Denkfaulheit
- Unterwerfungslust
- Eitelkeit
- Rachegelüste, Ressentiment
- Schwäche, Feigheit und Missgunst

Zarathustra würde freilich Gefahr laufen, seiner eigenen Kritik zu erliegen (nämlich nur das Egoistische zu sehen mit einem **bösen Blick**), wenn er nicht einen eigenen positiven Begriff von Tugend entwerfen könnte. Er möchte die Selbstlosigkeit als Bedingung für Tugendhaftigkeit ersetzt sehen durch ein bewusstes Selbst, das in seinen Handlungen stets gegenwärtig sein sollte: „Dass *euer* Selbst in der Handlung sei, wie die Mutter im Kinde ist: das sei mir *euer* Wort von Tugend" (Za II, 123).

Zarathustra ahnt, dass er mit seinen Dekonstruktionen und der Verneinung der Gotteshypothese den Menschen viele Tröstungen raubt: „Sie spielten am Meere, – da kam die Welle und riss ihnen ihr Spielwerk in die Tiefe: nun weinen sie. [...] Aber die selbe Welle soll ihnen neue Spielwerke bringen und neue bunte Muscheln vor sie hin ausschütten!" (Za II, 123). Zarathustras Lehren bringen den Menschen andere ‚Gewinne'. Zwar bieten sie keinen metaphysischen Trost wie die Religion, dafür aber irdischen Genuss und die Freiheit, sich selbst zu bestimmen. Seine Ideale werden in dieser Metapher nicht als ewige Wahrheiten vorgestellt, sondern nur als neue „bunte Muscheln", welche anstelle der alten angeschwemmt werden. Weltdeutungen seien nicht unbedingt, ihnen ist, zumindest in der Metapher, etwas Zufälliges zu eigen. Sie haben ihre Zeit, und die Menschen können unterschiedliche Seiten an ihnen entdecken. Dass ihnen diese „Muscheln" später aber wieder geraubt werden, erscheint ausgemacht. Es bleibt allerdings die Frage, ob einzelne Menschen wie Zarathustra darüber verfügen können, ob sie die „Welle" sind, die gibt und nimmt.

**Fragen und Anregungen**

- Ein positiver Entwurf von Tugend findet sich auch in Za II, 121, Z: 5–16. Beschreiben Sie ihn mit eigenen Worten.
- Finden Sie, dass die Rede nahelegt, dass Zarathustra ein Relativist ist, also seiner Meinung nach alle Werte relativ sind? Welche Textstellen sprechen in der Rede dafür? Wenn Sie an die anderen Reden denken, welche weiteren Indizien finden Sie – oder welche Einwände?
- In der *Genealogie der Moral* rechnet Nietzsche mit den christlichen Tugenden ab (GM I 14). Vergleichen Sie die Argumentationsstruktur. Welche Argumente finden Sie schon im *Zarathustra*, welche gehen darüber hinaus?
- Für wie überzeugend halten Sie Zarathustras Kritik? Wie sähe eine Verteidigung christlicher Tugenden aus?
- Interpretieren Sie die letzte Metapher der Rede. Welche historischen Persönlichkeiten fallen Ihnen ein, die man als „Welle" verstehen könnte, die neue Muscheln an den Strand getrieben haben? Bedenken Sie, dass auch Wellen Ursachen haben.

### 3.2.6 Vom Gesindel

Zarathustra wettert in seiner sechsten Rede gegen das Gemeine und niedrig Gesinnte, gegen eine Gesellschaft, die er das **Gesindel** nennt. Ihre Gemeinschaft wird durchgängig durch das Unreine charakterisiert: „schmutzig" (Za II, 124) seien ihre Träume, „süsslich und übermürbe" (Za II, 124) werde das Essen, wenn sie es nur in der Hand hielten, „stinkend" (Za II, 125) seien ihre Feuer, „übel" (Za II, 125) rieche es überall, wo das Gesindel schreibe. Kein Wunder, dass solche Anwesenheit beim Edlen Ekel erzeugt: „[H]at das Leben auch das Gesindel *nöthig*?" (Za II, 125), fragt sich Zarathustra, während er sich voller Widerwillen windet.

Für Zarathustra kann es keine Möglichkeit des Umgangs mit dem Gesindel oder der Erziehung und Entwicklung desselben geben. Seine Antwort ist der Rückzug, der schon immer die Lösung desjenigen gewesen sei, der die Verkommenheit des Gesindels zu erspüren vermochte: Einsiedlertum oder gar Selbstmord, dazu nötige die schlechte Gesellschaft. Bliebe man, werde die eigene Gesundheit riskiert. Es drohten Depression und Lebensfeindlichkeit: „Einem Krüppel gleich, der taub und blind und stumm wurde“ (Za II, 125), so habe selbst Zarathustra lange Zeit unter Menschen gelebt: „[M]üde, als ich auch das Gesindel geistreich fand!“ (Za II, 125).

Genesung kann es nur im „[H]öchste[n]“ (Za II, 125) geben. Die Gegend, die schlichtweg als lebensfeindlich gilt, das Gebirge, verspreche dem an der Gesellschaft Leidenden Genesung. Hoch oben quillt Zarathustra „der Born der Lust“ (Za II, 125), welcher Lebensbejahung erneut ermöglicht. Diese Lebensbejahung ist davon abhängig, dass niemand Niedriges da ist, der ihm diesen Quell verderben kann. Der Ort selbst wird zum Prüfstein, ob jemand zur zarathustrischen Gemeinschaft passt. Wer sich als unwürdig erweist, dem werde die dort genossene Speise zum „Feuer“ und die dortige Heimstätte zur „Eishöhle“ (Za II, 126). Wer hoch oben zu leben vermöge, lebe wie „starke Winde“, werde „Nachbar […] den Adlern, […] dem Schnee, […] der Sonne“ (Za II, 126).

Und als Wind gedenkt Zarathustra von dort oben in die „Niederungen“ (Za II, 126 f.) hinabzufahren, um dem Gesindel mit seinem „Geiste ihrem Geiste den Athem [zu] nehmen“ (Za II, 126). Der angenommene Gegenangriff, mit dem die Rede schließt, mutet dabei schon fast komisch an: „solchen Rath räth er seinen Feinden und Allem, was spuckt und speit: ‚hütet euch *gegen* den Wind zu speien!‘“ (Za II, 127).

Die Rede wider das Gesindel bietet einen direkten Ansatzpunkt für eine Kritik an Zarathustras Lehre. Obwohl er wiederholt dazu rät, keine Rachegefühle zu hegen, an Gegnern schlicht vorbeizugehen und dem **Ressentiment** niemals zu verfallen, ist diese Rede selbst von tiefem Ressentiment geprägt. Zarathustra erscheint fast zu schwach, um die Gegenwart des ‚Gesindels‘ zu ertragen: Während dieses gesund bleibt, erkrankt er an dessen bloßer Existenz. In der Folge flüchtet er sich in die Fantasie eines exklusiven Rückzugsortes – seinen „Born der Lust“ (Za II, 125) auf den höchsten Gipfeln –, um dort nur noch unter seinesgleichen zu leben. Dieses Reich, das wir als zarathustrisches ‚Himmelreich‘ kritisieren könnten, soll anderen, ‚Unwürdigen‘ wehtun. Sie können keinen positiven Anteil daran nehmen, sondern dort nur verbrennen oder erfrieren. Dem schließt sich nahtlos eine Vernichtungsfantasie an, in der Zarathustra als Windgeist – einer unangreifbaren Naturgewalt gleich – zurückkehrt in ‚das Niedrige‘, um es auszulöschen, indem er dem Gesindel „den Athem“ (Za II, 126) nimmt. Wie sollte diese Rede als etwas anderes denn als eine Rachefantasie aus erlebter Schwäche und gewünschter Größe verstanden werden?

Es ließe sich beim Vergleich zwischen den religiösen Rachegefühlen und denen Zarathustras eine Unterscheidung treffen: Die Belohnung durch ein Himmelreich und befriedigte Rache durch eine Hölle ist in der religiösen Vorstellung in ein Jenseits verlegt, dem Zarathustra die Existenzmöglichkeit abspricht. Sein Wonnegefühl des „Born[s] der Lust“ (Za II, 125) und die Zerstörungsfantasie sind währenddessen im Diesseits verortet. Es ist möglich, sich in die Einsamkeit zurückziehen und eine eigene Quelle der Lust zu finden, so wie es möglich ist, sich herrschenden Meinungen entgegenzustellen. Ob man dabei wie ein Wind unangreifbar bleibt, sei allerdings dahingestellt.

Frei von Rachegefühlen ist Zarathustra nicht. Und zu Recht könnte man ihm den Vorwurf machen, durch diese Rede hinter zuvor formulierten Ansprüchen zurückzubleiben.

**Fragen und Anregungen**

- Wie sähe eine mögliche Verteidigung Zarathustras aus?
- Lesen Sie die Erfüllung der Lust als bereits verwirklicht oder als ersehnte Fantasie? Sammeln Sie Indizien für beide Positionen.
- Suchen Sie im Text die Metaphern für ein Leben in Extremen heraus. Empfinden Sie diese als anziehend oder als abschreckend?

### 3.2.7 Von den Taranteln

Bezeichnenderweise folgt auf die letzte Rede nun diejenige wider die Rachsucht. Rachsucht entstehe aus Ohnmachts- und Neidgefühlen: „Vergrämter Dünkel, verhaltener Neid, vielleicht euerer Väter Dünkel und Neid: aus euch bricht's als Flamme heraus und Wahnsinn der Rache" (Za II, 129). Rache verkleide sich unter dem Deckmantel einer strafenden Gerechtigkeit. Misstrauisch solle man daher gegen diejenigen sein, „in welchen der Trieb, zu strafen, mächtig ist" (Za II, 129). Zu dem bekannten Motiv des aus dem **Ressentiment** resultierenden Vergeltungsschlags kommt ein neues hinzu. Wir erfahren etwas über den Menschentypus des Rachsüchtigen.

Zarathustra beschreibt ihn als giftige Spinnenart – die **Tarantel** –, von der man noch zu Nietzsches Zeiten annahm, dass sie für den ‚Veitstanz' (die Tanzwut) ursächlich sei. Die davon Betroffenen fielen unter den Zwang, wie wahnsinnig zu tanzen und sich zu drehen, teils bis zur völligen Erschöpfung und sogar bis zum Tod. Aus dem späten Mittelalter sind Phänomene, in denen sich der Veitstanz über ganze Menschenmassen ausdehnte, bekannt. In Einzelfällen wurde über Stunden und Tage hinweg getanzt, von einem Dorf zum anderen, was dazu führte, dass in einigen Fällen die Inquisition einschritt und die dem ‚Teufel' Verfallenen hinrichten ließ. Diese Tanzwut ist in einigen Metaphern dieser Rede präsent, beispielsweise wenn Nietzsche Zarathustra sagen lässt, dass das Spinnengift „die Seele drehend" (Za II, 128) mache. Der von der Tarantel gestochene Mensch – wir denken an die noch gängige Redensart ‚den hat wohl die Tarantel gestochen' – ist also nicht Herr seiner selbst, sondern getrieben, ein Verrückter, der rationalen Argumenten nicht mehr zugänglich ist.

Die Rachsucht tarnt sich Zarathustra zufolge unter moralisch aufgewerteten Grundeinstellungen. Da solche Grundeinstellungen sich wandeln, wandelt sich auch die ‚Maske', hinter der sich die Tarantel als der von Missgunst getriebene Mensch versteckt. In dieser Zeit seien die Taranteln die „Prediger der *Gleichheit*" (Za II, 128). Unter der zur Schau getragenen moralisch neuen Forderung der Gleichheit drängten die Machtlosen zur tyrannischen Herrschaft, von der sie sich letztlich nur durch eine einzige Sache unterschieden: „und wenn sie sich selber ‚die Guten und Gerechten' nennen, so vergesst nicht, dass ihnen zum Pharisäer Nichts fehlt als – Macht!" (Za II, 129). Die Machtlosen wollen also Zarathustra zufolge auch Macht. Sie sind gierig und neidisch, weil sie diese nicht besitzen. Ihre niedrige Gesinnung – das Ressentiment – verkleiden sie indes unter eine moralische Formel, die der Gleichheit als einer Art von Gerechtigkeit. Unter dieser Formel kämpfen sie gegen diejenigen, die derzeit die Macht haben, bei denen „noch die Predigt vom Tode […] zu Hause" (Za II, 129) ist. Die derzeitigen Taranteln sind also Feinde der **Prediger des Todes**. Wir können daraus schließen, dass sie atheistisch und kirchenfeindlich sind. Darüber hinaus haben wir es mit Menschen zu tun, die sich als revolutionär geben und ein ‚gerechteres' System fordern. Ihr Atheismus entstammt allerdings keiner tiefen inneren Überzeugung, sondern sie fühlen sich dadurch bestärkt, dass diejenigen, die jetzt an der Macht sind, immer noch einer bereits niedergehenden Weltdeutung anhängen. Man kann daher sagen, dass die **Prediger der Gleichheit** nicht deswegen der religiösen Weltdeutung widersprechen, weil sie den Menschen erniedrigt, wie Zarathustra sagen würde, sondern sie nutzen das niedergehende Ideal, um selbst an die Macht zu kommen. Ihr erstrebtes Glück und ihre Gerechtigkeit bauen aber auf dem Unglück und der Unterdrückung anderer auf: „Dass sie dem Leben zu Willen reden […]: das macht, sie wollen damit wehetun" (Za II, 130).

Wer ist nun mit den Taranteln gemeint? Eine eindeutige Zuordnung zu modernen Parteispektren greift zu kurz, da sich die politischen Fronten des 19. Jahrhunderts weit weniger trennscharf darstellten als heute. Da die Taranteln als „Prediger der Gleichheit" auftreten, liegt es nahe, in ihnen Vertreter demokratischer, sozialistischer oder anarchistischer Strömungen zu sehen. Zarathustra kritisiert hier jene politisch engagierten Intellektuellen, deren „Eifersucht sie auch auf der Denker Pfade" (Za II, 129) führt.

Doch die Stoßrichtung der Rede ist komplexer. Zur Entstehungszeit des Textes waren linke und rechte Ideologien oft noch eklektisch vermischt; so fanden sich egalitäre Forderungen nicht selten neben völkischem Antisemitismus oder rassistischen Exklusionsphantasien. Ein Revolutionär konnte gleichzeitig für die Rechte der Arbeiter (links) und gegen jüdische Mitbürger (heute eher rechts eingeordnet) agitieren. Ein prominentes Beispiel ist etwa Eugen Dühring, den Nietzsche las und verabscheute: Dühring war Sozialist, vertrat aber zugleich einen radikalen, rassistischen Antisemitismus. Tatsächlich nimmt Nietzsche auch explizit jene Strömungen aufs Korn, die heute dem rechten Spektrum zugeordnet werden würden: Rassentheoretiker, Nationalisten und Antisemiten. Er schließt damit an seine scharfe Abkehr vom Antisemitismus an, die er bereits in seinen mittleren Werken vollzogen hatte (s. dazu auch den Exkurs in Abschn. 5.2.3).

Zarathustras Sorge „ich will nicht vermischt und verwechselt werden" (Za II, 129) zielt genau auf diese ideologische Gemengelage ab. Er grenzt seine Lehre von der Selbstüberwindung des Lebens – „Steigen will das Leben und steigend sich überwinden" (Za II, 130) – fundamental von jenen ab, die dem „Leben zu Willen reden" (Za II, 129). Letzteres ist eine Chiffre für einen rechten Sozialdarwinismus: Diese Ideologen behaupten zwar eine natürliche Überlegenheit bestimmter Gruppen, fordern jedoch innerhalb dieser „Herrenrasse" eine strikte Gleichheit der Mitglieder. Ihr Ziel ist die gewaltsame Ausgrenzung des „Minderwertigen“, um eine vermeintliche Degeneration zu verhindern.

Die besondere Ironie, die Nietzsche hier bloßlegt, besteht darin, dass sich linke Gleichheitsapostel und rechte Rassenideologen in ihrem psychologischen Ursprung gleichen: Beide sind für ihn Ausdruck des Ressentiments der „sozialen Verlierer“. Ob im Namen der Klasse oder der Rasse – hinter dem Ruf nach Gerechtigkeit verbirgt sich für Zarathustra oft nur der Rachewunsch derer, die im realen Wettstreit um Erfolg und Ruhm unterlegen sind.

Nietzsche befürchtet auch später noch, dass sein **Übermensch** von einer rechtsnationalen Gesinnungsideologie missverstanden und missbraucht werden könnte. Dass man seine Philosophie (zum Teil) in der Nähe von Eugen Dühring, eben jenem Rassentheoretiker und Vordenker des Nationalsozialismus, verortete, war ihm zuwider. So schreibt er in einem Brief an seinen Freund Franz Overbeck: „Schm[eitzner, Nietzsches Verleger] selbst hält meine Bücher jetzt für Blei (sie werden überall unter die ‚antisemitische Litteratur‘ gerechnet, wie mir von den Leipziger Buchhändlern bestätigt wird –, und nun macht mir gar der gute Widemann den Streich, mich in Einem Athem mit dem greulichen Anarchisten und Giftmaule Eugen Dühring zusammen zu loben!)“ (1885, 649, N an Franz Overbeck: Anfang Dezember 1885). In der *Genealogie der Moral* schreibt Nietzsche über Dühring:

> ich erinnere Leser, die Ohren haben, nochmals an jenen Berliner Rache-Apostel Eugen Dühring, der im heutigen Deutschland den unanständigsten und widerlichsten Gebrauch vom moralischen Bumbum macht: Dühring, das erste Moral-Grossmaul, das es jetzt giebt, selbst noch unter seines Gleichen, den Antisemiten [...]. Das sind alles Menschen des Ressentiment, diese physiologisch Verunglückten und Wurmstichigen, ein ganzes zitterndes Erdreich unterirdischer Rache, unerschöpflich, unersättlich in Ausbrüchen gegen die Glücklichen und ebenso in Maskeraden der Rache, in Vorwänden zur Rache [...]. (GM III, 14)

So mag es auch nicht verwundern, dass viele Nietzsche-Forscher die Tarantel in erster Linie als Karikatur Dührings verstehen (vgl. NK 4/1, S. 593 f. und S. 604 f.).

Aber auch wenn man geneigt ist, die eine wie die andere politische Richtung in dem Bild der Tarantel zu erkennen, lässt doch Zarathustra keinen Zweifel daran, dass er keiner dieser Geistestraditionen zuzurechnen ist. Er ist in jedem Fall ein Verfechter der Ungleichheit: „‚Die Menschen sind nicht gleich.‘ [...] Gut und Böse, und Reich und Arm, und Hoch und Gering, und alle Namen der Werthe: Waffen sollen es sein und klirrende Merkmale davon, dass das Leben sich immer wieder selber überwinden muss!“ (Za II, 130).

Zarathustra steigert seine Rede immer weiter zu einer Lobpreisung der Gegnerschaft, der Feindschaft und des Kampfes, nur um dann gegen Ende seine Rede ironisch zu brechen: „Wehe! Da biss mich selber die Tarantel, meine alte Feindin! [...] ‚Strafe muss sein und Gerechtigkeit – so denkt sie: nicht umsonst soll er hier der Feindschaft zu Ehren Lieder singen!‘“ (Za II, 131).

Die Tarantel Rachsucht kann viele Formen annehmen, selbst Zarathustra muss ihren Biss fürchten, wie wir vielleicht mehr noch in der letzten Rede (s. Abschn. 3.2.6) sehen konnten. In diesem Kapitel benennt Zarathustra die Gefahr, die von affektiver

Feindseligkeit ausgeht. Wer sich in der Verachtung gegenüber Andersdenkenden verliert, gefährdet die Integrität seiner eigenen Ideale. Diese verkehren sich durch das ‚Gift' des Hasses auf das Andere zur starren Ideologie. Wenn Zarathustras Visionen frei vom Ideologievorwurf bleiben sollen, muss er selbstständig über seine Perspektiven verfügen können. Die Freiheit symbolisiert ein Tanz, der eben nicht durch Gift verursacht wird: „Wahrlich, kein Dreh- und Wirbelwind ist Zarathustra; und wenn er ein Tänzer ist, nimmermehr doch ein Tarantel-Tänzer!" (Za II, 131).

**Fragen und Anregungen**

- Informieren Sie sich über Eugen Dühring, z. B. in: *Propheten des Nationalismus*, (Schwedhelm 1969). Zur Dühring-Polemik in „Von den Taranteln" s. auch: NK 4/1, S. 593 f. von Katharina Grätz.
- 1884 schreibt Nietzsche eine Notiz zu Dühring: „Man spricht mir bei Tisch von Eugen Dühring, man ‚entschuldigt' Vieles, denn, sagt man: er ist blind. Wie? Ich bin's beinahe. Homer war es ganz. Muß man deshalb schlechter Laune sein? Und voller Würmer? Und aussehen, wie ein Tintenfaß? Eugen Dühring hat neuerdings uns sein Leben erzählt: er hat keinen Verdruß vergessen, keine Kränkung von Kindesbeinen an, ich glaube, er kann stundenlang schlechte kleine kleinliche Geschichtchen von seinen Lehrern und Gegnern erzählen" (NF 1884, 26[382]). Würden Sie das Kapitel „Von den Taranteln" als Karikatur von Dühring deuten? Oder meinen Sie, Nietzsches Kritik geht darüber hinaus?
- Mit dem folgenden Aphorismus aus der *Morgenröthe* können Sie Ihre Überlegungen ergänzen: „Auch ihn [Kant] hatte die Moral-Tarantel Rousseau gebissen, auch ihm lag der Gedanke des moralischen Fanatismus auf dem Grunde der Seele, als dessen Vollstrecker sich ein andrer Jünger Rousseau's fühlte und bekannte, nämlich Robespierre, ‚de fonder sur la terre l'empire de la sagesse, de la justice et de la vertu' (Rede vom 7. Juni 1794)" (M, Vorrede 3).

### 3.2.8 Von den berühmten Weisen

Zarathustra unterscheidet in seiner achten Rede die **berühmten Weisen** von den **Wahrhaftigen**. Die berühmten Weisen dienten dem Volk und „*nicht* der Wahrheit" (Za II, 132). Zwar könnten sie auch ungewöhnliche Ansichten haben, die dem Volk widersprächen, aber das Volk gewähre diese Freiheit, weil es sich der eigentlichen Dienstbarkeit der berühmten Weisen sicher ist. So gelte dem Volk der „Unglauben" dieser Gelehrten nur als „Witz" und erlaube ihnen daher auch einen gewissen „Übermuthe", eben wie ein „Herr seine[m] Sclaven" (Za II, 132). Das Volk wisse, dass es jederzeit die Macht habe, diese scheinbaren Autoritäten vom Katheder zu stoßen, sollten deren Ansichten zu beschwerlich werden. Sie seien eben nur so lange berühmt, wie sie dem Volk dienten und dessen Karren zögen. Der berühmte Weise werde von seinem Trieb geleitet, seinem Herrn, dem Volk, zu dienen. Diesem Trieb werde letztlich auch die Erkenntnissuche untergeordnet: „Eurem Volke wolltet ihr Recht schaffen in seiner Verehrung: das hiesset ihr ‚Wille zur Wahrheit' ihr berühmten Weisen!" (Za II, 132).

Dem entgegengesetzt sei der Wahrhaftige, der vom Volk immer als Feind definiert werde. Er gelte als „Wolf" (Za II, 132) und sein Wesen entspreche dem der Raubkatze. Wer wirklich wahrhaftig werden wolle, statt bloß zu verehren, müsse sein eigenes „verehrendes Herz" (Za II, 132) zerbrechen. Ein solcher Versuch ist für Zarathustra mit Gefahr verbunden: Als Verstoßener der Gesellschaft gälte es, in unwegsame Gebiete zu ziehen. Die Wüste wird zur Bewährungsprobe, ob der Wahrhaftige sich so wollen kann, wie er sein muss: „Hungernd, gewalttätig, einsam, gottlos: so will sich selber der Löwen-Wille" (Za II, 133).

Wir sehen, dass Motive aus der Rede „Von drei Verwandlungen" (**Wüste**, **Löwe**, **Wille**: s. Abschn. 2.3.1) erneut aufgenommen und durch dichotome Strukturen verstärkt werden. So wie der berühmte Weise dem Wahrhaftigen entgegengesetzt ist, so der Esel dem Löwen und die Stadt der Wüste.

Während die eine Seite für ein Leben in bekannten Strukturen steht, in dem Regeln nicht in Frage gestellt werden und gegenseitige Anerkennung durch das akzeptierte Machtverhältnis garantiert ist, muss sich der **freie Geist**– auf der anderen Seite – selbst riskieren. Er muss sich wehtun können, auf Behaglichkeit, Anerkennung und Einverständnis verzichten. Für ihn gibt es zunächst keine Regeln und Normen mehr, die ihm eine sichere Orientierung im Leben versprechen könnten. „Geist ist das Leben, das selber in's Leben schneidet: an der eignen Qual mehrt es sich das eigne Wissen" (Za II, 134). Zarathustra wirft dem Volke vor, dass dieses gerade nicht wisse, was „Geist" ist. Geist strebe niemals nach dem Mittelmaß, seine Sprache und seine Ziele verlangten nach dem Superlativ. Kein Wunder, dass Zarathustra Großes verspricht: „Mit Bergen soll der Erkennende *bauen* lernen! Wenig ist es, dass der Geist Berge versetzt" (Za II, 134).

Das, was für den Erkennenden zum Genuss wird, wäre für andere tödlich. Im symbolisch aufgeladenen Oxymoron von Feuer und Schnee, den lebensfeindlichen Elementen schlechthin, betont Zarathustra das Leben in Extremen als intensiven Rausch: „Und niemals noch durftet ihr euren Geist in eine Grube von Schnee werfen: ihr seid nicht heiss genug dazu! So kennt ihr auch die Entzückungen seiner Kälte nicht" (Za II, 134). Das Bild der Raubkatze (**Löwen-Wille**), das den Wahrhaftigen repräsentiert, wird durch ein weiteres Raubtier ergänzt, dem **Adler**, Zarathustras Symboltier (s. Abschn. 2.2.10): „Ihr seid keine Adler: so erfuhrt ihr auch das Glück im Schrecken des Geistes nicht. Und wer kein Vogel ist, soll sich nicht über Abgründe lagern" (Za II, 134). Der Aufruf zum Abenteuer, symbolisiert durch eine stürmische Schifffahrt, richtet sich nicht an die Bewahrer von Normen. Wer nach einem Platz in der Gesellschaft strebt und sei es als berühmter Weiser, disqualifiziert sich Zarathustra zufolge für das wahre Geistesleben.

So muss letzten Endes vielleicht auch die Konsequenz gezogen werden, dass das Volk notwendigerweise den Wahrhaftigen verstößt. Wenn die Lebenseinstellungen des Wahrhaftigen für das Volk und für ein geregeltes Leben zerstörerisch sind, so ist es Selbstschutz, dass das Volk den Wahrhaftigen verbannt, während es den berühmten Weisen als zahmes, drolliges ‚Haustier' hält. Warum also, so möchte man fragen, empört sich Zarathustra über das Volk?

**Fragen und Anregungen**

- Inwiefern ist die Charakterisierung des Wahrhaftigen als „[h]ungernd, gewaltthätig, einsam, gottlos“ dem Bild eines Weisen entgegengestellt? Inwiefern trägt der Wahrhaftige auch klassische Züge des Weisen?
- Finden Sie in der Rede noch weitere Gegensatzpaare? Welche?
- Zarathustra greift in dieser Rede viele Motive vorhergehender Reden auf. Welche erkennen Sie wieder?

### 3.2.9 Das Nachtlied

Im Nachtlied, welches den Auftakt zu einem Zyklus dreier lyrischer Selbstreflexionen im zweiten Teil bildet, bricht Zarathustra die Einseitigkeit seiner schöpferischen Licht-Metaphorik auf, indem er das Schenken als einen Akt entlarvt, der ohne das korrespondierende Dunkel des Nehmenden in eine selbstverzehrende Vereinsamung mündet. Der Schenkende, wir erinnern uns an das erste Kapitel der Vorrede (s. Abschn. 2.2.1 und 3.2.1), bedarf des zu Beschenkenden, so wie das Licht in dem Lied der Dunkelheit bedarf, um für andere zu leuchten.

Das Zentralmotiv des Liedes ist das Licht, das traditionellerweise für die Erkenntnis steht und in zahlreichen Lichtmetaphern wie der **Sonne**, den Sternen, der Flamme, dem Leuchtenden variiert wird. Dem diametral entgegengesetzt steht die Nacht für die Sehnsucht nach dem Licht. Die Nacht ist dabei nicht negativ konnotiert, sondern Licht und Nacht stehen in einem gegenseitigen Abhängigkeitsverhältnis, denn nur dort, wo es dunkel ist, kann das Licht jemandem scheinen. Wer aber selbst ein Licht ist, ist „gleichgültig“ gegen andere Lichter: „kalt gegen Sonnen, – also wandelt jede Sonne“ (Za II, 137). Das rhythmisch strukturierte Gedicht evoziert mit seinen starken Metaphern den Eindruck, von Geheimnissen zu sprechen.

„Nacht ist es: nun reden lauter alle springenden Brunnen. Und auch meine Seele ist ein springender Brunnen“ (Za II, 136). Der **Brunnen** steht im *Zarathustra* für einen tiefen Menschen, in dem es einen Abgrund gibt. Der Springbrunnen, der unteres nach oben kehrt und in der Nacht laut wird, möchte seinen Abgrund mit anderen teilen. In der Nacht, so können wir uns vorstellen, werden Gefühle der Sehnsucht geweckt, die am Tag und in der Geschäftigkeit verborgen bleiben.

Zarathustra singt von seiner Sehnsucht zu lieben und geliebt zu werden: „Eine Begierde nach Liebe ist in mir, die redet selber die Sprache der Liebe“ (Za II, 136). Er aber sei zu hell, als dass er ein anderes Licht sehen könnte. Dass er von „Licht umgürtet“ sei, erscheint ihm als Strafe. Weil ihm niemand sein Licht abnehme und ihm selbst niemand leuchtete, ist er, so können wir schlussfolgern, zu einer Selbstbeziehung verdammt, die als selbst-‚kannibalistisch‘ beschrieben werden muss: „Aber ich lebe in meinem eignen Lichte, ich trinke die Flammen in mich zurück, die aus mir brechen“ (Za II, 136). Sein eigenes Leuchten verdammt ihn zu einer Einsamkeit, die ihn wünschen lässt, dass er weniger hätte, damit er auch von anderen etwas annehmen könnte: „Ich kenne das Glück des Nehmenden nicht“ (Za II, 136).

In der Vorrede zeigte sich Zarathustra noch als Beschenkter, der der Sonne ihre **Überfülle** abnahm. Er nahm sie zum Vorbild, um zu den Menschen zu gehen und ihnen von seiner eigenen Überfülle abzugeben. Nun zweifelt er an der Trefflichkeit dieses Vorsatzes: „Sie nehmen von mir: aber rühre ich noch an ihre Seele? Eine Kluft ist zwischen Geben und Nehmen" (Za II, 137). Zarathustra warnte in seiner Rede „Von den Mitleidigen" (s. Abschn. 3.2.3) davor, zu viele Geschenke zu geben, denn große Gefälligkeiten würden nicht dankbar, sondern rachsüchtig stimmen. Von einer Rachsucht scheint nun aber Zarathustra selbst befallen: „wehetun möchte ich Denen, welchen ich leuchte, berauben möchte ich meine Beschenkten: – also hungere ich nach Bosheit" (Za II, 137). Zwischen dem Schenkenden und dem Beschenkten gebe es kein reziprokes Verhältnis und das scheint auf Dauer vor allem dem Schenkenden nicht gut zu tun. Er bekomme „Schwielen vor lauter Austheilen" (Za II, 137), er laufe Gefahr, „dass er die Scham verliere" (Za II, 137) oder „zu hart für das Zittern gefüllter Hände" (Za II, 137) werde.

Die Lichtbringer, die Sonnen können füreinander nichts sein, weil sie ihre eigenen Bahnen ziehen und sich nicht ablenken lassen. Nur die „Dunklen, […] Nächtigen" (Za II, 137) können den Lichtbringern folgen und können daher etwas Unersetzliches geben: „Oh, ihr erst seid es, ihr Dunklen, ihr Nächtigen, die ihr Wärme schafft aus Leuchtendem" (Za II, 137). Das Licht der Erkenntnis ist kalt, erst Menschen, die Erkenntnisse miteinander teilen oder in diesem Fall die Erkenntnisse annehmen, machen sie erträglich, schaffen menschliche Wärme.

Die im letzten Kapitel noch großartig beschworene Kraft eines Geistes, der aus eigenem Feuer sich in eiskalte Erkenntnisse wirft, erscheint im Nachtlied gebrochen: „Ach, Eis ist um mich, meine Hand verbrennt sich an Eisigem! Ach, Durst ist in mir, der schmachtet nach eurem Durste!" (Za II, 138).

Gerade durch die Gebrochenheit können wir Zarathustra aber als jemanden verstehen, der seine eigenen Lehren lebt. Diese Lehren sind nicht von dem Punkt einer endgültigen Überwindung aus verfasst, sondern die Kämpfe, die Extreme und die Notlagen, von denen er spricht, sind seine eigenen. Das Lied selbst lässt sich als Denkerlebnis Zarathustras verstehen. Alte Motive treten erneut ins Licht und werden verwandelt, Sorgen über negative Gefühle, falsche Interpretationen und Bedürftigkeit werden sichtbar. Wer stark werden will wie Zarathustra, so kann man sagen, muss sich auch seine Schwäche eingestehen.

### Fragen und Anregungen

- Ist Zarathustras Schwäche die Sehnsucht zu anderen Menschen? Wonach könnte sich Zarathustra noch sehnen? Spekulieren Sie. Welchen Kampf bestreitet Zarathustra?
- Sammeln Sie Stichworte zu Stimmungen und Motiven, die mit Tageszeiten wie Sonnenaufgang, Mittag und Nacht verknüpft sind.
- Erkennen Sie Unterschiede zwischen dem als Lied betitelten Kapitel und seinen Reden? Welche?

### 3.2.10 Das Tanzlied

„Das Tanzlied" wird durch eine kurze Rahmenerzählung eingefasst. Zarathustra begegnet auf einer Wiese im Wald einer Gruppe von tanzenden Mädchen, die ihr Spiel unterbrechen, als sie Zarathustra sehen. Dieser aber ermutigt sie zu tanzen, er sei kein „Mädchen-Feind" (Za II, 139), sondern „Gottes Fürsprecher [...] vor dem Teufel: der aber ist der Geist der Schwere" (Za II, 139). Als **Gottes Fürsprecher** kennen wir Zarathustra beileibe nicht, aber vielleicht handelt es sich um einen sehr speziellen Gott, den er gutheißen kann. Er nennt ihn den „kleinen Gott" (Za II, 139), den die Mädchen mögen und der „neben dem Brunnen liegt [...], still mit geschlossenen Augen" (Za II, 139).

Dem **Geist der Schwere** sind wir schon in der Rede „Vom Lesen und Schreiben" (s. Abschn. 2.3.7) begegnet. Der ‚Teufel' Zarathustras macht alle Dinge schwer und vor allem beschwerlich. Er ist mit der Sinnlosigkeit und der Melancholie verbunden. Kein Wunder, wenn der Tanz und das Spiel, die zwecklosen Tätigkeiten schlechthin, die kein weiteres Ziel als die gegenwärtige Freude besitzen, die rechten Mittel sind, um gegen den Geist der Schwere anzukommen.

Gar so unschuldig wie der erste Eindruck vermuten lässt, ist Zarathustras Rede allerdings nicht: „Wohl bin ich ein Wald und eine Nacht dunkler Bäume: doch wer sich vor meinem Dunkel nicht scheut, der findet auch Rosenhänge unter meinen Cypressen" (Za II, 139). Das romantisch betörende Bild evoziert eine Stimmung, die nicht frei von Erotik ist und das Bild des enthaltsamen Weisen kontrastiert.

Zarathustra gibt an, er aber wolle „den kleinen Gott ein Wenig züchtige[n]!" (Za II, 139) und auf diese Weise aufgeweckt solle er dann die Mädchen zum Tanz bitten. Im Beziehungsdreieck von Mann, Frau und Liebe ist die Peitsche aus „Von alten und jungen Weiblein" assoziativ präsent. Gezüchtigt werden soll aber nicht die Frau, sondern die romantisch unschuldige Vorstellung, welche die Mädchen Zarathustra zufolge von ihrem Gott haben. Zarathustra möchte ein Lied, ein „Tanz- und Spottlied auf den Geist der Schwere" (Za II, 140) singen, zu dem die Mädchen tanzen sollen. Am Ende der Rahmenhandlung erfährt der Leser, wer der **kleine Gott** der Mädchen ist. Es handelt sich um Cupido, die römische Variante von Amor, dem pfeilbewehrten, griechischen Liebesgott, der zumeist als beflügelter Knabe dargestellt wird und der die Liebe und vor allem das Verlieben personifiziert. Wer von seinem Pfeil getroffen wird, entbrennt in Leidenschaft für denjenigen, der ihm gerade ansichtig ist. Woran glauben die Mädchen? Was ist ihr höchstes Ziel und Streben? Nach Zarathustra ist es die Liebe. Aber ahnen sie, dass der zündende Pfeil gerade von einem spielerischen und zuweilen bösartigen Knaben abgeschossen wird? Zarathustra gibt jedenfalls an, dass er ihn gerne einmal kräftig disziplinieren würde. Dass es dabei vielmehr um ihn selbst als um die Mädchen geht, werden wir im Lied erfahren.

Zwei Personifikationen spielen im Lied eine Rolle, die jeweils als Frauen zu Zarathustra kommen und deren Identitäten sich ineinander auflösen, obwohl ein Eifersuchtsverhältnis angedeutet wird. Die eine repräsentiert das Leben, die andere seine „wilde Weisheit" (Za II, 140). Zunächst zieht das Leben, das „spöttisch" (Za II, 140) lachende, Zarathustra mit „goldener Angel" (Za II, 140) empor und als er in ihr

Auge blickt, sieht er ins „Unergründliche" (Za II, 140). Er hängt sprichwörtlich an ihrer **Angel**. Sie macht sich sofort über Zarathustras Lied lustig, sodass wir hier zwei Ebenen unterscheiden können: Einerseits ist die Frau ‚Leben' Adressatin des Liedes, die kommentierend eingreift, andererseits ist sie selbst bloße Vorstellung und Inhalt des Liedes. Sie wirft Zarathustra vor, dass er gleich allen Männern die begehrte Frau mit ebenjenen Tugenden verherrliche, die bloß seine eigenen seien, und seufzt: „ach, ihr Tugendhaften!" (Za II, 140). Die großen Worte wie, „die Tiefe", „die Treue", „die Ewige", „Geheimnissvolle" (Za II, 140) werden ihres Pathos entkleidet und mit dem kleinen Wörtchen „ach" (Za II, 140) der Lächerlichkeit preisgegeben. Sie selbst sei „veränderlich [...] und wild und in Allem ein Weib, und kein tugendhaftes" (Za II, 140). Zarathustra bleibt misstrauisch, denn schlecht von sich selber zu sprechen, gehöre, wie er sagt, selbst zu den Mitteln der Verführung.

Bald aber ist Zarathustra allein mit seiner **wilden Weisheit** (Za II, 140), die ihm seine Liebe zum Leben vorwirft. Dabei scheint sie den Einwand des Lebens gerade zu unterschreiben. Er liebe das Leben nicht deswegen, weil er es erkenne, sondern begehre: „Du willst, du begehrst, du liebst, darum allein *lobst* du das Leben!" (Za II, 140). Das möchte sich Zarathustra als jemand, der nach Erkenntnis strebt, nun gerade nicht vorwerfen lassen, aber er verbeißt sich eine scharfe Antwort: „So nämlich steht es zwischen uns Dreien. Von Grund aus liebe ich nur das Leben – und, wahrlich, am meisten dann, wenn ich es hasse!" (Za II, 140). Die Waagschale scheint sich zugunsten des Lebens zu bewegen, sofern Leben und Weisheit als Gegensätze zu begreifen sind. Und wenn er seine Weisheit liebe, dann nur deswegen, weil sie ihn „gar so sehr an das Leben" (Za II, 140) erinnere: „Sie hat ihr Auge, ihr Lachen und sogar ihr goldenes Angelrüthchen" (Za II, 140). Auch sie, die Weisheit, ist damit als Verführerin gekennzeichnet, die an sich zu binden versteht.

Das Leben möchte ebenfalls, wenn auch ohne den Gestus der Eifersucht, mehr über ihre Konkurrentin erfahren. Wenn sie fragt, „Wer ist denn das, die Weisheit?" (Za II, 141), scheint sich zwischen Weisheit und Leben eine Kluft aufzutun. Das Leben erkennt die Weisheit, die darin besteht, das Leben zu erkennen, selber nicht. Oder doch? Zarathustra klärt das Leben über die Weisheit auf, die sich auf die Kunst versteht, viel zu versprechen und sich stets zu entziehen: „Man dürstet um sie und wird nicht satt, man blickt durch Schleier, man hascht durch Netze. Ist sie schön? Was weiss ich! Aber die ältesten Karpfen werden noch mit ihr geködert" (Za II, 141). Die ‚ältesten Karpfen', darunter darf man sich nicht zuletzt die alten weisen Männer vorstellen, ebenjene traditionellen Philosophen, welche schon dem Namen nach Liebhaber der Weisheit sind.

Zarathustra spricht weiter: „Vielleicht ist sie böse und falsch, und in Allem ein Frauenzimmer; aber wenn sie von sich selber schlecht spricht, da verführt sie am meisten" (Za II, 141). Dieser Satz, der auf den Anfang, als das Leben sich selbst als nicht tugendhaftes Weib bezeichnete, rekurriert, lässt nun das Leben erahnen, dass Zarathustras Worte auf sie gemünzt sind – und nicht auf die Weisheit: „Als ich diess zu dem Leben sagte, da lachte es boshaft und machte die Augen zu. ‚Von wem redest du doch? sagte sie, wohl von mir? [...] Aber nun sprich doch auch von deiner Weisheit!'" (Za II, 141). Sind Leben und Weisheit möglicherweise bei Zarathustra doch identisch? Oder zwei Seiten derselben Medaille? Kaum aber, da das Leben wieder die Augen öffnet, die es kurz, als sie sich selbst als Gemeinte erkannte, symbolischerweise schloss, sinkt Zarathustra zurück ins „Unergründliche" (Za II, 141) und sein Lied endet.

Der zweite Teil der Rahmenhandlung schließt an das Lied an: Nachdem das Lied gesungen ist und die Mädchen zu Ende getanzt haben, bleibt Zarathustra allein zurück und wird traurig: „Ein Unbekanntes ist um mich und blickt nachdenklich. Was! Du lebst noch Zarathustra? Warum? Wofür? Wodurch? Wohin? Wo? Wie? Ist es nicht Thorheit, noch zu leben?" (Za II, 141). Die Frau „Leben" scheint mit den Mädchen gegangen zu sein und Zarathustra verlassen zu haben. Sind es die Fragen seiner eifersüchtigen Weisheit, die Zarathustras Anhänglichkeit zum Leben untergraben? Müsste er um der Weisheit willen das Leben verlassen, weil es sich doch um Gegensätze handelt und Leben „Thorheit" bedeutet? Die Selbstzweifel werfen ihn darauf zurück, dass Zarathustra möglicherweise gerade keine Antwort auf die Frage: ‚wozu leben?' bieten kann. Das Ende des Liedes kündigt damit eine tiefe existentielle Krise Zarathustras an.

Zarathustra möchte der Traurigkeit bezeichnenderweise kein Gewicht verleihen und entschuldigt sich bei seinen Freunden wegen seines Trübsinns. Indem Zarathustra sich nun an seine Freunde als Adressaten wendet, entsteht eine dritte Erzählebene. Das gesamte Geschehnis, inklusive Einleitung und Lied wird zu einer Erzählung für seine Freunde, welche die aktuelle Stimmung der Traurigkeit allerdings beibehält. Sie sei aber nur der Tageszeit des Abends geschuldet: „Ach, meine Freunde, der Abend ist es, der so aus mir fragt. […] Abend ward es: vergebt mir, dass es Abend ward!" (Za II, 141).

**Fragen und Anregungen**

- Verliert Zarathustra den Kampf gegen seinen Teufel, den Geist der Schwere?
- Sammeln Sie zum Geist der Schwere Assoziationen. Schauen Sie sich auch noch mal die Rede „Vom Lesen und Schreiben" (s. Abschn. 2.3.7) an.
- Sammeln Sie jeweils Eigenschaften für die Personifikationen von Leben und Weisheit.
- Kündigt der Abend Untergang oder mögliches Scheitern an? Spekulieren Sie.

### 3.2.11 Das Grablied

Zarathustra beschließt mit dem Schiff zu einer Insel zu fahren, die er die „Gräberinsel" (Za II, 142) nennt und auf der all seine jugendlichen Ideen und Stimmungen begraben lägen. Mit einem „immergrünen Kranz des Lebens" (Za II, 142), Symbol des Unvergänglichen, wolle er sie ehren. Die Stimmung des Liedes ist dementsprechend düster und melancholisch. Sie scheint der Krise zu entsprechen, die spätestens seit dem Ende des Tanzliedes vorherrscht. Einige Motive werden erneut aufgegriffen. Wenn Zarathustra singt, „Nur im Tanze weiss ich der höchsten Dinge Gleichniss zu reden: – und nun blieb mir mein höchstes Gleichniss ungeredet in meinen Gliedern!" (Za II, 144), ist es naheliegend, „Das Tanzlied" als ein Eingeständnis des Scheiterns zu deuten. Das Leben verlässt ihn und lässt ihn mit verzweifelten Fragen seiner Weisheit zurück.

Vergangen scheinen da all die „göttlichen Augenblicke" (Za II, 142) der Jugend, die er nun zu betrauern gekommen ist. Die flüchtigen Kostbarkeiten solcher „Rosenäpfel" (Za II, 142) habe er verloren. Er selbst als Person sei nur noch ein „Erdreich" (Za II, 142) zu ihrem Gedächtnis. Die Metapher des Erdreiches betont einerseits die Diesseitigkeit von Zarathustras Glaubensvorstellungen, die in dem Appell kulminieren, der Erde treu zu bleiben (vgl. Za I, 99; s. Abschn. 2.3.22), andererseits symbolisiert diesmal das Erdreich ein Grab, in dem eben alles wieder zu Erde wird. Damit wird der vergängliche Charakter aller Dinge und aller Freude melancholisch hervorgehoben. Die „göttlichen Augenblicke" waren, so beschwört es Zarathustra, doch „zur Treue gemacht" (Za II, 142). Müsse er sie nun der Treulosigkeit bezichtigen? Dieser Vorwurf irritiert, da **Augenblicke** das Gegenteil von Dauerndem sind. So betrauert Zarathustra womöglich weniger die vergehenden Augenblicke, als dass mit ihnen seine Freude und Zuversicht, seine Identität als jugendliches Ich vergangen sind.

Er wie sie seien allerdings „unschuldig [...] in unserer Untreue" (Za II, 143). Die Treulosigkeit, wiewohl schuldlos, ist also eine beidseitige. Das Glück seiner Jugend kehrte sich von ihm ab, wie er sich von seinem Glücke. Dies aber sei geschehen, weil seine Feinde all die Augenblicke vergiftet hätten. Während er daran glaubte, dass alle Tage „heilig" (Za II, 143) gewesen seien, hätten seine Feinde ihn mit schlaflosen Nächten gequält. Wenn er dem Ekel entsagen wollte, hätten sie seine Nächsten mit „Eiterbeulen" (Za II, 144) gekennzeichnet. Ging er blind des Wegs, so hätten sie ihm „Unflath" (Za II, 144) hingeworfen. Nicht nur, dass sie Zarathustra immer weiter herausfordern, sie versuchen auch, seine eigenen Werte zu pervertieren: „Und einst wollte ich tanzen, wie nie ich noch tanzte: über alle Himmel weg wollte ich tanzen. Da überredetet ihr meinen liebsten Sänger. Und nun stimmte er eine schaurige dumpfe Weise an" (Za II, 144).

Auch diese Liedzeile besitzt einen selbstreferenziellen Charakter. Ist er, Zarathustra, der gerade dieses traurige Lied singt, selbst jener liebste Sänger, der dem Feind verfallen ist und eine „schaurige dumpfe Weise" (Za II, 144) anstimmt? Ganz sicher sind die auftretenden Feinde keine Menschen und keine Gegner wie die Priester des Todes oder Verachtete wie das Gesindel. Die Fähigkeiten und Taten dieser Feinde gehen über Menschenmögliches hinaus. So tun sie beispielsweise „Böseres [...] als aller Menschen-Mord" (Za II, 143). Und was ist dieses „Bösere"? Für Zarathustra ist es die Tötung und Verkehrung seiner neuen Ideale. Die neuen Ideale der Diesseitigkeit – eine Liebe ohne Ekel, eine Überfülle ohne Rachsucht, eine fröhliche Leichtigkeit – scheinen nunmehr Zarathustras Jugendzeit anzugehören und sind, wie die Jugend selbst, vergangen: Es droht Zarathustras Scheitern:

> Ungeredet und unerlöst blieb mir die höchste Hoffnung! Und es starben mir alle Gesichte und Tröstungen meiner Jugend! Wie ertrug ich's nur? Wie verwand und überwand ich solche Wunden? (Za II, 144).

In diesen Sätzen geschieht ein plötzlicher zeitlicher Umschwung. Eben noch war Zarathustra der Trauernde, der am Ende des vorherigen Liedes zu scheitern droht – „Ist es nicht Thorheit, noch zu leben?" (Za II, 141; s. Abschn. 3.2.10) –, nun ist diese Trauer selbst in die Vergangenheit gerückt und überwunden. Zarathustra fragt nur noch retrospektiv, wie ihm dies gelang: „Wie erstand meine Seele wieder aus diesen Gräbern?" (Za II, 144).

Damit kündigt sich ein neues Motiv an, das den Wesenszug eines Unvergänglichen trägt. Damit ändert sich Zarathustras Lehrprogramm maßgeblich, denn bisher gehörten Vergänglichkeit und Wandelbarkeit stets dazu. Nun aber benennt er einen Kern, der sich gleich bleibe: „Ja, ein Unverwundbares, Unbegrabbares ist an mir, ein Felsensprengendes: das heisst *mein* Wille. Schweigsam schreitet es und unverändert durch die Jahre" (Za II, 145).

Der felsensprengende **Wille**, der sogar Grabkammern aufzureißen vermag und die Seele neu entstehen lässt, scheint nichts weniger als Auferstehung zu versprechen. Wird Zarathustra also doch gleich Christus eine erfüllte Ewigkeit gleich dem Himmelreich verheißen oder ist der Wille nur metaphorisch an die Auferstehung angelehnt, um die Größe dieses neuen Versprechens zu demonstrieren?

Bleibt diese Frage auch zunächst unbeantwortet, so ist unbezweifelbar, dass Zarathustra auf die Auferstehung Jesu anspielt: „Und nur wo Gräber sind, giebt es Auferstehungen" (Za II, 145). Während Jesus aber von Judas verraten und schließlich zum Tode durch die Kreuzigung verurteilt werden musste, um wiederaufzuerstehen, gelingt Zarathustra die Auferstehung, ohne leiblich zu sterben. Es gibt im Leben vielerlei Lebensabschnitte und viele kleine Tode, die einen Lebensabschnitt beenden. Nur durch den Tod wird Neues möglich, das alte Ich muss vergehen. Und doch muss es laut Zarathustra ein verbindendes Glied geben, eine Kraft, die sich vollkommen verschieden äußern kann. Die nennt er den Willen. Stirbt dieser, kann ein Mensch zwar noch weiter existieren, aber wirklich lebendig wäre er nicht mehr zu nennen.

**Fragen und Anregungen**

- Sprechen die starken Stimmungsumschwünge eines intensiven Lebens Sie an? Von den Freuden eines Lebenstanzes zur möglichen Entsagung vom Leben – und von der Trauer eines Grabliedes der Vergänglichkeit zum Lob eines unwandelbaren Willens! Oder fühlen Sie sich davon abgestoßen? Warum?
- Finden Sie, dass durch den impliziten Vergleich mit der Auferstehung Jesu Zarathustra uns die Kraft und Macht des Willens trefflich vor Augen führt, oder finden Sie, dass er mit seinem Vergleich die Auferstehung Jesu trivialisiert? Warum?

### 3.2.12 Von der Selbst-Ueberwindung

Der Höhepunkt des zweiten Teils folgt nach der Krise, die sich durch die Lieder ankündigte. Zarathustra scheint nach dem Übermenschen eine neue Formel gefunden zu haben, in der sich die Ideale bündeln lassen. Diese neue Formel heißt „Wille zur Macht" (Za II, 149).

Diesem **Willen zur Macht** sind wir schon im Kapitel „Von den berühmten Weisen" (s. Abschn. 3.2.8) begegnet, und in Zarathustras Wertung des Neuschöpfens und des Schätzens kündigte sich die Idee bereits an (s. Abschn. 2.3.17). Nun wird der Gedanke in Form gegossen. Zarathustra spricht vom spezifischen Willen der Weisen als „Willen zur Wahrheit" (Za II, 146), der letztlich nur eine Ausformung des Willens zur Macht sei. Hinter jedem Erkennen steht ein Erkennen-Wollen, das die ganze Welt zum Inhalt ihres Erkenntnisprozesses verfügbar machen will: „Alles Seiende wollt ihr erst denkbar *machen*" (Za II, 146). Beim Denken handelt es sich um einen produktiven und keinen rein kontemplativen Akt. Die im Bewusstsein thematisierte Welt wird umgewandelt in Sprache und Denken, sie wurde vom erkennenden Subjekt erst hervorgebracht. Anders gesagt: Das Wollen des Subjekts prägt die erkannte Welt und das Wollen drängt zur Bejahung: „Schaffen wollt ihr noch die Welt, vor der ihr knien könnt: so ist es eure letzte Hoffnung und Trunkenheit" (Za II, 146). Implizit bringt Zarathustra damit zum Ausdruck, dass den Weltdeutungen aller Weisen etwas gemeinsam ist. Sie rechtfertigen die Welt, sei es nun als Spielplatz der Götter und Helden, als Schöpfung eines allwissenden, allmächtigen und allgütigen Gottes oder – wie es Zarathustra gemäß wäre – um ihrer selbst willen als Ermöglichungsgrund steter Höherentwicklung.

Die Werte, welche die Weisen erschaffen, vergleicht Zarathustra mit Gästen, die auf einem „Nachen" (Za II, 146), einem Schiff, sitzen. Das Volk wiederum vergleicht Zarathustra mit dem „Fluss des Werdens" (Za II, 146), auf dem das Schiff schwimmt. Dabei ist es möglich, dass wilde Wellen über die Planken schießen und doch kann der Fluss nicht anders als das Schiff weiter zu tragen: „Nicht der Fluss ist eure Gefahr und das Ende eures Guten und Bösen, [...] sondern jener Wille selber, der Wille zur Macht, der unerschöpfte zeugende Lebens-Wille" (Za II, 147). Der zeugende Lebenswille trägt einen gewaltsamen Zug, er kämpft, er spielt, er opfert alles, was ihn nicht weiterbringt. Das jeweilige Individuum erscheint dabei letzten Endes nur als Träger des Willens, der sich für den Willen selbst riskiert: „Lieber noch gehe ich unter, als dass ich diesem Einen absagte; und wahrlich, wo es Untergang giebt und Blätterfallen, siehe, da opfert sich Leben – um Macht!" (Za II, 148).

**Macht** zeigt sich als Befehlen: sich selbst befehlen zu können genauso wie anderen. Obwohl es leichter ist zu gehorchen und sogar alles Leben zum Gehorchen drängt, ist das Befehlenkönnen bei Zarathustra stets übergeordnet (vgl. Za II, 147). Der Befehlende trägt die Last der Verantwortung und des Risikos, er muss sein Selbst zum Einsatz bringen. Was ermöglicht es, sich selbst zu bezwingen? Sich eine Ordnung zu geben, aus ihr Befehle abzuleiten und Missachtung zu bestrafen. Dabei entsteht befriedigtes Machtgefühl. Wer sich selbst befielt, genießt doppelt: Als Herr und als Sklave seines Willens. Aber auch jedem Schwächeren wohnt der Drang zu herrschen inne: Dies gilt sowohl im innerlichen Schau- und Kampfplatz des Selbst, beispielsweise wenn eine schwächere, entgegengesetzte Triebkraft sich als etwas der Ordnung Gemäßes verkleidet, als auch für Politik und Gesellschaft, etwa wenn Untertanen Intrigen gegen Herrschende spinnen: „Auf Schleichwegen schleicht sich da der Schwächere in die Burg und bis in's Herz dem Mächtigeren – und stiehlt da Macht" (Za II, 148).

Nicht unbescheiden bezieht Zarathustra den Willen zur Macht nicht nur auf das menschliche Leben – auch wenn wir ihn genau dort innerweltlich erfahren können –, sondern auf das gesamte Reich des Lebendigen: „Und diess Geheimniss redete das Leben selber zu mir. ‚Siehe, sprach es, ich bin das, *was sich immer selber überwinden muss*'" (Za II, 148). Mit dem Überwindungsimperativ zeigt sich der Zusammenhang zwischen dem Willen zur Macht und Zarathustras Ideal des **Übermenschen**: Der Übermensch, dessen wesentliches Charakteristikum die stete Selbstüberwindung darstellt, ist derjenige, der sich dem Prinzip des Lebens unterwirft. Da dies aber ein bloß formales Prinzip ist, bleibt der Übermensch autonomer Befehlshaber seiner Wertschätzungen. Den Inhalt seines Gesetzes bestimmt er.

Wenn der Wille zur Macht sich aber als unwandelbarer über das gesamte Gebiet des Lebens erstreckt, also auch auf die Tier- und Pflanzenwelt, dann erlangt der Wille zur Macht metaphysischen Status. Er durchwirkt alles Lebendige, er ist dies „Ein[e] Geheimnniss" (Za II, 148). Damit rückt die zarathustrische Philosophie in die Nähe zur schopenhauerschen. Denn auch in Schopenhauers Philosophie wird die gesamte Welt von einem einzigen Prinzip, dem Willen, bestimmt. In den Individualerscheinungen, den Erscheinungen des Willens egal ob nun Mensch, Grashalm oder Ameise, tobt ein hobbesscher Kampf Aller gegen Alle, der notwendigerweise zum Leid aller kreatürlichen Lebensformen führt.

Davon unterscheidet sich Zarathustras Willensbegriff. Der Wille zur Macht schafft alle Wertsetzungen und damit sowohl Gut als auch Schlecht. Aber beide bleiben relativ zu Zeit, Kulturkreis und Ort. Der Wille zur Macht strebt auch nicht zum Dasein wie der Wille bei Schopenhauer, denn wo er noch nicht ist, kann er nicht wollen und wo er existiert, will er nicht die Existenz, die er schon hat. Der Wille will immer mehr, als er schon hat, also ein Darüber-Hinaus: „Vieles ist dem Lebenden höher geschätzt, als das Leben selber; doch aus dem Schätzen selber heraus redet – der Wille zur Macht!" (Za II, 149). Mögen auch Wertsetzungen und Individuen geopfert werden, so würde doch der Wille in seiner wandelbaren Entäußerung selbst lebendig bleiben wollen. Die Lust an der Gewalttätigkeit soll Zarathustra zufolge bejaht werden. Die Vernichtung gehöre zum Schöpfungsprozess: „Und wer ein Schöpfer sein muss im Guten und Bösen: wahrlich, der muss ein Vernichter erst sein und Werthe zerbrechen. […] Und mag doch Alles zerbrechen, was an unseren Wahrheiten zerbrechen – kann! Manches Haus giebt es noch zu bauen!" (Za II, 149).

## Fragen und Anregungen

- Was ist der Vergänglichkeit unterworfen und was nicht? Sammeln Sie die Bilder aus der Rede und ordnen Sie sie zu.
- Beschreiben Sie das Verhältnis von Befehlen und Gehorchen in eigenen Worten.
- Falls Sie sich für die philosophische Auseinandersetzung und Interpretation des Willens zur Macht interessieren, können Sie sich durch folgende Texte in-

formieren: *Vom Willen zur Macht* (Gerhardt 1996), *Der Wille zur Macht – der Wille zum Nichts* (Wall 2003), *Nietzsche – Perspektiven der Macht* (Hg. Krause 2009).

- Würden Sie den Willen zur Macht als metaphysisches Prinzip deuten oder bevorzugen Sie eine andere Deutung? Wenn ja, welche und wie begründen Sie diese?

### 3.2.13 Von den Erhabenen

Die Rede vom Erhabenen spielt auf den Themenkreis des Ästhetischen an. Kant hat durch die *Kritik der Urteilskraft* den Begriff des Erhabenen maßgeblich geprägt, und es ist anzunehmen, dass Nietzsche die kantische Philosophie bei diesem Kapitel im Blick hatte: Sei es um sie zu überbieten oder zu persiflieren. Kant unterscheidet zwischen dem Schönen und dem Erhabenen. Das Schöne ist das, was ohne Interesse gefällt (KdU B 16). Es wird zwar subjektiv wahrgenommen, seine Schönheit sollte aber zugleich verallgemeinerbar sein. Wann immer wir etwas als schön beurteilen, gehen wir im Grunde davon aus, dass es für alle schön ist (KdU B 18). Das Lustgefühl, dass das Schöne hervorruft, ist ohne weiteren Nutzen.

Einen gemalten Apfel, dargestellt in einem Stillleben, genießen wir kontemplativ in der Betrachtung. Wir wissen, dass wir ihn nicht essen können. Für Schopenhauer, der in seiner Philosophie den kantischen Bestimmungen folgt, ist schön dasjenige, was nicht unsere Willensregungen affiziert.

Das Gefühl des Erhabenen erleben wir Kant zufolge hauptsächlich in der Natur, und zwar angesichts eines potentiell Vernichtenden, das aber nicht unmittelbar unser Leben bedroht. Die Gemütsverfassung, in der sich der Mensch bei seinem Anblick befindet, ist von entscheidender Bedeutung. Drohen wir, von der Natur vernichtet zu werden, erleben wir sie als bloß schrecklich und furchteinflößend. Erhabenheit empfinden wir dann, wenn wir den Gegensatz zwischen Größe und Gewalt der Natur auf der einen Seite und uns selbst in unserer Ohnmacht und doch unbeirrbar in unserem moralischen Gesetz auf der anderen Seite erleben. Erhabenheit trägt sich durch ein Gefühl des Wohlgefallens, das beim Anblick desjenigen entstehen kann, was eigentlich unseren Interessen entgegensteht. Dass dasjenige, was Erhabenheit hervorrufen kann, unermesslich groß sein muss, macht Kant unmissverständlich klar. Erhabenheit kann z. B. durch den Anblick des Ozeans oder des Gebirges oder eines Sturms hervorgerufen werden (KdU B 102–106 und B 109).

Zarathustra spricht in seiner Rede allerdings von einem Menschen als Erhabenem: „Einen Erhabenen sah ich heute, einen Feierlichen, einen Büsser des Geistes: oh wie lachte meine Seele ob seiner Hässlichkeit!“ (Za II, 150). Dieser ist aus einer feindlichen Natur zurückgekehrt, die er mitnichten in der Betrachtung, sondern im Kampf erfuhr: „Vom Kampfe kehrte er heim mit wilden Thieren: aber aus seinem Ernste blickt auch noch ein wildes Thier – ein unüberwundenes! Wie ein Tiger steht er immer noch da, der springen will […]“ (Za II, 150). Anstatt dass Zarathustra den Kämpfenden lobt, wie wir es in Kenntnis bisheriger Lehren erwarten würden, kritisiert er ihn. Er ist ein **Büßer des Geistes**, er ist „[b]ehängt mit hässlichen Wahrheiten" (Za II, 150) und so ganz und gar nicht nach Zarathustras Geschmack. Seine Bußübungen haben ihn ausgedörrt, verhungert ist er fast „an seinen Erwartungen" (Za II, 151) und „[s]eine That lastet noch auf ihm" (Za II, 151).

Die intensiven Bilder verlangen, dechiffriert zu werden und bleiben doch mehrdeutig. Wir können den **Erhabenen** als jemanden verstehen, der auf dem Weg der eigenen Verwandlung ist. Er hat die menschliche Gesellschaft verlassen und ist als Einsiedler in die Natur gegangen (wie das Kamel in die Wüste), er hat wie ein Löwe gekämpft und Beute erlegt. Dennoch sind die Bildmotive, die uns an das Kapitel „Von den drei Verwandlungen des Geistes" erinnern (s. Abschn. 2.3.1), verschoben. Der Ort, an den der Einsiedler geht, entspricht, wenn er mit „zerrissenen Kleidern" (Za II, 150) und daran hängenden Dornen zurückkehrt, nicht der Wüste, sondern einem fruchtbaren, wilden Ort. Der **Urwald** ist Habitat des Tigers, so wie die Steppe das natürliche Habitat des Löwen ist. Die Tat, die noch auf ihm lastet, erinnert an die Rede „Vom bleichen Verbrecher", dessen gesamte Identität durch die eine Tat definiert wird, ohne dass Neubestimmungen möglich wären. Darüber hinaus ist es naheliegend, die Tat mit dem Tod Gottes zu assoziieren, genau genommen mit der Ermordung Gottes, wie Nietzsche ihn in einem seiner berühmtesten Aphorismen aus der *Fröhlichen Wissenschaft* formuliert:

> „Gott ist todt! [...] Und wir haben ihn getödtet! Wie trösten wir uns, die Mörder aller Mörder? Das Heiligste und Mächtigste, was die Welt bisher besass, es ist unter unseren Messern verblutet, – wer wischt diess Blut von uns ab? [...] Ist nicht die Grösse dieser That zu gross für uns? Müssen wir nicht selber zu Göttern werden, um nur ihrer würdig zu erscheinen? Es gab nie eine grössere That, – und wer nur immer nach uns geboren wird, gehört um dieser That willen in eine höhere Geschichte, als alle Geschichte bisher war! [...] Blitz und Donner brauchen Zeit, das Licht der Gestirne braucht Zeit, Thaten brauchen Zeit, auch nachdem sie gethan sind, um gesehen und gehört zu werden. Diese That ist ihnen immer noch ferner, als die fernsten Gestirne, – und doch haben sie dieselbe gethan!" (FW 125)

Wie können wir nun diese unterschiedlichen Bezüge in einer Deutung zusammenfassen? Der Löwe macht in den **Verwandlungen des Geistes** dem Gottesglauben der Garaus. Gleichzeitig bleibt er immer noch rückgebunden an das alte System, indem er es verneint. So können wir auch verstehen, wie der Erhabene als Büßer des Geistes verstanden werden kann. Er tut Buße dafür, dass er so lang einem eitlen Gottesbild angehangen hat, das ihn einerseits großartig machte (Abbild Gottes) und ihn andererseits abwertete, denn alle Werte sollen nur aus Gott geschöpft werden. Die Verarmung des Geisteslebens, die aus der Vernichtung eines gigantischen Glaubenssystems hervorgeht, erfüllt den Erhabenen mit Stolz und Schmerz.

Wir können nun feststellen, wie Zarathustra das kantische Begriffsinventar auf den Kopf stellt: Bei Kant erblickt derjenige, der Erhabenheit fühlt, eine äußere, furchteinflößende Natur, die ihn aber nicht unmittelbar bedroht. Bei Zarathustra erringt sich der Erhabene seinen Namen, indem er mit der Natur kämpfte. Dies ist aber nicht wörtlich zu verstehen, denn die fürchterlichen Kämpfe des Erhabenen sind innerliche. Der Kampf mit den alten Gottesvorstellungen wird im eigenen Geist ausgefochten. Erhabenheit geht also nicht aus einer Anschauung (Kant), sondern einem Kampf (Zarathustra) hervor. Während bei Kant das Bewusstsein des unwandelbaren moralischen Gesetzes in uns notwendig dafür ist, Erhabenheit empfinden zu können, entsteht der Erhabene bei Zarathustra aus dem Kampf, in dem Gott getötet und damit unsere bisherige Moral vernichtet wird.

Dennoch gilt Zarathustra das Erhabene gegenüber dem Schönen als defizitär. So gibt er dem Erhabenen zu verstehen, dass seine Vollendung erst in der Schönheit läge. Dabei borgt er Attribute der kantschen Bestimmung des Schönen wie die Interesselosigkeit. Zarathustra wirft dem Erhabenen vor, dass „seine strömende Leidenschaft nicht stille geworden [ist] in der Schönheit", und gibt zu, dass ein heftiger Wille kaum ‚das Schöne' erringen könne. Denn solange man will, d. h. begehrt, kann man das Schöne nicht sehen (Schopenhauer), bzw. solange man will, kann man das Schöne nicht selbst werden (Zarathustra). Die ästhetischen Kategorien des Schönen und Erhabenen, die normalerweise auf Bereiche der Betrachtung und vor allem der Kunstbetrachtung (Kant, Schopenhauer) angewendet werden, bezieht Zarathustra nun auf das sich selbst schöpfende Subjekt.

Zuletzt sei noch eine Kleinigkeit angemerkt. Zarathustra beginnt seine Rede mit folgenden Worten: „Still ist der Grund meines Meeres: wer erriete wohl, dass er scherzhafte Ungeheuer birgt!" (Za II, 150). Mit diesen Worten macht er auf den parodistischen Charakter der Rede aufmerksam. Wir können geneigt sein, nicht nur eine Parodie auf Kant und in der Nachfolge auch Schopenhauer zu erblicken, sondern auch auf Zarathustras eigene Reden. Die immer weiteren Verwandlungen, die der Erhabene noch zu durchschreiten hätte, bevor er nach Zarathustras Geschmack sei, nämlich dass er sich in einen Stier, in einen Engel, in einen Helden, in einen **Über-Helden** verwandelt, hat in dieser Häufung auch einen komischen Effekt: Naht die Vorstellung des Über-Helden nur im Traum (vgl. Za II, 152), ist sie am nächsten Tag möglicherweise rasch verflogen. Mokiert sich also Zarathustra über den illusionären Charakter aller Ideale, auch seiner eigenen?

### Fragen und Anregungen

- Lesen Sie aus der *Fröhlichen Wissenschaft* den gesamten Aphorismus 125. Es ist Nietzsches Berühmtester. Der Tod Gottes wird allerdings das erste Mal explizit einige Aphorismen früher erwähnt: „*Neue Kämpfe*. — Nachdem Buddha todt war, zeigte man noch Jahrhunderte lang seinen Schatten in einer Höhle, — einen ungeheuren schauerlichen Schatten. Gott ist todt: aber so wie die Art der Menschen ist, wird es vielleicht noch Jahrtausende lang Höhlen geben, in denen man seinen Schatten zeigt. — Und wir — wir müssen auch noch seinen Schatten besiegen!" (FW 108). Versuchen Sie in diesem Kontext die Zeile: „Seine That selber ist noch der Schatten auf ihm: die Hand verdunkelt den Handelnden" (Za II, 151) zu interpretieren.
- Zarathustra verlangt vom Erhabenen, er solle „[d]er Säule Tugend […] nachstreben". Inwiefern wirkt diese Forderung irritierend, wenn man an Abschn. 3.2.5 zurückdenkt?
- Wie würden Sie selbst den Kampf in der Wildnis deuten?

- Inwiefern ist der Erhabene ein Büßer des Geistes? Versuchen Sie verschiedene Antwortmöglichkeiten zu finden.
- Listen Sie auf: Welche Eigenschaften oder Errungenschaften des Erhabenen sind nach Zarathustras Geschmack, welche nicht?
- Zarathustra wertet das subjektive Geschmacksurteil auf. Ideale, Werte und ästhetische Kategorien werden ihres allgemeinen Charakters entkleidet. Damit wird ein philosophisches Projekt auf den Kopf gestellt. Wenn Sie wissen wollen, wie Kant trotz des subjektiven Urteils dem Schönen Allgemeinheit verleihen möchte und damit über den Rang eines beliebigen Urteils heben will, dann lesen Sie Kants „Kritik der ästhetischen Urteilskraft" in der *Kritik der Urteilskraft* (KdU).

### 3.2.14 Vom Lande der Bildung

Satirisch kritisiert Zarathustra in „Vom Lande der Bildung" die gegenwärtigen Bildungsanstalten. In einer visionären Reise sei er einmal „zu weit [...] in die Zukunft" (Za II, 153) geflogen und erschreckt darüber, plötzlich der einzige Bewohner eines zukünftigen Reiches zu sein, sei er schleunigst wieder zurückgekehrt.

Nun aber begegnet er den „Gegenwärtigen" (Za II, 153), einer Gruppe Gebildeter, die äußerlich kultiviert, im Inneren aber als hohl enttarnt werden können. Ihre Bildung erscheint als eine Art intellektueller Dekoration, die daher kein Ausdruck der eigenen individuellen Erkenntnis oder gar geistiger Reife zu sein vermag. Die bunten „Farbtöpfe" (Za II, 153), aus denen sich die Gebildeten bedienen, um sich anzumalen, deuten darauf hin, dass sie ihr Wissen aus Verschiedenstem zusammensetzen, ohne darauf zu achten, ob und wie es zusammenpasst. Sie forschen zu unterschiedlichsten Kulturen und Zeiten, aber sie verinnerlichen ihr Wissen nicht: „Vollgeschrieben mit den Zeichen der Vergangenheit, und auch diese Zeichen überpinselt mit neuen Zeichen: also habt ihr euch gut versteckt vor allen Zeichendeutern!" (Za II, 153). Wenn das Alte aber immer nur überschrieben wird von Neuem, findet keine Auseinandersetzung statt. Die Gebildeten, so Zarathustras Einwand, stehen unkritisch zum Gewussten: Sie fragen sich nicht, was das Bessere oder das Wahrere ist.

Solchermaßen vollgeschrieben mit ihrem Wissen seien die eigenständigen Persönlichkeiten der Gebildeten schließlich gar nicht mehr zu erkennen. Nach Belieben können sie möglicherweise mal die eine und mal die andere Theorie zur Erklärung eines Phänomens heranziehen, über deren Wahrheitsgehalt sie allerdings keine Aussage mehr treffen. Die Gebildeten begreifen sich damit als wahrhaft aufgeklärt, weil sie dem Glauben den Glauben aufgekündigt haben: „Wirkliche sind wir ganz, und ohne Glauben und Aberglauben" (Za II, 154).

Die Wirklichkeit dieser Gegenwärtigen ohne ihre Bemalung begreift Zarathustra aber als verarmt und blutleer. Dabei scheint dem Ideal der gegenwärtigen Bildung ein vampirischer Zug zu eigen, denn wer sich ihm hingibt, kann bald selbst als ausgesogenes Gerippe enden. Einer solch erschreckenden Liebeswerbung kann Zarathustra leicht widerstehen: „ich flog davon als das Gerippe mir Liebe zuwinkte" (Za II, 154).

Er begreift die Gebildeten als „Unfruchtbare" (Za II, 154). Ihr Unglauben, ihr Atheismus ist nicht in einer persönlichen Erfahrung, einem geistigen Kampf errungen, sondern Produkt ihrer Zeugungsunfähigkeit. Denn wer schöpferisch sei, so Zarathustra, habe immer „seine Wahr-träume und Stern-Zeichen – und glaubte an Glauben! –" (Za II, 154). Der Aufklärung wird damit eine Absage erteilt, sie gilt Zarathustra als unschöpferisch und ohne Ideale. Sie habe nicht nur keine Zukunft, sie bereite sich selbst ihr Grab: „Halboffne Thore seid ihr, an denen Todtengräber warten. Und das ist *eure* Wirklichkeit: Alles ist werth, dass es zu Grunde geht" (Za II, 154).

Zarathustra erkennt, dass er bei den Gegenwärtigen keine Heimat finden kann. Seine Aufgabe sei es, nach dem Zukünftigen zu streben, das in weitester Ferne liege. Wenn er selbst Ermöglichungsgrund einer Zeit mit neuen Idealen werde – Vater von Kindern einer fernen Zukunft –, sei auch diese Gegenwart gerechtfertigt. Der Hauch von Abenteuer überspielt die Traurigkeit über die Heimatlosigkeit Zarathustras: „So liebe ich allein noch meiner Kinder Land, das unentdeckte, im fernsten Meere: nach ihm heisse ich meine Segel suchen und suchen" (Za II, 155).

**Fragen und Anregungen**

- Lesen Sie sich den Aphorismus 344 der *Fröhlichen Wissenschaft* durch und fassen Sie Nietzsches Wahrheitskritik zusammen.
- Vergleichen Sie Zarathustras Kritik mit dem dreiundzwanzigsten Abschnitt der dritten Abhandlung aus *Zur Genealogie der Moral* III (GM III, 23). Inwiefern hat für Nietzsche die moderne Bildung bzw. die moderne Wissenschaft etwas mit Lebensverneinung zu tun?

### 3.2.15 Von der unbefleckten Erkenntniss

Mit der Metapher der „unbefleckten Erkenntniss" (Za II, 156) – eine unverhohlene Parodie auf die unbefleckte Empfängnis Marias und ihre Freiheit von der Erbsünde – kritisiert Zarathustra eine angeblich reine, von allem Persönlichen und Sinnlichen befreite interesselose Erkenntnis. Der **Mond** symbolisiert in dieser Rede eine Erkenntnis, die vorgibt, ohne Leidenschaft, rein und klar zu sein. Im Gegensatz zur **Sonne** strahlt der Mond aber nicht aus sich selbst heraus, sondern reflektiert lediglich ihr Licht: „Als gestern der Mond aufgieng, wähnte ich, dass er eine Sonne gebären wolle […]. Aber ein Lügner war er mir mit seiner Schwangerschaft" (Za II, 156). Der reine Geist kann ohne Sinnlichkeit und Leidenschaft nichts gebären.

Die **rein Erkennenden** geben die Distanz zu den irdischen Lüsten allerdings nur vor, während sie in Wahrheit genau wie alle anderen diese begehren. Ihnen fehlt allerdings „die Unschuld in der Begierde" (Za II, 157) und so haben sie die Begierde selbst verteufelt: „Dieses Gleichniss gebe ich euch empfindsamen Heuchlern, euch, den ‚Rein Erkennenden'! […] Auch ihr liebt die Erde und das Irdische" (Za II, 156).

Allein in der Kunstbetrachtung können die rein Erkennenden aber noch dasjenige genießen, was sie sich im Leben selbst versagen: „Und was mit feigen Augen sich tasten lässt, soll ‚schön getauft werden'" (Za II, 157). Die Betrachtung wird als Allheilmittel vom Begehren gelobt. Die Verneinung der irdischen Genüsse als hehres Ziel, die Kunst als göttliches Spiel. Dies sei eine Versuchung gewesen, der auch Zarathustra beinahe erlegen wäre: „Keine bessere Kunst wähnte ich einst als eure Künste!" (Za II, 158).

Hat Zarathustra in der Rede „Von den Erhabenen" (s. Abschn. 3.2.13) noch mit den Begriffen des Erhabenen und Schönen ironisch gespielt, rechnet er nun mit einem Begriff des Schönen ab, der vorgibt, ohne jegliches Begehren sich in Kontemplation zu versenken: „Und das heisse mir aller Dinge *unbefleckte* Erkenntniss, dass ich von den Dingen Nichts will: ausser dass ich vor ihnen da liegen darf wie ein Spiegel mit hundert Augen" (Za II, 157). Für Schopenhauer, der Kants Begriff der Betrachtung des Schönen als interesselose Freude übernimmt, ist Kunst ein Mittel, um sich zumindest zeitweilig dem drängenden, sich niemals zufriedengebenden Willen zu entziehen. Solange wir ein Kunstwerk anschauen, können wir beispielsweise in einem Stillleben die Früchte genießen, ohne sie essen zu wollen. Zarathustra nimmt den Kunstbetrachtenden die Interesselosigkeit nicht ab: „Wahrlich, ihr nehmt den Mund voll mit edlen Worten […] ihr Lügenbolde! […] gerne nehme ich auf, was bei eurer Mahlzeit unter den Tisch fällt. Immer noch kann ich mit ihnen – Heuchlern die Wahrheit sagen! Ja, meine Gräten, Muscheln und Stachelblätter sollen – Heuchlern die Nase kitzeln!" (Za II, 158).

Der interesselosen Kunstbetrachtung stellt Zarathustra sein eigenes Kunstideal entgegen. Dieses ist ganz der Leidenschaft hingegeben, und Selbstzerstörung wird willentlich in Kauf genommen: „Liebe und Untergehn: das reimt sich seit Ewigkeiten. Wille zur Liebe: das ist, willig auch sein zum Tode. Also rede ich zu euch Feiglingen!" (Za II, 157). Statt Willensverneinung und kontemplative Kunstbetrachtung (Schopenhauer) wird der Wille zur Schöpfung als Ideal ausgerufen. Dabei geht es Zarathustra nicht etwa um das Schaffen von Kunstwerken – „dass ein Bild nicht nur Bild bleibe" (Za II, 157) –, sondern um die Selbstschöpfung. Der Einzelne soll ein leidenschaftlicher Künstler werden, aber er soll sein Ideal an sich selbst und in seinem Leben verwirklichen.

Während der personifizierte Mond nur so tut, als würde er leuchten, während er eigentlich von der Sonne, der Ermöglicherin allen Lebens, beschienen wird, steht die Sonne in einem Liebesverhältnis zur Erde, d. h. dem irdischen Leben. Mit dem Bild des Sonnenaufganges fasst Zarathustra die leidenschaftliche Beziehung: „Am Meere will sie saugen und seine Tiefe zu sich in die Höhe trinken: da hebt sich die Begierde des Meeres mit tausend Brüsten" (Za II, 159). Diese Metapher soll Vorbild sein für das Verhältnis zwischen den schöpferischen Menschen und dem Leben: „Und diess heisst mir Erkenntniss: alles Tiefe soll hinauf – zu meiner Höhe!" (Za II, 159). Erkenntnis im zarathustrischen Sinn ist also niemals interesselos, sondern liebt das zu erkennende Objekt, das auch nicht bloßes Objekt bleibt, sondern zum Subjekt wird, das sich zum Erkennenden hinwendet: „Geküsst und gesaugt will es sein vom Durste der Sonne" (Za II, 159). Zarathustras Weltbild scheint damit gleichermaßen dem Primat des reinen Geistes wie dem eines physikalisch mechanistischen Weltbildes entgegenzustehen.

**Fragen und Anregungen**

- „Demnach ist Genialität die Fähigkeit, sich rein anschauend zu verhalten, sich in die Anschauung zu verlieren und die Erkenntniß, welche ursprünglich nur zum Dienste des Willens da ist, diesem Dienste zu entziehn, d. h. sein Interesse, sein Wollen, seine Zwecke, ganz aus den Augen zu lassen, sonach seiner Persönlichkeit sich auf eine Zeit völlig zu entäußern, um als rein erkennendes Subjekt, klares Weltauge, übrig zu bleiben", schreibt Schopenhauer in *Die Welt als Wille und Vorstellung* (WWV 36, S. 253). Welche Aspekte davon kritisiert Zarathustra in seiner Rede „Von der unbefleckten Erkenntniss"?
- Wie passt die Parodie auf die unbefleckte Empfängnis Marias zu Zarathustras Kritik des interesselosen Kunstideals?

### 3.2.16 Von den Gelehrten

In seiner Rede wider die Gelehrten fasst Zarathustra einige seiner Kritikpunkte zusammen, die schon in den beiden vorherigen Kapiteln eine Rolle gespielt haben. Gelehrsamkeit als

1. Kontemplation und damit als eine Form des Eskapismus vor einer Welt, in der man Zarathustra zufolge Stellung beziehen müsste. Das Ausweichen vor unbequemen Wahrheiten, die das eigene Weltbild ins Schwanken bringen und gefährlich für das denkende Subjekt werden könnten: „Aber sie sitzen kühl in kühlem Schatten: sie wollen in Allem nur Zuschauer sein und hüten sich dort zu sitzen wo die Sonne auf die Stufen brennt" (Za II, 161).
2. Sammlung fremder Gedanken, die geschickt miteinander in Zusammenhang gebracht, bzw. in Zarathustras Metapher ‚zusammengenäht' werden und so lediglich den Anschein von Neuheit und Authentizität erwecken: „Alles Fädeln und Knüpfen und Weben verstehn ihre Finger: also wirken sie die Strümpfe des Geistes" (Za II, 161).
3. sinnlose Tätigkeit, die aber den Anspruch erhebt, Arbeit zu sein: „Gute Uhrwerke sind sie: nur sorge man, sie richtig aufzuziehen!" (Za II, 161).
4. Kleinmahlen großer Erkenntnisse in leicht Verdauliches: „sie wissen schon, Korn klein zu mahlen und weissen Staub daraus zu machen" (Za II, 161).
5. Kampf um gute Posten und Anerkennung. Zarathustra kritisiert die Missgunst der Gelehrten untereinander als Karrierismus. Alle seien stets bereit, sich ihrer Konkurrenten zu entledigen: „Sie sehen einander gut auf die Finger und trauen sich nicht zum Besten. Erfinderisch in kleinen Schlauheiten warten sie auf Solche, deren Wissen auf lahmen Füssen geht, – gleich Spinnen warten sie" (Za II, 161).

Wie in der Rede „Vom Lande der Bildung" (s. Abschn. 3.2.14) wohnt der Gelehrsamkeit ein mörderischer Zug inne: „Ich sah sie immer mit Vorsicht Gift bereiten; und immer zogen sie gläserne Handschuhe dabei an ihre Finger" (Za II, 161). Die Metapher evoziert das Bild eines chemisch-medizinischen Labors als Arbeitsplatz des Wissenschaftlers. Wenn der Wissenschaftler dort Gift herstellt, spielt Zarathustra auf die Gefährlichkeit wissenschaftlicher Erkenntnisse an. Wer wird sich diese Erkenntnisse zunutze machen – wenn wir z. B. an die Entwicklung von Waffen oder Sprengstoffen und letzten Endes auch an die Entwicklung der Atombombe denken? Der Wissenschaftler, der sich bei seiner Arbeit „gläserne Handschuhe" anzieht, macht sich offensichtlich nicht die Hände schmutzig. Sein steriler, „gläserner" Erkenntnisdurst berücksichtigt nicht die Folgen seiner Forschung. Dies ist eine mögliche Deutung der Metapher.

Darüber hinaus kann das Gift auch als lähmender Faktor verstanden werden. Derjenige, dem von einem Gelehrten der Giftbecher gereicht wird – möglicherweise ein Schüler oder eine Studentin –, verfällt den gleichen, lebensfeindlichen Idealen, die eine Verfehlung denkerischer Herausforderungen darstellen.

Interessant ist aber auch die Einleitung von Zarathustras Rede: „Als ich im Schlafe lag, da frass ein Schaf am Epheukranze meines Hauptes, – frass und sprach dazu ‚Zarathustra ist kein Gehlehrter mehr.' Sprach's und gieng strotzig davon und stolz" (Za II 160). Die Würdigung Zarathustras als Gelehrter wird ihm groteskerweise von einem **Schaf** entzogen. Das Schaf, symbolisch ein dummes Herdentier, ist Metapher für die Gelehrten selbst, die Zarathustra ihre Anerkennung entziehen, ohne dass er es bemerkt, da er zu diesem Zeitpunkt schläft. Dieses Verhältnis wird im Folgenden von Zarathustra umgekehrt. Er ist es, der den Gelehrten den Rücken kehrt: „[A]usgezogen bin ich aus dem Hause der Gelehrten: und die Thür habe ich noch hinter mir zugeworfen" (Za II, S. 160).

Auch hier fallen die Parallelen zum „Vom Lande der Bildung" auf: Der Verlust einer Heimat, in die der Verstoßene nicht mehr zurückkehren will. Er unterscheidet sich zu sehr von denen, die nie in die Zukunft gereist sind, die also immer daheim, in ihren Denkgewohnheiten geblieben sind.

Was ihn unterscheidet, mag den Leser aber erstaunen: „Geschickt sind sie, sie haben kluge Finger: was will *meine* Einfalt bei ihrer Vielfalt!" (Za II, 161). Einfältigkeit als pejorative Eigenschaft würde man nun gerade den Schafen zusprechen und nicht Zarathustra. Einfalt als Gegensatz zur Vielfalt verweist auf ein monistisches Weltbild im Gegensatz zu einem dualistischen bzw. pluralistischen. Zwar erschien uns Zarathustra als Gegner eines dualistischen Weltbildes, das von Geist und Natur, Diesseits und Jenseits sowie Gut und Böse als metaphysische Grundannahmen bestimmt wird, aber bisher nicht als Gegner pluralistischer Weltanschauungen. Lediglich als Lehrer reiner Diesseitigkeit kann Zarathustras Lehre als monistische verstanden werden. Ob er sich selbst mit dem Attribut der „Einfalt" gerecht wird, bleibt allerdings fraglich.

In die alte Heimat kann und will Zarathustra jedenfalls nicht zurück, nicht nur weil er die Tür hinter sich zugeworfen hat, sondern auch weil die (Denk-)Räume, in denen sich die Gelehrten bewegen, andere als diejenigen Zarathustras sind. Dabei wird das Bild der horizontalen Entfernung, das in den letzten Kapiteln im Vordergrund stand, durch die vertikale Entfernung ergänzt. Zarathustra wandelt „über ihren Köpfen“ (Za II, 162), und zwischen ihnen befindet sich die Decke („Fehlboden“ ebd.), die den eingeschränkten Sichtradius der Gelehrten betont. Die räumliche Distanz wird für Zarathustra zum elitären Distinktionsmerkmal: „Denn die Menschen sind *nicht* gleich: so spricht die Gerechtigkeit. Und was ich will, dürfen *sie* nicht wollen!“ (Za II, 162).

**Fragen und Anregungen**

- Suchen Sie eine von Nietzsches Metaphern für Gelehrsamkeit (Schatten, Sumpf, Strumpfstricken, Uhrwerk, Giftmischen u. a.) aus und arbeiten Sie weitere mögliche Kritikpunkte heraus, indem Sie verschiedene Deutungsmöglichkeiten berücksichtigen.
- In welchen Kapiteln tauchte das „Nüsseknacken“ bereits auf und in welchen Kontexten? Welche Themenkreise ergeben sich folglich für die Metapher?

### 3.2.17 Von den Dichtern

Einer von Zarathustras Jüngern bittet diesen, eine seiner Äußerungen zu erklären. Er möchte wissen, wie der als Wahrheit behauptete poetische Satz „alles das ‚Unvergängliche‘ – das ist auch nur ein Gleichniss“ (Za II, 163) mit „aber die Dichter lügen zuviel“ (Za II, 163) in Übereinstimmung gebracht werden kann.

Der Chorus Mysticus im zweiten Teil von Goethes Faust beginnt die letzte Strophe mit dem Vers: „Alles Vergängliche ist nur ein Gleichnis“ (Vers 12104). Wenn alles Vergängliche nur ein Gleichnis ist, also für ein anderes steht, wird auf eine andere Dimension, und zwar auf die der Ewigkeit, verwiesen. Indem Zarathustra die Kernaussage umdreht, verweist nun alles Ewige auf Endliches. Im Anschluss fügt Zarathustra aber an: „aber die Dichter lügen zuviel“, und entzieht damit der ersten Aussage ihren Wahrheitsgehalt. Denn wenn Zarathustra einen dichterischen Vers umdreht, ist dieses neue Produkt ebenfalls Dichtung. Wenn aber „die Dichter [zuviel] lügen“, gibt es keinen Grund mehr, der eben getätigten dichterischen Aussage – „alles das ‚Unvergängliche‘ – das ist auch nur ein Gleichniss“ – zu vertrauen.

Zarathustra verweigert dem Jüngling, dem es nach einer kohärenten Lösung verlangt, eine Deutung. Es sei lange her, dass er solches über die **Dichter** gesagt habe, was gingen ihn seine früheren Aussagen an? Zarathustra präsentiert seine Ideen der Form nach einerseits als gültige Wahrheiten, andererseits aber als veränderliche Meinungen, die dem Wandel der Zeit unterliegen. Früher mag jene, jetzt vielleicht diese Aussage Gültigkeit und Begründung besitzen. Und mehr noch, es interessiert ihn gar nicht, ein stimmiges Bild zu kreieren, wo eins zum anderen passt oder zumindest aus dem vorherigen hervorgeht. Er, so wird klar, ist nicht auf die Kohärenz eines Weltbildes angewiesen. Möglicherweise trifft er damit eine Aussage über Kohärenz selbst, die traditionell als ein Merkmal von Wahrheit bestimmt werden kann. Nur wenn wissenschaftliche Aussagen im selben Kontext in Kohärenz miteinander stehen, können sie als vorläufig wahr betrachtet werden. Aber vielleicht ist der

Wunsch nach Kohärenz nur ein menschliches Bedürfnis und gar kein an sich gültiges Bestimmungsmerkmal von Wahrheit. So weist Zarathustra auf die Bedürftigkeit des Jünglings hin, die in seiner Frage liege:

> „‚[...] Doch was sagte dir einst Zarathustra? Dass die Dichter zuviel lügen? – Aber auch Zarathustra ist ein Dichter. Glaubst du nun, dass er hier die Wahrheit redete? Warum glaubst du das?' Der Jünger antwortete: ‚ich glaube an Zarathustra.' Aber Zarathustra schüttelte den Kopf und lächelte. Der Glaube macht mich nicht selig, sagte er, zumal nicht der Glaube an mich". (Za II 163 f.)

Im letzten Kapitel des ersten Teiles „Von der schenkenden Tugend" hatte Zarathustra bereits seine Jünger aufgefordert, nicht mehr an ihn als Persönlichkeit zu glauben und ihm deswegen zu folgen, sondern sich selbst zu finden. Aber noch im zweiten Teil wird die Gemeinschaft um Zarathustra als Jüngerschaft aufgefasst. Damit könnte sich eine Verfehlung von Zarathustras Lehre andeuten. Er möchte mit seiner Lehre keine Glaubensgemeinschaft begründen. Er will kein kohärentes Weltbild kreieren, an das andere wie an eine Art neues Testament glauben können. Wer Zarathustra folgt und dabei auch noch glaubt, Erlösung zu finden, hat ihn radikal missverstanden.

Zarathustra setzt zu einer Selbstkritik an und identifiziert sich selbst mit den Dichtern: „Aber gesetzt, dass Jemand allen Ernstes sagte, die Dichter lügen zuviel: so hat er Recht, – wir Lügen zuviel" (Za II, 164).

Im Folgenden charakterisiert er den Typus des Dichters: Diesem ist die harte, trockene Forschung zu anstrengend, stattdessen ist er angetan von Geschichten und Volksmärchen, die die „alten Weibchen Abends erzählen" (Za II, 164). Aus dieser Charakterneigung heraus verachtet er wissenschaftliche Einsichten und präferiert eine esoterische Wahrheit. Zu dieser geheimen Wahrheit habe nur er, der Dichter selbst, einen besonderen Zugang, die Natur flüstere sie ihm zu. Wobei die Natur nicht in ihrer Gewalt und Menschenfeindlichkeit zu ihm spricht, sondern die bereits eingehegte, kulturell dem Menschen dienlich gemachte Natur, dort wo der Dichter ungefährdet im „Grase oder an einsamen Gehängen liegend" (Za II, 164) lauschen kann. Er meint, die Natur „schleiche zu [seinem] Ohre, Heimliches hinein zu sagen" (Za II, 164). Der Dichter ist ein Verführer, der es besonders auf Frauen abgesehen hat und auf alle, die dümmer sind als er: „Und weil wir wenig wissen, so gefallen uns von Herzen die geistig Armen, sonderlich wenn es junge Weibchen sind!" (Za II, 164). Dichtung ist in dieser Darstellung ein Mittel im Konkurrenzkampf um Geschlechtspartner, der hohe ideale Überbau von Dichtung wird von Zarathustra damit auf niedere, geschlechtliche Bedürfnisse sowie auf Steigerung des Selbstbildes und -wertes reduziert. Zarathustra spricht:

> „Ach, es giebt so viel Dinge zwischen Himmel und Erden, von denen sich nur die Dichter Etwas haben träumen lassen! Und zumal, *über* dem Himmel: denn alle Götter sind Dichter-Gleichniss, Dichter-Erschleichniss! Wahrlich, immer zieht es uns hinan – nämlich zum Reich der Wolken: auf diese setzen wir unsre bunten Bälge und heissen sie dann Götter und Übermenschen: – Sind sie doch gerade leicht genug für diese Stühle! – alle diese Götter und Übermenschen" (Za II, 164).

Diese Selbstkritik sollte man als Leser nicht unterschätzen und vor allem dann nicht, wenn es um die Frage nach dem möglichen metaphysischen Charakter der Ideale **Übermensch**, **Wille zur Macht** und **Wiederkunft des Gleichen** geht. In diesem Kapitel jedenfalls wird der Übermensch wie auch andere Ideale als dichterische Erfindungen enttarnt. Zarathustra weist seinen Idealen somit keinen höheren Wahrheitsgehalt zu als früheren historischen Idealen und Weltdeutungen.

Selbst das Sendungsbewusstsein, mit dem Zarathustra immer wieder auftritt, wenn er eine Änderung der gesamten Lebenseinstellung und -formung fordert, steht in der Kritik. Geradezu misslaunig beschließt Zarathustra den ersten Teil seiner Rede: „Ach, wie bin ich all des Unzulänglichen müde, das durchaus Ereigniss sein soll! Ach, wie bin ich der Dichter müde!" (Za II, 165). Mit diesem Ende ist Zarathustra wie der Jünger gleichermaßen unzufrieden. Der Jünger schweigt „zürn[end]" (Za II, 165), Zarathustra gedankenversunken. Dann aber beginnt er erneut zu sprechen und zwar von dem Unterscheidungsmerkmal zwischen ihm und den Dichtern: „Ich bin von Heute und Ehedem, sagte er dann; aber Etwas ist in mir, das ist von Morgen und Übermorgen und Einstmals. Ich wurde der Dichter müde, der alten und der neuen: Oberflächliche sind sie mir Alle und seichte Meere" (Za II, 165).

In der Rede von ‚Heute', ‚Ehedem', ‚Morgen', ‚Übermorgen', ‚Einstmals' ist der zyklische Charakter einer Wiederkehr betont, die vorausdeutet auf Zarathustras neues Ideal der ewigen Wiederkunft des Gleichen. Wird Zarathustra vielleicht doch ein Ideal finden, dass im Gegensatz zum Übermenschen kein vergängliches sein wird? Stehen die beiden Redeabsätze in einem diametral entgegengesetzten Verhältnis – auf der einen Seite die bloß menschengemachten Werte, Ideale und Erfindungen, die Betonung der Vergänglichkeit? Und auf der anderen Seite die Ablösung der Endlichkeit zugunsten eines Einstmals und Übermorgens, der Gedanke der ewigen Wiederkunft als metaphysisches Prinzip?

Indes gibt nur der Anfang dieses zweiten Teils der Rede Anlass für solche Überlegungen, denn der Rest ist dem Typus des Dichters gewidmet, nur dass Zarathustra sich hier nicht mehr mit ihm identifiziert, auch wenn er zugibt, einmal an Dichterideale geglaubt zu haben.

Er wirft den Dichtern sowohl hinsichtlich ihrer Gedanken als auch ihrer Gefühle vor, oberflächlich zu sein: „Sie dachten nicht genug in die Tiefe: darum sank ihr Gefühl nicht bis zu den Gründen" (Za II, 165). Sie werden nur von flachen Leidenschaften wie „Etwas Wollust und etwas Langeweile" (Za II, 165) getrieben. Jede Tiefe täuschten sie nur vor, etwa wenn sie ihre „Gewässer" (Za II, 165) trüben. Der Dichter als Mittler zwischen Gott und Menschenwelt gerät bei Zarathustra zum „Mischer" (Za II, 165), wobei der Giftmischer als beliebte zarathustrische Assoziation nahe liegen kann. Wenn man wünscht, in ihrem „Meer" (Za II, 165) etwas zu fangen, von dem man sich ernähren könnte, sollte man davon ausgehen, dass stattdessen nur „eines alten Gottes Kopf" (Za II, 165) gefangen werden könne. Die religiöse Neigung lyrischer Naturen wird von Zarathustra parodiert. Der Kopf eines alten Gottes, den man mit einem Netz herauszieht, ist offensichtlich ein toter und bereits verrotteter Fang.

Die Dichter seien eitel, ohne sich dafür zu schade zu sein, noch vor einem stumpfsinnigen Publikum („Büffel" Za II, 165) ihr Schauspiel zu zelebrieren.

Gegen Ende der Rede prophezeit Zarathustra, dass die Dichter sich selbst in ihrer Eitelkeit zuwider werden. In gewisser Weise, so können wir als kritische Leser anmerken, also genau den Zustand erreichen, in den Zarathustra im ersten Teil seiner Rede geriet. Dann aber kündigt Zarathustra eine Transformation des Dichtertypus an, bei der fraglich erscheint, ob es sich um einen Fortschritt oder Rückschritt handelt:

„Verwandelt sah ich schon die Dichter und gegen sich selber den Blick gerichtet. Büsser des Geistes sah ich kommen: die wuchsen aus ihnen." (Za II, 166)

**Fragen und Anregungen**

- Die letzten Verse aus Goethes *Faust II* lauten: „Alles Vergängliche/ Ist nur ein Gleichniß/ Das Unzulängliche /Hier wird's Ereigniß;/ Das Unbeschreibliche/ Hier ist es gethan;/ Das Ewig-Weibliche/ Zieht uns hinan" (Verse 12104–12111). Welche Motive werden in Zarathustras Dichterkritik aufgegriffen? Nietzsche verfasst eine Persiflage, die er im Anhang „Lieder des Prinzen Vogelfrei" der *Fröhlichen Wissenschaft* veröffentlicht (FW, Lieder des Prinzen Vogelfrei, *An Goethe*). Das Gedicht „An Goethe" ist erst in der zweiten Auflage zu finden und gehört damit zu den Texten, die nach dem *Zarathustra* zu verorten sind.
- *Die Wolken*, so heißt die Komödie des griechischen Komödiendichters Aristophanes, in der Sokrates als Rhetor auftritt. Informiere dich über den Inhalt und die Kritik an den Sophisten.
- Inwiefern wird der Dichter **Büßer des Geistes**? Beschreiben Sie, wie Sie sich die Entwicklung von dem einen Typus in den anderen vorstellen mit eigenen Worten. Handelt es sich bei dieser Transformation Ihrer Meinung nach um einen Fortschritt oder um einen Rückschritt? Begründen Sie.

### 3.2.18 Von grossen Ereignissen

Zarathustras Begegnung mit dem **Feuerhund** ist in eine kurze Rahmenerzählung eingefasst. Nahe der glückseligen Inseln, auf denen Zarathustra weilt, gibt es eine Vulkaninsel, die ständig Rauch ausstößt. Das Volk erzählt, dass sich dort der Eingang zur Unterwelt befindet, die vom Feuerhund bewacht werde.

Eine Schiffsmannschaft, die mit ihrem Schiff vor Anker liegt, berichtet alsbald, sie habe einen Mann, „einem Schatten" (Za II, 167) gleich, gesehen, der in Richtung dieser Insel fliegend unterwegs gewesen sei. Der Teufel habe wohl Zarathustra zu sich geholt. Die Jünger Zarathustras spotten über diese abergläubische Erzählung, eher würde Zarathustra sich den Teufel holen, aber in Wirklichkeit fürchten sie um Zarathustra, der nicht bei ihnen weilt.

Es werden, so können wir feststellen, Legenden über Zarathustra erzählt und Wunder berichtet: Zarathustra als fliegender Schatten (s. Abschn. 5.2.9). Solche Geschichten werden zuerst von denjenigen erzählt, die am abergläubischsten sind und zu fantastischen Geschichten neigen, eben Seemänner, die Seemannsgarn spinnen.

Darüber hinaus sind sie auch Abenteurer und Reisende, die viel Ungewöhnliches erblicken, was andere nur als Phantasma verstehen können. Die Jünger, wenngleich aufgeklärter, verhalten sich zunächst skeptisch gegenüber solchen Wundern, aber weit entfernt scheint eine zauberhafte Welt nicht zu liegen, in der alles Mögliche passieren kann. Wie sich aber Wunderliches und Naturalistisches im Zarathustra zueinander verhält, lässt sich nicht leicht bestimmen. Auf der einen Seite ist das Wunderbare in Form von sprechenden Tieren, die selbst Gift in sich zurückzutrinken vermögen, auf der Erzählebene als Tatsächliches ausgegeben. Gleichzeitig gibt es stets die Möglichkeit, das Wunderliche als Gleichnis zu deuten, das Gespräch mit den Tieren als Selbstgespräch oder den prophetischen Traum als Selbsterkenntnis.

Als Zarathustra zurückkehrt, erzählt er, er sei über das Meer gegangen. Auch dies lässt sich im übertragenen Sinn verstehen und erinnert doch an Jesus' Gang über das Wasser (Mt 14:22–33). Auf der Insel habe er den Feuerhund heraufbeschworen, der eine Krankheit auf der Haut der Erde sei. Die angebliche Tiefe des Feuerhundes sei also in Wahrheit eine Oberfläche. Der Feuerhund kann mit umstürzlerischen Gruppen identifiziert werden, die andere Menschen gleich einer Krankheit mit ihren Ideen infizieren:

> „Ihr versteht zu brüllen und mit Asche zu verdunkeln! Ihr seid die besten Grossmäuler und lerntet sattsam die Kunst, Schlamm heiss zu sieden. […] ‚Freiheit' brüllt ihr Alle am liebsten: aber ich verlernte den Glauben an ‚grosse Ereignisse', sobald viel Gebrüll und Rauch um sie herum ist. […] Und gesteh es nur! Wenig war immer nur geschehn, wenn dein Lärm und Rauch sich verzog. Was liegt daran, dass eine Stadt zur Mumie wurde, und eine Bildsäule im Schlamme liegt!" (Za II, 169)

Revolutionäre Bestrebungen entstehen Zarathustra zufolge aus dem „Schlamm", der als Ressentiment gedeutet werden kann. Die Bewegung brüstet sich mit hohen Idealen wie „Freiheit", aber aus der Revolution geht nur Zerstörung hervor. Die früheren Ideale und die Denkmäler zu ihren Ehren werden entweiht. Aber gerade diese Entweihung ist problematisch, denn sie kann den alten Idealen ein tragisches und verführerisch neues Flair verleihen: „Im Schlamme eurer Verachtung lag die Bildsäule: […] Mit göttlicheren Zügen steht sie nun auf und leidendverführerisch; und wahrlich! sie wird euch noch Dank sagen, dass ihr sie umstürztet, ihr Umstürzler!" (Za II, 169).

Durch Akte der Gewalt werden die alten Ideale nicht besiegt. Ganz im Gegenteil werden diese dadurch gestärkt. Und so gibt Zarathustra einen Rat den „Königen und Kirchen und Allem, was alters- und tugendschwach ist – lasst euch nur umstürzen!" (Za II, 169). Unter die von Zarathustra kritisierten revolutionären Bestrebungen können sowohl linke als auch rechte Gruppierungen subsumiert werden, sofern sie nur kirchenfeindlich sind und die herrschende Monarchie ablösen wollen.

Der Feuerhund ist schon seinem Namen nach mit der Hölle in Verbindung zu bringen. Er mag an den griechischen Höllenhund Zerberus erinnern, der die Tore zur Unterwelt, dem Hades, bewacht. In der mittelalterlichen Vorstellungswelt liegt die Hölle im Mittelpunkt der Erde. Das Wesen der Erde kann folglich als böse betrachtet werden. Die Kirche und jede Herrschaftsform, die sich von Gottes Gnaden legitimiert, wird wiederum revolutionäre Bestrebungen als böse kennzeichnen.

Zarathustra rechnet den Feuerhund allerdings nicht zum Kern der Erde, sondern zur Oberflächenerscheinung des **Ressentiments**. Eine Revolution ändert Zarathustra zufolge nichts, sei es, dass die alten Ideale nur in neuer Pracht wieder auferstehen und die Revolution rückgängig machen, sei es, dass die Revolutionäre selbst den Platz der alten Herrscher einnehmen und keineswegs die ‚Freiheit' verwirklichen, die sie sich auf die Fahnen geschrieben hatten.

Dass Machtstreben der eigentliche Beweggrund für die Revolution ist, meint Zarathustra zu enttarnen: „Gleich dir selber ist der Staat ein Heuchelhund; [...] Denn er will durchaus das wichtigste Thier auf Erden sein, der Staat; und man glaubt's ihm auch. – [...] ‚Wie? Schrie er, das wichtigste Thier auf Erden? Und man glaubt's ihm auch?' Und so viel Dampf und grässliche Stimmen kamen ihm aus dem Schlunde, dass ich meinte, er werde vor Ärger und Neid ersticken" (Za II, 169). Der Neid, den Zarathustra zu erblicken meint, ist Beweis, dass sich der Feuerhund nur selber an die Stelle der bisherigen Herrschaft setzen möchte. Er begehrt nichts anderes als Macht über andere und mitnichten Freiheit.

Demgegenüber spricht Zarathustra von einem *anderen* Feuerhund, der wirklich aus dem Wesen der Erde spreche und der im Gegensatz zum Ressentiment und dem Geist der Schwere stehe: „Das Gold aber und das Lachen – das nimmt er aus dem Herzen der Erde: denn dass du's nur weisst, – *das Herz der Erde ist von Gold*" (Za II, 170).

Die tiefsten Triebkräfte des Menschen sind keine hässlichen Begierden wie Neid, Rachsucht, Machtgier, sondern „von Gold", weshalb auch das Ressentiment als eine Oberflächenerscheinung bestimmt werden kann. Ob der *andere* Feuerhund Sinnbild einer positiven Revolution zu sein vermöchte, bleibt allerdings unbeantwortet. Der Feuerhund von der rauchenden Insel kann angesichts solcher Worte allerdings nicht länger standhaft bleiben und sich stolz gebärden. Mit einem kläglichen „Wau! Wau!" (Za II, 170) zieht er sich in seinen Unterschlupf zurück.

Zarathustras Jünger hören ihm allerdings nur mit halbem Ohr zu, sie wollen von der Schiffsmannschaft und dem fliegenden **Schatten** erzählen. Zarathustra erkennt in der fliegenden Gestalt seinen Schatten, den er zur Ordnung rufen will, dass er ihm nicht seinen Ruf verderbe. Zarathustra möchte anscheinend nicht mit solchen Wundertaten in Verbindung gebracht werden. Über die Worte des Schattens – „es ist Zeit! Es ist höchste Zeit!" (Za II, 171) – staunt er. Sie haben nichts mit der Episode mit dem Feuerhund zu tun. Offenbar geht es hier um einen künftigen Auftrag für Zarathustra, auch wenn er selbst noch nicht viel davon ahnt.

**Fragen und Anregungen**

- Wie charakterisiert Zarathustra Ereignisse von Bedeutung?
- Wie ist das Verhältnis von Staat und Revolution dargestellt?
- Beachten Sie, wie sich der Begriff „Ereigniss" von der Rede „Von den Dichtern" zur Rede „Von grossen Ereignissen" wandelt. Genauso tauchen die Motive ‚Feuer' und ‚Asche' aus „Von grossen Ereignissen" in der Rede „Der Wahrsager" (s. Abschn. 3.2.19) wieder auf. Welche Wirkung haben diese Verschiebungen?

### 3.2.19 Der Wahrsager

Das Kapitel beginnt mit der Rede eines **Wahrsagers**, der von einer großen Müdigkeit kündet: „Alles ist leer, Alles ist gleich, Alles war!" (Za II, 172). Man kann seine Klage als Ausdruck einer Melancholie der Vollendung deuten. Wenn alles schon geschaffen ist, bleibt den Jetzigen und Künftigen nichts Originales mehr zu tun übrig. Man kann nur noch Epigone sein, also jemand, der nur noch Vorhandenes nachahmt. Alle Brunnen sind ausgeschöpft und es gibt kein „Meer, in dem man ertrinken könnte" (Za II, 172). Es ist alles flach und hohl. Der Ausspruch „Alles war" – wobei sich das ‚schon einmal' hinzudenken lässt – kann aber auch als Vorankündigung auf den **Gedanken der Wiederkunft** verstanden werden (s. Abschn. 4.2.13). Der Wahrsager und seine negative Weltsicht wird von vielen Nietzscheforschern vor allem als Karikatur Schopenhauers interpretiert. Die Welt ist entsprechend der schopenhauerschen Philosophie eine, die nicht existieren sollte.

Als Zarathustra die Worte vernimmt, befällt ihn eine große Melancholie und Müdigkeit. Nachdem er drei Tage weder isst noch trinkt, fällt er in einen mehrere Tage und Nächte andauernden Schlaf. Als er erwacht, erzählt er seinen Jüngern einen Traum: Er sei ein „Nacht- und Grabwächter" (Za II, 173) auf einer „Berg-Burg des Todes" (Za II, 173) gewesen mit der Aufgabe, Särge zu bewachen. Alles sei erfüllt gewesen von einer Atmosphäre des Todes, „verstaubte Ewigkeiten" (Za II, 173) hätte er eingeatmet. Ungewisse Zeit sei vergangen, bis er von Schlägen an ein Tor geweckt wurde. Er rief „Alpa! Alpa! Wer trägt seine Asche zu Berge?" (Za II, 174). Da sei ein Wind durch das Tor gedrungen, habe die Flügeltüre aufgerissen und plötzlich sei um ihn „tausendfältiges Gelächter" (Za II, 174) gewesen: „Und aus tausend Fratzen von Kindern, Engeln, Eulen, Narren und kindergrossen Schmetterlingen lachte und höhnte und brauste es wider mich" (Za II, 174). Voll Erschrecken sei er gestürzt und habe geschrien wie noch nie in seinem Leben. Von seinem eigenen Schrei sei er aufgewacht.

Ein Jünger Zarathustras, der ihm der liebste ist – eine Anspielung auf Jesus, der gleichfalls einen hatte, den er besonders liebte (Joh 13,23) –, versucht sich in einer Traumdeutung. Zarathustra habe den Traum seiner Feinde geträumt, denn er, Zarathustra, sei selber das Gelächter, welches durch alle Grabkammern dringe und „verstaubte Ewigkeiten" hinwegblase. Die Endlichkeit des Lebens sei für ihn, den „Fürsprecher des Lebens" (Za II, 175, s. auch Abschn. 4.2.13), kein Einwand gegen das Leben.

Zarathustra ist vom Traum noch benommen und wird erst langsam der Situation gewahr. Seine Jünger drängen sich um ihn und wollen die düstere Stimmung vertreiben. Als sie ihn schließlich „auf die Füsse stellen" (Za II, 175), besinnt sich Zarathustra und erfüllt die Erwartungen seiner Gemeinschaft. Er spricht, dass die Zeit der Trauer nun vorbei sei, man wolle eine gute Mahlzeit bereiten und den Wahrsager ebenfalls zu Tisch bitten: „[U]nd wahrlich, ich will ihm noch ein Meer zeigen, in dem er ertrinken kann!" (Za II, 176). Zarathustra ist also wieder kampfbereit und fühlt sich in der Lage, es mit dem Wahrsager aufzunehmen (s. Abschn. 5.2.2). Dass er ihm aber seinen Respekt bezeugt, im Gegensatz zu den Predigern des Todes, zeigt sich daran, dass er ihn an seinen Tisch einladen mag.

Das Kapitel endet allerdings mit einem Einwand. Zarathustra blickt seinem Lieblingsjünger noch einmal ins Gesicht und schüttelt den Kopf. Damit gibt er zu verstehen, dass dieser mit seiner Traumdeutung falsch liegt.

Der ominöse Ausspruch „Alpa! Alpa! Wer trägt seine Asche zu Berge?" (Za II, 174) hat der Forschung Rätsel aufgegeben. In seinen Notaten kommt der Ausspruch mehrmals in Bezug auf Träume und die Stille vor. Möglich ist, dass das Wort einen biographischen Bezug hat und von Nietzsche aus seinen eigenen Träumen entnommen wurde. Andere Forscher haben sich an etymologischen Rekonstruktionen aus dem Hebräischen oder sogar Lettischen versucht (vgl. NK 4/1, 797). Der Neologismus bleibt ein rätselhaftes Schreckenswort, dessen tieferen Sinn Nietzsche selbst nicht explizit dargelegt hat.

Zarathustra stimmt jedenfalls der Deutung des Jüngers, er habe den Traum seiner Feinde geträumt, nicht zu. Das Erschrecken im Traum vor dem „tausendfältigen Gelächter" (Za II, 174) muss vielmehr als sein eigenes gedeutet werden. Wir können versucht sein, den Traum als Vorankündigung einer Herausforderung zu betrachten, die Zarathustra zu vernichten droht. Das Leben, das im Traum als eine Grabkammer dargestellt wird, drückt ein Urteil über das Leben aus, das als umfassend sinnlos interpretiert werden kann. Dies lässt sich vielleicht aushalten, aber es macht einsam, traurig, unproduktiv und ängstlich. Der Grabwächter hat dem Tod nichts entgegenzusetzen. Die Frage bleibt, ob Zarathustra einer solchen Lebensdeutung etwas entgegensetzen kann (s. Abschn. 4.2.13 und 4.2.15).

Neben der Traumdeutung, die nach dem Scheitern des Lieblingsjüngers offen bleibt, ist es auch bemerkenswert, dass Zarathustra eine Titulierung erhält, die später wieder vorkommen wird. Zum ersten Mal wird Zarathustra **Fürsprecher des Lebens** genannt, eine Bezeichnung, die er später für sich reklamieren wird, was dieses Kapitel eng mit dem Kapitel „Der Genesende" verbindet (s. Abschn. 4.2.13). Wenn das Leben unter der Anklage steht, es sei sinnlos, und das Beste wäre gar, „nicht geboren zu sein […]. Das Zweitbeste aber […] — bald zu sterben" (GT 3), wie Nietzsche am schärfsten in *Die Geburt der Tragödie* formuliert, könnte Zarathustra möglicherweise als Anwalt des Lebens verstanden werden. Mit dem fehlgedeuteten Traum scheint Zarathustra aber auch vorerst diesen Titel abzulehnen.

**Fragen und Anregungen**

- Versuchen Sie eine eigene Traumdeutung. Was spricht gegen die Traumdeutung des Jüngers?
- Einen detaillierten Kommentar zu Nietzsches Rätselwort „Alpa!" finden Sie bei Katharina Grätz: *Nietzsche-Kommentar. Also sprach Zarathustra I und II.* (NK 4/1, 796–798).

## 3.2.20 Von der Erlösung

Dieses Kapitel ist das dritte, in dem das Motiv vom **Willen zur Macht** zentral ist (s. Abschn. 3.2.2 und 3.2.12) Der Anfang ist szenisch aufgebaut: Zarathustra, der bezeichnenderweise gerade über eine **Brücke** – Symbol des Übergangs – geht, begegnet einem „Bucklichten" (Za II, 177), der ihn dazu auffordert, etwas für die Behinderten zu tun. Er könne ja Wunder wirken und den Lahmen wieder laufend machen oder den Blinden sehend. So fordert er von Zarathustra die Wundertaten eines Heiligen ein. Darauf möchte sich Zarathustra nicht einlassen. Er scherzt, das Volk würde glauben, wenn er den Buckel hinwegzaubern würde, würde der **Bucklichte** auch seinen Geist verlieren. Ja, vielleicht sollte er, Zarathustra, vom Volke lernen. Dieses hat offensichtlich eine Theorie aufgestellt, in der jede Behinderung jeweils zum Besten des Behinderten ist.

Die körperliche Behinderung nimmt Zarathustra zum Anlass, um über eine geistige zu sprechen. Manche Menschen ließen alles an sich verkümmern, bis auf eine einzige Sache, die sie an sich groß züchteten, sodass sie ganz „Auge, oder ein grosses Maul oder ein grosser Bauch" (Za II, 178) seien. Anstatt dass den Menschen auffalle, dass sie es mit Degenerierten zu tun hätten, würden gerade solche „umgekehrten Krüppel" (Za II, 178) zu großer Achtung kommen. Ein Mann, der ganz Ohr sei, heiße bei ihnen ein Genie.

Wie er so von diesen anerkannten und doch unsichtbaren Verkrüppelungen redet, überkommt Zarathustra eine schlechte Stimmung. Er wendet sich an seine Jünger und spricht voller Verachtung, dass bisher die gesamte Geschichte der Menschheit ein Trümmerhaufen von „Gliedmassen" (Za II, 178) gewesen sei. Nur die ersehnte Zukunft rechtfertigt für Zarathustra die Gegenwart und die Vergangenheit.

Was würde wirkliche **Erlösung** bedeuten? Darauf gibt Zarathustra eine Antwort, die nahezu unmöglich scheint: „die Vergangenen zu erlösen und alles ‚Es war' umzuschaffen in ein ‚So wollte ich es!'" (Za II, 179). Der Wille eines Menschen richtet sich Zarathustra zufolge nicht nur auf Zukünftiges, sondern auch auf Vergangenes. Aber das Vergangene kann auch der stärkste Wille nicht umgestalten. Ein vergangenes Scheitern, ein Missgeschick, eine Misshandlung lässt sich nicht rückgängig machen. Zarathustra spricht: „‚Es war': also heisst des Willens Zähneknirschen und einsamste Trübsal. Ohnmächtig gegen Das, was gethan ist – ist er allem Vergangenen ein böser Zuschauer" (Za II, 179 f.). Zarathustra, der den Willen grundsätzlich als einen Befreier versteht, weil dieser ermöglicht, sich auf die Zukunft zu richten und schöpferisch auf sie hinzuarbeiten, sieht, dass ein Wille, der sich stattdessen auf eine Vergangenheit richtet, die er nicht ändern kann, zu einer Qual, zu einem „Wehethäter" (Za II, 180) wird. Der rückwärtsgewandte Wille ist das perfekte Beispiel einer fruchtlosen Obsession. Anders ausgedrückt: Der zurückwollende Wille fesselt das Individuum zum einem an die Vergangenheit und lässt keine Neubestimmung zu, zum anderen wird das Individuum, dem in der Vergangenheit Unrecht geschehen ist, von Rachsucht getrieben. Die Täter der Vergangenheit sollen in der Zukunft bestraft werden. „*Der Geist der Rache*" (Za II, 180) wurzelt, nach Zarathustra, im Wunsch, eine Vergangenheit ungeschehen zu machen, die sich aber nicht ändern lässt.

Der auf diese Weise verkehrte Wille verführt zu Weltdeutungen, welche die psychische Krankheit nicht heilen, sondern verstärken. Ein negatives Werturteil über das gesamte Leben kann überzeugend wirken: „‚Alles vergeht, darum ist Alles werth zu vergehn!': also predigt der Wahnsinn" (Za II, 180). Oder die Verletzungen evozieren Wünsche nach einem Jenseits, in dem alle Bösen ewig bestraft, also Verletzungen reproduziert werden sollen: „ewig müssen auch alle Strafen sein! [...] Also predigte der Wahnsinn" (Za II, 181). Oder aber man predigt die Abkehr vom Willen, obwohl man damit nach Zarathustra eine große Depression in Kauf nimmt. All dies sind nach Zarathustra „Fabellied[er]" (Za II, 181), welche das Elend vergrößern, es aber mitnichten heilen.

Was wäre demnach für Zarathustra Erlösung? „Alles ‚Es war' ist ein Bruchstück, [...] bis der schaffende Wille dazu sagt: ‚aber so wollte ich es!' – [...] Höheres als alle Versöhnung muss der Wille wollen, welcher der Wille zur Macht ist –: doch wie geschieht ihm das? Wer lehrte ihn auch noch das Zurückwollen?" (Za II, 181).

Zarathustra fordert nicht, die eigene Vergangenheit bloß zu akzeptieren. Sie soll auch gutgeheißen und gewollt werden, und zwar als genau diejenige, die sie gewesen ist. Es gibt allerdings keinen Hinweis, dass das Wollen nur auf die persönliche Vergangenheit abzielt. Wenn tatsächlich alles „Es war" (Za II, 181) affirmiert werden soll, müsste man tatsächlich die ganze mörderische Menschheitsgeschichte bejahen.

Zarathustra jedenfalls stockt an diesem Punkt seiner Rede. Ob es diese Implikation ist, die ihn schockiert, oder möglicherweise eine ganz andere, können wir nur erahnen. Bei der Aufforderung, die gesamte Vergangenheit zu wollen, erschrickt Zarathustra wie jemand, der zu viel preisgegeben hat, und leichthin fügt er an: „Es ist schwer, mit Menschen zu leben, weil Schweigen so schwer ist. Sonderlich für einen Geschwätzigen" (Za II, 182).

Der Bucklichte hat Zarathustra genau zugehört, und scharfsinnig fragt er Zarathustra, warum er zu ihnen, den Behinderten, anders spreche als zu seinen Jüngern. Als Zarathustra ihn mit einem Scherzwort abspeisen möchte, steigert er nur seine Frage: „Aber warum redet Zarathustra anders zu seinen Schülern als zu sich selber?" (Za II, 182). Der Bucklichte sieht mehr vom Innenleben Zarathustras als andere Zuhörer.

In den letzten Kapiteln konnte man förmlich fühlen, wie sich etwas in Zarathustra vorbereitet. Eine innere Stimme warnt ihn, es sei „höchste Zeit" (Za II, 171), Träume künden von einer Herausforderung, er spricht Gedanken aus, die ihn plötzlich schockieren und von denen er weiß, dass seine Zuhörer noch nicht bereit für sie sind. Zarathustra, sonst so überlegen, steht auf einer Brücke, die wir als „[e]in gefährliches Hinüber, ein gefährliches Auf-dem-Wege, ein gefährliches Zurückblicken" (Za I, 16, s. Abschn. 2.2.4) deuten können. Die drei sogenannten Schwergewichte des Zarathustra sind in diesem Kapitel präsent: Das Ideal des **Übermenschen**, symbolisiert durch die Brücke, das explizit ausgesprochene Motiv des Willens zur Macht als Ermöglichungsgrund für Erlösung und angedeutet als noch ausstehende Herausforderung: der Gedanke der ewigen Wiederkunft des Gleichen.

**Fragen und Anregungen**

- Der Bucklichte bemerkt, dass Zarathustra zu ihnen, den „Krüppel[n]" (Za II, 177), anders spricht als zu seinen Jüngern. Was macht jene zu geeigneten Adressaten für die Lehre vom Willen zur Macht? Kann Zarathustra gegenüber dem Bucklichten wahrhaftiger sprechen?

- Halten Sie die Möglichkeit für überzeugend, allein aus Ihrem persönlichen Willen heraus eine verletzende Vergangenheit zu bejahen? Was ist Ihrer Meinung nach dafür nötig? Woran könnte es scheitern?
- Inwiefern geht der Wille zur Macht, der die Vergangenheit will, über eine mögliche ‚Versöhnung' mit der Vergangenheit hinaus?
- Was meinen Sie: Kann gelungene Psychoanalyse als Befreiung von der Vergangenheit gedacht werden?

### 3.2.21 Von der Menschen-Klugheit

Zarathustra spricht in seiner vorletzten Rede des zweiten Teils von seinem eigenen Leben in menschlicher Gesellschaft. Der starke Ich-Bezug der Rede lässt sie wie eine Selbstrechtfertigung erscheinen. Zarathustra fühlt sich, als stehe er an einem Abhang. Zwei Spannkräfte zögen ihn in unterschiedliche Richtungen, d. h. nach oben und nach unten gleichermaßen. Beide Kräfte erwüchsen seinem eigenen Willen: Die eine strebe nach oben zum **Übermenschen**, die andere wolle die jetzigen Menschen nicht loslassen.

Würde er sich in die Höhe ziehen lassen, wäre er allein, und würde er auch sein Ideal verwirklichen, hätte er möglicherweise die Anschlussfähigkeit an gegenwärtige Menschen verloren. Würde er sich nach unten zu den Menschen kehren, wäre es möglich, dass sein Ideal unverwirklicht bleibt. Menschliche Gesellschaft überhaupt noch auszuhalten, wird für Zarathustra zur Herausforderung. Nötig sei es für ihn, „blind" (Za II, 183) unter Menschen zu leben, an einem **Torweg** (Za II, 183; s. auch Abschn. 4.2.2) sitzend, bereit, von jedem betrogen zu werden, „um nicht auf der Hut zu sein vor Betrügern" (Za II, 183). Zarathustra spricht sich für Naivität im Umgang mit Menschen aus. Denn würde er auf diese verzichten, würde sein Ideal ihn in die Einsamkeit reißen. Dann aber wäre er kein Vorbild und „Anker" (Za II, 184) für andere mehr. Naivität im Verkehr mit Menschen sei der erste Rat seiner Menschen-Klugheit.

Wie lässt sich aber Gesellschaft aushalten? Man solle nicht zu wählerisch und zu genau sein. Man müsse eben lernen, sich auch mit „schmutzigem Wasser zu waschen" (Za II, 184; s. Abschn. 2.3.1). Wie man zu wem in welcher Sprache spreche, wen man kritisiere oder schone, all das würde seine „Menschen-Klugheit" (Za II, 184) erwägen. So unterscheidet Zarathustra zwischen dem Typus des Stolzen und des Eitlen, wobei er bereit sei – und das sei die zweite Menschen-Klugheit –, den letzteren mehr zu schonen als ersteren. Den Stolzen könne er verletzten, denn aus dem Stolz erwachse etwas „Besseres noch, als Stolz ist" (Za II, 184). Der Typus des Eitlen ist eng mit dem **Schauspieler** verwoben, und dieser suche hauptsächlich Selbstbestätigung (s. Abschn. 2.3.12 und 5.2.5). In ambivalenter Weise erhält dieser von Zarathustra häufig kritisierte Typus nun eine gewisse Würdigung. Es gebe in ihm immerhin einen „Willen" (Za II, 184), bei dem der ganze „Geist" (Za II, 184) des Schauspielers ist. Außerdem könne er, Zarathustra, die Gesellschaft von Schauspielern als wohltuend empfinden, da sie sich aufführen und „erfinden" (Za II, 184).

Der Typus des Schauspielers, so können wir feststellen, ist also der eines Spielers, auch wenn er eines Publikums bedarf, vor dem er seine Rolle spielen kann. Er ist nach Zarathustras Ansicht sogar bescheiden, weil er das Urteil und im besten Fall das erwartete Lob in die Hände der Zuschauer legt und bereit ist, auch einem geheuchelten Applaus zu glauben. Und zur Tugend seiner Bescheidenheit gehöre auch, dass der Eitle nichts von ihr wisse. Im Grunde genommen sei dem Eitlen sein Publikum egal. Er erwarte nicht, dass es Geist besitze. Er ist folglich bescheiden hinsichtlich der Ansprüche, die er an das Publikum stellt. Es dürfte auch ein minderwertiges sein (s. Abschn. 3.2.17).

Seine dritte Menschen-Klugheit sei, dass er die Gesellschaft derjenigen nicht scheue, die als böse gälten: „Tiger und Palmen und Klapperschlangen“ (Za II, 185). Gerade dort, wo die **Sonne** heiß niederscheint, erblickt Zarathustra viel Potenzial zur Transformation. Der Urwald als Metapher eines harten Überlebenskampfes deutet darauf hin, wo Zarathustra die Entstehung dessen verortet, was die Gesellschaft einen ‚bösen Menschen‘ nennt. Für Privilegierte ist es leicht, sich den geltenden Normen und Regeln anzupassen und in diesem Sinne ‚gut‘ zu sein. Dort, wo die Bedingungen zu überleben hart sind, im **Urwald**, unter heißer Sonne, gilt es, unfreundliche Eigenschaften zu entwickeln. Zarathustra formuliert den Wunsch, dass das Böse der bösen Menschen größer werde, dass sie sich verwandelten, so dass aus **Schlangen Drachen** würden, aus **Wildkatzen Tiger**, aus **Giftkröten Krokodile**. Einerseits wünscht Zarathustra die Verschärfung, damit „dem Übermenschen sein Drachen nicht fehle“ (Za II, 185), andererseits die Verwandlung in Raubtiere, damit „der gute Jäger eine gute Jagd“ (Za II, 185) habe. So soll die Bestie ‚Drache‘ Begleittier des höchsten Ideals sein, zugleich aber auch Jagdtrophäe. Sowohl Tiger also auch Krokodil stehen an der Spitze der Nahrungskette – sie sind keine Beutetiere, und wenn der Mensch sie jagt, dann um seinen Mut und seine Stärke im Kampf mit ihnen zu zeigen.

Dagegen sind die „Guten und Gerechten“ (Za II, 185) und ihre Furcht vor dem Teufel für Zarathustra schlicht lächerlich. Diejenigen, die in der jetzigen Gesellschaft die „Besten“ (Za II, 186) sind, also den geltenden Normen der **Guten und Gerechten** entsprechen, grausen Zarathustra. Wenn er in solcher Gesellschaft sei, müsse er selbst verkleidet vor sie hintreten, denn sie würden in ihm und seinem Ideal das Böse, einen Teufel, erblicken. Aber auch die menschliche Gesellschaft wünscht sich Zarathustra verkleidet und sich selbst an die Verkleidung glaubend, damit er es mit den anderen aushalte: „Und verkleidet will ich selber unter euch sitzen, – dass ich euch und mich *verkenne*: das ist nämlich meine letzte Menschen-Klugheit“ (Za II, 186).

## Fragen und Anregungen

- Welchen Symbolgehalt hat der Urwald? Welchen die Wüste?
- Welche Tiere finden Sie im zweiten Teil des Zarathustra? Können Sie für sie jeweils mindestens eine Eigenschaft finden?
- Versuchen Sie, das Vexierbild der beiden folgenden Zitate zu interpretieren: „Nicht die Höhe: der Abhang ist das Furchtbare! Der Abhang, wo der Blick

*hinunter* stürzt und die Hand *hinauf* greift." (Za II, 182); „Das, Das ist *mein* Abhang und meine Gefahr, dass mein Blick in die Höhe stürzt, und dass meine Hand sich halten und stützen möchte – an der Tiefe!" (Za II, 182).

### 3.2.22 Die stillste Stunde

Erneut wird es für Zarathustra Zeit, sich in die Einsamkeit zurückzuziehen und von seinen Freunden zu verabschieden. Seine Herrin, seine „*stillste Stunde*" (Za II, 187), habe ihm die Einsamkeit befohlen. Ganz offenbar hat die Stunde der Herausforderung geschlagen, die sich in vorherigen Kapiteln ankündigte.

Zarathustra berichtet beim Abschied seinen Freunden von dem inneren Konflikt. Die Auseinandersetzung wird von Zarathustra als dialogische Erzählung wiedergegeben, zwischen Zarathustra als Ich-Erzähler und der **stillsten Stunde**, die „ohne Stimme" (Za II, 187) zu ihm spricht. Das Sprechen „ohne Stimme" deutet den mysteriösen oder gar heiligen Charakter dieser Sprechinstanz an. Die externalisierte, schicksalhafte Stimme, die Zarathustra auffordert, seiner eigenen Bestimmung nachzukommen, mag an Sokrates' Daimon erinnern. In Platons Dialogen berichtet Sokrates von seinem „Daimon" als Gewissensstimme, die ihn gelegentlich davor warnt, etwas Bestimmtes zu tun. Ohne weitere Begründung rät dieser Daimon von etwas ab, niemals *zu* etwas, und Sokrates folgt stets dem Ratschlag der Stimme, wobei ihr Schweigen als Zustimmung zu einer Handlung gelesen werden kann.

Dem entgegengesetzt besitzt die stillste Stunde auffordernden Charakter. Zunächst verlangt die Stimme von Zarathustra, sich zu seinem Wissen zu bekennen: „*Du weisst es, Zarathustra?*" (Za II, 188; s. auch Abschn. 4.2.15). Er aber weigert sich: „Ja, ich weiss es, aber ich will es nicht reden!" (Za II, 188). Zarathustra bittet sie um Gnade. Die stillste Stunde verwehrt sie: „Sprich dein Wort und zerbrich!" (Za II, 188). Nun versucht sich Zarathustra durch rhetorische Kniffe der Aufgabe zu entziehen. Sei es denn tatsächlich ‚sein' Wort? Und außerdem sei er dieser Aufgabe vielleicht gar nicht würdig – er müsse seine Gipfel erst noch erklimmen. All seine Versuche seien bisher gescheitert. Als er zu Menschen gesprochen habe, sei er ausgelacht worden. Kaum habe er Wirkung erzielt.

Die stillste Stunde findet auf jeden seiner Einsprüche eine Erwiderung. Sie verlangt von ihm, die Macht zu ergreifen und Menschen zu befehlen: „Das ist dein Unverzeihlichstes: du hast die Macht, und du willst nicht herrschen" (Za II, 189). Zarathustra entschuldigt sich mit seiner Ohnmacht, er habe nicht die Stimme, mit der man befehlen könne.

Daraufhin versucht die stillste Stunde ihn mit seinen eigenen Argumenten zu widerlegen: „Die stillsten Worte sind es, welche den Sturm bringen. Gedanken, die mit Taubenfüssen kommen, lenken die Welt" (Za II, 189; s. Abschn. 2.3.12). Die Schöpfer, welche neue Werte hervorbringen, sind Zarathustra zufolge gerade nicht die Schauspieler, die zwar die Aufmerksamkeit des Volkes genießen, aber ihr Fähnchen in den Wind hängen. Zarathustra habe seine Saat gesät, nun müsse er warten, bis sie aufgehe.

Als Zarathustra keine Ausrede mehr übrigbleibt, bekennt er: „Ich will nicht" (Za II, 189). Die Reaktion der stillsten Stunde lässt Zarathustra erschauern: „Da geschah ein Lachen um mich. Wehe, wie diess Lachen mir die Eingeweide zerriss und das Herz aufschlitzte!" (Za II, 189). Die Szene des fürchterlichen Lachens scheint die Traumszene aus dem Kapitel „Der Wahrsager" (s. Abschn. 3.2.19) zu wiederholen. Die furchtbare Herausforderung, die Zarathustras ganze Existenz gefährdet, ist seltsamerweise mit dem Lachen assoziiert. Nun verhängt die stillste Stunde ihr Urteil über Zarathustra: „Oh Zarathustra, deine Früchte sind reif, aber du bist nicht reif für deine Früchte!" (Za II, 189). Und sie schickt ihn mit diesen Worten in die Einsamkeit.

Der überlegene Zarathustra kann sich weder dem externalisierten Urteil seiner inneren Stimme entziehen noch es gutheißen. Zum ersten Mal scheint er menschlicher Gesellschaft, eben die seiner Jünger – die in dieser Rede durchweg ‚Freunde' heißen – bedürftig. Er weint, ohne dass ihn jemand zu trösten vermag. Als es aber Nacht wird und die anderen schlafen, beugt er sich dem Urteil und verlässt seine Freunde.

Dem exzeptionellen Ende dieses zweiten Teiles fehlen die Schlussworte: „Also sprach Zarathustra". Bei den Liedern ist die Schlusssequenz abgewandelt in „Also sang Zarathustra". Ansonsten gibt es bislang – von den Vorreden abgesehen – nur zwei weitere Kapitel, die ohne die Schlussworte enden: Die erste Rede des ersten Teils, „Von den drei Verwandlungen des Geistes", deren herausgehobene Stellung inzwischen hinreichend deutlich wurde, das Kapitel „Der Wahrsager", das Zarathustras furchtbaren Traum erzählt, welchen sein Lieblingsjünger nur unzureichend deutet und das mit den Motiven einer furchtbaren Aufgabe und einem furchtbaren Lachen eng mit diesem letzten Kapitel verknüpft ist. Das Fehlen der Schlussworte am Ende des zweiten Teils zeigt die Unabgeschlossenheit von Zarathustras philosophisch-prophetischem Wirken. Das Ende bleibt mit den Worten – „Des Nachts aber gieng er allein fort und verliess seine Freunde" – offen.

Es gibt im Zarathustra nur wenige längere dialogische Sequenzen und dies ist im Werk bisher die erste. Der erste erzählte Dialog, der Zarathustras monologisches Sprechen unterbricht, ist ironischerweise einer, den Zarathustra mit sich selbst führt. Die externalisierten Aspekte seines höheren Selbst, das in diesem Kapitel die stillste Stunde heißt, bewegen ihn dazu, seine schicksalsträchtige Aufgabe anzunehmen. Totales Scheitern ist dafür unbedingt in Kauf zu nehmen, wie Zarathustra weiß. Weil er befürchtet, dass die Aufgabe zu groß für ihn ist, möchte er sie vermeiden. Warum beugt er sich dem Urteil? Niemand anders als er selbst kann ihn dazu zwingen. Er, „der das Gehorchen verlernt hat" (Za II, 189), kann der inneren Stimme nur aus eigenem inneren Antrieb folgen.

Obwohl Zarathustra als widersprüchlicher Charakter auftritt, der Phänomene von unterschiedlichen Seiten betrachtet und zu teils widersprüchlichen Ergebnissen gelangt, ist er uns bisher nicht als zwiegespaltene, sondern als überlegene Person begegnet. Dennoch sehen wir, wie der Aufbau des zweiten Teils des *Zarathustra* zu einem Höhepunkt strebt, der auf die Auseinandersetzung mit der eigenen Zwiespältigkeit hinausläuft (s. auch Abschn. 3.2.21). Vorankündigungen können missverstanden, ignoriert oder aufgeschoben werden, aber schließlich hat die Stunde der

Auseinandersetzung geschlagen und die verschiedenen Persönlichkeitsanteile fechten ihren Kampf aus. Dabei ist klar, welcher der höherwertige Part ist. Es ist derjenige, der Zarathustras Ideale verkörpert. Daher bleibt ihm letzten Endes auch kein Argument mehr übrig. Würde er bei seinen Freunden bleiben, käme dies einem Selbstverrat gleich. Und nicht nur das: Würde er bei ihnen bleiben, würde er auch sie verraten, indem er zum Schauspieler seines Ideals degenerieren würde, weil er nicht mehr versuchte, seine Ideale zu erforschen. Dass Zarathustra sich über solch ein Scheitern hinwegtäuschen könnte, bleibt mehr als zweifelhaft. Zarathustra folgt also keinem externen Schicksalsruf, den es nach dem **Tod Gottes** nicht mehr geben kann, sondern sich selbst.

### Fragen und Anregungen

- Das Scheitern und die Flucht in Selbstzerstörung und Krankheit ist stets im Bereich des Möglichen, wenn es um die neue Herausforderung geht. Sammeln Sie Metaphern und Wörter, die solch drohenden Ausgang evozieren, auch in den vorhergehenden Kapiteln.
- Die vorletzte Rede thematisierte noch die Gesellschaft mit anderen. Der Aufruf zur Einsamkeit wirkt daher umso abrupter. Wie deutet sich der Zwiespalt bereits in vorhergehenden Kapiteln an?
- Falls Sie mehr über den Daimon des Sokrates wissen wollen, finden Sie hier eine originelle Studie: *Der Daimon und die Figur des Sokrates. Entstehung einer gegenwärtigen, akademischen Subjektivität am Leitfaden von Platon und Nietzsche* (Mirelli 2013).

# 4 Also sprach Zarathustra. Ein Buch für Alle und Keinen. Dritter Theil

## 4.1 Die Entstehung des dritten Teils

Im Juli 1883, noch vor Abschluss des Drucks des zweiten Teils, steht für Nietzsche fest, dass der dritte Teil nicht nur an den zweiten anschließen wird, sondern darin bereits mitgedacht ist. Kaum hat er sein Manuskript zum zweiten Teil fertig, vermeldet er Köselitz:

> In der Hauptsache galt es, *sich auf die zweite Stufe zu schwingen*, — um von dort aus noch die *dritte* zu erreichen <deren Name ist: ‚Mittag und Ewigkeit': das sagte ich Ihnen schon einmal? Aber ich bitte Sie inständig, davon gegen Jedermann zu schweigen! Für den dritten Theil will ich mir Zeit lassen, vielleicht *Jahre* – […]. (1883,433; N. an Heinrich Köselitz: 13.7.1883)

Jahre wird es allerdings nicht dauern, sondern kaum ein halbes Jahr, bis auch der dritte Teil beendet ist. Nietzsche nimmt die Vorarbeiten im Sommer 1883 auf und schließt den Text im Januar 1884 ab. Die eigentliche Niederschrift geschieht erneut ausgesprochen rasch im Januar 1884 in Nizza. Am 18. Januar 1884 informiert Nietzsche seinen Verleger Schmeitzner über die Fertigstellung des Werkes: „Eine gute Nachricht! Oder vielmehr die Beste, die es, von mir aus gesehn, geben kann: mein Zarathustra ist *fertig* […]. Ich bin glücklich und, wie schon oft in meinem Leben, von mir selber über mich selber ‚überrascht'." (1884,479; N. an Ernst Schmeitzner: 18.1.1884).

Nur eine Woche später ist Nietzsche bereits mit der Reinschrift des Manuskripts beschäftigt: „Seit vorigem Freitage ist ‚Also sprach Zarathustra' vollkommen *fertig* — und ich bin mitten im Abschreiben" (1884,480; N. an Franz Overbeck: 25.1.1884). Nietzsche betont die Intensität der Arbeit und ihrer Wirkung auf ihn: „Die letzten zwei Wochen waren die glücklichsten meines Lebens: ich bin **nie** mit solchen Segeln über ein solches Meer gefahren […]. Die Vollendung meines Zarathustra hat meiner Gesundheit *sehr wohl* gethan" (1884,480; N. an Franz Overbeck: 25.1.1884).



N. Schulte, *Nietzsches „Zarathustra"*, https://doi.org/10.1007/978-3-662-72820-8_4

Nietzsche betrachtet das Werk – zumindest vorläufig – als abgeschlossen. Wieder einmal drängt er Schmeitzner zum zügigen Druck: „Vor Allem aber *presto, presto*! Denn es handelt sich um das *Finale* meiner Symphonie. Also nicht wieder 500,000 Gesangbücher und andre Teufeleien!" (1884,485; N. an Ernst Schmeitzner: 6.2.1884). Im April 1884 erscheint der dritte Teil schließlich bei Schmeitzner. Nietzsche selbst sieht ihn als vollendet an – spätere Gedanken an eine Fortsetzung treten zwar bald auf, doch sie relativieren aus seiner Sicht nicht den abgeschlossenen Charakter des dritten Teils: „[I]ch möchte auch ein *Fest zu Zweien* mit Ihnen feiern, und habe guten Grund dazu – denn ich bin im Hafen! Mein ‚Zarathustra' ist seit vierzehn Tagen fertig, *ganz* fertig" (1884,484; N. an Heinrich Köselitz: 1.2.1884).

In *Ecce homo* wird Nietzsche erneut den dritten Teil als Finale des Zarathustra auszeichnen, während der vierte nahezu unterschlagen wird (vgl. EH, Warum ich so weise bin 4): „Zehn Tage genügten; ich habe in keinem Falle, weder beim ersten, noch beim dritten und letzten mehr gebraucht. Im Winter darauf, unter dem halkyonischen Himmel Nizza's, der damals zum ersten Male in mein Leben hineinglänzte, fand ich den dritten *Zarathustra* – und war fertig" (EH, Zarathustra 4).

An Erwin Rohde, den alten Freund, mit dem ihn inzwischen eine nur noch distanzierte Freundschaft verbindet, schreibt er von der Bedeutung des nun abgeschlossenen Werks: „Es ist eine Art Abgrund der Zukunft, etwas Schauerliches, namentlich in seiner Glückseligkeit. Es ist Alles drin mein Eigen, ohne Vorbild, Vergleich, Vorgänger; wer einmal darin *gelebt* hat, der kommt mit einem andern Gesichte wieder zur Welt zurück" (1884,490; N. an Erwin Rohde: 22.2.1884). Zweifel an der Bedeutung des Werks scheinen ihn nicht mehr zu quälen. Nicht nur soll es ohne geistige Vorläufer ganz für sich allein stehen, er sieht sich selbst mit dem Werk als die Spitze des Dreigestirns deutscher Sprachkunst: Luther, Goethe, er selbst:

> [I]ch bilde mir ein, mit diesem Z<arathustra> die deutsche Sprache zu ihrer Vollendung gebracht zu haben. Es war, nach *Luther* und *Goethe*, noch ein dritter Schritt zu thun –; sieh zu, alter Herzens-Kamerad, ob Kraft, Geschmeidigkeit und Wohllaut je schon in unsrer Sprache so beieinander gewesen sind. Lies Goethen […]. Ich habe die strengere, männlichere Linie vor ihm voraus, ohne doch, mit Luther, unter die Rüpel zu gerathen. (ebd.)

Nietzsches Formulierungen überschlagen sich vor Pathos und poetischer Selbstsicherheit: „Mein Stil ist ein *Tanz*; ein Spiel der Symmetrien aller Art und ein Überspringen und Verspotten dieser Symmetrien" (ebd.). Den Glauben, die deutsche Sprache auf einen unvordenklichen Höhepunkt getrieben zu haben, bekräftigt Nietzsche später auch in *Ecce homo*. Das letzte Kapitel des dritten Teils hebt er dabei besonders hervor:

> Man weiss vor mir nicht, was man mit der deutschen Sprache kann, — was man überhaupt mit der Sprache kann. — Die Kunst des *grossen* Rhythmus, der *grosse* Stil der Periodik zum Ausdruck eines ungeheuren Auf und Nieder von sublimer, von übermenschlicher, Leidenschaft ist erst von mir entdeckt; mit einem Dithyrambus wie dem letzten des *dritten Zarathustra*, „die sieben Siegel" überschrieben, flog ich tausend Meilen über das hinaus, was bisher Poesie hiess. (EH, Warum ich so gute Bücher schreibe 4)

Ein drittes Bekenntnis klingt in Nietzsches Brief an Rohde an. Seine gespannte Beziehung zum Poetischen. Als hätte er sich immer gegen das Dichterische wehren müssen, das doch sein Wesen ausmache, sodass er als Grenzgestalt zu begreifen sei und als solche notwendigerweise alleinstehe: „Übrigens bin ich *Dichter* bis zu jeder Grenze dieses Begriffs geblieben, ob ich mich schon tüchtig mit dem Gegentheil aller Dichterei *tyrannisirt* habe. Ach Freund, was für ein tolles, verschwiegenes Leben lebe ich! So allein, allein! So ohne ‚Kinder'!" (1884,490; N. an Erwin Rohde: 22.2.1884).

Während Nietzsche aber gegenüber Rohde den Zarathustra als Werk höchster Dichtkunst verklärt, degradiert er es kaum zwei Wochen später gegenüber Overbeck zur bloßen Vorhalle seiner Philosophie, die jetzt erst kommen würde:

> Ich weiß nicht, wie *ich* gerade dazu komme – aber es ist möglich, daß mir *zum ersten Male* der Gedanke gekommen ist, der die Geschichte der Menschheit in zwei Hälften spaltet. Dieser *Zarathustra* ist nichts als eine Vorrede, Vorhalle – ich habe mir selber Muth machen müssen, da mir von überall her nur die Entmuthigung kam: Muth zum *Tragen* jenes Gedankens! Denn ich bin noch weit davon entfernt, ihn aussprechen und darstellen zu können. *Ist er wahr* oder vielmehr: wird er als wahr geglaubt – so ändert und dreht sich *Alles*, und *alle* bisherigen Werthe sind entwerthet. – [...]. (1884,494; N. an Franz Overbeck: 8.3.1884)

Das Sendungsbewusstsein, mit dem Nietzsche glaubt, eine Wende innerhalb der Philosophie einzuleiten, die sich auf die Menschheitsgeschichte auswirken wird, bleibt ungebrochen. Wenn er den *Zarathustra* nur die „Vorhalle" eines Gedankens nennt, der das nähere Schicksal der Menschheit mitbestimmen wird, so ist das wohl kaum als Relativierung zu verstehen. Daher wird auch das messianische Bewusstsein kaum verwundern, mit dem er Malwida von Meysenburg die folgende Hoffnung eröffnet: „Und gewiß ist Dies: ich will die Menschheit zu Entschlüssen drängen, welche über die ganze menschliche Zukunft entscheiden, und es *kann* so kommen, daß einmal ganze Jahrtausende auf meinen Namen ihre höchsten Gelübde thun" (1884,516; N. an Malwida von Meysenbug: erste Juniwoche 1884).

Der exaltierten Freude, die Nietzsche mit dem Schreiben des *Zarathustra* verknüpft, bleibt aber auch weiterhin die Gefahr inhärent, dass diese Art des Denkens und Schreibens ihn vernichten könnte. Die emotionale Anspannung bei der Fertigstellung ist enorm: „Die Vehemenz des Gefühls bei solchen Dingen ist übrigens so groß, daß man wie ein gläsernes Gefäß auf Ein Mal dabei *springen* kann" (1884,479; N. an Ernst Schmeitzner: 18.1.1884) und: „bei solchen Explosionen kann der Urheber leicht selber mit in die Luft gehen. Mir ist öfter *so* zu Muthe: – das will ich Dir nicht verbergen" (1884,486; N. an Franz Overbeck: 6.2.1884).

Die unmittelbare Rezeption bleibt jedoch verhalten. Nietzsche antizipiert dies und beschreibt den *Zarathustra* als „dunkel und verborgen und lächerlich für Jedermann" (1884,529; N. an Heinrich Köselitz: 2.9.1884).

So steht am Ende dieses dritten Aktes nicht nur ein literarisches Werk, sondern ein Selbstverständnis, das zwischen Einsamkeit, prophetischem Sendungsbewusstsein und tiefer Melancholie schwankt: „Einstweilen stecke ich in tiefer, tiefer Schwermuth, kaum weiß ich zu sagen warum [...] Ich muß mir eine neue *Geduld* erfinden. Und mehr noch als Geduld" (1884,518; N. an Franz Overbeck: 12.7.1884).

In der späteren Rezeptionsgeschichte gilt der dritte Teil häufig als der inhaltlich und stilistisch brillanteste des *Zarathustra* (vgl. exemplarisch Fink 1960, S. 64). In ihm wird der **Gedanke der ewigen Wiederkunft**, den Nietzsche in *Ecce homo* als Grundkonzeption benennen wird, ausgesprochen, und auch stilistisch ändert sich die Tonlage hin zu einer poetischen ekstatischeren Form. Ein inhaltlicher Wendepunkt zeigt sich auch auf erzählerischer Ebene: Der Wechsel vom zweiten zum dritten Teil markiert den Abschied von den glückseligen Inseln. Zarathustra verlässt die Stätte, an der er vielleicht nicht nur Jünger, sondern auch Freunde gefunden hat, und begibt sich auf Wanderschaft. Eine symbolisch aufgeladene Szene eröffnet diesen Teil: Der Aufbruch zu einer Anhöhe, der Abstieg, das Wandern, die Schifffahrt – all dies verweist auf die existentielle Prüfung, auf Einsamkeit und Entfremdung. Zarathustra kehrt zunächst in die Nähe der Menschen zurück, allerdings nicht als Lehrer, sondern als distanzierter Beobachter. Die Stadt die „bunte Kuh", in der Zarathustra einst lehrte, ist zu einem Symbol bürgerlicher und massenhafter Verdummung verkommen. Am Ende zieht sich Zarathustra in eine Höhle im Gebirge zurück als dem Ort seiner einsamen Selbstbegegnung. Dort angekommen beschwört er den „abgründlichsten Gedanken" (Za III, 271) aus seiner „Tiefe" (Za III, 271) empor und stellt sich damit seiner größten Herausforderung.

## 4.2 *Also sprach Zarathustra* III

### 4.2.1 Der Wanderer

Der dritte Teil des Werks schließt nahtlos an den zweiten an. Zarathustra hat seine Freunde verlassen und wandert über die Bergkette der glückseligen Insel zum Hafen, um von dort ein Schiff zu nehmen, das über den Ozean fährt.

Zarathustra spricht sich selbst Mut zu, denn er ahnt, dass er bald seine schwierigste Aufgabe in Angriff nehmen wird. Er möchte sich selbst überzeugen, dass er nichts anderes will als Einsamkeit und Herausforderung. Dass ihm niemand mehr folgen könne auf diesem Weg, sei nichts anderes als sein eigener Wunsch: „Du gehst deinen Weg der Grösse; hier soll dir Keiner nachschleichen! Dein Fuss selber löschte hinter dir den Weg aus, und über ihm steht geschrieben: Unmöglichkeit" (Za III, 194). Härte und Entbehrungen seien nach seinem Geschmack. Wer wie er der Versuchung nicht widerstanden habe, den Grund aller Dinge zu schauen, dessen Aufgabe müsse es noch sein, auch über die eigenen „Sterne" (Za III, 194) hinweg zu steigen.

Die Erzählinstanz, die sich kommentierend einschaltet, erklärt allerdings, dass Zarathustras Lob der Härte nur ein „Sprüchlein" (Za III, 195) sei, um sein wundes Herz zu trösten. Wir sehen Zarathustra mit sich ringen, immer noch kann er die Aufgabe, die sein Schicksal ihm bestimmt hat, nicht aus tiefstem Herzen bejahen. Die gewaltige Landschaft, die hohen Berge, der „schwarze traurige See" (Za III, 195) und die „schwärzeste Fluth" (Za III, 195) werden zu Seelenbildern der drohenden Gefahr und künftigen Einsamkeit.

Der Ratschlag, den er einst einem Jüngling gab, dass die Wurzeln eines Baumes in die Tiefe reichen müssen, damit sich die Krone dem Licht entgegenstreckt (s. Abschn. 2.3.8), ist auch sein eigenes Credo, nur, dass das Bild des Baumes nun in die gigantische Metapher von Meer und Berg übertragen wird: „Woher kommen die höchsten Berge? Da lernte ich, dass sie aus dem Meere kommen. […] Aus dem Tiefsten muss der Höchste zu seiner Höhe kommen" (Za III, 195).

Zarathustra, der den Weg hinauf über die Bergkette nimmt, muss nun ganz hinab bis zum Meeresspiegel wandern. Von den Höhen, die er vor einiger Zeit gemeinsam mit seinen Jüngern erklommen hat, gilt es nun ganz allein in die Tiefe zu gelangen. Schließlich kommt er unten an. Er steht unter den Klippen und blickt auf das Meer, das wie ein „dunkles Ungeheuer" (Za III, 195) vor ihm liegt.

Das Meer scheint ihm „traurig" (Za III, 195) und erregt sein Mitgefühl. Da lacht Zarathustra plötzlich selbstironisch auf, als ihm auffällt, dass er bisher „[j]edes Ungethüm […] streicheln" (Za III, 196) wollte. Denn „[d]ie Liebe ist die Gefahr des Einsamsten, die *Liebe* zu Allem, *wenn es nur lebt!* Zum Lachen ist wahrlich meine Narrheit und meine Bescheidenheit in der Liebe!" (Za III, 196). Zarathustra klagt über sein Bedürfnis zu lieben, das er als Bedürftigkeit erfährt. Denn es handle sich um eine Liebe, die wenig wählerisch sei, sondern sich mit dem vorhandenem – und wenn es auch ein Monster sei – abfinde. Zarathustra möchte sich emotional von seinen Freunden losreißen. Indem er sie aber mit dem „Ungeheuer" vergleicht, dass auch sein Mitgefühl erregt, obwohl es ihn nichts angeht, wertet er seine Freunde ab, wie er selbst schnell erkennt. Nun quälen ihn Selbstvorwürfe und Schuldgefühle: „[D]a aber gedachte er seiner verlassenen Freude –, und wie als ob er sich mit seinen Gedanken an ihnen vergangen habe, zürnte er sich ob seiner Gedanken. Und alsbald geschah es, dass der Lachende weinte: – vor Zorn und Sehnsucht weinte Zarathustra bitterlich" (Za III, 196).

Die erste Szene des dritten Teils zeigt Zarathustra schwach. Tief verwundet, voller Sehnsucht, sich selbst in Gedanken verletzend, scheint Zarathustra nicht mehr länger Herr seiner Innenwelt. Seine aufbauenden Sentenzen, die ihn zu der großen Aufgabe verlocken sollen, können ihn auf Dauer nicht überzeugen. Sie scheitern kläglich vor dem Gefühl des Verlustes menschlicher Gemeinschaft, Zuneigung und Freundschaft. Das Lachen, so häufig positiv konnotiert, bekommt einen bitteren Zug. Das höhnische Lachen wertet ab und gibt menschliche Existenzen der Lächerlichkeit preis. Das kann Zarathustra nicht aushalten. Sein eigenes ironisches Lachen kollabiert und Zarathustra beginnt zu weinen.

**Fragen und Anregungen**

- Wie schon dem zweiten Teil wird auch dem dritten ein Zitat aus dem ersten Teil des *Zarathustra* als Motto vorangestellt. Schauen Sie sich die Motti und die jeweiligen Anfangskapitel an. Welche Stimmungsunterschiede nehmen Sie wahr? Wie wird die Leseerwartung gelenkt?
- Betrachten Sie, wie das Lachen in den letzten Kapiteln mit Gefahr assoziiert wird. Wie ist das höhnische Lachen mit Zarathustras bevorstehender Aufgabe verbunden?

- Wie soll nach Zarathustra das Verhältnis von Leben und Denken gestaltet werden? Wann würde Zarathustra nach eigener Ansicht scheitern? Würden Sie seine Urteilskriterien teilen?

### 4.2.2 Von Gesicht und Räthsel

Zarathustra befindet sich auf dem Schiff, das ihn von den glückseligen Inseln fortführt. Noch voller Sehnsucht nach seinen Freunden schweigt er die ersten Tage, bevor das Treiben auf dem Schiff und die Geschichten der Seemänner seine Zunge lösen. So werden die Seemänner die ersten, die vom **Gedanken der ewigen Wiederkunft des Gleichen** erfahren, auch wenn der Name des Gedankens noch ungenannt bleibt. Zarathustra erzählt von einem prophetischen Traum, einem Rätsel, das verlange, gelöst zu werden.

In dem Traum schreitet Zarathustra einen steinigen Pfad entlang. Die Atmosphäre ist von Symbolen des Todes durchzogen. Er wandert durch „leichenfarbne Dämmerung" (Za III, 198), „düster" (Za III, 198) ist seine Stimmung, die Sonne untergegangen. Sein Weg führt ihn aufwärts und auf seiner Schulter sitzt der „Geist der Schwere" (Za III, 198; s. auch Abschn. 2.3.7), personifiziert in einer Hybridgestalt aus **Zwerg und Maulwurf**. Der Zwerg verspottet Zarathustra und lässt ihn jeden Schritt noch beschwerlicher fühlen: „Oh Zarathustra, raunte er höhnisch Silb' um Silbe, du Stein der Weisheit! Du warfst dich hoch, aber jeder geworfene Stein muss – fallen" (Za III, 198). Alles – so können wir die Sätze des Zwerges deuten – gehorcht physikalischen Gesetzen, auch das Menschenmögliche. Zum Leben gehört, dass alles, was erreicht wird, der Tod wieder einkassiert. Je höher sich Zarathustra werfe, desto tiefer werde er fallen. Sein eigenes Streben, seine hohen Erwartungen, würden ihn einst vernichten: „Verurtheilt zu dir selber und zur eignen Steinigung: Oh Zarathustra, weit warfst du ja den Stein, – aber auf *dich* wird er zurückfallen!" (Za III, 198).

Zarathustra marschiert weiter, seine Stimmung wird noch bedrückter, er fühlt sich einem Kranken gleich, bis sich ein Widerwille in ihm regt, der ihm neue Kraft verleiht und den er seinen Mut nennt. Auf diesen Gegenwillen habe er sich immer verlassen können, weil er der Angst entgegentrete und nicht klein beigebe. Anstatt sich zu verteidigen, gelte es anzugreifen: „Muth nämlich ist der beste Todtschläger, – Muth, welcher *angreift*: denn in jedem Angriffe ist klingendes Spiel" (Za III, 199). Der ‚Todtschläger' ist ein Wortspiel, das in seiner buchstäblichen Bedeutung jemanden meint, der ein Lebewesen vernichtet, und in einer übertragenen Bedeutung auf jemanden anspielt, der es vermöchte, den Tod tot zu schlagen. Würde der Tod totgeschlagen, so würde in einer direkten Bedeutung niemand mehr sterben. In einer indirekten Bedeutung würde dem Tod die Spitze genommen werden: „Muth aber ist der beste Todtschläger, Muth der angreift: der schlägt noch den Tod todt, denn er spricht: War *das* das Leben? Wohlan! Noch Ein Mal!" (Za III, 199). In der kurzen Passage einer halben Seite kommt das Wort „Muth" bzw. „muthig" zehn

Mal vor, das Wort „Tod" bzw. „Todtschläger" sechs Mal. Die Szene markiert einen Kampf, in dem es um Alles geht: Ein Kampf auf Leben und Tod.

Zarathustra fordert nun den **Geist der Schwere** in der Gestalt des Zwergs zum Zweikampf heraus: „Ich! Oder du!" (Za III, 199). Er sei der Stärkere von ihnen beiden, weil der Zwerg nicht in der Lage sei, seinen „abgründlichen Gedanken" (Za III, 199) zu ertragen. Der Zwerg, neugierig geworden, springt Zarathustra von der Schulter, sodass sich letzterer prompt leichter fühlt. Zarathustra nutzt den Torweg, bei dem sie angekommen sind, als Metapher für seinen *abgründlichen Gedanken*: Sehe man vom Tor weg in eine Richtung, so könne man sich vorstellen, dass eben jener Weg ewig in diese Richtung weitergehe und genauso verhalte es sich, wenn man in die andere Richtung blicke. Die Wege vom Tor weg streben in die entgegengesetzte Richtung, nur eben beim Torweg selbst, den Zarathustra, „Augenblick" heißt, „stossen [sie] sich gerade vor den Kopf" (Za III, 200). Der Torweg symbolisiert den gegenwärtigen Moment, während der eine Blick nach vorn eine unendliche Zukunft repräsentiert und der Blick zurück eine unendliche Vergangenheit. Müssten sich diese Wege aber „ewig widersprechen" (Za III, 200)?

Darauf antwortet der Zwerg mit einer verächtlichen Plattitüde: „Alle Wahrheit ist krumm, die Zeit selber ist ein Kreis" (Za III, 200). Damit will sich Zarathustra nicht abspeisen lassen. Er fordert den Zwerg heraus, die Konsequenzen zu ziehen:

> Muss nicht, was laufen *kann* von allen Dingen, schon einmal diese Gasse gelaufen sein? Muss nicht, was geschehn *kann* von allen Dingen, schon einmal geschehn, gethan, vorübergelaufen sein? [...] Und sind nicht solchermassen fest alle Dinge verknotet, dass dieser Augenblick *alle* kommenden Dinge nach sich zieht? *Also* - - sich selber noch? [...] und ich und du im Thorwege, zusammen flüsternd, von ewigen Dingen flüsternd – müssen wir nicht Alle schon dagewesen sein? (Za III, 200)

Zarathustra formuliert den Gedanken der ewigen Wiederkunft im Werk als Rätsel. Er bedeutet, dass alles, was geschieht, sich periodisch wiederholen wird. Im *Zarathustra* wie auch in der *Fröhlichen Wissenschaft* 341, in der die Idee das erste Mal vorgestellt wird, untersucht Nietzsche sie hinsichtlich der Wirkung auf die eigene Lebensführung und nicht als wissenschaftliche Wahrheit. In seinen Notizen geht er aber auch Möglichkeiten einer naturwissenschaftlichen Beweisführung für diese These nach. Er möchte den antiken Gedanken der *Wiederkunft*, der schon bei den Pythagoreern auftaucht, mit modernen naturwissenschaftlichen Erkenntnissen in Einklang bringen:

> Die Welt der Kräfte erleidet keine Verminderung [...]. Die Welt der Kräfte erleidet keinen Stillstand [...]. Welchen Zustand diese Welt auch erreichen kann, sie muß ihn erreicht haben und nicht einmal, sondern unzählige Male. So diesen Augenblick: er war schon einmal da und viele Male und wird ebenso wiederkehren, alle Kräfte genau so vertheilt wie jetzt: Und ebenso steht es mit dem Augenblick, der diesen gebar und mit dem, welcher das Kind des jetzigen ist. (NL 1881, KSA 9, 11 [148], 498)

Wenn die Zeit unendlich sei, die Möglichkeiten aber endlich seien, müssten sich Konstellationen wiederholen. Wenn aber jedes Geschehen eine zwingende Ursache hat, ist der Verlauf vorherbestimmt. Es kann aus einer Konstellation sich nicht eine komplett andere Möglichkeit ergeben, sondern immer nur das gleiche Ergebnis erzielt werden. So zieht dieser Augenblick, wie auch jeder andere „*alle* kommenden Dinge nach sich". Das individuelle Leben genauso wie die gesamte Natur- und Menschheitsgeschichte wiederholt sich, aber es wiederholt sich alles auf genau die gleiche Art und Weise. Wenn wir gestorben sind, werden wir – dem Gedanken gemäß – wiedergeboren, nicht zu einem anderen Leben, sondern zu genau demselben Leben in jeder einzelnen Kleinigkeit, wie es Zarathustra betont: „diese langsame Spinne, die im Mondscheine kriecht, und dieser Mondschein selber, und ich und du im Thorweg" (Za III, 200).

Einige in der Nietzsche-Forschung bezweifeln, dass der Gedanke der ewigen Wiederkunft des Gleichen bedeutet, dass jede Gegenwart genau dieselbe Zukunft ohne jegliche Veränderung nach sich zieht (Deleuze 1991; Pieper 1990). Für andere besteht der Clou der Idee genau darin, dass sich niemals etwas ändert. Jedes Leben wiederholt sich auf die gleiche Art, jeder Fehlschlag wird sich unendlich wiederholen und jeden Verlust wird man jedes Mal aufs Neue durchleiden (Salaquarda 2012; Figal 1999). Die Vergangenheit mit all ihren Gräueln, ihrem Schmerz, dem persönlichen Versagen wird sich noch endlose Male vor jedem einzelnen Individuum entrollen. In jeder neuen Version wird sich nichts an der Vergangenheit, Gegenwart oder Zukunft je ändern (vgl. auch: NF 1881, 11 [202]; NF 1881, 11 [148]).

Die Macht des Todes ist damit gebrochen, denn wir sterben nur, um in genau das gleiche Leben zurückzukehren. Ein endloses Nichts, das nach dem **Tod Gottes** als Hypothese auftaucht, existiert demnach nicht. Dennoch bleibt die Grundkonstante des Lebens erhalten, alles was es schenkt, wird es wieder nehmen. Aber positiv gewendet wird das Leben alles, was es geschenkt hat, noch einmal schenken. Im berühmten Lenzer-Heide Fragment (NF 1886/1887, 5 [71]) wird der Gedanke der ewigen Wiederkunft als radikales Gegenkonzept zur Gotteshypothese entworfen, das in der Frage kulminiert: Welche Art Mensch könnte den Wiederkunftsgedanken ertragen oder sogar bejahen? Während die Gotteshypothese dem menschlichen Leben und Leiden Sinn verleiht und ein höchstes Ziel verspricht – die Vereinigung mit Gott im Himmelreich –, gewährt der Gedanke der Wiederkunft nichts davon. Stattdessen kommt dem ursprünglich vergänglichen Leid nun eine Ewigkeitsdimension zu. Es wird nicht verklärt durch einen höheren Sinn, sondern ist absolut bedeutungslos. Jeder teleologischen Hoffnung wird eine Absage erteilt. Auch wenn sich die Welt zum Höheren entwickelt, wird das Niedere, aus dem es hervorgegangen ist, genauso wiederkommen. Aufgrund dieser negativen Implikationen ist der Gedanke der Wiederkunft das **größte Schwergewicht** (FW 341, KSA 3, 570), wie Nietzsche es in dem Gedankenexperiment der *fröhlichen Wissenschaft* erstmals bezeichnet. Es sei zunächst ein so grauenerregender Gedanke, dass er den Menschen niederschmettern und in Verzweiflung stürzen müsse. Wäre er wahr, wäre das unaushaltbar. Oder aber es gäbe, und das ist die Position, mit der Zarathustra ringt, die Möglichkeit, ihn nicht nur zu akzeptieren, sondern gutzuheißen, ihn zu bejahen. Immerhin bricht er die Macht des Todes. Wenn Zarathustra seinen Mut heraufbeschwört und ihn sprechen lässt: „War *das* das Leben? Wohlan! Noch Ein Mal!" (Za III, 199), dann deutet dies darauf hin, dass Zarathustra die Wiederholung seines Lebens bejaht. Der letzte Teil des ersten Abschnitts zieht diese Behauptung aber sofort in Zweifel: „In solchem Spruche aber ist viel klingendes Spiel“ (Za III, 199). Der Kommentar deutet an, ein solcher Satz gehöre eher zum ‚Säbelrasseln‘, mit dem Zarathustra sich auf den Kampf mit dem Zwerg vorbereitet, anstatt dass es sich um einen Standpunkt handelt, den Zarathustra bereits tatsächlich errungen hätte.

Die Traumszenerie jedenfalls ändert sich, Zarathustra hört einen Hund heulen, der ihn an seine Kindheit erinnert und den Torweg samt Zwerg hinwegwischt. Nach kurzen, changierenden Traumbildern befindet sich Zarathustra plötzlich zwischen „wilden Klippen“ (Za III, 201). Er hört weiterhin einen Hund heulen, aber mit einem Schreien, wie er noch keines im Leben vernommen hat. Da sieht Zarathustra einen „jungen Hirten [...], dem eine schwarze schwere Schlange aus dem Munde hieng“ (Za III, 201). Sie ist ihm in den „Schlund“ (Za III, 201) gekrochen und hat sich festgebissen. Als es Zarathustra nicht gelingt, die Schlange fortzureißen, ruft er dem Hirten schließlich zu, er solle der Schlange nur fest den Kopf abbeißen. Dieser tut wie geheißen und tatsächlich gelingt das Manöver. Er speit den Schlangenkopf aus und springt auf:

> Nicht mehr Hirt, nicht mehr Mensch, – ein Verwandelter, ein Umleuchteter, welcher *lachte*! Niemals noch auf Erden lachte je ein Mensch, wie *er* lachte! Oh meine Brüder, ich hörte ein Lachen, das keines Menschen Lachen war, – – und nun frisst ein Durst an mir, eine Sehnsucht, die nimmer stille wird. (Za III, 202)

Wir ahnen, dieser Lachende steht für eine Befreiung, die dem ‚Schwergewicht‘, die ‚Schwere‘ zu nehmen vermag. Der Gedanke der Wiederkunft, verkörpert im Symbol der schwarzen Schlange, hat sich im Menschen festgebissen und droht ihn zu ersticken. Man muss dem Gedanken den Schrecken nehmen und diese Befreiung geschieht mit einem Lachen. Das Lachen, das „keines Menschen Lachen war“ (Za III, 202), sondern das aus einem „Umleuchtete[n]“ (Za III, 202) herausbricht, steht – so können wir annehmen – wiederum für die Transformation zum Übermenschen. Dass der **Übermensch** derjenige ist, der den Gedanken der Wiederkunft bejahen kann, ist damit nahegelegt. Zarathustra sehnt sich nach diesem Lachen. Wir sehen, wie der Gedanke der Wiederkunft mit verschiedenen Formen des Lachens assoziiert werden kann. Es gibt das grauenerregende, höhnische Lachen einer Wahrheit, die Zarathustra zu zerstören droht (s. Abschn. 3.2.22). Und es gibt ein befreiendes Lachen, dass einen Menschen geradezu zu verwandeln vermag. Einer körperlichen Reaktion, die nicht der eigenen Verfügungsgewalt unterliegt, kommt damit ein ungewöhnlicher philosophischer Stellenwert zu.

Der Rätseltraum wird vorerst nicht gedeutet: Der Gedanke der Wiederkunft des Gleichen bleibt weiterhin ungenannt, ethische Implikationen der Lebensführung bleiben höchstens angedeutet, ein möglicher naturwissenschaftlicher Wahrheitsgehalt wird zugunsten starker emotionaler Bilder nicht diskutiert.

Zarathustras Leben steht aber weiterhin auf der Kippe: „oh wie ertrage ich noch zu leben! Und wie ertrüge ich's, jetzt zu sterben!“ (Za III, 202).

**Fragen und Anregungen**

- Lesen Sie die folgenden Zeilen aus der Fröhlichen Wissenschaft: „*Das grösste Schwergewicht.* – Wie, wenn dir eines Tages oder Nachts, ein Dämon in deine einsamste Einsamkeit nachschliche und dir sagte: ‚Dieses Leben, wie du es jetzt lebst und gelebt hast, wirst du noch einmal und noch unzählige Male leben müssen; und es wird nichts Neues daran sein, sondern jeder Schmerz und jede Lust und jeder Gedanke und Seufzer und alles unsäglich Kleine und Grosse deines Lebens muss dir wiederkommen, und Alles in der selben Reihe und Folge – und ebenso diese Spinne und dieses Mondlicht zwischen den Bäumen, und ebenso dieser Augenblick und ich selber. Die ewige Sanduhr des Daseins wird immer wieder umgedreht – und du mit ihr, Stäubchen vom Staube!' – Würdest du dich nicht niederwerfen und mit den Zähnen knirschen und den Dämon verfluchen, der so redete?" (FW 341). Welche Konsequenzen hinsichtlich der Lebensführung könnte man aus dem Gedankenexperiment ziehen? Lesen Sie auch die letzten (hier nicht zitierten) Zeilen des Aphorismus. Welche Motive begegnen uns in Zarathustras Traum wieder?
- Wenn Sie sich über Nietzsches Überlegungen bezüglich des naturwissenschaftlichen Wahrheitsgehaltes des Wiederkunftsgedankens informieren möchten, schauen Sie sich folgende Stellen aus den Fragmenten an: NF 1881, 11[202]; NF 1888, 14[188]; NF 1881, 11[202].
- Lesen Sie das Lenzer-Heide-Fragment (NF 1886/1887, 5[71]) und arbeiten Sie die Vorteile der Gotteshypothese heraus. Welcher Art Mensch könnte den Gedanken der Wiederkunft bejahen? Welche Möglichkeit stellt sich Nietzsche vor, welche halten Sie für plausibel?
- Eine kurze Überblicksdarstellung zum Begriff der Wiederkunft bei Nietzsche finden Sie im *Nietzsche-Handbuch. Leben – Werk – Wirkung* (Ottmann 2011, 222–230). Am Ende des Beitrags stehen auch Lektürehinweise zur weiteren Vertiefung.

## 4.2.3 Von der Seligkeit wider Willen

Die Erwartung, dass Zarathustra sich intensiver mit dem Wiederkunftsgedanken auseinandersetzt und diesen enträtselt, wird vorläufig enttäuscht. Zarathustra ist nun vier Tagesreisen mit dem Schiff von seiner Insel entfernt, als ihn unerwartet eine heitere Stimmung überkommt. Er spricht zu seinem „frohlockenden Gewissen" und reflektiert Stationen seines Lebens. Zarathustra ist also allein.

Wie fast alle Kapitel des dritten Teils ist auch diese Rede ein innerer Monolog. Zarathustra, der auf dem Weg zu seiner Eremitage ist, trifft am Anfang des dritten Teils noch auf Menschen wie den Seemännern, durchstreift unterschiedliche Landschaften und berichtet von Begegnungen. Schließlich kommt er auf seinem Berg an – ab dem Kapitel „Die Heimkehr" (s. Abschn. 4.2.9) ist Zarathustra in seiner Einsamkeit. Die traditionelle Prophetengeschichte wird erzähltechnisch umgekehrt –

zumindest, wenn wir die ersten drei Teile betrachten. Anstatt dass der Prophet nach seiner Einsamkeit erst einzelne Anhänger und dann eine Jüngerschaft findet, bis er sich schließlich mit seiner Sendung an ein ganzes Volk wenden kann, begegnet Zarathustra zuerst einem Volk, das ihn verlacht, findet Jünger und verlässt sie, um sich schließlich seiner eigenen Schicksalsstimme zu überlassen.

Nachdem Zarathustra sowohl räumlichen als auch zeitlichen Abstand von seinen Freunden gewonnen hat, lässt das Heimweh allmählich nach. Er beginnt zu erkennen, dass es höchste Zeit war, sich in die Einsamkeit zu begeben – sowohl im Hinblick auf seine eigene Entwicklung als auch auf die seiner Jünger, die er hier seine „Kinder" nennt (Za III, 204). Zwar würden seine Jünger vorerst eine Gemeinschaft bilden, vergleichbar mit einer Baumschule, doch strebt Zarathustra an, sie später „aus[zu]heben und einen Jeden für sich allein [zu] stellen: dass er Einsamkeit lerne und Trotz und Vorsicht" (Za III, 204).

Doch bevor er diese Aufgabe erfüllen kann, müsse er sich selbst „vollenden" (Za III, 204). Lange Zeit habe er sich davor gedrückt; die Liebe, so gesteht er, habe ihn „angekettet" (Za III, 205). Zwar liebe „man nur sein Kind und Werk" (Za III, 204), doch warnt Zarathustra davor, dass Liebe nicht in ein „Begehren nach Liebe" umschlagen dürfe (Za III, 205). Es zeichnet sich ab, dass er eine Form der Liebe anstrebt, die nicht auf Gegenseitigkeit angewiesen ist – eine Liebe, die sich frei hingibt, ohne etwas zurückzuverlangen.

Fast hätte er den rechten Moment verpasst, um sich wieder seinen eigenen Zielen zuzuwenden. Aus Liebe zu seinen „Kindern" drohte er selbst zur „Kinder Beute" zu werden. Aber auch aus Furcht vor dem **abgründlichen Gedanken** sei er lange bei seiner Gemeinschaft geblieben, obwohl er den inneren Aufruf vernahm. Nicht länger sei es ihm möglich, seiner Gewissensstimme auszuweichen. So beschließt Zarathustra die heitere Stimmung zu vertreiben, die ihm zur Unzeit, als eine „Seligkeit wider Willen" (Za III, 206), gekommen sei. Als der Abend hereinbricht, macht sich Zarathustra bereit, aber er wartet umsonst. Selbst die Nacht bleibt „hell und still" (Za III, 206) und nährt sein Glück. Der abgründliche Gedanke entzieht sich der eigenen Verfügbarkeit. Nun scheint zwar Zarathustra bereit für seine Aufgabe, aber die Aufgabe nicht für ihn. Vorläufig muss Zarathustra gleich uns auf das Hereinbrechen seines Schicksals warten.

Die Passage markiert einen Wendepunkt in Zarathustras Entwicklung: das bewusste Abwenden von der allzu engen Bindung an seine Jünger zugunsten einer erneuerten Hinwendung zu sich selbst. Das Heimweh – Sinnbild der inneren Zerrissenheit zwischen Gemeinschaft und Individualität – weicht der Einsicht, dass der Rückzug in die Einsamkeit kein Verlust, sondern notwendige Bedingung eines höheren Wachsens ist. Zarathustras Einsicht hat eine doppelte Bewegung: Er erkennt die Bedeutung des Alleinseins nicht nur für sich selbst, sondern auch als pädagogische Notwendigkeit für die, die ihm folgen.

Indem er seine Schüler einst „ausheben" will und sie der Einsamkeit, dem Trotz und der Vorsicht überantwortet, zielt er auf eine Reifung, die nur im Rückzug aus der Gemeinschaft möglich ist. Zugleich reflektiert Zarathustra seine eigenen Schwächen: die Neigung, in der Liebe zu verharren, die Gefahr, sich im Geben zu verlieren und dadurch sich selbst zu verfehlen. Die Liebe, so wird deutlich, kann ebenso bindend wie befreiend sein – je nachdem, ob sie in ein Bedürfnis nach Erwiderung umschlägt. Zarathustras Ideal ist eine asymmetrische Liebe, ein schöpferisches Geben ohne Anspruch auf Rückgabe – ein Gedanke, der an mystische, aber auch existenzialistische Vorstellungen erinnert. Dass er beinahe zu „Kinder Beute" geworden wäre, verweist auf eine subtile Gefahr: Wer sich zu sehr mit dem Werk oder den Schülern identifiziert, verliert den Abstand, der notwendig ist, um es oder sie in die Freiheit zu entlassen. Zarathustras Weg verlangt darum auch eine gewisse Grausamkeit – die Fähigkeit, sich selbst zu entziehen, um den anderen nicht zu dienen, sondern ihn zur Selbstständigkeit zu zwingen.

**Fragen und Anregungen**

- Meinen Sie, dass Zarathustra mit seiner Abkehr von den Jüngern, um sich eigener Herausforderung zu stellen, ein Beispiel für einen guten Lehrer abgibt? Oder denken Sie, dass Zarathustra als Lehrer scheitert, weil er sein eigenes geistiges Wachstum in den Vordergrund stellt und damit seinem Lehrauftrag ausweicht? Begründen Sie.
- Erscheint Ihnen das Ideal einer Liebe, die nicht auf Reziprozität angewiesen ist, attraktiv? Inwiefern?

### 4.2.4 Vor Sonnen-Aufgang

Zarathustra ist, obgleich noch auf dem Schiff, mit sich allein. Vor dem Morgengrauen spricht er zum wolkenlosen Himmel wie in einem Gebet: „Oh Himmel über mir, du Reiner! Tiefer! Du Licht-Abgrund!" (Za III, 207). Während ein Abgrund in herkömmlicher Bedeutung etwas ist, das in die Tiefe reicht oder auch etwas, in das man fallen kann, spiegelt Zarathustra die Bedeutung des Abgrunds. Es gibt einen Abgrund nach unten und einen nach oben. Der Mensch hat es mit zwei Bodenlosigkeiten zu tun.

In das nahezu pantheistische Gebet fließen Zarathustras Naturerfahrungen ein. Er spricht von seinen Wanderungen, seinem Wunsch zu fliegen, den vorbeiziehenden Wolken, die Dieben gleich dem Himmel seine Reinheit rauben. Die Naturerfahrung ist Spiegel seiner Seelenerlebnisse und Erfahrung eines religiösen Gefühls ohne Gott. Zarathustra betrachtet sich als Segnenden, der Ja zu sich als seinem eigenen Himmel sagt.

Die herkömmliche Moral sei trüben Wolken gleich, die den Himmel verschleierten, aber doch bloß vergängliche Phänomene bildeten angesichts der Ewigkeit des Himmels. Der Himmel aber selbst sei unbewohnt, keine Götter seien dort zuhause und der „älteste Adel der Welt" heiße „[v]on Ohngefähr" (Za III, 209). ‚Von Ohngefähr' bedeutet bis ins 17. Jahrhundert hinein „ohne böse absicht, ohne arg, ohne hinterhalt" (vgl. „ohngefähr", DWB, wobei sich in diese Bestimmung schon Töne des Zufälligen mischen, d. h. desjenigen, was „ohne eigenes zuthun, ohne willen, ohne absicht, achtlos, zufällig, daher denn auch unversehens, unvermutet, plötzlich" (DWB) geschieht. Die Kontingenz befreit den Menschen von der

Pflicht, sich einem übergeordneten Zweck unterzuordnen. Die Herkunft des Menschen sei genauso zufällig wie seine Zukunft und in nichts wirke ein „ewiger Wille" (Za III, 209).

Diese pure Kontingenz, der gottlose Himmel als gleichgültig-klare Leinwand, vor der die Menschen ihre kurzen Stücke aufführen, erfüllt Zarathustra mit einem quasi religiösen Gefühl als dem einer grenzenlosen Freiheit. Nicht die Erlösung, nicht der Glaube, dass am Ende alles gut wird oder das Gute über das Böse siegt, lassen Zarathustra wünschen, das ganze Dasein zu segnen, sondern die Sinnlosigkeit allen Daseins als Bedingung dafür, das gesamte Leben als Spiel zu betrachten, erfüllen ihn mit einem Glücksgefühl: „dass du mir ein Tanzboden bist für göttliche Zufälle, dass du mir ein Göttertisch bist für göttliche Würfel und Würfelspieler!" (Za III, 209 f.). Gott als Idee des Guten ist für Zarathustra historisch überholt, aber das Göttliche oder besser Göttlichkeiten im Plural sind geblieben. Wenn der Mensch die ganze Welt bejaht, ist er von Göttlichkeit erfüllt und segnet die Welt, indem er sie gutheißt. Gott wird auf dasjenige reduziert, was die ganze Welt rechtfertigt. Wenn dem Menschen dies, wenn auch nur augenblickhaft, gelingt, wird er gottgleich – zumindest für den Moment.

Als der Sonnenaufgang beginnt und den Himmel rötlich färbt, spricht Zarathustra zu ihm wie zu einem Geliebten, den er durch Komplimente in Verlegenheit bringt und von dem er sich vorläufig verabschiedet: „Oh Himmel über mir, du Schamhafter! Glühender! Oh du mein Glück vor Sonnen-Aufgang! Der Tag kommt: so scheiden wir nun!" (Za III, 210).

Zarathustras Gebet zum Himmel lässt sich, wie auch andere Szenen im dritten Teil, als Zwiegespräch Zarathustras mit sich selbst interpretieren. In diesen Zwiegesprächen externalisiert er eigene Wesenszüge oder personalisiert seine Ideen, wie hier die Herrlichkeit der Kontingenz, ohne dass diese widerspruchsfrei zu seinen anderen Ideen bzw. den nicht-externalisierten Seelenteilen Zarathustras stehen müssten. Insofern ließen sich diese einsamen Monologe als Möglichkeit deuten, wie Zarathustra sich mit verschiedenen Aspekten seiner Persönlichkeit auseinandersetzt. Die Natur wird zur Projektionsfläche seiner Selbstverständigung und ist demnach gerade nicht als Objekt eines neuen Pantheismus zu verstehen.

**Fragen und Anregungen**

- Wie wird der Himmel beschrieben? Hat er eine Geschlechtszugehörigkeit und wenn ja welche? Wie ist die Beziehung zwischen ihm und Zarathustra?
- Welche ‚Göttlichkeiten' ohne Gott können Sie sich vorstellen? Ist für Sie die Möglichkeit einer Transzendenz ohne Gott überzeugend? Oder würden Sie dies als Selbstbetrug deuten? Begründen Sie.

### 4.2.5 Von der verkleinernden Tugend

Zarathustra erreicht das Festland und stellt fest, dass zu Lande alles kleiner geworden sei. Die Häuser würden Puppenhäusern ähneln und seien nicht für „*Männer*"

(Za III, 211) gemacht. Das im Buch gesperrt gedruckte Wort weist schon darauf hin, an was es dieser Gesellschaft nach Zarathustras Meinung mangelt: an einer kämpferischen, selbstständigen Männlichkeit.

Die Ansicht der zu klein geratenen Bauwerke nimmt Zarathustra zum Anlass, sich einem seiner Kernthemen zu widmen: Der herrschenden Tugend, die hier **verkleinernde Tugend** genannt wird. Es ist bereits das vierte Kapitel im Werk, dass die Tugend im Titel trägt. In „Von den Lehrstühlen der Tugend" (s. Abschn. 2.3.2) mokierte sich Zarathustra über Lehrer der Tugend, die ein selbstzufriedenes, beruhigtes Duckmäusertum empfehlen. In „Von den Tugendhaften" (s. Abschn. 3.2.5) enttarnte Zarathustra verschiedene Strategien, mit denen Menschen sich selbst aufwerten und als tugendhaft stilisieren, obwohl diese Tugend aus einem Mangel, einer Schwäche, einer Lüge oder gar dem Neid erwachse. Im Kapitel „Von der schenkenden Tugend" (Abschn. 2.3.22) versuchte Zarathustra ein eigenes Gegenkonzept von Tugend aufzustellen als eines nicht reziproken Verhältnisses der Hingabe an eine Aufgabe, die auch die Selbstaufgabe nicht scheut.

Zarathustra begegnet dem Phänomen der Tugend von unterschiedlichen Seiten: Einmal stehen diejenigen, welche die Tugend lehren, in der Kritik, ein andermal diejenigen, die sich für tugendhaft halten, und schließlich die Kernaussagen der herrschenden Tugendlehre selbst. Aber auch in Kapiteln, die nicht das Wort ‚Tugend' im Titel führen, wird zum Teil intensiv ihr Kanon in Frage gestellt. Im Kapitel „Von den Freuden- und Leidenschaften" (s. Abschn. 2.3.5) beispielsweise setzt sich Zarathustra mit der Herkunft des Wortes ‚Leidenschaft' auseinander, um zu proklamieren, dass es in seiner herkömmlichen Bedeutung überholt sei und man stattdessen dort, wo man seine größten Freuden empfinde, von den **Freudenschaften** als neuen Tugenden sprechen solle.

In der anschließenden Rede, die Zarathustra allem Anschein nach zu sich selber spricht, greift Zarathustra die Tugenden an, die, so können wir schlussfolgern, dem **letzten Menschen** (s. Abschn. 2.2.5) entsprechen, ohne dass Zarathustra diese Kontrastfolie für den Übermenschen ein zweites Mal wörtlich benutzt. Zarathustra setzt mit der Klage an: „Es ist *Alles* kleiner geworden!" (Za III, 211). Die gegenwärtigen Menschen suchten nur „Behagen" (Za III, 213) und dazu passe am besten die „kleine Tugend" (Za III, 213). Bekannte Motive seiner Kritik tauchen als Anspielung auf: „Fragt meinen Fuss, ob ihm ihre Lob- und Lock-Weise gefällt! Wahrlich, nach solchem Takt und Tiktak mag er weder tanzen, noch stille stehn" (Za III, 213). Das maschinelle Funktionieren und das Akzeptieren, Teil eines Systems zu sein, ohne nach dem Warum und Wozu zu fragen, standen bereits im zweiten Teil des Zarathustra in der Kritik (s. Abschn. 3.2.5). Auch, dass Lob und Bewunderung Mittel der Verführung seien, um große Menschen auf kleine Ziele und den Dienst für die Gemeinschaft einzuschwören (s. Abschn. 2.3.17), ist ein bereits bekannter Aspekt. Friedfertigkeit erwachse nur aus der Feigheit und nicht aus dem Respekt vor dem Anderen. Man sei stets begierig nach neuen Annehmlichkeiten und Befriedigungen, sofern dazu keine Anstrengung oder das Bewältigen einer Herausforderung nötig seien. Man würde betrügen, aber nicht kämpfen – „Klug sind sie, ihre Tugenden haben kluge Finger. Aber ihnen fehlen die Fäuste" (Za III, 214). Lügen werde nicht widersprochen und vor allem wolle man, dass alle anderen innerhalb der Gesellschaft ungefährlich seien: „Tugend ist ihnen das, was bescheiden und zahm macht" (Za III, 214). Daher akzeptierten sie nur den, der ihre Tugenden teile. Da die Tugenden feminisiert seien, müssten sich die „Weiber" (Za III, 214) vermännlichen. Die Emanzipation der Frau – sofern wir diese unter dem Vorwurf der Vermännlichung verstehen – sei der Degeneration des Mannes geschuldet. Das ‚Weib' aber, das sich nicht mehr unterwerfe – wir erinnern uns an diesen ihren Hauptantrieb (s. Abschn. 2.3.18) –, könne keine Erlösung mehr finden.

Notgedrungen muss Zarathustra mit seiner Kritik und seinen Gegenproklamationen als Feind einer solchen Gesellschaft wahrgenommen werden. Und die Feindseligkeit, meint Zarathustra, schlüge ihm überall entgegen: „sie beissen nach mir" (Za III, 212), „Sie husten wenn ich rede" (Za III, 212) und „lärmen unter einander: ‚was will uns diese düstere Wolke? Sehen wir zu, dass sie uns nicht eine Seuche bringe'" (Za III, 212). Kinder würden vor ihm in Sicherheit gebracht und abends Gerüchte über ihn erzählt.

Die Hauptanklage, die sie gegen ihn vorbringen, schreibt sich Zarathustra allerdings selbst auf die Fahnen: „Ja! Ich *bin* Zarathustra, der Gottlose!" (Za III, 215). Das gesperrt gedruckte „*bin*" unterstreicht die vollkommene Identifikation mit dem Vorwurf. Er möchte damit alle von sich stoßen, die eben in diesem Urteil eine Verurteilung erblicken. Er aber wendet sich an die, die sich dadurch anspornen oder herausfordern ließen zu einem Wettstreit, wer am gottlosesten zu sein vermöchte: „wer ist gottloser denn ich, dass ich mich seiner Unterweisung freue?" (Za III, 215). Der Zufall, der noch in der vorherigen Rede als Glücksermöglichung besungen wurde, wird hier in ein Herr-Knecht Verhältnis gesetzt: „Und wahrlich, mancher Zufall kam herrisch zu mir: aber herrischer noch sprach zu ihm mein *Wille*, – da lag er schon bittend auf den Knieen" (Za III, 215 f.).

Mit der Behauptung, mit der Kraft des Willens gar Macht auf das Unverfügbare – den Zufall – auszuüben und ihn sich untertan zu machen, steuert Zarathustra nun auf den fulminanten Höhepunkt seiner Rede zu. In immer neuen Wendungen klagt er die verkleinernde Tugend in ihrer Mittelmäßigkeit an. Gerade im Wunsch, sich zu bewahren und zu erhalten, ein Ziel, das schlicht unvereinbar mit der zeitlichen Begrenztheit jeder Existenz ist, würde man fortwährend mehr Substanz verlieren: „‚Es giebt sich' – das ist auch eine Lehre der Ergebung. Aber ich sage euch, ihr Behaglichen: *es nimmt sich* und wird immer mehr noch von euch nehmen!" (Za III, 216).

Das Zentrum des Menschen, so der Vorwurf, sei leer, weil Gott tot ist und die herrschenden Tugenden keine Ideale hervorbrächten. Diese Leerheit unterhöhle die Substanz der Lebenskraft und greife sogar auf die Zukunft aus: „Auch was ihr unterlasst, webt am Gewebe aller Menschen-Zukunft; auch euer Nichts ist ein Spinnennetz und eine Spinne, die von der Zukunft Blute lebt" (Za III, 216).

So sehr Zarathustra auch mit seiner Rede abschreckt und provoziert, möchte er doch eine Verhaltensänderung bewirken. Wenn die Zukunft des Menschen auf dem Spiel steht, müsste sich immerhin jeder aufgerufen fühlen, sein Bestmögliches zu tun, um das Eintreffen der Dystopie aufzuhalten. Zarathustras wiederholte Selbstanklage, wozu er eigentlich rede, wenn doch „Niemand *meine* Ohren hat" (Za III, 216), weidet sich am Fatalismus. Dieser kann nur durch eines gebrochen werden –

eine Zerstörungsfantasie, die alles ‚Verrottete‘ hinwegzufegen wünscht: „Und *bald* sollen sie mir dastehn wie dürres Gras und Steppe, und wahrlich! ihrer selber müde – und mehr, als nach Wasser, nach *Feuer* lechzend! […] Laufende Feuer will ich einst noch aus ihnen machen und Verkünder mit Flammen-Zungen: – – verkünden sollen sie einst noch mit Flammen-Zungen: Er kommt, er ist nahe, *der grosse Mittag!*“ Die dekadenten Überbleibsel einer verarmten Kultur würden das Strohfeuer sein, das die große Erneuerung einleite und damit eine Umwandlung der Werte in Zarathustras Sinne. In der großartigen Fantasie erklärt sich Zarathustra trotz fehlender Zuhörer zum künftigen Sieger.

**Fragen und Anregungen**

- Welche Kapitel, die nicht das Wort ‚Tugend‘ im Titel führen, würden Sie trotzdem dem Themenkreis Tugend zuordnen? Warum?
- „Es giebt Schauspieler wider Wissen unter ihnen und Schauspieler wider Willen –, die Ächten sind immer selten, sonderlich die ächten Schauspieler“ (Za III, 213). Wie würden Sie die drei Unterkategorien des Schauspielertypus in eigenen Worten beschreiben? Wie stellen Sie sich diese vor?
- Die Spinne und ihr Netz – in welchen Kapiteln sind wir beidem schon begegnet? Wie lässt sich die Metapher deuten?
- Wird mit den Männlichkeits- und Größenfantasien Zarathustras Größe betont oder unterminiert? Denken Sie, dass die intendierte Wirkung mit der tatsächlichen Wirkung übereinstimmt? Inwiefern wirkte die Rede früher womöglich anders als heute?
- Hält Zarathustra die Rede vor sich selbst oder vor Zuhörern? Was erscheint Ihnen plausibler? Und angenommen, er spricht mit sich selbst, hat dann die Behauptung, niemand besäße seine Ohren, um seine Rede zu hören, einen komischen Effekt?

### 4.2.6 Auf dem Oelberge

Das Kapitel schildert einen Moment der inneren Einkehr Zarathustras. Es ist eine poetische Passage, die sich mit Zarathustras Verhältnis zu sich selbst, zu seinen Idealen und zu den anderen Menschen auseinandersetzt. Zarathustra zieht sich auf den „Oelberge“ (Za III, 218) zurück, eine symbolische Anspielung auf den biblischen Ort, an dem Jesus betete. Doch bei Zarathustra ist es kein Ort der Buße, sondern der Einsicht und Selbstbegegnung. Mitten im Winter ist der Ort beim **Ölberg** ein „Sonnen-Winkel“ (Za III, 218), der sowohl für Klarheit als auch für Glück steht.

Der Winter, ein zentrales Motiv der Rede, steht für Prozesse, die mit Prüfung und geistiger Klärung verbunden sind. Während andere über die Kälte des Winters klagen, weiß Zarathustra sie sich nutzbar zu machen. Seine Wintererfahrungen werden zum Spiegel seines innerlichen Wachstums. Wenn ihm zu kalt wird, weiß er die Kälte zu vertreiben, indem er läuft, bis ihm wieder warm wird, in der Dunkelheit „kitzel[t]“ (Za III, 219) er mit einer Kerze den Winter, durch ein kaltes Bad wiederum spottet er seiner Kälte.

Während andere es sich vor Öfen gemütlich machen und somit der Härte des Winters entfliehen, erlebt Zarathustra zahlreiche Augenblicke der Freude im Winter. Diejenigen, die sich aber in warmen Stuben verstecken, können gar nicht anders als Zarathustra mit seinen vom Winter blau gefärbten Fingern zu bemitleiden.

Damit spielt Zarathustra auf einen weiteren Kritikpunkt am Mitleiden an. Diejenigen, die nicht leiden, bemitleiden denjenigen, an dem sie Zeichen des Leidens bemerken. Dass aber das Leiden nur die sichtbare Seite ist, während das Glück, das man erfährt, wenn man sich einer Härte aussetzt, unsichtbar bleibt, entgeht ihnen. Sie glauben, mit dem Nicht-Leiden auf einem höheren Niveau zu stehen, denn sonst hätten sie kein Mitleid, in Wirklichkeit aber verkennen sie, dass sie auf niedrigerer Stufe verweilen und sowohl weniger Leid als auch weniger Glück erfahren und ihr Leben im Angenehmen verarmt.

Der Winter ist insbesondere eine Metapher für fehlende menschliche Gesellschaft und Wärme, ihm korrespondiert das Schweigen, das Zarathustra in dem Kapitel mehrfach lobt. Gleichzeitig sind sowohl Schnee als auch Eis, die Boten des Winters, mit Reinheit und Klarheit verknüpft. Genauso möchte Zarathustra selbst ein klares Wasser sein, und wenn ihm trotzdem niemand auf den Grund sehen kann, dann nicht deswegen, weil er sein Wasser getrübt habe, sondern weil es so tief sei.

Dass er von der Gemeinschaft verkannt und sogar noch bemitleidet wird, muss Zarathustra hinnehmen. Das Verkannt-Werden wird ihm sogar zur Notwendigkeit, mit der er der Gemeinschaft entkommt. Ansonsten würde sie ihn wie einen gefangenen Fisch aufschlitzen. Im Bild gesprochen wird er so zum Fisch in seinem eigenen klaren Gewässer.

Seine Heiterkeit, sein Glück, sind nicht einfach nur unsichtbar. Die Unsichtbarkeit ist, wie wir im weiteren Verlauf von Zarathustra erfahren, selbst gewollt, um seinetwillen und um der anderen willen. Denn diese „Neidbolde" (Za III, 220) könnten sein „Glück" (Za III, 220) gar nicht ertragen. Entsprechend dem Kapitel „Von den Mitleidigen" (s. Abschn. 3.2.3) sind sie zwar fähig zum Mitleiden, aber nicht zur Mitfreude.

So behauptet Zarathustra, er hebe die leidvollen Seiten noch stärker hervor, nur um andere Menschen nicht zu kränken: „Diess ist der weise Muthwille und Wohlwille meiner Seele, dass sie ihren Winter und ihre Froststürme *nicht verbirgt*" (Za III, 221). Die Kluft zwischen dem, wie andere Zarathustras Allgemeinzustand bewerten und wie er selbst es tut, könnte indes nicht größer sein: „Mögen sie mich bemitleiden [...]: ‚am Eis der Erkenntniss *erfriert* er uns noch!' [...] Inzwischen laufe ich mit warmen Füssen kreuz und quer auf meinem Oelberge: im Sonnen-Winkel meines Oelberges singe und spotte ich alles Mitleids" (Za III, 221).

**Fragen und Anregungen**

- Wofür steht die Jahreszeit des Winters symbolisch? Was verbinden Sie persönlich mit dem Winter?
- „Aller guten Dinge Ursprung ist tausendfältig, – alle guten muthwillen Dinge springen vor Lust in's Dasein: wie sollten sie das immer nur – Ein Mal thun!" (Za III, 219). Interpretieren Sie das Zitat im Zusammenhang mit der geistigen Vorbereitung auf den Wiederkunftsgedanken.

### 4.2.7 Vom Vorübergehen

Zarathustra gelangt zur „*grossen Stadt*“ (Za III, 222), an deren Stadttoren er einem Menschen begegnet, den das Volk „den Affen Zarathustra's“ (Za III, 222) nennt. Es handelt sich um einen **Narren**, der sich darauf spezialisiert hat, Zarathustra in Tonfall und Inhalt seiner Rede zu persiflieren. Er beginnt sofort, Zarathustra vor der **großen Stadt** zu warnen, die nur eine „Hölle für Einsiedler-Gedanken“ (Za III, 222) sei.

In der Rede des Narren werden tatsächlich viele Elemente aufgegriffen, die Teil zarathustrischer Kritik an Städten, Volk und Tugenden sind. Dabei fällt die inhaltliche Nähe besonders im Vergleich zu den Kapiteln „Vom neuen Götzen“ (s. Abschn. 2.3.11) und „Vom Gesindel“ (s. Abschn. 3.2.6) auf. So erzählt der Narr, dass diese Stadt alle Edlen und Einsamen verderben müsse, dass es eine Stadt für Krämer sei, in der alle nur zu Geld und offiziellen Ehren gelangen wollten. Tugend, Glaube und Dienst sind die Werte, die der Narr als geheuchelte und erbärmliche enttarnen möchte. Die herrschende Tugend nennt er eine „Bettel-Tugend“ (Za III, 223), ähnlich wie Zarathustra sie als verkleinernde bezeichnete (s. Abschn. 4.2.5). Den angeblichen Gottesglauben versucht der Narr zu demaskieren als Glaube an seine irdischen Vertreter und damit als dumpfen Autoritätsglauben, der stets den eigenen Vorteil im Auge habe, wenn der Autorität geschmeichelt werde. So tröpfelt der „gnädige Speichel“ (Za III, 223) von oben. Mit Wortneuschöpfungen und Metaphern kreiert der Narr besonders klangvolle Sentenzen, die ebenfalls an Zarathustras Redeweise erinnern: „Es giebt hier auch viel Frömmigkeit und viel gläubige Speichel-Leckerei, Schmeichel-Bäckerei vor dem Gott der Heerschaaren“ (Za III, 223).

Wie in „Vom neuen Götzen“ werden einige Berufe wie der Journalismus besonders abgewertet: „Und sie machen noch Zeitungen aus diesen Lumpen! Hörst du nicht, wie der Geist hier zum Wortspiel wurde?“ (Za III, 223). So spricht der Narr und im Vergleich dazu Zarathustra: „Seht mir doch diese Überflüssigen! Krank sind sie immer, sie erbrechen ihre Galle und nennen es Zeitung“ (Za I, 63).

Wie in „Vom Gesindel“ wird die Nivellierung zwischen den Herrschenden und Beherrschten angeklagt. Diese Nivellierung findet durch den Geldverkehr statt. Nicht nur das Volk ist abhängig vom Besitz, sondern auch die Fürsten. Denn wenn Krämer mehr Geld als Fürsten haben, gewinnen die Krämer politische Macht. Der Krämer steht sinnbildlich für jemanden, der keinen anderen Sinn im Leben kennt als mehr Geld anhäufen zu wollen. Für den Narren gerät damit der Fürst, der vom Krämer abhängig ist, zur machtlosen Witzfigur: „Der Gott der Heerschaaren ist kein Gott der Goldbarren; der Fürst denkt, aber der Krämer – lenkt! […] Speie auf diese Stadt der Krämer und kehre um!“ (Za III, 223). Auch Zarathustra ist die Abhängigkeit der Mächtigen von den Besitzenden zu groß: „Und den Herrschenden wandt' ich den Rücken, als ich sah, was sie jetzt Herrschen nennen: schachern und markten um Macht – mit dem Gesindel!“ (Za II, 125).

Zarathustra gebietet dem Narren Einhalt, indem er ihm den Mund zuhält. Zu lange habe der Narr im „Sumpfe“ (Za III, 224) der Stadt gewohnt, nun sei er selber zur „Kröte“ (Za III, 224) geworden. Wenn es denn so schlimm sei, fragt Zarathustra den Narren, warum sei er dann so lange dageblieben? Zarathustra unterscheidet zwischen seinen eigenen Motiven und denen des Narren: „Ich verachte dein Verachten; und wenn du mich warntest, – warum warntest du dich nicht selber? Aus der Liebe allein soll mir mein Verachten und mein warnender Vogel auffliegen“ (Za III, 224). Verachten ist für Zarathustra nicht an und für sich ein Wert, sondern muss Liebe zur Bedingung haben. Verachtung, die allein aus Kränkung und aus zu wenig sozialer Anerkennung erwächst, entspricht vielmehr dem Geist des **Ressentiments**, den Zarathustra ablehnt. Diesen Geist meint er ihm Narren zu erkennen: „Rache nämlich, du eitler Narr, ist all dein Schäumen, ich errieth dich wohl!“ (Za III, 224).

Daher habe der Narr nicht das Recht zu Zarathustras Worten und Wahrheiten. Selbst wenn der Narr inhaltlich das Gleiche sage, würde der Narr mit diesen Worten „immer – Unrecht *thun*!“ (Za III, 225). Das im Werk gesperrt gedruckte Wort „thun“ unterstreicht die Bedeutung des Sprechens als persönliches Handeln. Die gesprochene Sprache existiert nicht für sich selbst, sondern ihr Wahrheitsgehalt ist auch davon abhängig, wer spricht. Sie kann für die Zuhörenden nur dann für wahr gehalten werden, wenn der Sprechende ihnen selbst als wahrhaftig gilt. Wahrhaftigkeit kann hier als Übereinstimmung zwischen Lebensführung und Denkpraxis verstanden werden. Der Narr, der Zarathustra davor warnt, in die Stadt zu gehen, aber selbst in der Stadt bleibt, repräsentiert einen immanenten Selbstwiderspruch.

Zarathustra ist gleichermaßen abgestoßen vom Narren wie von der vom Narren beschimpften großen Stadt und beschließt, diese zu meiden. Zuletzt aber gibt er dem Narren noch einen Ratschlag mit auf den Weg: „wo man nicht mehr lieben kann, da soll man – *vorübergehn!*“ (Za III, 225).

**Fragen und Anregungen**

- Lesen Sie noch einmal die Reden „Vom neuen Götzen“ (Za I) und „Vom Gesindel“ (Za II). Welche weiteren Motive aus diesen Reden tauchen in der Persiflage des Narren auf?
- Zarathustra befürchtet, der hasserfüllte Narr könnte ihm noch sein „Lob der Narrheit“ (Za III, 224) verderben. Wie wird bisher der Narr und die Narrheit im Zarathustra bewertet? Denken Sie auch an den Possenreißer in der Vorrede zurück.

### 4.2.8 Von den Abtrünnigen

Herbststimmung gibt Zarathustra Anlass, an diejenigen aus seiner Gemeinschaft zu denken, die von ihm abgefallen und wieder gläubig geworden sind. Wie welke Blätter gehören sie zu dem absterbenden Teil, der im nächsten Frühling nicht wieder erblühen wird. Zarathustra sinniert, dass manche nicht das Durchhaltevermögen gehabt hätten, um mit ihm zu wandern: „Noch jüngst sah ich sie in der Frühe auf tapferen Füssen hinauslaufen: aber ihre Füsse der Erkenntniss wurden müde, und nun verleumden sie auch noch ihre Morgen-Tapferkeit" (Za III, 226). Das Wandern und das Hinausziehen in die Welt sind nicht nur wörtlich zu verstehen, sondern auch Metaphern für das Loslösen aus alten Traditionen, Geschichten und von Werten, die bisher die Menschen aneinanderbanden. Sie bedeuten Heimatverlust und Einsamkeit. Die Härten einer solchen ‚Wanderung' sind schwer zu ertragen. Und so stellt es für viele eine Versuchung da, bald schon zur vertrauten Gesellschaft zurückzukehren, auch wenn diese keine wahre Zukunft versprechen kann und daher nur zum Preis des Selbstbetrugs zu haben ist.

Nur die wirklich Mutigen sind für Zarathustra wahre Gefährten. Die ersten, die ihm folgten, mögen „Leichname und Possenreisser" (Za III, 227; s. auch Abschn. 2.2.7 und 2.2.8) gewesen sein und die Darauffolgenden von einem schwärmerischen Glauben beseelt. Die Erwähnung des **Possenreißers** im Anschluss an das Kapitel „Vom Vorübergehen" betont das Defizitäre der bisher erwähnten Narrengestalten. Der Außenseiter, der, von der Gesellschaft verstoßen, sich ihr anbiedert, obwohl er sie kritisiert, ist kein Adressat für Zarathustras Lehre. Genauso wenig werde er sein Herz an diejenigen hängen, die nur nach einem neuen Glauben suchten. Sie seien nur „Halb- und Halbe" ohne Potential zur Verwandlung. In der Bildlichkeit Zarathustras gesprochen gehören sie zu demjenigen Teil seiner Gemeinschaft, der den Winter – als Phase der Klärung, Selbstprüfung und Einsamkeit – nicht überstehen wird. Da sie sowieso zum Untergang verdammt seien, wünscht sich Zarathustra, er könne ihren Untergang bzw. ihren Abfall noch beschleunigen: „– blase unter diese Blätter, oh Zarathustra: dass alles Welke schneller noch von dir davonlaufe! –" (Za III, 227).

Wer aber einmal Zarathustra begleitet habe, dem solle es eine „Schmach" (Za III, 227) sein, wieder zu beten. In vielen farbenprächtigen Metaphern malt Zarathustra das lichtscheue Leben der „Abtrünnigen" (Za III, 227). Das Bild vom Herbst und von Feierabenden, die nicht zu einer Feier einladen, sondern zu einer leisen Jagd, wo Vorhänge scheu angehoben werden, um zu beobachten, evozieren den Eindruck einer kleinbürgerlichen Welt, in der sich Nachbarn gegenseitig ausspionieren und das Einhalten der Konventionen und Regeln streng überwachen (vgl. Za III, 228). Abend, Nacht, Dunkelheit, dunkle Ecken, Sümpfe und das enge Beieinander-Hocken deuten eine duckmäuserische Gemeinschaft an, in der nicht zuletzt auch die Spinne des christlichen Glaubens am liebsten direkt „unter Kreuzen" (Za III, 228) ihr verfängliches Netz spinnt.

Zuletzt, und damit wird auf ein weiteres Motiv aus der Vorrede angespielt, begegnet Zarathustra zwei **Nachtwächtern** (s. die Totengräber in Abschn. 2.2.8), die sich despektierlich über den christlichen Gott als Vater unterhalten. Gott sei in die Jahre gekommen und habe die für einen Greis typischen Altersschwächen entwickelt. So spricht der eine: „Für einen Vater sorgt er nicht genug um seine Kinder: Menschen-Väter thun diess besser!" (Za III, 229). Und: „Ja! Ja! Der Glaube macht ihn selig, der Glaube an ihn. Das ist so die Art alter Leute! So geht's uns auch!" (Za III, 229). Die Nachtwächter, die Vorboten des Todes, haben den **Tod Gottes** Zarathustra zufolge verpasst. Zwar sehen sie die Alterserscheinungen – eine Anspielung darauf, dass sie die Gotteshypothese in vielen Punkten nicht mehr überzeugend finden –, aber sie ziehen noch keine Konsequenzen daraus.

Dabei müsste dieser Gottesglaube schon lange vorbei sein. Die „alten Götter[...]" (Za III, 230), eine Anspielung auf frühere polytheistische Weltbilder, hätten sich bei der Vorstellung eines einzigen Gottes, der ausgerechnet von Eifersucht geplagt werde, zu Tode gelacht. Warum sollte Gott auch eifersüchtig sein, wenn es außer ihm keine anderen Götter gibt? Die Forderung eines monotheistischen Gottes: „Du sollst keinen anderen Gott haben neben mir" (2 Mose 20:3), hält Zarathustra für komisch. Der polytheistischen Götterhimmel geht allerdings – trotz seiner geistigen Überlegenheit – zugrunde und wird vom Christentum abgelöst. Wo existieren also die Götter? Allein als Projektion in den Köpfen der Menschen. Daher hat Gott, selbst wenn er niemals außerhalb menschlicher Ideen existiert, tatsächlich ‚gelebt' und konnte folgerichtig – als Idee – auch ‚sterben'.

Wie kann er aber tot sein, wenn doch noch viele Menschen, wie die Nachtwächter, denen Zarathustra begegnet, an ihn glauben? Zwar haben Zarathustra zufolge die moderne Wissenschaft und die rationale Vernunft den christlichen Glauben für unglaubwürdig befunden. Die christlichen Werte sind aber weiterhin in Geltung, auch wenn ihr Fundament weggebrochen ist. Die Menschen leben in einer Selbsttäuschung: An der Oberfläche gläubig, in der Tiefe aber ungläubig und orientierungslos. Daher vermag es die derzeitige Gesellschaft auch nicht mehr, Menschen von Idealen zu überzeugen, sie auf eine positive Art zusammenzuhalten oder aus sich etwas Neues zu schaffen. Sie ist dekadent und wird an ihren inneren Widersprüchen zu Grunde gehen.

Die Rede „Von den Abtrünnigen" hält Zarathustra ausgerechnet in der Stadt „die bunte Kuh", die er besonders mag und in der er seine ersten Jünger gewann. Sie liegt nicht weit von seiner früheren Eremitage, in die er zurückzukehren gedenkt. Der Kreis beginnt sich zu schließen.

**Fragen und Anregungen**

- Mit welchem rhetorischen Ziel wird auf die früheren Gestalten aus der Vorrede angespielt?
- Welche Anspielungen auf Bibelzitate können Sie finden?
- Welche Adressaten wünscht sich Zarathustra? Welche möchte er von sich stoßen? Oder meinen Sie, dass er auf diejenigen am meisten Wirkung ausübt, die er ablehnt?

### 4.2.9 Die Heimkehr

Zarathustra ist in seiner Eremitage angekommen, von der er im ersten Kapitel aufbrach (s. Abschn. 2.2.2). Er freut sich des Glücks seiner Einsamkeit und nennt sie seine Heimat, d. h. Zarathustra bezeichnet denjenigen Ort als Heimat, an dem das Individuum allein mit sich im Gespräch ist. Bei den Anderen sei man notgedrungen in der Fremde. Damit verändert Zarathustra die geläufige Bedeutung von Heimat als dem Ort, wo man geboren und aufgewachsen ist oder dem man sich aufgrund lang gewachsener Beziehungen emotional verbunden fühlt. Die zwangsläufige Verlogenheit des Menschen in Gesellschaft mache die Fremde aus. Wahre Ehrlichkeit gibt es nach Zarathustra nur im Alleinsein mit sich selbst: „Hier aber bist du bei dir zu Heim und Hause; hier kannst du Alles hinausreden und alle Gründe ausschütten, Nichts schämt sich hier versteckter, verstockter Gefühle“ (Za III, 231).

Zarathustra lässt sich von der personifizierten und phantasierten Heimat „Einsamkeit“ (Za III, 321) trösten. Wie eine Mutter, die im Nachhinein recht behalten habe, würde sie ihn sanft schelten. Denn sie wisse ja, was ihn unter Menschen erwartet habe. Die **Heimat Einsamkeit** würde sprechen: „Ein Anderes ist Verlassenheit, ein Anderes Einsamkeit: *Das* – lerntest du nun! Und dass du unter Menschen immer wild und fremd sein wirst“ (Za III, 231).

Es ist also ein persönliches Urteil, das Zarathustra über sich selbst verhängt, wenn er die Rede der Heimat imaginiert. Für eine Person wie ihn sei eine heimelige Gemeinschaft unmöglich. Einsamkeit werde erst dann negativ erfahren, wenn man sie als Verlassenheit verstünde. Dieses Verlassenheitsgefühl tauche allerdings vornehmlich in menschlicher Gemeinschaft auf. Die Einsamkeit des Alleinseins währenddessen empfindet Zarathustra als warm und tröstend.

Wir sehen, Zarathustra ist nun weit entfernt von der Gefühlslage, mit der er seine Freunde verließ und von den glückseligen Inseln aufbrach. Mit keinem Wort gedenkt er noch achtungsvoll seiner ‚Freunde‘. Zarathustra lässt die Heimat Einsamkeit seine Geschichte nun retrospektiv als eine des Scheiterns erzählen, eines Scheiterns, das, so könnten wir schließen, nun endet, weil er zu ihr, die „selig und zärtlich“ (Za III, 232) zu ihm spreche, zurückgekehrt sei. Verlassen sei er gewesen, als die Menschen ihn bei seinen ersten Reden auslachten und er sich von seinen Tieren fortführen ließ (s. Abschn. 2.2.10). Verlassen sei er gewesen, als er das **Nachtlied** (s. Abschn. 3.2.9) sang, verlassen, als die **stillste Stunde** (s. Abschn. 3.2.22) sein innerstes Selbst marterte. Nun aber erscheint Zarathustra seinen Quell der Kreativität in der Einsamkeit wiederzufinden: Alles sei wieder „hell“ (Za III, 232) und „offen“ (Za III, 232), alle „Seins Worte und Wort-Schreine“ (Za III, 232) sprängen wieder auf.

Menschliche Gesellschaft wird weithin abgewertet. Dies geschieht jetzt nicht mehr durch die imaginierte Rede der Heimat Einsamkeit, sondern durch Zarathustra selbst. Er klagt, dass im Gerede nichts gehört, sondern alles nur zerredet werde, dass es keine Tiefe gebe, keine stille, einsame Vorbereitung für große Taten und dass er alle anderen immer mehr geschont habe als sich selbst (vgl. Za III, 232 f.). Aus Mitleid habe er Menschen angelogen und sie als ehrwürdiger angesprochen, als sie gewesen seien, „Weise“ (Za III, 234) habe er sie genannt, obschon sie „Steife“ (Za III, 234) gewesen seien und die **Totengräber** habe er „Forscher und Prüfer“ (Za III, 234) genannt. Er sei ein Narr gewesen, bereit, sich selbst „zu verkennen“ (Za III, 233), um andere Menschen zu ertragen.

Zarathustra fühlt sich glücklich darüber, dass er nun alle Menschen losgeworden und wieder in den Bergen alleine ist. Wie von einem Schnupfen genesen niest er, von den „scharfen Lüften gekitzelt [...] und jubelt sich zu: Gesundheit!“ (Za III, 234).

Wir sehen Zarathustra in diesem Kapitel nicht als einen gleichmütigen Weisen, der in gleicher Stimmungslage, die immer gleichen Weisheiten verkündet, sondern als jemanden, der mit seinen Standpunkten ringt, mal über sie triumphiert, sich an ihnen erfreut, mal mit ihnen kämpft oder an ihnen leidet. Es bleibt allerdings offen, ob seine Entwicklung als Erklimmen der nächsten Stufe im Sinne zarathustrischer Lehre gedeutet werden kann. Auf der einen Seite hat Zarathustra seine Depression und sein Leid überwunden, er stellt sich dem Alleinsein und lernt es sukzessive zu genießen und schließlich der menschlichen Gemeinschaft vorzuziehen: Ein Selbstermächtigungsprozess, der einen davon befreit, auf menschliche Gesellschaft angewiesen zu sein.

Auf der anderen Seite könnten wir uns durchaus fragen, ob Zarathustra als Verkünder neuer philosophischer Wahrheiten und einer eigenen Lehre scheitert. Zuerst sprach er zu vielen, wurde verlacht, suchte sich dann eine ausgewählte Gruppe, die er in Selbstzweifeln verließ, um sich in zunehmendem Selbstgespräch ganz in seine Einsamkeit zurückzuziehen, die er fatalerweise überschätzt. Sein Scheitern als Lehrer verbrämt er, indem er sich als großartigen Einsamen stilisiert und jegliche Gemeinschaft durch die Behauptung abwertet, dass in Gesellschaft die schönsten, edelsten und tiefsinnigsten Gedanken schlecht würden.

Ist das plötzliche Niesen, dass die wilden Winde aus ihm herauskitzeln, ein Zeichen der Gesundheit oder nicht doch ein Hinweis darauf, dass Zarathustra an der Einsamkeit erkrankt und er sie daher verherrlichen und andere (und damit auch implizit seine Gemeinschaft und Freunde) abwerten muss?

**Fragen und Anregungen**

- Was denken Sie: Erringt Zarathustra mit der Rückkehr in die Einsamkeit einen Sieg über sich selbst oder würden Sie die Rückkehr als eine Form von Eskapismus betrachten? Sammeln Sie Argumente für beide Seiten.
- Wie lobt Zarathustra die Einsamkeit? Wie wertet er das Leben in Gesellschaft ab? Welchen Punkten können Sie zustimmen und warum?

### 4.2.10 Von den drei Bösen

Zarathustra reflektiert über einen Traum, den er am frühen Morgen träumte. In diesem stand er auf einem Vorgebirge, „hielt eine Wage [sic!] und *wog* die Welt" (Za III, 235). Das Motiv des Seelenwiegens, das im Zarathustra modifiziert wird, stammt ursprünglich aus dem alten Ägypten. Die Totengötter, unter ihnen Osiris, Anubis und Thot, wogen das Herz des Toten, sprachen das Urteil und notierten es im Totenbuch. Auf die andere Seite der Waagschale personifizierte sich Maat, eine Göttin der Harmonie und des Ausgleichs, in Gestalt einer Feder. War das Herz schwerer als die Feder und sank die Waagschale, wurde es der Vernichtung anheimgegeben und die Ba-Seele durfte nicht in das Totenreich einkehren. Im Mittelalter und der frühen Neuzeit wurde das Seelewiegen adaptiert und nun mit Erzengel Michael in der Rolle des unbestechlichen des ‚Seelenwägers' ein zentrales Motiv der christlichen Ikonographie. Theologisch wurde das Symbol umgedeutet: Die Waage symbolisiert die göttliche Gerechtigkeit und mahnt als Bildnis vorzugsweise an Kirchenportalen die Gläubigen, ein tugendhaftes Leben zu führen.

Zarathustra wiegt im Traum allerdings keine Seele, sondern die ganze Welt, die ihm in ihrer Endlichkeit positiv entgegenstrahlt. So erscheint sie ihm wie ein „voller Apfel [...] mit kühl-sanfter sammtener Haut" (Za III, 235), wie ein Baum, der den Wandernden zum Rasten einlädt, wie ein „Schrein", gemacht für verzückte Augen (vgl. Za III, 236), und er schließt zusammenfassend: „ein menschlich gutes Ding war mir heut die Welt, der man so Böses nachredet!" (Za III, 236).

Leider aber habe ihn die Morgensonne zu früh geweckt, sodass der Ausgang des Traumes ungewiss bleibt, weswegen Zarathustra beschließt, nun im Wachen das Experiment unter geänderten Bedingungen zu wiederholen. Er will allein die Dinge wiegen, die auf der Welt am meisten verflucht wurden, und zwar „*Wollust, Herrschsucht, Selbstsucht*" (Za, III 236). Wenn selbst dieses **Böse** nicht zu verdammen ist, so dürfen wir schließen, kann die gesamte Welt gutgeheißen werden.

Zunächst wird die Wollust geprüft. Und tatsächlich habe man sie verschrien, als das „Feuer" (Za III, 237) auf dem man verbrannt werde, als ein Zuviel von „Welt" (Za III, 237) und „Pfuhl" (Za III, 237), das von jenseitigen Werten ablenke und nur ein „süsslich[es] Gift" (Za III, 237) sei. Dieser herkömmlichen Moral, die für das „Gesindel" (Za III, 237) gelte, stellt Zarathustra sein Lob der Wollust entgegen, denn für den „Löwen-Willigen" (Za III, 237) sei sie „die grosse Herzstärkung" (Za III, 237). Ihr Glück sei ein Gleichnis für noch höheres Glück, für Ehe und ein „mehr als Ehe" (Za III, 237). Dennoch hält sich Zarathustra mit dem Lob der Wollust zurück, denn er möchte in seine „Gärten" (Za III, 237) keine „Schweine und Schwärmer" (Za III, 237) hineinbrechen sehen. Keinesfalls möchte Zarathustra durch seine Verherrlichung diejenigen Triebgesteuerten an sich ziehen, die purer Wollust unterworfen sind. Letztlich ist Wollust bei Zarathustra ein Ermöglichungsgrund für höheres Schaffen und kein letztes Ziel.

Ausführlicher setzt sich Zarathustra mit der Herrschsucht auseinander. Tatsächlich ist diese Sünde diejenige, die von ihm am ambivalentesten gezeichnet wird. Wer von Herrschsucht getrieben werde, sei eine „düstre Flamme lebendiger Scheiterhaufen" (Za III, 237). Nicht nur die Beherrschten, sondern auch die Herrschsüchtigen würden in dieser Flamme verbrennen. Sie sei dasjenige, was alles Morsche beiseite fege und aller Dekadenz ein Ende setze. Sie mache die Beherrschten zu etwas niedrigerem „als Schlange und Schwein" (Za III, 238), wobei wir die Schlange hier als Wesen der Hinterlist und der Klugheit, die versucht, mit den Herrschenden zu taktieren, und das Schwein als Wesen, das sich nur noch um seine Existenzbedürfnisse kümmert, deuten können. Die Herrschsucht, die dazu befähige, andere Menschen zu unterwerfen und deren Leben unter das der Tiere herabzuwürdigen, bringe als ungewolltes Nebenprodukt die große Selbstverachtung der Unterworfenen hervor, durch die ein Transformationspotential entstehe, wenn die Verachtung zur Selbstauslöschung verführe: „hinweg mit *mir*!" (Za III, 238).

Herrschsucht sei aber auch der Wunsch „zu Reinen und Einsamen und hinauf zu selbstgenugsamen Höhen“ (Za III, 238). Und wenn es die Höhe schließlich nach Macht gelüstet über die Tiefe, so sei dies nur ihr natürliches Pendant, durch das es ihr gelinge, nicht zu einsam zu werden. Ein solches Zusammenspiel, wenn das Hohe zu dem Niederen komme und es mit hohen „Winde[n]“ (Za III, 238) beehre – Zarathustra bleibt ganz in seiner metaphorischen Sprache – habe er selbst einmal als „Schenkende Tugend“ (Za III, 238, s. Abschn. 2.3.22) bezeichnet.

Abschließend wendet sich Zarathustra der Selbstsucht zu, um sie zu verherrlichen. Kritische Töne sind nun nicht mehr zu hören. Sie sei Einklang mit sich selbst, Verbindung von „mächtiger Seele“ (Za III, 238) und „geschmeidige[m] Leib“ (Za III, 238). Ihre Bewegung entspreche dem Tanz und ihre Freude sei „Selbst-Lust“ (Za III, 239). Diese von sich selbst gut denkende Seele lehne nur alles ab, was feige sei: „Verächtlich dünkt ihr der immer Sorgende, Seufzende, Klägliche und wer auch die kleinsten Vortheile aufliest“ (Za III, 239). Sie lehne alle einseitige Weisheit ab, die nur das Schlechte in der Welt sehen wolle, sie lehne devotes Verhalten ab und Ressentiment. Sie verachte alles Unfreie und „alle die Priester, Weltmüden und wessen Seele von Weibs- und Knechtsart“ (Za III, 239) sei.

Dass all diese Verachteten wiederum die Selbstsucht als Sünde verschrien hätten, sei letztlich nur logisch. Es sei eine Überlebensstrategie der Schwachen, die Selbstsucht als böse zu kennzeichnen und einen Tugendkanon aufzustellen, in dessen Zentrum die Selbstlosigkeit stehe. Denn diejenigen, die selbst zu schwach sind, um sich gut finden zu können, profitieren von einer Moral, in der sich niemand für wertvoll halten darf. Die Selbstlosigkeit zur Tugend zu erheben, ist allerdings selbst nicht selbstlos, sondern eigennützig. Diesen Vorwurf der Scheinheiligkeit macht Zarathustra allerdings nur zwischen den Zeilen, wenn er spricht: „Und Das gerade sollte Tugend sein und Tugend heissen, dass man der Selbstsucht übel mitspiele! Und ‚selbstlos‘ – so wünschten sich selber mit gutem Grunde alle diese weltmüden Feiglinge und Kreuzspinnen!“ (Za III, 240). Sie wünschen eben nur selbstlos zu sein, weil sie es gerade nicht sind. Ihre eigene Existenz steht im Widerspruch zur Selbstlosigkeit, denn auf wörtlicher Ebene wird sich das Selbst los, wenn es stirbt. Die „weltmüden Feiglinge und Kreuzspinnen“ könnten nur durch den Selbstmord beweisen, dass sie an das glauben, was sie behaupten.

Da Zarathustra nach eigenem Empfinden die drei großen Laster Wollust, Herrschsucht und Selbstsucht gewogen und für gut befunden hat, prophezeit er den Tag der Wandlung und des „Richtschwert[s]“ (Za III, 240), nämlich den vielbeschworenen „*grosse[n] Mittag*“ (Za III, 240).

In seiner Rede kehrt Zarathustra die christliche Moral um. Das, was in dieser Moral als Laster erscheint, wird in zarathustrischer Neubestimmung Grundvoraussetzung für ein authentisches, schöpferisches Dasein, das sich selbst gutheißen mag. Die Rede verdeutlicht auch die Kritik an der christlichen Moral, indem sie zeigt, welchen Preis die Verleumdung von Wollust, Herrschsucht und Selbstsucht mit sich bringt, nämlich den der Lebens- und Weltverachtung. Schon allein um dieses Preises willen sollte die bisherige Moral aufgegeben und eine neue Weltdeutung, die des „grosse[n] Mittag[s]“ (Za III, 240), begrüßt werden.

**Fragen und Anregungen**

- Würden Sie zustimmen, dass Zarathustra die drei Laster ‚Wollust', ‚Herrschsucht' und ‚Selbstsucht' prüft? Welche Aspekte werden geprüft? Was für Aspekte vernachlässigt er?
- Können Sie dem Urteil oder Teilen des Urteils zustimmen? Welchen?

### 4.2.11 Vom Geist der Schwere

In diesem Kapitel setzt sich Zarathustra mit sich selbst und verschiedenen Facetten seiner Persönlichkeit auseinander. Er sagt, wer er ist, was ihm gefällt, welche Art Mensch er sucht und was er ablehnt. Die unerwünschten Aspekte werden seinem personifizierten Antagonisten, dem **Geist der Schwere**, zugeordnet, der erneut als „Maulwurf und Zwerg" (Za III, 243; s. auch Abschn. 4.2.2) auftritt.

Zarathustra beschreibt sich als jemanden, der keinen Hehl aus seinen Neigungen mache und seine Empfindungen unverstellt ausspreche ohne artifizielle Versatzstücke. Darin gleiche er ganz dem Volke. Er habe etwas von einem Narren an sich, der Streiche spielt, von einem Adler, der gerne Unschuldiges verdaut, und trabe gleich dem Pferd „über Stock und Stein" (Za III, 241). Dass Zarathustra vom Pferd gerade seinen Fuß geborgt zu haben meint, erinnert an die ikonographische Bedeutung des Pferdefußes, der auf Bildern gewöhnlich den Teufel verrät. Zarathustra begreift sich selbst als Verführer, der auf Abwege lockt.

Zarathustra verherrlicht das Fliegen, das der Mensch noch lernen müsse. Fliegen könne er dann, wenn er die Welt und das Leben nicht mehr als Leiden begreife, sondern wenn er sie gutheiße, leichtnehme und vor allem, wenn der Mensch endlich lerne, sich selbst zu lieben. Dies sei deswegen die schwerste Aufgabe, weil er von früh an, „[f]ast in der Wiege" (Za III, 242), von religiösen Dogmen wie „gut" und „böse" geprägt werde, welche die Existenz von vornhinein als Schuldverhältnis konstituieren. Zarathustra spielt auf die Erbsünde als „Mitgift" (Za III, 242) an. Weitere Prägungen erfahre der Mensch in der Kindheit beim Kirchgang, wozu „man die Kindlein zu sich kommen" (Za III, 242) lasse, um das christlich-religiöse Weltbild zu verwurzeln. Das Ziel dieser Erziehung sei es, Selbstliebe zu verhindern und einen Charakter zu schaffen, der „sich gut aufladen" (Za III, 243) lasse wie das **Kamel** (s. Abschn. 2.3.1). Die gewöhnliche Erziehung sei folglich dazu da, einen gehorsamen Menschentypus zu kreieren, der glaube, dass sich alles so gehöre, wie es ist. Wenn der Mensch dann sein Leben als schwer und armselig empfinde, beklage er sich nicht, weil er glaube, dass das Leben nun mal so sei und sich nichts daran ändern lasse. Und tatsächlich, so Zarathustra, sei das Leben schwer, tatsächlich dürfe man nicht zu verletzlich sein, sondern man müsse sich am besten in eine harte und zugleich schöne Schale kleiden. Zarathustra verlangt vom Menschen Selbstkenntnis, die dazu befähige, den eigenen Geschmack zu erkennen und zu wählen, anstatt sich von anderen bestimmen zu lassen.

Nach seinem eigenen Geschmack seien Menschen, die ihre eigene Wahl träfen, die leidenschaftlich seien in dem, was sie liebten, und in dem, was sie ablehnten. So liebe Zarathustra „Blut“ (Za III, 244) und als Farben „[d]as tiefe Gelb und das heisse Roth: so will es *mein* Geschmack, – der mischt Blut zu allen Farben“ (Za III, 244). Das gesperrt gedruckte Possessivpronomen betont, dass Zarathustra seinen eigenen individuellen Geschmack benennt, ohne ihn zu verallgemeinern, d. h. ohne herauszustellen, dass alle anderen genauso empfinden sollten.

Entgegen seinem Geschmack sind nicht nur diejenigen, die einem lebensfeindlichen Weltbild anhängen, sondern auch die Optimisten, die alles gleich gut finden und nichts und niemanden verurteilen: „Alles aber kauen und verdauen – das ist eine rechte Schweine-Art! Immer I-a sagen – das lernte allein der Esel“ (Za III, 244). Des Weiteren werden von Zarathustra abgelehnt: die Schmeichler, die Liebesunfähigen, die Triebgesteuerten, die Selbstquäler und die Geldsammler (vgl. Za III, 244; zum möglichen Antisemitismus-Vorwurf s. den Exkurs zu Abschn. 5.2.3).

Dem Geist der Schwere ist alles Leichte, Fliegende, Tanzende, Singende entgegengesetzt. Ihm entspricht die negative Weltdeutung, die lehrt, dass das Leben schwer zu ertragen ist und kaum positive Aspekte besitzt. Der Geist der Schwere kann nicht differenzieren, weil er, so dürfen wir annehmen, alles in seine Schablone presst. Er nimmt keine Individuen wahr und kann nur alles gut oder alles schlecht heißen. So spricht der **Zwerg**: „Allen gut, Allen bös“ (Za III, 243). Er ist blind gegenüber den Mannigfaltigkeiten der Welt und den spezifisch schönen Seiten. Er ist das Prinzip, das Selbstkenntnis und Selbstliebe ablehnt und sich christlicher Deutungen wie Erbsünde, Schuld und Pflicht bedient. Wer oder was aber ist der Geist der Schwere? Wenn er ein Symbol ist, was ist dann seine Entsprechung? Er ist sicherlich nicht identisch mit der christlichen Lehre. Er scheint vielmehr in der christlichen Lehre zu wirken und in ihr besonders gute Bedingungen zum Gedeihen zu finden. Ist dann der Geist der Schwere ein metaphysisches Prinzip? Eine Art Teufel?

Vielleicht lässt er sich besser psychologisch als Seelenanteil im Menschen selbst verstehen. Als denjenigen Anteil, der davon profitiert, alles möglichst schlimm und pessimistisch zu sehen, um nicht für eigene Ziele und Selbstgewähltes kämpfen zu müssen und trotzdem ein positives Selbstbild aufrechtzuerhalten. Man sei nicht faul, sondern vernünftig, weil man wisse, dass jedes irdische Glück eine Chimäre sei. Außerdem werde man das Glück sowieso bald wieder verlieren und nur untugendhafte Menschen jagten ihm hinterher. In diesem Sinn wäre der Geist der Schwere vor allem ein Trieb der Trägheit. Wer sich wie ein Kamel gut beladen lässt (Za III, 243), ist zwar nicht faul, aber wir können die unterwürfige Dienstbarkeit unter religiöse Autoritäten als Trägheit des Geistes – als Gedankenarmut – verstehen. Man lässt sich von anderen die Anstrengungen diktieren, meidet aber die Mühe, eigene Ziele zu entwerfen, die womöglich noch in Widerspruch zum herrschenden Wertsystem stehen.

Zarathustras Rede endet allerdings nicht mit Reflexionen über den Geist der Schwere, dem trotz der Überschrift des Kapitels nur punktuell Eigenschaften zugeschrieben werden. In der Endpassage bekennt sich Zarathustra zum reinen Subjektivismus. All das, was er sein will, was er ablehnt und was er liebt, all das sei nach seinem eigenen, individuellen Geschmack. Das Selbsterkennen, das Ideal der Entwicklung, der Transformation und des ständigen Lernens sei keine Lebenspraktik für alle: „Ein Versuchen und Fragen war all mein Gehen: – und wahrlich, auch antworten muss man *lernen* auf solches Fragen! Das aber – ist mein Geschmack" (Za III, 245). Wir haben bereits mehrmals überlegt, ob Zarathustras Reden als Lehre zu begreifen sind. Selbst wenn wir mögliche Widersprüche ignorieren und tatsächlich feststellen wollen, dass Zarathustra durch Wiederholungen und Betonungen eine Lehre formt, die bestimmte Kernsätze enthält, müssen wir uns immer noch fragen, für wen die Lehre gilt. Zarathustra gießt sein eigenes Leben als Singularität in seine Lehre, d. h. aber auch: Sie müsste nur für eine einzige Person gelten, und zwar für Zarathustra selbst. Indem er aber sein Leben zu einer Lehre, zu einem Gesamtkunstwerk formt, in dem Leben und Denken übereinstimmen, gibt er auch ein *Beispiel* für andere.

Und noch in einem anderen Sinn kann das Leben und die Lehre Zarathustras als singulär betrachtet werden. Es ist nicht nur seine eigene, rein persönliche Existenz, die er in die Waagschale wirft, sondern dieser Versuch ist auch deswegen singulär, weil solches – folgen wir Zarathustras Thesen – noch niemand vor ihm gewagt hat. Bisher sei die Menschheit angekettet gewesen an Gottesvorstellungen, die verhinderten, dass sich jemand persönlich als herrliches, selbstverherrlichendes Ich seine eigenen Gesetze gibt. Erst mit dem **Tod Gottes** ist individuelle Freiheit möglich. Auf diese ist jeder Einzelne zurückgeworfen, ob er nun will oder nicht: „,Das – ist nun *mein* Weg, – wo ist der eure?' so antworte ich Denen, welche mich ‚nach dem Wege' fragten. *Den* Weg nämlich – den giebt es nicht!" (Za III, 245).

### Fragen und Anregungen

- Wie begreifen Sie den Geist der Schwere? Als metaphysisches Prinzip? Als anthropologische oder psychologische Eigenschaft? Als menschlichen Trieb?
- Welche Vorteile hat es für den Einzelnen, wenn er Welt und Leben durch die ‚Brille' des Geistes der Schwere betrachtet? Welche Vorteile hat es für die Gesellschaft, wenn die meisten ihr Leben durch die ‚Brille' des Geistes der Schwere betrachten?
- So wie die Lehre Zarathustras als singuläres Ereignis verstanden werden kann, versteht Volker Gerhardt in seinem sehr lesenswerten Essay *Sensation und Existenz. Nietzsche nach hundert Jahren* (Gerhardt 2000, 102–135) Nietzsches gesamte Philosophie unter dem Zeichen der Singularität.
- Reckwitz begreift die Jetztzeitkultur als eine der Singularitäten. Jedes Individuum fühlt sich aufgerufen, ein einzigartiges Leben zu führen. Auf der einen Seite, so Reckwitz, hatten die Menschen noch nie so viele Wahlmöglichkeiten, auf der andere Seite erzeugt dies einen unglaublichen Erfolgsdruck. Wenn Sie sich für aktuelle Kulturdebatten interessieren, lesen Sie *Die Gesellschaft der Singularitäten. Zum Strukturwandel der Moderne* (Reckwitz 2017) oder *Das Ende der Illusionen. Politik, Ökonomie und Kultur in der Spätmoderne* (Reckwitz 2020). In der Beschreibung werden Sie viel Nietzscheanisches wiederfinden.

## 4.2.12 Von alten und neuen Tafeln

Das mit Abstand längste Kapitel des dritten Teils, dessen Titel an die zehn Gebote erinnert, die Moses von Gott erhalten hat, ist in 30 kurze Abschnitte unterteilt. Im ersten wird die aktuelle Situation Zarathustras beschrieben. In den folgenden unbetitelten 29 Abschnitten reflektiert er die Begegnungen mit Menschen, seine Reden und Ideen. Viele Kerninhalte seiner Lehren werden aufgegriffen, assoziativ und bildreich miteinander in Beziehung gesetzt, wobei der fragmentarische Charakter deutlich vor Augen tritt. Er betont, dass Zarathustras Lehre nicht fertig ist – vielleicht sogar niemals fertig werden kann, im Gegensatz zum ewigen, göttlichen Gesetz –, dass sie aber in jedem Fall im Entstehen ist. Gleichzeitig wird die Umbruchszeit, in der die alten Weltinterpretationen zerfallen, als ein gewaltiges Ereignis beschrieben. Offenbar lässt sich die alte Ordnung nicht leicht ersetzen.

**1. Zarathustra zwischen den Tafeln**
Zarathustra wartet auf die Zeichen seiner „Stunde" (Za III, 246), die ihm seinen Untergang ankündigen, auf dass er noch einmal zu den Menschen gehe. Er spielt damit auf die Sonnenmetaphorik an, die ihren Reichtum mit dem Meer teilt und dabei untergeht. Insofern verwundert es nicht, dass das Zeichen des Unterganges „der lachende Löwe mit dem Taubenschwarme" (Za III, 246), positiv konnotiert ist. Der **Löwe**, der König der Tiere, der an der Spitze der Nahrungskette steht, frönt als Lachender nicht seinen Instinkten und seinem Jagdtrieb, sondern erscheint dem Tierreich durchs Lachen enthoben. Die **Taube** als Symbol des Friedens begleitet ihn. Der „lachende Löwe mit dem Taubenschwarme" ist ein Bild der Versöhnung (s. auch Abschn. 5.2.20 und 5.3.4). Während er wartet, will Zarathustra zwischen „alte[n] zerbrochene[n] Tafeln [...] und neue[n] halb beschriebene[n] Tafeln" (Za III, 246) – die Betonung liegt auf dem Fragmentarischen – sich seine eigenen Gedanken erzählen.

**2. Zarathustras Begegnung mit den Menschen**
Als Zarathustra das erste Mal zu den Menschen gekommen ist, habe er sie vorgefunden als gefangen in alten Vorstellungen von „Gut und Böse" (Za III, 246), die sie für selbstverständlich hielten. Er versuchte, sie zu lehren, dass nur der Schaffende Werte kreiert und dem Leben Sinn gibt. Über alte Tugendlehrer und Weltretter lachte er, denn sie hielten an veralteten Werten fest, die dem Leben nicht mehr dienten. Da erschien ihm die Vision einer Zukunft, in der das Schamgefühl darüber, sich unverhüllt zu zeigen, nicht mehr existiert. In diesem Reich reiner Möglichkeiten und Spielereien, die ewig wiederkehrten, begegnete ihm auch sein Widersacher, der **Geist der Schwere**. Aber, so fragt sich Zarathustra, ist ein solcher Widersacher nicht notwendig als Ermöglichungsgrund eigenen Schaffens? Und wenn nicht als Ermöglichungsgrund, dann als dasjenige, über das „getanzt" und „hinweggetanzt" (Za III, 248) werden kann?

**3. Der Übermensch**
Zarathustra erzählt von seiner Vision des **Übermenschen**, der als Brücke in eine neue Zukunft dient. Der Mensch solle sich als Übergang begreifen, dessen Ziel nicht das Bestehende, sondern das Schaffen neuer Werte sei. Diese Transformation sei ein Akt schöpferischer Erlösung, bei dem selbst das Vergangene umgewertet werde als notwendig Gewolltes.

**4. Überwindung des Menschen**
Die neue Tafel fordert die Überwindung des Menschen, sowohl des eigenen Selbst als auch des Anderen. Für letzteres sei es aber nötig, den Anderen nicht zu schonen. Zarathustra kritisiert jene, die glauben, der Mensch könne ohne Anstrengung „*übersprungen*" (Za III, 249) werden. Jede Tat, proklamiert Zarathustra, sei individuell und einmalig. Zwischen den Menschen gebe es eine Rangordnung und wer „sich nicht befehlen kann, der soll gehorchen" (Za III, 250).

**5. Edle Seelen**
Zarathustra unterscheidet zwischen innerem Adel und innerem Pöbel. Ersterer sei dadurch ausgezeichnet, „Nichts *umsonst* haben" (Za III, 250) zu wollen und zu den Menschen zu gehören, die stets etwas Positives zurückgeben möchten, um den allgemeinen Genuss zu vergrößern. Situationen, in denen man genießen könne, seien allerdings unverfügbar, dort wo man den Genuss suchen muss oder will, sei die Unschuld im Genießen bereits verdorben.

**6. Die Erstlinge als Opfertiere**
Die „Erstlinge" (Za III, 250), die Schöpfer einer neuen Weltinterpretation oder gar -ordnung, würden stets geopfert, solang die alte Macht noch in Geltung sei. Diese verbrenne gern ihre Feinde auf dem Opferaltar. Dabei erkennt Zarathustra, dass im hingebungsvollen Martyrium der Erstlinge eigentlich noch die alte Lehre präsent ist: Eben das Ideal der selbstlosen Menschenliebe, mit dem sich auch Jesus für die Menschheit darbrachte. Andererseits müsse die in Kauf genommene Selbstopferung als notwendig für das Schöpfertum begriffen werden.

**7. Die Guten und Gerechten als Feinde der Wahrheit**
Zarathustra stellt fest, dass nur wenige Menschen die Wahrheit erkennen können und noch weniger bereit sind, sie auszusprechen. Die „Guten" (Za III, 251), d. h. die Angepassten würden sie meiden, da sie unbequem und oft schmerzhaft sei. Zarathustra fordert eine radikale Haltung, die Zweifel, Mut und die Bereitschaft zum Risiko umfasst, um zur Wahrheit zu gelangen. Die **alten Tafeln** müssten zerbrochen werden, um Raum für neue Einsichten zu schaffen. Er betont, dass Wahrheit aus der Bereitschaft erwachse, „in's Lebendige" (Za III, 251) zu schneiden. Dies mache sie zu einem Privileg der Mutigen.

**8. Der Thauwind als Symbol des Umbruchs**
Zarathustra widerspricht der Ansicht, dass Werte stabil und unveränderlich seien. Er sieht die wahre Natur des Lebens vielmehr in einem Zustand des Fließens. Wer aber

an Geländer und Balken über den Flüssen glaube, werde bald sehen, wie das Eis die Balken breche. Der Winter mitsamt Schnee und Eis steht hier symbolisch für eine Zeit des Stillstands und, so dürfen wir annehmen, für die Spätform des christlichen Glaubens, den Zarathustra als lebensfeindlich kennzeichnet: „‚Im Grunde steht Alles still' –, das ist eine rechte Winterlehre, ein gut Ding für unfruchtbare Zeit, ein guter Trost für Winterschläfer und Ofenhocker". Folglich ist es in der Metapher der christliche Glaube selbst, der die christlichen Werte destruiert: „Eis aber – – *bricht Stege*!" Der Tauwind, der wiederum das Eis bricht, ist letztlich der wilde „Stier" (Za III, 252), der „Zerstörer" (Za III, 252), der Veränderung ermöglicht.

### 9. Gut und Böse als Irrtum

Der Glaube an „Gut und Böse" (Za III, 253) ist für Zarathustra das Festhalten an einer Illusion, die er als unzureichend verwirft. Gut und Böse sollen ewige, unveränderliche Konstanten sein, dabei können sie offensichtlich unter den unterschiedlichsten Imperativen firmieren. Einst hätten Wahrsager und Sterndeuter ein Schicksal erfunden: „Alles ist Schicksal: du sollst, denn du musst!" (Za III, 253). Später werde Gut und Böse nicht mehr allein dem Schicksal überantwortet, sondern der Freiheit: „Alles ist Freiheit: du kannst, denn du willst" (Za III, 253). Die wahre, d. h. nicht verfehlte Freiheit ist philosophiehistorisch gesehen stets die Freiheit zum Guten – eine Theorie, die hier zwischen den Zeilen kritisiert wird. Wenn Gut und Böse mit gegenteiligen Konzepten – also sowohl mit Notwendigkeit als auch mit Freiheit – assoziiert werden, müssten sie einer Kritik unterzogen werden. Die Menschen hätten diese Annahme aber nie ernsthaft geprüft. Es handle sich vielmehr nur um eine Ahnung und nicht um wahres Wissen. Letzteres kann als weiterer Seitenhieb auf bisherige Philosophen verstanden werden. Seit Platon gibt es die Abwertung der ‚doxa', der bloßen Meinung, die man mit anderen teilt und die der wahre Philosoph überwindet, indem er nach Wissen strebt. Wenn „Gut und Böse" demnach philosophisch nie ernsthaft untersucht wurden, hätten alle bisherigen Philosophen ihren eigenen Anspruch verfehlt.

### 10. Wider die alten Gebote

Die alten Gebote wie „Du sollst nicht rauben" (Za III, 253) oder „Du sollst nicht töten" (Za III, 253) werden von Zarathustra als Heuchelei entlarvt, denn, so fragt er, habe es je „bessere Todtschläger" (Za III, 253) gegeben als heilige Worte? Religionen, die eigentlich das Töten und Rauben verbieten, ermöglichten das Rauben und Morden in großer Zahl, indem sie diesen Verbrechen einen moralischen Überbau böten. Wir können dabei sowohl an die Kreuzzüge als auch an die Inquisition denken. Zarathustra zufolge gehöre zum Leben aber möglicherweise selbst das Rauben und Totschlagen. Aber verschleiere nicht jede Theorie, so fragt sich Zarathustra, die das ablehne oder unterdrücke eventuell die Wahrheit des Lebens oder gehöre selbst unter die **Predigten des Todes**, da ein essentieller Bestandteil des Lebens abgelehnt werde?

### 11. Die Historie achten

Das Vergangene werde immer wieder neu interpretiert und umgedeutet, oft durch die Herrschenden oder den Pöbel (vgl. Za III, 254). Durch die Interpretationen der Herrschenden werde die Vergangenheit in ihrer Eigenheit entwertet und zum bloßen Vorläufer eigener Größe verzerrt. Der Pöbel währenddessen habe weder ein langes noch ein tiefes Gedächtnis. Insofern sei die Vergangenheit der Gegenwart und der Zukunft ausgeliefert. Zarathustra ruft zu einem neuen Adel auf, der das Vergangene angemessen würdige.

### 12. Neuer Adel

Der neue Adel, den Zarathustra fordert, soll nicht in der Vergangenheit verwurzelt sein, sondern in der Zukunft. Statt sich auf alte Traditionen und Abstammung zu berufen, solle dieser Adel durch seine Schaffenskraft definiert werden. Zarathustra kritisiert die alten Adelsideale, die mit der Anpassung an höfische Normen verbunden waren. Die neuen Adeligen sollten sich von den „Vater- und Urväterländern" (Za III, 255) lossagen und nach neuen Horizonten streben. Besonders betont Zarathustra die Verantwortung gegenüber den **Kindern**, die als Symbol für die Zukunft gesehen werden. Die Liebe zu den kommenden Generationen solle den neuen Adel auszeichnen, und diese Liebe solle sich in der Schaffung einer besseren Welt manifestieren.

### 13. Wider den Pessimismus

Die alten Weisheiten, die das Leben als sinnlos und leiderfüllt betrachten, werden von Zarathustra scharf kritisiert (vgl. Za III, 256). Er sieht in ihnen die Stimme der Lustlosen und Unzufriedenen, die nichts zum Leben beitrügen. Er ruft dazu auf, die Tafeln der Weltmüden zu brechen.

### 14. Der Ekel als Antriebskraft der Überwindung

Zarathustra wendet sich gegen die Ansicht, dass die Welt ein „kothiges Ungeheuer" (Za III, 256) sei, wie es die Schwärmer und **Hinterweltler** (vgl. Za III, 256) behaupteten. Diese Menschen verurteilten die Welt und würden sie als etwas Schlechtes sehen, weil sie selbst unsauber und getrieben von ihren niederen Bedürfnissen seien. Zarathustra hingegen erkennt im Ekel vor der Welt eine transformative Kraft, die den Menschen antreibe, sich zu überwinden. Der Ekel schaffe Flügel und führe die Menschen zu neuen Höhen. Denn auch das Beste in der Welt sei noch unvollkommen und müsse überwunden werden. Zarathustra sieht in der Weisheit die Fähigkeit, das Unvollkommene in der Welt zu erkennen und daraus neue Stärke zu schöpfen.

### 15. Wider die Passivität

Zarathustra kritisiert die Lehren der Passivität und des Rückzugs, die von den „Frommen" (Za III, 257) gepredigt werden. Solche Lehren seien lebensfeindlich und verhinderten die aktive Gestaltung der Welt. Die alten Tafeln der Weltverleumdung sollten zerschlagen werden.

**16. Wider die belesene Weltmüdigkeit**
Zarathustra spricht von einer neuen Tafel der Weltmüdigkeit. Ihre Theoretiker glaubten, die negativen Triebkräfte des Menschen durch geistiges Arbeiten sublimieren zu können und damit dem Begehren sowie letztlich auch der geistigen Tätigkeit selbst zu entsagen. Unschwer lässt sich darin der Seitenhieb auf die schopenhauersche Philosophie und dem von ihr propagierten Asketismus erkennen. Nach Schopenhauer gibt es keine Möglichkeit, frei zu handeln, nur in der Kontemplation und Meditation entkommt der Mensch dem drängenden Willen. Philosophen wie Schopenhauer hätten schlicht zu jung zu viel gelesen, „daher kam ihnen jener verdorbene Magen" (Za III, 258). Solche Theorien lieferten nur eine Ausrede dafür, nicht über sich hinauszugehen, sich nicht anzustrengen und nicht zu kämpfen, sondern sich den herrschenden Kräften einfach auszuliefern: „‚Es lohnt sich Nichts! Ihr sollt nicht wollen!' Diess aber ist eine Predigt zur Knechtschaft" (Za III, 258). Dass mit solchen Theorien mangelnde Spannkraft entschuldigt werden könne, mache sie so attraktiv, dass sie „selbst auf offnen Märkten" (Za III, 257) hängen, also populär geworden seien. Dem stellt Zarathustra seine Auffassung einer lustvollen Erkenntnis entgegen, die nicht zu einer indifferenten Haltung gegenüber der Welt aufruft, sondern sich im Schaffen von den niederdrückenden Aspekten des Lebens befreit.

**17. Von dem Selbstbetrug aller Arten theoretischer Weltmüdigkeit**
Die angeblich Weltmüden seien in Wahrheit noch an die Erde gebunden, da sie keinen Suizid begingen, sondern an ihren irdischen Gelüsten hängen würden. Was sie sagten, stehe im Widerspruch zu ihrem Handeln. Besser wäre es, die Wünsche und Begierden anzuerkennen, sie nicht abzuwerten, sondern die vielen positiven und schönen Aspekte gutzuheißen. Wem es aber aufgrund von eigner Faulheit und Schwäche nicht gelinge, das Leben vollständig zu bejahen, der solle sich konsequent davon verabschieden. Er ruft die Weltmüden dazu auf, sich ihrer Verantwortung zu stellen und den Mut zu finden, ihr Leben zu beenden.

**18. Das Schwächeln kurz vor dem Ziele**
Zarathustra beschreibt einen Verschmachtenden, der nur eine Spanne von seinem Ziel entfernt ist, aber vor Erschöpfung aufgibt. Dieser ‚Held' habe zwar gekämpft, doch anstatt das Ziel zu erreichen, liege er trotzig und mutlos im Staub. Zarathustra warnt davor, diesen Menschen im eigenen Sinne zu retten. Die Müdigkeit sei nicht unbedingt ein endgültiger Zustand, sondern eine Phase, bevor er sich wieder auf den Weg mache. Nur das „schwärmende Geschmeiss" (Za III, 260), die „Gebildeten" (Za III, 260) sollten von ihm ferngehalten werden, die sein Heldentum für ihre eigenen Theorien in Dienst nehmen wollten. Die Schwäche, die wir als innere Krise, Selbstzweifel und Erschöpfung deuten können, sei lediglich die Prüfung, nach der es gelte, die Reise fortzusetzen.

**19. Wider die Schmarotzer**
Zarathustra warnt vor den „Schmarotzer[n]" (Za III, 261), die sich an den Starken nähren, um von deren Kraft zu profitieren. Die **Schmarotzer** nutzten die Momente der Schwäche und Müdigkeit der edlen Seelen, um sich einzunisten. Je größer und

weitreichender eine Seele sei, desto mehr werde sie notwendigerweise solchen Angriffen ausgesetzt, da ihre Offenheit und Tiefe auch Raum für Parasiten böte. Zarathustra fragt sich, ob die Höhe einer Seele sich vielleicht gerade darin zeige, dass sie die meisten und „schlimmsten Schmarotzer" (Za III, 261) habe.

**20. Kein Mitleid mit dem Untergehenden**

Zarathustra predigt, dass das Verfallende nicht aufgehalten, sondern vielmehr noch gestoßen werden soll. Alles, was sich nicht weiterentwickeln könne, solle zugrunde gehen. Wir können unter dem, was „fällt" (Za III, 261), die alte, christliche Weltordnung oder die aufgeklärte, ideallose Gegenwart verstehen. Darüber hinaus wäre es aber auch möglich, den konkreten Anderen unter dem Imperativ des ‚Stoßens' zu subsumieren, wenn Zarathustra spricht: „Und wen ihr nicht fliegen lehrt, den lehrt mir – *schneller fallen*!" (Za III, 262).

**21. Würdige Feinde**

Der wahre Feind solle nicht verachtet, sondern respektiert werden. Zarathustra fordert, sich für höhere Kämpfe aufzusparen und sich nicht in unnötigen Konflikten mit dem „Gesindel" (Za III, 262) zu verlieren. Der Fokus solle auf den höchsten erreichbaren Zielen liegen fernab der Politik. Politisches Engagement, so legt es Zarathustra nahe, lohnt sich derzeit nicht, weil das Volk sich nur um niedrige Bedürfnisse kümmere und ihm der Wille zur Herrschaft fehle. Es reut Zarathustra, dass es an Besten bisher mangelt: „das Beste soll herrschen, das Beste *will* auch herrschen! Und wo die Lehre anders lautet, da *fehlt* es am Besten" (Za III, 263).

**22. Kein Brot umsonst**

Die Arbeiter – Zarathustra spielt nur mit einem gesperrt gedruckten „*Die*" (Za III, 263) auf sie an – sollen ihr Brot nicht umsonst bekommen. Das würde vermutlich nur ihre Raubtiergelüste befeuern. Besser sei es, wenn sie „es schwer haben!" (Za III, 263). So würden sie angespornt, sich weiter zu entwickeln, ‚feiner' und ‚klüger' zu werden. Auf diese Weise könnte das arbeitende Raubtier einmal Mensch werden und später noch gleich den Vögeln das Fliegen lernen.

**23. Mann und Frau**

Mann und Frau wünscht sich Zarathustra als komplementäre Einheit von ‚Krieg' und ‚Gebären'. Zusammen sollten sie tanzen und lachen, also das Dasein genießen und sich über Alltagssorgen erheben. Auffällig ist, dass er „den Einen" männlich konnotiert und „das Andere" (das fürs Gebären zuständig ist) sächlich. Die Frau ist nicht einmal mehr weiblich gekennzeichnet, sondern – so würden wir es heute deuten – lediglich als Objekt.

**24. Ehe auf Probe**

Zarathustra kritisiert die herkömmliche Ehe und fordert eine „kleine Ehe" (Za III, 264) als Prüfung, ob zwei Menschen füreinander geeignet seien. Er sieht in der Liebe ein Mittel zur Schöpfung des **Übermenschen**. Die Ehe solle nicht bloß der Fortpflanzung, sondern der Steigerung des Lebens dienen.

### 25. Menschen-Gesellschaft als Versuch

Zarathustra prophezeit, dass „*neue Völker*" und „neue Quellen" (Za III, 265) wie aus einem Erdbeben entspringen würden, das verschüttete Brunnen wieder zugänglich mache. Das Erdbeben, so dürfen wir annehmen, ist das Ereignis, das mit dem **Tod Gottes** eingeläutet wurde, der Beginn des Endes der christlichen Weltdeutung. Diese Katastrophe will Zarathustra als Chance deuten, wenn er auf den positiven Aspekt des Erdbebens hinweist. Befehlen und Gehorchen spielen im Kontext des neu entstehenden, zukünftigen Volkes eine große Rolle. Wer herrscht und wer wird beherrscht? Zarathustra sieht das neue Volk nicht unter einem Vertrag versammelt, sondern lediglich als den Versuch einer spezifischen Menschen-Gesellschaft an, die testet, wer befiehlt und wer gehorchen muss. Nietzsche lässt damit Zarathustra auf eine der prominentesten Vertragstheorien, und zwar der hobbesschen, anspielen (daneben gibt es noch andere wie die von Rousseau, Locke oder Kant). In dem von Hobbes als Gedankenexperiment imaginierten Naturzustand leben die Menschen im Krieg aller gegen alle. Da dies ein unerträglicher Zustand sei, wollten die Menschen dem Naturzustand entkommen. Dafür müssten sie mit dem Volkssouverän einen Vertrag eingehen. Dieser allein könne den Frieden der Menschen untereinander verbürgen. Das Individuum aber verliere viele seiner persönlichen Freiheiten. Komme das Volk aber nur durch einen „Versuch" (Za III, 265) wie bei Zarathustras Vision zusammen, ließe sich das gemeinsame Projekt jederzeit aufkündigen, wenn die Einzelnen meinten, dass der Falsche sich zum Befehlshaber aufschwinge. Das Ziel aber, denjenigen zu finden, der befehlen könne, bleibt bestehen.

### 26. Die Guten und Gerechten als Pharisäer

Zarathustra sieht die „Guten und Gerechten" (Za III, 265) als größte Gefahr für die Zukunft der Menschheit. Sie behaupteten, zu wissen, was gut und gerecht sei. Dieser Dogmatismus mache sie blind für neue Möglichkeiten und feindlich gegenüber denen, die Werte kritisch hinterfragten. Zarathustra vergleicht sie mit Pharisäern, die denjenigen kreuzigten, auf den sie sich später einmal berufen würden. Die Pharisäer der alten Moral töteten den Gründer der neuen Moral, die auch einmal Pharisäer haben werde. Denn ist die Moral des ‚Rebellen' erst Common Sense geworden, gebiert sie ihre eigenen Pharisäer, die sich wieder gegen die Reformer und Revolutionäre richten werden. Damit werden die **Guten und Gerechten** zum Sinnbild des Stillstands und der fehlenden Entwicklung.

### 27. Der letzte Mensch

Zarathustra erinnert an seine Warnung vor dem **letzten Menschen**, der keine großen Ziele mehr kenne und nur nach Bequemlichkeit und Sicherheit strebe (vgl. Za III, 267). Diese Figur symbolisiert die völlige Stagnation der Menschheit. Zarathustra ruft dazu auf, mit den Befürwortern der derzeitigen Ordnung zu brechen.

### 28. Auf zum Kinder-Land

Zarathustra appelliert, sich von den vertrauten Küsten zu lösen und die Reise ins Unbekannte zu wagen. Gleich Seefahrern und Entdeckern solle mit Mut, Geduld und Durchhaltevermögen ein neues Land gesucht werden. Das „*Kinder-Land*" (Za

III, 268), das Ziel dieser Reise, symbolisiert die Zukunft und die neuen Werte der kommenden Generation. Das spielerische Ausprobieren und der aus sich selbst geschöpfte Anfang sind in der Metapher des **Kindes** mit präsent.

**29. Werdet hart!**
Zarathustra lehrt, dass die Schaffenden hart sein müssten, um Werte zu schaffen, die über Jahrtausende Bestand hätten. Zarathustra kritisiert die Weichheit und Nachgiebigkeit, die in vielen Herzen vorherrsche, und fordert dazu auf, unerbittlich zu werden. Nur durch Härte könne der Mensch seine „Hand auf Jahrtausende [...] drücken wie auf Wachs" (Za III, 268).

**30. Bereit, ein Schicksal zu werden**
Zarathustra endet mit einem Bekenntnis zu seinem eigenen **Willen**, der ihn auf ein großes Schicksal vorbereite. Sein Wille sei für ihn sowohl ein innerer Antrieb als auch eine äußere Notwendigkeit, die ihn auf einen endgültigen Sieg hin ausrichte. Zarathustra sieht sich selbst als eine gespannte Bogensehne, die bereit sei, einen Pfeil zu ihrem „Stern" (Za III, 269) zu schießen. Dieser Stern, Sinnbild der höchsten Hoffnung, wird von Zarathustra nicht als einfaches Ziel verstanden, sondern als Ausdruck eines ewigen Werdens. In seinem großen Mittag, dem Höhepunkt seiner Reife, will Zarathustra bereit sein, alles zu opfern. Er betrachtet seinen Willen gleich einer Sonne, die mit ihrer Strahlkraft bereit sei, zu vernichten, um Neues zu erschaffen. Mit dieser letzten Botschaft schließt Zarathustra sein Kapitel und bekräftigt seinen Glauben an die Kraft des Willens und die Notwendigkeit der Überwindung.

### Fragen und Anregungen

- Geben Sie den Abschnitten eigene Überschriften.
- Wenn Sie mögen, schreiben Sie die Überschriften auf Kärtchen und sortieren sie diese: Welche Abschnitte gehören zu den neu aufzustellenden Tafeln, welche zu den überholten? Ordnen Sie die Kärtchen in eine für Sie schlüssige Reinfolge. Welchen „Tafeln" können Sie zustimmen? Zu welchen stehen Sie kritisch?
- Einige Tafeln scheinen mit anderen im Widerspruch zu stehen. So ruft Zarathustra im Unterabschnitt 28 von 4.2.12 dazu auf, einen neuen Anfang zu wagen und sich auf die Zukunft auszurichten, ohne sich von Altem beschweren zu lassen, während er in Abschn. 11 appellierte, die Historie zu achten. Welche weiteren (scheinbaren) Widersprüche entdecken Sie? Lassen sich diese interpretatorisch auflösen?
- Schauen Sie sich Unterabschnitt 9 an. Zarathustra erklärt „Gut und Böse" zu einem „Wahn" (Za II, 253), zu einer bloßen Ahnung, die nie wirklich geprüft wurde. Warum haben die Menschen bisher immer an „Gut und Böse" geglaubt? Listen Sie Begründungen auf, die Sie Zarathustras Lehren entnehmen können (wie z. B. Gewöhnung, Wunsch der Übereinstimmung, Strafen wollen usw.). Glauben Sie an „Gut und Böse" im Sinne einer ewigen, unwandel-

baren Moral? Wenn ja, warum? Meinen Sie, einige Gründe könnten anstatt aus Gründen purer Wahrheitsliebe auch pragmatischer Natur sein? Würde es Sie stören, wenn „Gut und Böse" rein pragmatischer Natur wären?

- Das vorherige Kapitel endete mit einer Bekräftigung von Zarathustras Individualismus. Demnach müsste die Auffassung, dass die Reden Zarathustras als allgemeingültige Lehre zu begreifen seien, in Zweifel stehen. Ganz anders wirkt dieses Kapitel. Wie viel politischen Willen und kulturellen Erneuerungswunsch würden Sie Zarathustra unterstellen? Begreifen Sie seine „Lehren" individualistisch oder gesellschaftlich-revolutionär?

### *Exkurs: Antihumanistisches Gedankengut im Kapitel „Von alten und neuen Tafeln"*

Viele der Ideen, die Zarathustra in diesem Kapitel anspricht, sind uns durch vorhergehende bekannt. An dieser Stelle soll auf einen Aspekt eingegangen werden, der sich dem einen oder der anderen sicherlich bereits aufdrängt. Es finden sich zahlreiche provokative Aussagen, die auf den ersten Blick antihumanistisch erscheinen. Zarathustra wendet sich radikal gegen traditionelle Werte wie Mitgefühl, Gleichheit und Solidarität, die im Zentrum humanistischer Ethik stehen. Stattdessen fordert er eine Härte, die bereit ist, das ‚Schwache' und ‚Niedergehende' zu opfern, um Raum für Neues zu schaffen. Diese Denkweise, die den ‚Fallenden stoßen' (s. o. Nr. 20) und die ‚Schwachen überwinden' (s. o. Nr. 29) will, stellt den Menschen nicht als ein Ziel, sondern als eine Brücke zu etwas Höherem dar: dem **Übermenschen**.

Wir könnten versucht sein, den Übermenschen als reines Individualprojekt zu verstehen, auf den jeder hinarbeiten kann, dessen Geschmack er trifft. Als eine Philosophie der existentiellen Lebensführung wäre der Übermensch einer politischen Dimension enthoben. Allerdings finden sich einige Hinweise darauf, dass Zarathustra hofft, dass sein Ideal nicht dasjenige von Einzelnen bleibe, sondern, dass sich ein Volk in seinem Sinne darunter bilde, das vor allem eines suche: denjenigen, der zu befehlen versteht.

Dafür sei es notwendig, eine neue Härte zu lernen, einem Diamanten gleich zu strahlen, der nicht gleich dem gewöhnlichen Menschen, eben der „Küchen-Kohle" (Za III, 268), verfeuert werden könne. Gestählt durch einen harten Willen, gälte es, eine neue Seligkeit zu erlangen und die „Hand auf Jahrtausende zu drücken wie auf Wachs" (Za III, 268).

Dieses letzte Zitat ist eines, das der expressionistische Künstler und Nietzsche-Liebhaber Franz Marc unter die Überschrift seines eigenen Textes „100 Aphorismen. Das zweite Gesicht" setzte (zit. in: Strachwitz 1997, S. 73, Anhang). Er betrachtete den Krieg, von Nietzsche inspiriert, als „[d]as Ausfallsthor der That" (zit. in Strachwitz 1997, S. 10), als ein großes, reinigendes Ereignis, welches die alte Weltordnung und das kleinkrämerische Denken, das Marc mit den Engländern assoziierte, zu einem Ende brächte. Er zog begeistert – wie viele andere – in den Ersten Weltkrieg, aus dem er nicht zurückkehrte. Mit einer solchen Auslegung der Philosophie Nietzsches ist Franz Marc nicht allein gewesen. Nietzsche ist von zahlreichen Künstlern, Denkern und Politikern auf eine radikal politische Weise aufgefasst worden. Aber hat man ihn missverstanden? Die Forderung der Selbstopferung, die Mitleidlosigkeit, der Hass auf die **Guten und Gerechten** – all das ist nahezu wortwörtlich diesem wie anderen Kapiteln des Zarathustra entnehmbar. Wir wollen uns daher drei Zitate anschauen und sie genauer interpretieren.

> ist in allem Leben selber nicht – Rauben und Todtschlagen? Und dass solche Worte heilig hiessen, wurde damit die *Wahrheit* selber nicht – todtgeschlagen? (Za III, 253)

Im obigen Abschnitt Nr. 10 kritisiert Zarathustra die Kirche und deren Autorität. Ihrer Glaubenslehre „Du sollst nicht töten" widerspräche sie selbst, denn im Namen Gottes wurde oft getötet, sei es – wie wir uns vorstellen können – durch die Inquisition oder während der Kreuzzüge. Allerdings wirft Zarathustra den religiösen Amtsinhabern nicht vor, gemordet, d. h. Unschuldige getötet zu haben, sondern, dass sie die Wahrheit „todtgeschlagen" (Za III, 253) hätten. Die Wahrheit wäre, dass der Mord zum Leben gehöre. Wer das Gegenteil predige, untergrabe das Lebensprinzip. Das wirke lähmend, destruktiv, nihilistisch.

Um zu dem Schluss zu kommen, dass der Mord nicht als unmoralisch zu verurteilen sei, müssen wir die Frage als rhetorische deuten. Betrachten wir den Verlauf des Abschnitts, sehen wir, dass auf die ersten Aussagesätze drei Fragen folgen, deren rhetorischer Charakter abzunehmen scheint. Die erste Frage – „Aber ich frage euch: wo gab es je bessere Räuber und Todtschläger in der Welt, als es solche heilige Worte waren?" (Za III, 253) – erfüllt mit den einleitenden Worten sicherlich alle Kriterien, um als bloß rhetorisch klassifiziert zu werden. Bei den letzten beiden Fragen, hat der Leser allerdings die Wahl, ob er das „oder" als ausschließendes bzw. als einschließendes deuten will: „Und dass solche Worte heilig hiessen, wurde damit die Wahrheit selber nicht – todtgeschlagen? Oder war es eine Predigt des Todes, das heilig hiess, was allem Leben widersprach und widerrieth?" (Za III, 253). Eingedenk Zarathustras Kritik an der christlichen Religion können wir als Leser das ‚Oder' ohne Probleme als einschließendes denken. Die christliche Lehre verschleiert eine Wahrheit des Lebens – dass der Mord zum Leben gehört – und wirkt damit dämpfend auf die Lebensgeister. Das Leben kann sich nicht frei entfalten, wo es durch ein anderes Leben, das nicht vernichtet werden darf, eingeschränkt wird. In dieser Deutung können wir Zarathustra einen harten Amoralismus unterstellen. Aber selbst wenn wir vor dieser Interpretation zurückschrecken und das ‚Oder' tatsächlich als ausschließendes lesen wollten, um beide Fragen als ‚offen' zu verstehen, können wir nicht umhin, zu sehen, dass Zarathustras Lehre das Tötungsverbot in Frage stellt. Es stehen alle moralischen Werte auf dem Prüfstand und es gibt keinen noch so hohen moralischen Wert, wie die Unversehrtheit des menschlichen Lebens, der unangetastet bliebe.

> An Unheilbaren soll man nicht Arzt sein wollen: also lehrt Zarathustra: – so sollt ihr dahinfahren! Aber es gehört mehr *Muth* dazu, ein Ende zu machen, als einen neuen Vers: das wissen alle Ärzte und Dichter […]. (Za III, 259)

Mit dem Arzt, der ein ‚Ende macht', ist auf den Euthanasie-Gedanken als guter Tod angespielt. Wer zu schwach zum Leben ist, wer sich beschwert, unglücklich ist und das Leben nicht als positive Herausforderung zu verstehen vermag, der solle sich umbringen (vgl. Za III, 259). Immerhin, so können wir Zarathustra zugutehalten, verbleibt dies die Entscheidung des Einzelnen, denn die „Welt-müden“ (Za III, 259) werden lediglich zur Selbsttötung aufgerufen, nicht gezwungen. Dies ist beispielsweise anders im Aphorismus 36 der Götzendämmerung (GD, Streifzüge eines Unzeitgemässen 36), wo Ärzte diese Entscheidung übernehmen sollen. Lebensumstände, gesellschaftliche Milieus, Zwangslagen oder psychische Dispositionen, die Armut, Last und Leid individuell sehr unterschiedlich zuteilen, all das spielt in Zarathustras Erwägungen keine Rolle. Er, der so häufig auf die Unterschiede der Menschen pocht, geht nicht darauf ein, welch unterschiedliche Möglichkeiten die Menschen zur Selbstentfaltung und Lebensaffirmation haben. An der sozialen Frage ist Zarathustra schlicht nicht interessiert. Wenn er sich allerdings einem solchen Aspekt versuchsweise zuwendet, bleiben seine Ansichten reaktionär: „Wenn *Die* – Brod umsonst hätten, wehe! Wonach würden *Die* schrein! Ihr Unterhalt – das ist ihre rechte Unterhaltung; und sie sollen es schwer haben!“ (Za III, 263). Zarathustra, der nicht auf einen Geburtsadel pocht, will diejenigen, die zufällig in die Arbeiterschicht hinein geboren sind, ans Joch der Lohnarbeit ketten. Wenn diese dann das Leben beschwerlich finden, Ressentiment- und Hassgefühle entwickeln, dann sind sie in Zarathustras Augen nur erbärmlich und schwach.

> Oh meine Brüder, bin ich denn grausam? Aber ich sage: was fällt, das soll man auch noch stoßen! (Za III, 261)

Der obige Abschnitt Nr. 20 legt darüber hinaus nahe, dass man mit dem Niedergehenden nicht geduldig warten sollte, bis es von selbst zu Grunde geht. Der Prozess sollte beschleunigt werden. Die rhetorische Frage am Anfang macht deutlich, dass Zarathustra sich sehr wohl bewusst ist, dass seine Forderung nach dem Stoßen des Fallenden gegen moralische und humanitäre Konventionen verstößt. Allerdings ist das Fallende, bzw. Verfallende in der Passage zunächst einmal kein Mensch. Es sind die Werte, die im Niedergang begriffen sind: „Das Alles von Heute – das fällt, das verfällt“ (Za III, 262). Dennoch kann diese Verteidigung den Verdacht nicht aus dem Weg räumen, dass dieser Imperativ sich auch auf Menschen erstrecken könnte, denn der letzte Satz des Abschnitts gibt folgenden erzieherischen Ratschlag: „Und wen ihr nicht fliegen lehrt, den lehrt mir – *schneller fallen*!“ (Za III, 262).

Diese kurzen Interpretationen zeigen einen antihumanitären Grundzug in Zarathustras Lehren. Diese sind allerdings nicht so eindeutig und platt, dass sie und ihre Metaphern sich eins zu eins in einen Aufruf zum Verbrechen übersetzen lassen würden. In vielen Fällen lohnt es sich, genauer zu betrachten, wer gemeint ist, auf wen sich die Metaphern beziehen und dabei nicht den Fehler zu begehen, Fragen als Aussagen misszuverstehen. Zarathustra, zwischen den **alten Tafeln**, die er abschaffen und **neuen Tafeln**, die er ins Leben rufen will, wagt einen denkerischen Versuch, der ohne moralische Tabus unternommen wird. Ein Endergebnis stellt das Kapitel nicht vor. Allerdings sollte man sich davor hüten, Zarathustras Aussagen zu beschönigen und ihr antihumanistisches Potenzial zu verschleiern. Als Denker ist Zarathustra eher reaktionär als progressiv, mit Sicherheit elitär statt egalitär und seine Überlegungen über den Übermenschen sollen, das wird zunehmend klar, kein rein existentielles Individualprojekt bleiben. Sonst gäbe es keine Sehnsüchte nach einem „*Kinder-Land*" (Za III, 268) oder einem Volk, das von dem Besten, der befehlen kann, beherrscht wird, oder einem Willen „härter als Erz" (Za III, 268), der Jahrtausende zu prägen vermag.

Aber wir als philosophische Leserinnen und Leser müssen auch nicht mit Zarathustras Ideen übereinstimmen. Und wenn man sich die vielfältige und widersprüchliche Philosophie Nietzsches anschaut, könnte man vor allem zu einem Schluss kommen: dass es der Widerspruch ist, der unser Denken produktiv macht.

**Fragen und Anregungen**

- Welche weiteren auf den ersten Blick antihumanistischen Zitate können Sie noch finden? Wenn Sie die Zitate interpretieren, bleiben sie antihumanistisch oder werden sie ambig?
- Einige Nietzsche-Forscher entschuldigen die antihumanistischen Aspekte, andere betonen sie. Die Frage, wie man damit umgehen sollte, ist umstritten. Volker Gerhardt beispielsweise erklärt Nietzsches politische Standpunkte für die weitere philosophische Forschung für schlichtweg irrelevant: „Zur Komik der neueren Nietzsche-Rezeption gehört es, den politischen Unverstand ihres Protagonisten zu bagatellisieren. Ja, es gibt Autoren, die seinen autoritär-reaktionären Elitarismus deshalb so belehrend finden, weil die Mehrheit heute egalitär und demokratisch denkt. Wenn wir uns aber mit jedem abgeben würden, der sich einst lautstark irrte, bekäme Nietzsche Hekatomben von Konkurrenz" (Gerhardt 2000, S. 112). Was halten Sie für einen richtigen Umgang? Vielleicht auch in Zeiten, in denen ein großer Teil der Bevölkerung nicht mehr egalitär und demokratisch denkt? Wie begründen Sie Ihren Standpunkt?

### 4.2.13 Der Genesende

Nun ist die angekündigte Stunde des „abgründlichsten Gedanken[s]" (Za III, 271) gekommen. An einem Morgen, nicht lang nach Zarathustras Rückkehr in seine Berge, gebärdet sich Zarathustra „wie ein Toller" (Za III, 270), der zu einem Phantom spricht. Er beschwört den Gedanken, als sei dieser sein Gegner. In der anschließenden Selbstvorstellung scheint Zarathustra sein Gegenüber förmlich einschüchtern zu wollen: „Ich, Zarathustra, der Fürsprecher des Lebens, der Fürsprecher des Leidens, der Fürsprecher des Kreises – dich rufe ich meinen abgründlichsten Gedanken!" (Za III, 271). Im nächsten Moment scheint Zarathustra schon angefallen von einem übermächtigen Gegner. Zwischen Schauern des Lachens und des Ekels stürzt er mit einem „wehe mir" (Za III, 271) zu Boden „gleich einem Todten" (Za III, 271). Und auch als er wieder zu sich kommt, ist er kaum bei Sinnen, will weder essen noch trinken. Sieben Tage dauert diese Phase zwischen Leben und Tod, während seine Tiere über ihn wachen und der Adler reiche Beute bringt, die wie Opfergaben um das Lager Zarathustras gebreitet werden: „Beeren, Trauben, Rosenäpfel, wohlriechende Krautwerke“ (Za III, 271) und zu seinen Füßen sogar „zwei Lämmer“ (Za III, 271).

Als sich Zarathustra nach sieben Tagen aufrichtet, versuchen seine Tiere ihn zu überzeugen, dass es Zeit wäre, das Leben und seine Gaben, die konkret vor ihm liegen, wieder zu genießen. Er solle in die Natur treten und sich von dem düsteren Gedanken erholen.

Zarathustra freut sich des ‚Schwätzens‘ der Tiere, dergleichen mache ihm gute Laune, auch wenn er sich ihnen nicht mitteilen könne. Zwischen der Innenwelt des einen und der Innerwelt eines anderen liege eine unüberbrückbare Kluft und Worte seien nicht das reine Abbild der konkreten Dinge oder der individuellen Regungen: „sind nicht Worte und Töne und Regenbogen und Schein-Brücken zwischen Ewig-Geschiedenen?“ (Za III, 272). Introspektiv ist immer nur die eigene Innenwelt zugänglich, die Innenwelt eines anderen ist dagegen immer nur eine angenommene und blasse „Hinterwelt“ (Za III, 272). Zarathustra vertritt einen subjektivistischen Standpunkt. Demnach ist alles, was wir wahrnehmen, erfahren und wissen von unserem eigenen Wahrnehmungs- und Denkapparat abhängig. Wir Menschen sind Gefangene unseres Denkens und unserer Sinne, unsere Sprache erweist sich als ein unzureichendes Instrument, um unsere inneren Regungen anderen mitzuteilen. Subjektunabhängige Aussagen über die Welt oder Intersubjektivität sind demnach nicht möglich. Denn auch wenn Menschen miteinander sprechen und eine gemeinsame Wirklichkeit und Emotionen teilen, so ist der andere Mensch immer nur Teil der eigenen Vorstellung. Worte, so legt es Zarathustra nahe, täuschten darüber hinweg, wie sehr wir füreinander immer nur Vorstellungen und Projektionen sind. Diese Täuschung sei allerdings „lieblich“ (Za III, 272) und tanze wie „auf bunten Regenbögen“ (Za III, 272). Die Sprache als unmittelbare Verbindung zwischen Menschen sei eine Illusion, aber eine lebensbejahende.

Die Tiere bekräftigen die Lebensbejahung und möchten zeigen, dass sie sehr wohl den **abgründlichsten Gedanken**, den **Gedanken der ewigen Wiederkunft** verstehen, mit dem Zarathustra gerungen habe und der lehre, dass alle Dinge wiederkehrten:

> Alles geht, Alles kommt zurück; ewig rollt das Rad des Seins. Alles stirbt, Alles blüht wieder auf, ewig läuft das Jahr des Seins./ […] In jedem Nu beginnt das Sein; um jedes Hier rollt sich die Kugel Dort. Die Mitte ist überall. Krumm ist der Pfad der Ewigkeit. (Za III, 272 f.)

Zarathustra spottet, dass seine Tiere als „Schalks-Narren und Drehorgeln“ (Za III, 273) nur ein „Leier-Lied“ (Za III, 273) aus seinem Leid gemacht hätten. Sie würden sehr gut wissen, was er erlebt habe, „und wie jenes Unthier mir in den Schlund kroch und mich würgte! Aber ich biss ihm den Kopf ab und spie ihn weg von mir“ (Za III, 273). Die Vision „Von Gesicht und Räthsel“ (s. Abschn. 4.2.2) hat sich in Zarathustra verwirklicht. Der Hirte, den er damals sah und dem die Schlange in den Hals kroch, ist er selbst.

Er klagt seine Tiere an, dass sie wie Menschen seinem Leid zugesehen hätten, um zu genießen. Der Mensch als das „grausamste Thier" (Za III, 273) liebe den Anblick von Leid. Von Schaukämpfen und Tragödien bis zur lustvollen Erfindung der Hölle zeige sich, dass der Mensch sich dabei wohl fühle. Selbst in den Anklagen wider das Leben und in den Bußübungen und Selbstpeinigungen zeige sich ein Hang zur Grausamkeit, der offenbar lieber noch sich selbst quäle als aufs Quälen zu verzichten. Aber nicht die Grausamkeit des Menschen sei seine Anklage und sein Leid gewesen, sondern vielmehr „dass sein Bösestes so gar klein ist! Ach dass sein Bestes so gar klein ist!" (Za III, 274).

Die Zukunft einer neuen Weltordnung, die Zarathustra sich ersehnt, wird, selbst wenn sie eintritt, niemals die Vergangenheit ganz überwinden können. Denn die Vergangenheit wird – gemäß des Wiederkunftsgedankens – genauso wiederkehren wie die Zukunft, die jetzt noch in der Ferne liegt. Nach dieser Theorie – wir erinnern uns – ist niemals eine Stufe für immer überwunden, niemals wird es ein Finale geben. Angesichts der zurückliegenden Zeiten und all dem, was Zarathustra an ihnen verachtet, fällt Zarathustra der „grosse Überdruss am Menschen" (Za III, 274) an. Die Worte des Wahrsagers kommen ihm wieder in den Sinn: „Alles ist gleich, es lohnt sich Nichts, Wissen würgt" (Za III, 274; s. auch Abschn. 3.2.19). Wir erinnern uns, dass die Begegnung mit den Weisheiten des Wahrsagers für Zarathustra gefährlich war. Er träumte seinen Traum von der Burg mit den Särgen und wie er wie ein Grabwächter mit den alten Schlüsseln umherging. Mit eben dieser todesschwangeren Atmosphäre sieht sich jetzt auch Zarathustra im Wachen konfrontiert. Nun spricht er davon, wie „[e]ine lange Dämmerung […] vor mir her [hinkte], eine todesmüde, todestrunkene Traurigkeit" (Za III, 274). Der Gedanke der Wiederkunft als abgründlichster Gedanke ist eng mit dem Tod verbunden. Zarathustra ist wie der Held, der kurz vor seinem Ziel einzuknicken droht (s. Abschn. 3.2.12). Und es könnte sein, dass die Aufforderung zum Suizid – wenn es nicht gelingt, den Überdruss zu überwinden – ihn selbst betrifft (s. Abschn. 3.2.12). Je mehr Zarathustra das Erschreckende des Gedankens den Tieren deutlich machen will, umso mehr schaudert es ihn. Es droht ein Rückfall in die Krankheit: „Allzuklein der Grösste! – Das war mein Überdruss am Menschen! Und ewige Wiederkunft auch des Kleinsten! – Das war mein Überdruss an allem Dasein!" (Za III, 274). Nach so viel Vorbereitung auf den abgründlichsten Gedanken wirkt die allererste wörtliche Erwähnung **„ewige Wiederkunft"** fast lapidar. Die ‚Wahrheit' des Gedankens ist für die Tiere nichts Neues mehr, nur sein furchtbarer Charakter ist ihnen unbekannt.

Die Tiere unterbrechen Zarathustras düstere Gedanken und empfehlen ihm, nach draußen zu gehen und sich durch Singen zu erleichtern. Zarathustra empfindet diesen Ratschlag als anmaßend, denn sie haben erneut seine eigene Idee vereinnahmt: „Dass ich wieder singen müsse, – *den* Trost erfand ich mir und *diese* Genesung: wollt ihr auch daraus gleich wieder ein Leier-Lied machen?" (Za III, 275). Die Tiere wissen offenbar alles, was Zarathustra weiß, aber sie sind nicht die ursprünglichen Schöpfer, sie haben die Gedanken nicht aus eigenem Schmerz geboren und neigen daher dazu, ihre Bedeutung zu verfehlen. Zarathustras Lehre im Sinne einer guten Lebensführung zu verstehen, die das Leben bejaht, Genüsse nicht verteufelt und sich die richtigen Herausforderungen sucht, geht an dem, was Zarathustra fordert, vorbei.

Die Tiere indes lassen sich nicht so schnell den Mund verbieten. Besser erscheint es ihnen offenbar, selbst auszusprechen, wozu sie Zarathustra als noch zu schwach empfinden:

> „siehe, *du bist der Lehrer der ewigen Wiederkunft* –, das ist nun dein Schicksal! Dass du als der Erste diese Lehre lehren musst, – wie sollte diess grosse Schicksal nicht auch deine größte Gefahr und Krankheit sein!" Die Tiere sind die ersten und einzigen, die den Gedanken der ewigen Wiederkunft als Lehre Zarathustras auffassen und sie sind auch die einzigen, die die Lehre deuten: „„Siehe, wir wissen, was du lehrst: dass alle Dinge ewig wiederkehren und wir selbst mit, und dass wir schon ewige Male dagewesen sind, und alle Dinge mit uns"". (Za III, 275 f.)

Mit diesen Worten legt Nietzsche einige Distanz zwischen Zarathustra und die ewige Wiederkunft als Lehre. Zarathustra hat zweimal in diesem Kapitel darauf hingewiesen, dass die Tiere ihn nicht verstehen. Sein erstes Thema nach dem Erwachen ist ausgerechnet die Unmöglichkeit, im Sprechen einen ursprünglichen, introspektiv erfahrenen Gedanken jemand anderem mitteilen zu können. Damit wird die Wiederkunftslehre zu einer Lehre, die ironischerweise nicht gelehrt werden kann. Ihr Inhalt, ihre wesentliche Bedeutung liegt im Unausgesprochenen! Alles, was über sie gesagt wird, ihr beschriebener Gehalt, wird allzu schnell – wie Zarathustra wohlweislich bemerkt – zu einem „Leier-Lied".

Rhetorisch unbewandert sind die Tiere allerdings nicht. Obwohl sie die Tiefe des Gedankens verfehlen, haben sie offenbar Einblick in Zarathustras Seele. Und sie fürchten, Zarathustra könnte dem Leben eine Absage erteilen:

> Und wenn du jetzt sterben wolltest, oh Zarathustra: siehe, wir wissen auch, wie du da zu dir sprechen würdest: – aber deine Thiere bitten dich, dass du noch nicht sterbest! Du würdest sprechen und ohne Zittern [...] ‚Nun sterbe und schwinde ich, würdest du sprechen, und im Nu bin ich ein Nichts. Die Seelen sind so sterblich wie die Leiber. Aber der Knoten von Ursachen kehrt wieder, in den ich verschlungen bin, – der wird mich wieder schaffen! Ich selber gehöre zu den Ursachen der ewigen Wiederkunft. (Za III, 276)

Wenn die Theorie der Wiederkunft zutrifft, kann Zarathustra dem Leben durch einen Selbstmord nicht entkommen, denn dann würde er wiedergeboren werden und die Zeit zwischen den Wiedergeburten würde für ihn gar nicht existieren. Er würde also sofort wieder im Leben sein und er würde sich jedes Mal aufs Neue das Leben nehmen. Zwar hat Zarathustra in einem früheren Leben schon einmal diese Entscheidung getroffen und er wird ebendiese Entscheidung wiederholen, aber er weiß nicht, welche Entscheidung er traf und immer treffen wird. Der Kampf um die Entscheidung ist jedes Mal aktuell und so bedrohlich, als wäre es das erste Mal. Bedenken muss er allerdings, dass es niemals eine Alternativentscheidung geben kann, seine Entscheidung selbst genießt in ihrer Momenthaftigkeit Ewigkeitsstatus:

> Ich komme wieder, mit dieser Sonne, mit dieser Erde, mit diesem Adler, mit dieser Schlange – *nicht* zu einem neuen Leben oder besseren Leben oder ähnlichen Leben: – ich komme ewig wieder zu diesem gleichen und selbigen Leben, im Grössten und auch im Kleinsten, dass ich wieder aller Dinge ewige Wiederkunft lehre [...]. (Za III, 276)

Die Tiere enden ihre Rede mit einer Vorhersage über den Ausgang von Zarathustras Schicksal, die sie, wie schon die vorherigen Worte, Zarathustra in den Mund legen: „Ich sprach mein Wort, ich zerbreche an meinem Wort: so will es mein ewiges Loos –, als Verkündiger gehe ich zu Grunde! Die Stunde kam nun, dass der Untergehende sich selber segnet. Also – *endet* Zarathustra's Untergang" (Za III, 277).

Diese prophetische Aussage über Zarathustras Schicksal trifft ironischerweise keine Aussage darüber, wie Zarathustra sich nun entscheiden wird, denn wenn er „als Verkündiger" zu Grunde geht, könnte dies heißen, dass er stirbt. Wenn aber „Zarathustra's Untergang [endet]", könnte es auch sein, dass er seine Prüfung bestanden hat, er also mit dem Gedanken der Wiederkunft in der Krankheit bereits untergegangen ist und als Genesender wieder aufersteht. Egal ob Zarathustra das Leben oder den Tod wählt, in jedem Fall wird sich die Prophezeiung der Tiere erfüllen.

Zarathustra allerdings hört den Tieren gar nicht mehr zu, denn er ist in seine eigenen Gedanken vertieft. Als die Tiere ihn so ruhig sehen, ziehen sie sich zurück. Der dramatische Höhepunkt der Geschichte endet vorläufig offen.

**Fragen und Anregungen**

- Beschreiben Sie den Gedanken der Wiederkunft in Ihren eigenen Worten.
- Was ist Ihrer Meinung nach das Erschreckende des Gedankens?
- Ob Zarathustra tatsächlich mit dem Leben ringt und ihm zu entsagen droht, ist in der Forschung umstritten. Eine andere Ansicht finden Sie bei Alexander Nehamas in seinem Text „For whom the Sun shines. A Reading of Also sprach Zarathustra" (Nehamas 2012).

### 4.2.14 Von der grossen Sehnsucht

Das Kapitel „Von der großen Sehnsucht" ist ein Bekenntnis Zarathustras an seine Seele und zugleich eine philosophisch-poetische Reflexion über die zentrale Rolle der Sehnsucht im Leben.

Zarathustra beginnt mit einer Rückschau darauf, wie er seine Seele von den Fesseln des Alten und Niedrigen befreit hat. Er schildert diesen Prozess als einen Akt der Reinigung und Erneuerung. Die Seele sei von „Staub, Spinnen und Zwielicht" (Za III, 278) befreit worden, was sinnbildlich für die Überwindung alter Begrenzungen und kleinlicher Tugenden steht. Zarathustra hebt hervor, dass er die Seele dazu gebracht habe, sich ihrer Scham zu entledigen und sich „nackt vor den Augen der Sonne" (Za III, 278) zu zeigen – ein Ausdruck von Wahrhaftigkeit, Authentizität und Selbstbewusstsein.

Mit der Kraft des „Geist[es]" (Za III, 278) habe er alle Wolken und Hemmnisse hinweggefegt, die die Seele verdunkelten, darunter die Vorstellung von „Sünde" (Za III, 278). Er habe die Seele mit der Fähigkeit ausgestattet, „Nein zu sagen wie der Sturm" (Za III, 278) – wild und unaufhaltsam – und zugleich „Ja zu sagen wie offner Himmel" (Za III, 278) – ruhig und klar. Diese neu gewonnene Freiheit ermögliche der Seele, zwischen Zerstörung und (Neu-)Schöpfung zu wechseln und sich eigenständig zu entfalten.

Zarathustra betont, dass er seine Seele nicht nur die Freiheit, sondern auch eine neue Art des Verachtens gelehrt habe: ein „großes, liebendes Verachten" (Za III, 278). Dieses Verachten richtet seinen Hass nicht gegen das andere, sondern liebt das Verachtete, das es zu einer Transformation drängen will.

Nachdem Zarathustra seine Seele so von allen Zwängen befreit habe, würde sie nun in überreicher Fülle stehen. Sie gleiche einem Weinstock, der so schwer mit Trauben behangen sei, dass er beinahe unter der Last zusammenbreche. Diese Trauben symbolisieren die innere Überfülle der Seele, die um ihren Reichtum erleichtert werden will von jemandem, der diese Gaben annimmt. Ohne einen solchen Empfänger stehe die Seele zwar reich und voller Güte dar, doch auch belastet von einer tiefen Schwermut (s. Abschn. 3.2.9). Zarathustra beschreibt, wie die Seele nach Möglichkeiten sucht, ihre Fülle auszuschütten, aber sie nicht in Tränen ausbrechen möchte, da sie dies als Anklage gegen das Leben empfände. Stattdessen sehne sich die Seele nach einem anderen Weg, ihre Schwermut zu transformieren.

Zarathustra empfiehlt seiner Seele zu singen, dies sei ihre einzige Option, sich von der Schwermut zu lösen. Sie solle singen, „bis alle Meere still werden" (Za III, 280) und ein kleines Boot, „der Nachen" (Za III, 280), von der Sehnsucht angezogen über das Meer zu ihm gelange. Alles „grosse und kleine Gethier" (Za III, 280) würde laufen zu dem kleinen Boot, um das „Wunder" (Za III, 280) zu sehen. Das Wunder ist der „Nachen" (Za III, 280) und „sein[…] Herr: das aber ist der Winzer, der mit diamantenem Winzermesser wartet, – – dein grosser Löser, oh meine Seele, der Namenlose – – dem zukünftige Gesänge erst Namen finden! Und wahrlich schon duftet dein Athem nach zukünftigen Gesängen" (Za III, 280).

Der **Winzer**, der kommt, um Zarathustras Seele von ihrem Reichtum zu befreien und die Trauben vom Rebstock abzuschneiden, ist mit Symbolen des Todes versehen. Der Tod wird ikonographisch auch als Schnitter dargestellt, die bekannte Sense wird im Zarathustra allerdings zum „Winzermesser" (Za III, 280). Ganz sicher können wir den Tod auch als den „grosse[n] Löser" (Za III, 280) verstehen. Der Kahn – ein kleines Schiff – ist in der griechischen Antike das Gefährt, mit dem Charon der Fährmann die Seelen der Toten ins Totenreich geleitet. Wir können die Gestalt des Schnitters aber auch mit dem **Übermenschen** in Verbindung bringen, dem es möglich wäre, Zarathustra von der Last seiner Lehre zu befreien, indem er sie verwirklicht. Welchen Namen man einmal dem Übermenschen gäbe, sei unbekannt, aber er würde in Zarathustras Sinn neue Gesänge, neue Traditionen mit sich bringen und er könnte seine Genossen in eine ferne Zukunft wie in ein neues Land führen. Die Überfahrt mit dem Boot und all dem „grosse[n] und kleine[n] Gethier" (Za III, 280), das auch an Noahs Arche erinnert, könnte dann für den Aufbruch in diese Zukunft und nicht in das Totenreich stehen. In dem Bild, in dem Übermensch und Tod dennoch so eng verknüpft sind, ist unklar, welche Erlösung Zarathustra finden wird: das Lehren seiner Lehre und das Auffinden einer würdigen Erbin oder den endgültigen Untergang, das heißt den Tod.

Zarathustra schließt mit der Feststellung, dass er seiner Seele alles gegeben habe, was er geben konnte. Indem er sie zum Singen aufgefordert habe, habe er seine Aufgabe erfüllt.

Wir können dieses erste Kapitel nach der Genesung als das erste von drei Liedern deuten, die Zarathustra sich selbst vorsingt. Obwohl das vorherige Kapitel „Der Genesende“ heißt, schwebt Zarathustra weiterhin in Lebensgefahr. Zu einer Bejahung des **Gedankens der ewigen Wiederkunft** konnte er bislang nicht vordringen, die positive Erfüllung der Prophezeiung, durch das Bild des lachenden Hirten (s. Abschn. 4.2.2) angekündigt, steht noch aus. Zarathustra, so können wir feststellen, singt um sein Leben.

**Fragen und Anregungen**

- In diesem Kapitel thematisiert Zarathustra erneut das Verhältnis zwischen Gebenden und Nehmenden. Wie würden Sie die Bedürfnislage in eigenen Worten beschreiben?
- Wie können Sie das Selbstverhältnis deuten, wenn das Ich und die Seele als Gebende und Nehmende charakterisiert werden?
- Schauen Sie sich den Abschnitt mit dem Winzer genau an. Was würden Sie sagen, wen symbolisiert der Winzer?

### 4.2.15 Das andere Tanzlied

Zarathustra singt dem Leben ein Spott- und Schmeichellied. Personifiziert tritt das Leben in Gestalt einer wilden, verführerischen Frau auf, die auf einem goldenen Kahn, der zu sinken droht, steht: „einen goldenen Kahn sah ich blinken auf nächtigen Gewässern, einen sinkenden, trinkenden, wieder winkenden goldenen Schaukel-Kahn!“ (Za III, 282). Der Nachen aus dem vorherigen Kapitel, der einerseits als Symbol des Todes dem Lebensmüden Trost und andererseits als Symbol der Zukunft einen möglichen Übergang verheißt, ist im Bild des „Schaukel Kahn[s]“ selbst im Untergang begriffen, wenn das Leben über ihm thront. Die Schwermut des vorherigen Liedes wird durch diese wenigen Zeilen ironisch gebrochen. Die Frau reckt ihre „Klapper mit kleinen Händen“ (Za III, 282) und besitzt damit das Instrument, Zarathustra zum Tanzen zu zwingen.

Kaum aber, dass der tanzwütige Zarathustra zu ihr hinüberspringen will, ist sie verschwunden und schon geht es in wilder Verfolgungsjagd auf Ab- und Seitenwege, in Höhlen und in Dickichte, ohne dass Zarathustra sie zu greifen vermag. Als Femme fatale gelingt es ihr, Zarathustra ganz dem Begehren zu unterwerfen und sich doch immer zu entziehen:

> „Ich fürchte dich Nahe, ich liebe dich Ferne; deine Flucht lockt mich, dein Suchen stockt mich: – ich leide, aber was litt ich um dich nicht gerne!/ Deren Kälte zündet, deren Hass verführt, deren Flucht findet, deren Spott – rührt:/ – wer hasste dich nicht, dich grosse Binderin, Umwinderin, Versucherin, Sucherin, Finderin! Wer liebte dich nicht, dich unschuldige, ungeduldige, windseilige, kindsäugige Sünderin!“ (Za III, 282 f.)

Die stark rhythmisierte Sprache verstärkt den Eindruck, wir würden uns mit Zarathustra gemeinsam auf der Jagd befinden. Ist Zarathustra in seinem Lied aber zunächst ganz dem Begehren hingeben, droht seine Stimmung zu kippen, als er sich zunehmend vom Leben genarrt sieht. Ein letztes vergebliches Werben schlägt schließlich in Gewaltfantasien um:

> Wehe! Da fiel ich selber im Springen hin! Oh sieh mich liegen, du Übermuth, und um Gnade flehn! Gerne möchte ich mit dir – lieblichere Pfade gehn!/ [...] Du bist so arg müde? Ich trage dich hin, lass nur die Arme sinken! Und hast du Durst, – ich hätte wohl Etwas, aber dein Mund will es nicht trinken!/ – – Oh diese verfluchte flinke gelenke Schlange und Schlupf-Hexe! Wo bist du hin? Aber im Gesicht fühle ich von deiner Hand zwei Tupfen und rothe Klexe!/ [...] Du Hexe, habe ich dir bisher gesungen, nun sollst du mir – schrein!/ Nach dem Takt meiner Peitsche sollst *du* mir tanzen und schrein! Ich vergass doch die Peitsche nicht? – Nein! (Za III, 283 f.)

Auf die erotisch-obszöne Aufforderung, etwas zu trinken, was sie nicht trinken will, hat die Frau – also das Leben – Zarathustra offensichtlich zwei Ohrfeigen verpasst und sich entzogen. Die Beherrschungsfantasien, die Zarathustra im Folgenden benennt, sie nämlich mit der Peitsche domestizieren zu wollen, werden als männliche Ohnmacht gegenüber weiblicher Überlegenheit verspottet. Mit dem wiederkehrenden Motiv der Peitsche erhält das Kapitel „Vom alten und jungen Weiblein" (s. Abschn. 2.3.18) eine Antwort. Die Peitsche, zu der das **alte Weiblein** riet, wenn man zu Frauen geht, wäre tatsächlich für den Mann gedacht. Nur die Beherzigung des Ratschlags bringt Zarathustra nicht das Erwünschte. Die Beherrschung misslingt, die weiblichen Unterordnungsbedürfnisse erweisen sich als Wunschtraum und Projektion des Mannes, und Zarathustra ist für einen Moment eine recht komisch-lächerliche Figur. Dennoch kann man – was in der Nietzscheforschung durchaus eine gängige Haltung ist (exemplarisch bei Nehamas 2012, S. 132) – mit dem Kapitel „Das andere Tanzlied" nicht gänzlich das patriarchale Denken aus dem Zarathustra streichen. Denn auch die symbolische Verflechtung der Frau mit dem wilden, unbeherrschbaren Leben und der stürmischen Natur gehört zu den Stereotypen frauenfeindlichen Denkens, das gleichzeitig nur den Mann auf Seiten der Vernunft verortet.

Die phantastische Szenerie wechselt im zweiten Abschnitt des Kapitels zum Dialog mit dem Leben. Dieses hält sich nämlich die „zierlichen Ohren" (Za III, 284) zu, und anstatt in irgendeiner Art verängstigt zu reagieren, weist es Zarathustra zurück: „Oh Zarathustra! Klatsche doch nicht so fürchterlich mit deiner Peitsche! Du weisst es ja: Lärm mordet Gedanken" (Za III, 284).

Zarathustra solle ihr nicht böse sein, auch dann nicht, wenn sie sich eben nicht „von Grund aus" (Za III, 284) liebten. Immerhin sei sie ihm doch häufig über die Massen gut und zwar, weil sie auf seine „Närrin von Weisheit" (Za III, 284) eifersüchtig sei. Leben und Weisheit stehen auch hier im Konkurrenzverhältnis um den Mann (s. Abschn. 3.2.10), der umso begehrenswerter erscheint, als die Konkurrentin ihn unbedingt besitzen will: „Wenn dir deine Weisheit einmal davonliefe, ach! Da liefe dir schnell auch meine Liebe noch davon" (Za III, 284). Gerade aber befürchtet das Leben nicht, dass ihre Liebe erlösche, sondern Zarathustras: „Du liebst mich lange nicht so sehr wie du redest; ich weiss, du denkst daran, dass du mich bald verlassen willst" (Za III, 285). Das Leben zu verlassen, bedeutet aber konkret, sich das Leben zu nehmen. Dieser Entschluss ist wiederum mit der unaushaltbaren Erkenntnis des **Gedankens der Wiederkunft** verbunden, zumindest, wenn wir schließen, dass Zarathustra ihr eben dieses Geheimnis ins Ohr flüstert: „„Ja, antworte ich zögernd, aber du weisst es auch –' Und ich sagte ihr Etwas in's Ohr, mitten hinein zwischen ihre verwirrten gelben thörichten Haar-Zotteln./ ,Du *weisst* Das, oh Zarathustra? Das weiss Niemand'" (Za III, 285). In stiller Trauer vereint sitzen das Leben und Zarathustra nach diesen schwerwiegenden Worten gemeinsam auf der grünen Wiese und weinen miteinander. Zarathustra denkt aber bei sich, dass ihm „niemals [...] das Leben lieber, als je alle meine Weisheit" (Za III, 285) gewesen sei.

Der dritte Abschnitt besteht aus einem kurzen Gedicht in elf Versen, das eine Bejahung des Gedankens der ewigen Wiederkunft formuliert: Die Lust enthalte in sich das Verlangen, ewig anzudauern: „Doch alle Lust will Ewigkeit –,/ [...] – will tiefe, tiefe Ewigkeit!" (Za III, 286). Wenn „Lust – tiefer noch als Herzeleid" (Za III, 286) bewertet werden kann, so lässt sich schließen, kann selbst der Wunsch nach der Wiederkunft als einer Form von Ewigkeit entstehen. Die Tiefe der Lust ermögliche das Begehren, alles solle wiederkehren, auch das Leid, nur damit die Lust dieses einen Moments in endloser Wiederholung ewig sein möge. Jeder der elf Verse wird wie durch einen Glockenschlag angekündigt: „*Eins*!/ Oh Mensch! Gieb Acht!/ *Zwei*!/ Was spricht die tiefe Mitternacht?/ *Drei*!" (Za III, 285). Allein nach dem zwölften Glockenschlag folgt kein weiterer Vers. Mit den Zeilen: „*Elf*!/ ,– will tiefe, tiefe Ewigkeit!/ *Zwölf*!" (Za III, 286) endet das Gedicht. Die Zahl Zwölf ist neben der Bedeutung, die sie für unsere Zeitmessung hat, das Produkt von drei (Symbol für das Göttliche) und vier (Symbol für das Irdische) und wird daher oft als Zeichen für die Verbindung von Himmel und Erde interpretiert. So wird die Zahl zwölf oft mit der Vollständigkeit und Ordnung des Kosmos assoziiert. Dies zeigt sich in den zwölf Monaten des Jahres oder den zwölf Tierkreiszeichen, die den Verlauf der Zeit und die Zyklen des Universums markieren. In vielen Religionen hat die Zahl Zwölf eine besondere Bedeutung, und schon im griechischen Olymp thronten zwölf himmlischen Götter. Im Alten Testament stehen die zwölf Stämme Israels für die gesamte Gemeinschaft des Volkes Israel, so wie im Neuen Testament die zwölf Apostel die Ausbreitung der christlichen Botschaft in die ganze Welt repräsentieren.

Das Gedicht, das im vierten Teil als **Nachtwandler-Lied** (s. Abschn. 5.2.19) wiederholt wird, erscheint als rätselhafte Quintessenz des mit der Wiederkunft versöhnten Individuums. Betrachten wir den tageszeitlichen Symbolgehalt, stellen wir fest, dass der Wiederkunftsgedanke mit der Nacht oder sogar der Mitternacht assoziiert wird, so wie der **Übermensch** mit dem **großen Mittag** in Verbindung steht. Die Wahrheit der Nacht, die Wiederkunft, ist am Tag verborgen und darf nicht ständig ins Bewusstsein dringen. Denn die Schattenseite des Gedankens der Wiederkunft, die nihilistische Einsicht, dass ein sinnloses, leidvolles Leben sich in Dauerschleife endlos wiederhole, könnte verhindern, im Leben überhaupt nach etwas zu streben. Der Übermensch aber ist die Inkarnation reinen Strebens und ständiger Selbstüberwindung. Der Gedanke der Wiederkunft droht damit, den Übermenschen ad absurdum zu führen, der angesichts dieser Idee nicht mehr wie ein hehres Ideal erscheint, sondern nur wie ein armseliger Hamster in einem Hamsterrad, der niemals weiterkommt. Mythologisch würde dem Übermenschen dann Sisyphos entsprechen, diejenige Gestalt, die bezeichnenderweise dafür bestraft wird, den Tod eingesperrt zu haben, auf dass für eine Weile (solange der Tod eingesperrt war) niemand mehr auf der Erde starb. Sisyphos Strafe besteht darin, ein ums andere Mal einen Stein einen Berg hochzuschleppen, der, sobald er oben ist, wieder hinab kullert und die Mühsal aufs Neue beginnt. Die göttliche Bestrafung zeigt, dass Sisyphos dem Menschen mit dem ewigen Leben kein Geschenk brachte, sondern eine Heimsuchung.

Wer den Wiederkunftsgedanken bejaht – wir erinnern uns – muss aushalten, dass der Tod seiner endgültigen Dimension entledigt wird: „Muth aber ist der beste Todtschläger, Muth, der angreift: der schlägt noch den Tod todt, denn er spricht: ‚War das das Leben? Wohlan! Noch Ein Mal!'“ (Za III, 199; s. Abschn. 3.2.2). Die Versöhnung mit der Wiederkunft entsteht Zarathustra zufolge aus dem reinen Glücksgefühl, das Ewigkeit verlange und aufgrund dessen man bereit sei, jeden Preis – egal wie hoch er ist – zu zahlen, damit das Glück niemals ende. Dieser Preis bedeutet, auf die elenden Vorstufen zurückzufallen. Der Übermensch, so dürfen wir aus Zarathustras eigenen Prüfungen schließen, hat verstanden, dass er sich dem Glück immer wieder entziehen muss, da dauerndes Glück zur Behaglichkeit verkommt. Nur für ihn ist der Gedanke der Wiederkunft aushaltbar und nur ihm gelingt es, der ‚schwarzen Schlange den Kopf abzubeißen' (s. Abschn. 4.2.2) und sich schöpferisch einer wiederkehrenden Zukunft zu stellen.

### Fragen und Anregungen

- Vergleichen Sie das Kapitel „Das Tanzlied“ mit „Das andere Tanzlied“. Welche Motive tauchen erneut oder verwandelt auf? Beachten Sie auch die unterschiedlichen Tageszeiten.
- Überfliegen Sie die Kapitel „Vom alten und jungen Weiblein“, „Das Tanzlied“ und „Das andere Tanzlied“. Welches Frauenbild zeichnen die drei Kapitel? Welche stereotypen Frauenbilder zeigen sie, welche durchbrechen sie?
- Der zwölfte Glockenschlag, nach dem kein weiterer Vers kommt, kann Vollendung und Höhepunkt bedeuten. Das Fehlen eines zwölften Verses könnte aber auch eine Absage an bisherige Glaubenssysteme bedeuten, die eine Vollendung imaginieren, während dem Gedanken der Wiederkunft das Finale fehlt. Welcher Interpretation würden Sie den Vorzug geben und warum?
- In welchem Spannungsverhältnis verorten Sie den Gedanken von ewiger Wiederkunft und Übermensch?
- In *Die unerträgliche Leichtigkeit des Seins* hat Milan Kundera literarisch vorgestellt, was der Gedanke der ewigen Wiederkunft bedeuten würde, wenn er wahr wäre: „Wenn sich die Französische Revolution ewig wiederholen müßte, wäre die französische Geschichtsschreibung nicht so stolz auf Robespierre. […] Es besteht ein gewaltiger Unterschied zwischen einem Robespierre, der in der Geschichte nur ein einziges Mal aufgetreten ist, und einem

Robespierre, der ewig wiederkehrt, um den Franzosen den Kopf abzuhacken. Sagen wir also, daß der Gedanke der Ewigen Wiederkehr eine Perspektive bezeichnet, aus der die Dinge uns anders erscheinen […]: sie erscheinen ohne den mildernden Umstand ihrer Vergänglichkeit. […] Wie kann man etwas verurteilen, das vergänglich ist? Im Abendrot leuchtet alles im verführerischen Licht der Nostalgie, sogar die Guillotine" (Kundera 1987, S. 7 f.) Lesen Sie die ersten Seiten des Buches. Warum erklärt der Erzähler den Gedanken der Wiederkunft zum unerträglichen Schwergewicht? Charakterisieren Sie, wie der Erzähler Schwere und Leichtigkeit problematisiert.

### 4.2.16 Die sieben Siegel (Oder: das Ja- und Amen-Lied.)

Das letzte Kapitel des dritten Teils, gestaltet als Hymne in sieben Strophen, repräsentiert Zarathustras leidenschaftliches Bekenntnis zur Ewigkeit und zum **Gedanken der ewigen Wiederkunft**. Jede Strophe beginnt mit einem konditionalen Szenario – „Wenn ich ein Wahrsager bin […]" – „Wenn mein Zorn […]" –, das Zarathustras Lebenshaltung und philosophische Einsichten illustriert, und endet mit der Wiederholung eines Refrains.

In der ersten Strophe beschreibt sich Zarathustra als ein wahrsagerisches Wesen, das zwischen Vergangenheit und Zukunft wandelt, voller Potenzial für schöpferische Transformation. In der zweiten hebt er seine Rolle als Zerstörer veralteter Werte und überkommener Religionen hervor, mit der Absicht, Raum für Neues zu schaffen. Zarathustra preist in der dritten Strophe seine Verbindung zum schöpferischen Prinzip, das symbolisch durch die Erde als „Göttertisch" (Za III, 288), auf dem Zarathustra mit Göttern um Schicksal und Zufall würfelt, verbildlicht wird. In der vierten lobt er die Einheit von Gegensätzen, indem er Gutes und Böses als Teil eines größeren Ganzen begreift. Mit der Metapher der Seefahrt aus der fünften Strophe drückt er die Freiheit einer grenzenlosen Existenz ohne alle Konventionen aus. Die sechste Strophe betont die Leichtigkeit und den tanzenden Geist als ideale Tugend, die Schwere in Schönheit verwandelt. Und zuletzt stellt Zarathustra in der siebten Strophe die Loslösung von dualistischen Konzepten (Oben/Unten) dar, symbolisiert durch den Flug eines Vogels in die Freiheit.

Nietzsche parodiert, wie allein schon durch den Titel „Die sieben Siegel" deutlich wird, mit diesem letzten Kapitel die Offenbarung des Johannes. In der Offenbarung des Johannes wird die Öffnung der sieben Siegel als apokalyptisches Ereignis dargestellt, das das Ende der Welt und das göttliche Gericht einleitet. Jedes Siegel enthüllt eine neue Vision, die Schrecken, Zerstörung und göttliches Eingreifen zeigt. Nietzsche verwendet parallel die Idee der **sieben Siegel**, nicht um eine göttliche Offenbarung wiederzugeben, sondern als Hymne auf die ewige Wiederkunft des Gleichen. Während die Offenbarung die Welt auf eine transzendente Erlösung hin deutet, bleibt Zarathustras Vision radikal im Diesseits verhaftet und feiert das Leben in seiner gesamten Fülle, womit er die biblische Erzählung subvertiert. In der christlichen Offenbarung markieren die sieben Siegel das Ende der Zeit und die finale Erlösung oder Verdammnis. Nietzsche kehrt diese Bedeutung um: Für Zarathustra ist das ‚Ende' keine Erlösung, sondern eine Bejahung der ewigen Wiederkehr, die keinen linearen Fortschritt, sondern zyklische Wiederholungen umfasst. Statt Angst vor dem Weltuntergang vermittelt Zarathustra eine ekstatische Freude an der Ewigkeit, ausgedrückt durch den wiederkehrenden Refrain: „Denn ich liebe dich, oh Ewigkeit!" (Za III, 287–291). Die Parodie entlarvt die christliche Eschatologie als eine Verneinung des Lebens und der Welt, während Zarathustra das Leben selbst für göttlich und heilig erklärt.

Jede Strophe endet mit Refrain: „Oh wie sollte ich nicht nach der Ewigkeit brünstig sein und nach dem hochzeitlichen Ring der Ringe, – dem Ring der Wiederkunft? Nie noch fand ich das Weib, von dem ich Kinder mochte, es sei denn dieses Weib, das ich liebe: denn ich liebe dich, oh Ewigkeit! *Denn ich liebe dich, oh Ewigkeit!*" (Za III, 287).

Mit diesen Worten ist die Bejahung des **abgründlichsten Gedankens** für Zarathustra vollbracht und die drohende Absage an das Leben in Form eines Suizids abgewendet. Zarathustra besiegt den **Geist der Schwere**, welcher die Schattenseite des Wiederkunftgedankens repräsentiert und erfüllt damit sein Schicksal – im Singen. Die drei Teile scheinen damit abgeschlossen und die Ringstruktur in vielerlei Hinsicht eingeholt. Zarathustra, der aus seiner Eremitage zu den Menschen herabstieg, kehrt wieder in seine Einsamkeit zurück. Dem Sonnenaufgang, mit dem das Buch begann, ist nun die Mitternacht gegenübergestellt. Der Taggedanke **Übermensch** erhält im Nachtgedanken der Wiederkunft sein Pendant. Dazwischen steht der **Wille zur Macht**, als Instrument, sich und sein eigenes Wollen zu bejahen, sodass es sogar gelänge, das Unverfügbare, wie etwa die bereits geschehene Vergangenheit, zu wollen. Wer es schafft, alles erlittene Leid der ganzen Welt zu wollen, dem kann die Bejahung der Wiederkunft gelingen wie Zarathustra. Leben und Welt sind gerechtfertigt. In diesem Sinne erschiene der Gedanke der Wiederkunft äquivalent zur Theodizee als ‚Biodizee', wie beispielsweise Ludger Lütkehaus feststellt (Lütkehaus 2012). Philosophiehistorisch ist die Theodizee der Versuch, das Dasein Gottes, und zwar eines allgütigen, allmächtigen, allwissenden Gottes, angesichts der Übel in der Welt zu rechtfertigen. Zarathustra rechtfertigt das Leben (Biodizee) und die Welt (Kosmodizee), angesichts dessen, dass jedes Leid und jede – seiner Meinung nach – erbärmliche Vorstufe der menschlichen Entwicklung sich ewig wiederhole. Er plädiert also für das Leben angesichts eines Leides, das nicht mehr als vergänglich zu betrachten ist. Dennoch lässt sich auch bezweifeln, dass Zarathustra tatsächlich den Wiederkunftsgedanken erfolgreich bejaht. Denn die Bejahung gelingt ihm nur im Singen, ob jenseits des Gesanges die Lichtseite des Wiederkunftsgedankens – ein unendliches Lustgefühl – aufrechterhalten werden kann, bleibt fraglich.

### Fragen und Anregungen

- Suchen Sie sich mehrere Metaphern (z. B. wahrsagerische Blitzstrahlen, Kreuzspinne, Gottes-Gräber) aus den Strophen, interpretieren Sie diese für sich und recherchieren Sie danach ihre symbolische Bedeutung.

- Welches der letzten vier Kapitel betrachten Sie als Höhepunkt des dritten Teils und warum?
- Gelingt Zarathustra die Bejahung der Wiederkunft? Notieren Sie fünf Argumente für Ihre eigene Position und drei dagegen.
- Ludger Lütkehaus (2012) geht in seinem Essay „‚Die indische Circe, das Nichts'. Nietzsches Kampf gegen den Nihilismus" der Frage nach, ob Nietzsche die Bejahung des Wiederkunftsgedankens gelingt und inwiefern der Wiederkunftsgedanken als Biodizee aufgefasst werden kann

# 5 Also sprach Zarathustra. Ein Buch für Alle und Keinen. Vierter und letzter Theil

## 5.1 Die Entstehung des vierten Teils

Die Forschung ist der nietzscheschen Deutung aus *Ecce homo*, der zufolge der dritte Teil als Höhepunkt des *Zarathustra* gelten darf, häufig gefolgt. Zarathustra gerät, nachdem er die glückseligen Inseln verlassen hat, in eine tiefe Krise, die schon im zweiten Teil angedeutet wurde. Er durchlebt und durchleidet sie nach seiner Ankunft bei seiner alten Einsiedelei, sodass sich der Kreis zum ersten Teil hin schließt. Schließlich gelingt es ihm, den „abgründlichsten Gedanken" (Za III, 271) zu bejahen. In drei Liedern besingt Zarathustra den Gedanken der Wiederkunft und überschreitet sich selbst. Was bleibt also noch für den vierten Teil?

Nietzsche selbst hat ihn als „vierten (letzten) Theil *Zarathustra*, eine Art sublime[s] Finale[…]" (1885,572; N. an Carl von Gersdorff: 12.2.1885), als „ein ineditum von mir, das zum Persönlichsten gehört, was ich vermag" (1888,974; N. an Georg Brandes: 8.1.1888) oder auch als „[d]ie Versuchung Zarathustra's. Ein Zwischenspiel" (ebd.) bezeichnet.

In *Ecce homo* wird der vierte Teil nahezu unterschlagen. Aber auch nur fast, denn er, Nietzsche, „habe als ‚Versuchung *Zarathustra's* einen Fall gedichtet, wo ein grosser Nothschrei an ihn kommt, wo das Mitleiden wie eine letzte Sünde ihn überfallen, ihn von *sich* abspenstig machen will" (EH, Warum ich so weise bin 4).

Nietzsche schreibt den vierten Teil vom Herbst 1884 bis Februar 1885. Bereits im Sommer hatte Nietzsche immer wieder verschiedene Aufbauten eines vierten Teiles gemacht und sogar zeitweise einen fünften und sechsten Teil geplant. So schreibt er an seine Schwester:

> Von diesem 4ten Theile ist kluger Weise bei allen Unterhandlungen über Verkauf usw. zu schweigen, ebenso von dem nunmehr unvermeidlichen fünften und sechsten Theile (es hilft nichts, ich muß meinem Sohne *Zarathustra* erst zu seinem schönen *Tode* verhelfen, er läßt mir sonst keine Ruhe.) (1884,556; N. an Elisabeth Nietzsche: 15.11.1884)



N. Schulte, *Nietzsches „Zarathustra"*, https://doi.org/10.1007/978-3-662-72820-8_5

Was die Veröffentlichung anbelangt, ist Nietzsche allerdings in Schwierigkeiten. Denn sein Zerwürfnis mit seinem Verleger Schmeitzner ist so weit gediehen, dass er nun ohne Verleger dasteht. Wie allerdings soll er einem neuen Verleger einen vierten Teil schmackhaft machen, wenn dieser nicht auch die ersten drei Teile besitzt? Diese will Schmeitzner aber nur zu einem hohen Preis an Nietzsche zurückverkaufen. Er berichtet seiner Mutter und Schwester von der verfahrenen Situation:

> Die Summe 20 000 M. ist eine alberne Schwindelei des Schmeitzner. Gesetzt es giebt von den ursprünglich hergestellten 13 000 Exemplaren meiner Schriften (es sind 13, jedes ist in 1000 E. gedruckt) noch die Hälfte, was wohl die ungefähre Wahrheit sein wird, also c. 7000, so würde der unverschämte Schwindler dann immer noch 3 Mark ungefähr für jedes Exemplar haben wollen!! (1884,564; N. an Franziska und Elisabeth Nietzsche: 4./11.12.1884)

Vorerst sieht sich Nietzsche also außerstande, für den vierten Teil einen neuen Verleger zu finden. Er lässt ihn als Privatdruck in geringer Menge von schlussendlich 45 Exemplaren drucken und möchte ihn Freunden schicken, damit er Menschen, „welche sich um mich hübsch ‚verdient' machen, eine Artigkeit erweisen kann" (1885,596; N. an Franziska und Elisabeth Nietzsche: 16.4.1885).

Inzwischen stilisiert Nietzsche die Unmöglichkeit, den vierten Teil in sein veröffentlichtes Werk zu integrieren, als Glücksfall: „Es giebt einen vierten (letzten) Theil *Zarathustra*, eine Art sublimen Finale's, welches gar nicht für die Öffentlichkeit bestimmt ist (das Wort ‚Öffentlichkeit' und ‚Publikum' klingt mir, in Bezug auf meinen ganzen *Zarathustra*, ungefähr so wie ‚Hurenhaus' und ‚öffentliches Mädchen' – Pardon!)" (1885,572; N. an Carl von Gersdorff: 12.2.1885). Seine Werke seien überhaupt nur für die feinsten Köpfe bestimmt:

> Natürlich habe ich für den vierten Z<arathustra> keinen Verleger gefunden. Nun, ich bin's zufrieden und genieße es sogar als ein neues Glück. Wie viel Scham war immer, bei allen meinen Publicationen, für mich zu überwinden! Wenn ein Mensch, wie ich, die Summe eines tiefen und verborgenen Lebens zieht, so gehört dergleichen vor die Augen und Gewissen der ausgesuchtesten Menschen [...]. (1885,589; N. an Franz Overbeck: 31.3.1885)

Und schließlich gelte es, strenge Geheimhaltung zu wahren. Jeder, der sich zum Kreis der Eingeweihten zählen kann und ein Exemplar erhält, müsse darauf achten, dass es nicht unter unwürdige Augen gerate. Mutter und Schwester bittet Nietzsche, dass „von der Existenz dieses Theils nicht gesprochen wird" (1885,596; N. an Franziska und Elisabeth Nietzsche: 16.4.1885). Seinen Freund Gersdorff bittet er, das Buch eigenhändig bei der Post abzuholen, sollte es ihm nicht bereits zugestellt sein, denn ihn quäle der Gedanke, ein Unwürdiger könnte so das geheime Werk unbeabsichtigt in die Hände bekommen:

> hinterdrein beunruhigt mich die Vorstellung, daß das Kreuzband vielleicht nicht fest genug gewesen ist, und daß ich um keinen Preis ein Exemplar dieses ineditum in fremde Hände und unter falsche Augen gerathen lassen möchte. Sollte das Buch zur Stunde nicht eingetroffen sein, so thue, ich bitte Dich, Schritte bei der Post. (1885,601; N. an Carl von Gersdorff: 9.5.1885)

Als er darüber nachdenkt, die gedruckten Exemplare, „den Bücher-Ballen", nach Naumburg zur Mutter zu schicken, weiß er sehr wohl, wie es gerade um das öffentliche Interesse an seinem Werk bestellt ist: „stellt ihn hübsch in eine Ecke und laßt ihn schimmeln! Meine Sachen fangen erst an, etwas zu taugen, wenn ich selber erst schimmle" (1885,596; N. an Franziska und Elisabeth Nietzsche: 16.4.1885).

Nietzsche zeigt sich zunehmend desillusioniert angesichts der Reaktionen des Publikums auf den Zarathustra, auf den er große Hoffnungen gesetzt hatte. Immerhin hat ihm Schmeitzner schon mitgeteilt, dass er sich noch schlechter verkaufe als seine vorherigen Bücher. Könnte es also sein, dass der vierte Teil unter dem Eindruck zunehmender Enttäuschung geschrieben ist und deshalb einen anderen, parodistischen Ton anschlägt, der nicht nur die bisherigen Ideale verspottet, sondern auch Zarathustras eigene Lehren?

Als er Köselitz vom vierten Teil berichtet, der in diesem Brief nicht als letzter, sondern als erster eines neuen Werks angekündigt wird („Mittag und Ewigkeit. Von Friedrich Nietzsche. Erster Theil: die Versuchung Zarathustra's"), schreibt er, es handle sich um „eine ‚Gotteslästerung', gedichtet mit der Laune eines Hanswursts" und „[ü]brigens vielleicht *undruckbar*" (1885,573; N. an Heinrich Köselitz: 14.2.1885).

Die Überlegungen, den vierten Teil zum ersten eines neuen Werks zu machen, können, der möglichen Undruckbarkeit zum Trotz, auch als taktische Spekulationen verstanden werden, doch noch einen Verleger zu finden. So schreibt Nietzsche an Köselitz nur einen Monat später: „der Titel, welchen ich Ihnen das letzte Mal brieflich meldete, war eine Verlegenheits-Auskunft in Hinsicht auf einen neuen Verleger" (1885,580; N. an Heinrich Köselitz: 14.3.1885).

Wenn Nietzsche 1886 die erste Gesamtausgabe herausbringt, welche nur die ersten drei Teile des *Zarathustra* enthält, so muss man dies nicht als Abwertung des vierten Teiles verstehen, sondern als pragmatische Vorgehensweise. Die unverkauften Exemplare der ersten Teile wurden zusammengebunden, aber vom vierten gab es nur 45 Stück, zum Teil bereits verschickt an Freunde, wobei hinzugefügt werden muss, das nach Zählung nur ungefähr 10 seiner Bekannten diese besondere Ehre zuteilwurde.

1891 – Nietzsche war bereits der geistigen Umnachtung anheimgefallen – brachte Köselitz den vierten Teil des *Zarathustra* separat mit den *Dionysos-Dithyramben* heraus. Die erste Gesamtausgabe aller vier Teile erfolgte dann 1893 auch von Köselitz. Später wurde es üblich, alle vier Teile als ein Gesamtwerk herauszugeben. Auf den Sonderstatus des vierten Teils als geheimer Privatdruck wurde selten hingewiesen. In der KSA gibt es eine Vorbemerkung mit einem Nietzsche-Zitat – „Der vierte und letzte Theil des genannten Werks, aus dem Anfange des Jahres 1885, wurde bisher dem Buchhandel noch nicht übergeben" –, woraus sich Nietzsches Wille zur vollständigen Veröffentlichung nach Ansicht der Herausgeber ableiten lässt.

Die Meinungen der Forschung über den Stellenwert des vierten Teiles bleiben uneinig. In ihrem Nietzsche-Kommentar zum Zarathustra hat Katharina Grätz einige Stellungnahmen zusammengefasst:

> Da ist die Rede von einem „Nachtrag“ (Schellong 1989, 349), einer „Nachspiel-Farce“ (Loeb 2010, 92 […]) einem Zwischenspiel („interlude“; Lampert 1986, 290), „einem Separatum, das für sich alleine stehen kann“ (Ottmann 2000, 62), aber auch von dem „Hauptteil des veröffentlichten Zarathustra“ (Deleuze 1976, 179), von einem Produkt „of Nietzsche's highest philosophical and poetic invention“ (Shapiro 1989, 99), einem „‚carnival in the grand style‘ (Karneval grossen Stils)“ (ebd.) oder gar von einem „commentary on how the first three parts of Zarathustra are not to be read“ (Nehamas 2000, 181). (NK 4/2, S. 409)

Nun aber soll unser Eintritt in den vierten Teil nicht länger verzögert werden. Mit dem *Nothschrei* künden sich die höheren Menschen und damit die Versuchung Zarathustras an.

## 5.2 *Also sprach Zarathustra* IV

### 5.2.1 Das Honig-Opfer

Zu Beginn des vierten Teils erfahren wir, dass Zarathustra ein alter Mann mit weißem Haar geworden ist. Was er seit seinem letzten Auftreten getrieben hat, ob er erneut unter die Menschen gegangen oder in der Einsamkeit geblieben ist, bleibt ungewiss. Er lebt nun jedenfalls in einer Höhle in den Bergen, von wo aus er auf den Ozean herunterblicken kann, und unterhält sich mit seinen Tieren. Als diese ihn fragen, ob er glücklich sei, antwortet Zarathustra, dass er anderes suche: „Was liegt am Glücke! […] ich trachte lange nicht mehr nach Glücke, ich trachte nach meinem Werke“ (Za IV, 295). Die berauschende Glückseligkeit einer ewig wiederkehrenden Lust ist zugunsten eines selbstgeschaffenen Werkes zurückgestellt. Nur dass Zarathustra nicht gerade als tätig dargestellt wird, wie er da in der Sonne sitzt und aufs Meer hinabblickt. Die Tiere, die ihren alten Herrn als träge empfinden, vielleicht sogar seine schwermütige Seite fürchten, spornen ihn an, auf einen hohen Berg zu steigen. Bereitwillig steht Zarathustra auch auf, nichts anderes habe er vorgehabt, er wolle dort oben auf dem Berg Honig opfern. Und seine Tiere sollten sich auch flugs auf den Weg begeben, den Honig zu sammeln.

Zarathustra erscheint so auf den ersten Blick ähnlich dem alten Einsiedler, dem er selbst im ersten Teil begegnete und dessen Vorstellungen nicht mit den Entwicklungen der Welt Schritt hielten, sodass er einem Gott mit „Singen, Weinen, Lachen und Brummen“ (Za I, 13; s. Abschn. 2.2.2) diente, der schon längst das Zeitliche gesegnet hatte. Honig – aufgefasst als Himmelsgeschenk – war schon in der Antike eine häufige Gabe, die den Göttern als Opfer dargebracht wurde. Ist Zarathustra also gläubig geworden? Oder ein tattriger, alter Greis, der zwar noch alten Ideen wie der eines Werkes anhängt, ihre Realisierung aber längst aufgegeben hat?

Kaum ist aber Zarathustra allein auf dem Berg, lacht er und belustigt sich über die Narrheit seiner Tiere. Warum sollte er opfern, wenn er verschwenden könne? Nein, der Honig solle ihm als Köder dienen für seine Angelrute, mit der er im „Menschen-Meer“ (Za IV, 297) nach Menschen fischen wolle. Diese Vorstellung von Zarathustra als ‚Menschenfischer‘ ist mit christlicher Symbolik verknüpft, denn in den Evangelien werden die Jünger Jesu aufgefordert, es diesem gleich zu tun und zu „Menschenfischern“ zu werden (Mt 4,19; Mk 1,17; Lk 5,10). Die Symbolik verweist auf die Berufung der ersten Jünger und den Auftrag, Menschen für die Botschaft vom Reich Gottes zu gewinnen.

Wieder einmal bestimmt Zarathustra sein eigenes Wesen durch eine Neudefinition: „*Der* [**Menschen-Fischfänger**] nämlich bin ich von Grund und Anbeginn, ziehend, heranziehend, hinaufziehend, aufziehend, ein Zieher, Züchter und Zuchtmeister, der sich nicht umsonst einstmals zusprach: ‚Werde, der du bist!'" (Za IV, 297). Das Wortspiel, dass die klangliche Nähe und die Wiederholung des Wortstammes „ziehend", vom Heranziehen eines Fisches an der Angelleine, über die Erziehung bis hin zur Zucht, nutzt für die eigentümliche Wirkung, dass ganz unterschiedliche Tätigkeiten (angeln, erziehen, züchten) in einer höheren Bedeutung als der wortwörtlichen miteinander verknüpft werden. Der Zuchtgedanke, den Zarathustra ausspricht, wird heute kritisch gelesen. Möchte er seine neue Menschheit, sein „grosses fernes Menschen-Reich, das Zarathustra-Reich von tausend Jahren" (Za IV, 298) biologisch aus seiner Meinung nach ‚wohlgeratenen Menschen' züchten? Sicherlich konnte Nietzsche das Wort ‚Zucht' in einer naiveren Weise metaphorisch verwenden. Darüber hinaus stand er rechtsnationalen Bewegungen kritisch gegenüber, der Rassentheoretiker Eugen Dühring, den Nietzsche implizit in „Von den Taranteln" (s. Abschn. 3.2.7) angreift, wird namentlich in der *Genealogie der Moral* als „Berliner Rache-Apostel" und als „das erste Moral-Grossmaul" diffamiert.

Die Neubestimmung von Zarathustras Identität wird in der Textstelle verschleiert, es sei schon immer seine Identität von „Grund und Anbeginn" (Za IV, 297) gewesen. Der Ausspruch „**Werde, der du bist!**" ist eine Übersetzung Nietzsches von einem Vers aus Pindars zweiter pythischer Ode „γένοι' οἷος ἐσσὶ μαθών" (*Genoi' hoios essì mathōn*, Pythia 2, Vers 72), der sich diesen Ausspruch auf eine Weise aneignet, welche die ursprüngliche Bedeutung, welche die eigene Charakterentwicklung in Verbindung mit Erziehung und Lehre setzt, stark verändert (vgl. NK 4/2, 441 f.). Nietzsche, der Altphilologie studiert hatte, formuliert in seiner Übersetzung einen Imperativ, der vom einzelnen verlangt, die eigenen Anlagen zu entfalten und daher zu werden, was er dem eigenem ‚Bauplan' nach immer schon gewesen ist. Da dem Mensch, nach nietzschescher Vorstellung aber solch ein Plan nicht zukommt, da keine göttliche Bestimmung sein Ziel determiniert und darüber hinaus auch die Natur kein ‚Sollen' über den Menschen verhängen kann, wie Nietzsche in zahlreichen Aphorismen nahelegt, wird dieser Ausspruch rätselhafter als er auf den ersten Blick erscheint.

Aus der Tiefe wolle Zarathustra die Menschen zu sich heraufziehen, denn er selbst warte noch auf die Zeichen, die ihm bedeuten würden, dass es Zeit für seinen „Niedergange […] unter Menschen" (Za IV, 297) sei. Zarathustra folgt weiter seiner Schicksalsstimme, die ihm das Warten befielt, obgleich er ungeduldig ist und sich wohl fragt, ob ihn sein Schicksal gar vergessen habe. Andererseits redet er sich gut zu, sein Werk sei außerhalb normaler menschlicher Zeitspannen angesiedelt: „Ich aber und mein Schicksal – wir reden nicht zum Heute, wir reden auch nicht zum Niemals: wir haben zum Reden schon Geduld und Zeit und Überzeit" (Za IV, 298).

Das, was „einst […] doch kommen" (Za IV, 298) muss, bestimmt Zarathustra als „unser grosser Hazar, das ist unser grosses fernes Menschen-Reich, das

Zarathustra-Reich von tausend Jahren" (Za IV, 298). Der **große Hazar** bezieht sich historisch auf die Khasaren (Khazaren), ein Turkvolk, das zwischen dem 7. und 10. Jahrhundert ein bedeutendes Reich im Gebiet des Kaukasus, der Wolgaregion und der nördlichen Schwarzmeerregion bildete. Das „Menschen-Reich" verweist auf eine Zukunftsvision, in der die Menschheit ihre bisherigen Begrenzungen überwindet. Dieses Reich ist ‚fern', weil es noch nicht existiert, aber es wird als unvermeidliche Erfüllung einer neuen Ordnung oder eines neuen Lebensideals beschrieben. Es spiegelt Zarathustras Idee wider, dass die Menschheit nach einer höheren Existenzform strebt. Die tausend Jahre können symbolisch für eine Ära stehen, in der diese Ideen Früchte tragen und die Menschheit sich transformiert. Die Vorstellung, dass ‚etwas Großes' kommen muss, könnte als messianischer Impuls (miss) verstanden werden. Wenn die Verwirklichung eines ‚idealen Reiches' oder die Ankunft eines ‚großen Führers' gefordert wird, kann dies einen absoluten Wahrheitsanspruch implizieren, der individualistische Werte, die Zarathustra häufig fordert, untergräbt.

Zarathustra lacht schließlich über seine Sorgen, denn letztlich gingen sie ihn nichts an. Wenn die Erfüllung seines Werkes in so weiter Ferne liegt, dass er sie nicht erleben wird, kann er sich nur an sein eigenes Tun halten. Dieses aber gebietet ihn, seine „Angel" (Za IV, 298) hinab ins Meer zu werfen. Zarathustra geht ganz im Moment auf und genießt: „welch rosenrothe Stille! Welch entwölktes Schweigen!" (Za IV, 299).

**Fragen und Anregungen**

- Dem vierten Teil wird ein Zitat aus dem Kapitel „Von den Mitleidigen" aus dem zweiten Teil des *Zarathustra* als Motto vorangestellt. Spekulieren Sie, was das Thema des vierten und letzten Teils des *Zarathustra* sein könnte, nachdem sie das erste Kapitel gelesen haben.
- Zarathustras Übermenschideal kann entweder existentiell, individualistisch oder (auch) politisch, kulturell interpretiert werden. Was bedeutet das? Geben Sie einer Interpretation den Vorzug? Warum?
- Inwiefern kann der Mensch gemäß dem Ausspruch „Werde, der du bist" (Za IV, 297) einen eigentlichen Wesenskern und ein zu erfüllendes Potential besitzen, wenn es kein allgemeines Ziel und keinen göttlichen ‚Bauplan' gibt?
- Spekulieren Sie: Hat Zarathustra sich verändert? Glauben Sie, er hängt noch den gleichen Ideen an? Ist er weitergekommen oder stehengeblieben?
- Bisher hielt das Leben die „gold[ene] Angel" (Za II, 140, s. Abschn. 3.2.10), nun aber ist Zarathustra zum Angler geworden. Wie deuten Sie diese Veränderung?

### 5.2.2 Der Nothschrei

Am nächsten Tag, als Zarathustra gedankenverloren vor seiner Höhle sitzt, bekommt er unerwarteten Besuch. Es ist der düstere **Wahrsager**, den Zarathustra schon einmal traf und der ihn mit seinen Prophezeiungen von einer ideallosen und müden Gesellschaft so betroffen und krank machte, dass er in der Folge sieben Tage lang schlief (s. Abschn. 3.2.19).

Da Zarathustra gerade auf die Erde blickt und seinen Schatten mit einem Holzstab nachzeichnet, erblickt er zunächst auch nur den Schatten des Wahrsagers. Dann erkennt er dessen Gestalt und schrickt zusammen. Die „aschgraue[n] Blitze" (Za IV, 300), die über das Gesicht des Wahrsagers laufen und von noch schlimmeren Verkündigungen als den bereits gehörten sprechen, erhöhen Zarathustras Besorgnis. Der Wahrsager streicht sich aber über sein Gesicht, wie um es zu glätten, Zarathustra verfährt mit dem eigenen genauso als wäre er dessen Spiegelbild. Die spontane Begrüßung bekommt zeremoniellen Charakter. Hier stehen zwei außerordentliche Charaktere, ihre Begegnung ist außergewöhnlich.

Nachdem sie sich die Hände gereicht haben „zum Zeichen, dass sie sich wiedererkennen wollten" (Za IV, 301), grüßt Zarathustra den Wahrsager, fordert ihn auf, sich auszuruhen und bei ihm zu speisen. Er müsse nur entschuldigen, in so fröhlicher Gesellschaft zu sein. Fröhlicher Gesellschaft? Das kann der Wahrsager nicht glauben, wisse denn Zarathustra nichts von den Wellen, die immer höher stiegen, „Wellen grosser Noth und Trübsal" (Za IV, 301)? Die Zeit des Wartens sei vorbei, Zarathustra werde nicht mehr lange allein in den Bergen bleiben.

Als Zarathustra horcht, vernimmt auch er einen schrecklichen Schrei, verwehrt sich aber gegen die Idee, dass er ihn etwas anginge. Zarathustra wiegelt ab: „das ist ein Nothschrei und der Schrei eines Menschen, der mag wohl aus einem schwarzen Meere kommen. Aber was geht mich Menschen-Noth an!" (Za IV, 301). Zarathustra weiß indes sehr wohl, welcher Gefahr er ausweichen muss und fragt den Wahrsager: „Meine letzte Sünde, die mir aufgespart blieb, – weisst du wohl, wie sie heisst?" (Za IV, 301). Der Wahrsager antwortet prompt „*Mitleiden*!" (Za IV, 301) und fügt erklärend hinzu, dass er selbst gekommen sei, Zarathustra zu ebendieser „letzten Sünde [zu] verführe[n]!" (Za IV, 301). Mit Zarathustras guter Laune ist es jedenfalls vorbei, er ist „verwirrt und erschüttert" (Za IV, 302). Ängstlich fragt er den Wahrsager, wer denn nach ihm rufe. Es sei „*[d]er höhere Mensch*" (Za IV, 302), wie er sehr gut wisse, antwortet der Wahrsager. Aber Zarathustra ist zunächst nicht bereit, sich dieser Aufgabe zu stellen. Als er die Worte vernimmt, wird Zarathustra von Grauen gepackt und Angstschweiß bildet sich auf seiner Haut.

Der Wahrsager, Zarathustra anblickend, urteilt, dass Zarathustra mitnichten ein glücklicher Mensch sei und vermutlich auch der Leidende, der Zarathustra rufe, nicht dasjenige finden werde, was er suche: „Umsonst käme Einer auf diese Höhe, der *den* [letzten frohen Mensch] hier suchte: Höhlen fände er wohl und Hinter-Höhlen, Verstecke für Versteckte, aber nicht Glücks-Schachte und Schatzkammern und neue Glücks-Goldadern" (Za IV, 302).

Der Wahrsager entpuppt sich nach und nach als Gegner Zarathustras, der keineswegs als Mitfühlender aus „überströmende[m] Herzen" (Za IV, 301) spricht, sondern Zarathustra scheitern sehen will. Dabei rekurriert er geschickt auf Zarathustras eigene Ideen und verkehrt sie ins Lächerliche. Der **letzte Mensch**, die Denkfigur einer ideallosen Daseinsweise, verändert der Wahrsager zum „letzte[n] frohe[n] Mensch" (Za IV, 302), für den man Zarathustra halten könnte, als dem einzigen, der es überhaupt vermag, noch fröhlich zu sein. Aber selbst den gebe es nicht, genauso wenig wie den Sehnsuchtsort, den Zarathustra in schönen Tagen mit seinen Freunden genoss: „es giebt auch keine glückseligen Inseln mehr!" (Za IV, 302). Dass Lieder und Gesänge und deren zauberhafte Fröhlichkeit nicht ausreichen, um wahrhaft das Leben gutzuheißen, impliziert der Wahrsager, wenn er spricht: „Oh Zarathustra, […] du stehst nicht da wie Einer, den sein Glück drehend macht: du wirst tanzen müssen, dass du mir nicht umfällst!" (Za IV, 302). Die Lieder der Lebensfreude, die Zarathustra gerne singt, um seine Seele wieder ins Gleichgewicht zu bringen, sind – so legt es der Wahrsager nahe – Selbstbetrug, der aber über die bittere Wahrheit letztlich nicht hinwegtäuschen kann. Welche Ideen Zarathustra auch ausheckt – wir können an den Übermenschen, den Willen zur Macht oder die ewige Wiederkehr des Gleichen denken – sie seien nichts anderes als „Hinter-Höhlen, Verstecke für Versteckte" (Za IV, 302), oder wenn wir an ein anderes Kapitel denken, wohlmöglich gleich Zarathustras eigenem Vorwurf, „Dichter-Gleichniss, Dichter-Erschleichniss" (Za II 164; s. Abschn. 3.2.17), ein Göttersatz und eben damit die Erfindung einer anderen **Hinterwelt**.

Der Wahrsager scheint von Zarathustras schwersten Prüfungen zu wissen, spöttisch imitiert er dessen eigene Schicksalsstimme, die ihn einst zum Aufbruch und zur Auseinandersetzung mit dem **Wiederkunftsgedanken** veranlasste, wenn er spricht: „es ist Zeit, es ist höchste Zeit!" (Za IV, 301, s. Abschn. 3.2.18; 4.2.3). Und auch auf andere Weise ist die Gestalt mit dem Wiederkunftsgedanken verknüpft. Der Wahrsager, der uns in dem gleichnamigen Kapitel in Teil II begegnete, sprach: „Alles ist leer, Alles ist gleich, Alles war!" (Za II, 172; s. Abschn. 3.2.19). Die Worte, die in diesem Kapitel als Erkennungszeichen vom Wahrsager wiederholt werden, „Alles ist gleich, es lohnt sich Nichts, Welt ist ohne Sinn, Wissen würgt" (Za IV, 300), sind die gleichen wie im Kapitel „Der Genesende" (s. Abschn. 4.2.13) des dritten Teiles, als Zarathustra die Wiederkunft als seinen **abgründlichsten Gedanken** heraufbeschwört. Die sieben Tage währende Krankheit wiederholt sich in beiden Kapiteln.

Der Wahrsager ist Verkünder eines ausweglosen Pessimismus, der alles als wert- und sinnlos deklariert. Darüber hinaus – so dürfen wir durch die Nähe der beiden Kapitel „Der Wahrsager" und „Der Genesende" schließen – gehört er aber auch zu der exklusiven Gruppe derjenigen, die von der Wiederkunft wissen. Er steht dabei für die negative Deutung des Gedankens, welche die endlose Wiederholung ohne übergeordnetes Ziel in Nihilismus münden sieht. Wenn es aber tatsächlich eine andere Haltung gegenüber dem Leben und der Wiederkunft gibt, eben die der Bejahung, die Zarathustra repräsentiert, würde der Wahrsager gleich doppelt scheitern: Einmal wäre er kein Wahrsager mehr, denn die von ihm deklarierte Wahrheit – die Sinnlosigkeit allen Lebens – wäre rein individuell und nur für ihn gültig. Zum anderen hätte er für diese nur scheinbar objektive Wahrheit sein ganzes Leben lang gelitten, verzichtet und alles für schlecht befunden. Zarathustras Scheitern ist für sein Selbstverständnis unabdingbar. Daher können wir sein Mitgefühl als gespielt betrachten, so wie der tiefgreifende und kaum verhohlene Spott die Unvereinbarkeit der beiden Kontrahenten zeigt.

Als der Wahrsager schon nahezu siegreich schließt: „Aber Alles ist gleich, es lohnt sich Nichts, es hilft kein Suchen, es giebt auch keine glückseligen Inseln mehr!" (Za IV, 302), erweckt er in Zarathustra den Geist des Widerspruchs und dieser taucht wie aus „tiefen Schlunde an's Licht" (Za IV, 302). Er widerspricht dem Wahrsager, natürlich gebe es noch glückselige Inseln, „du seufzender Trauersack" (Za IV, 303). Der Wahrsager solle zunächst seine Gastfreundschaft genießen, während er selbst neuen Mutes beschließt, die Herausforderung anzunehmen und den **höheren Mensch** zu suchen. Der Wahrsager deutet Zarathustras Rede um, er wolle ihm nur ausweichen, aber „in deiner eignen Höhle werde ich dasitzen, geduldig und schwer wie ein Klotz" (Za IV, 303). Wir können kaum umhin, bei diesen Worten an den **Geist der Schwere**, Zarathustras Erzfeind, zu denken.

Zarathustra indes behält das letzte Wort und verspricht dem Wahrsager, dass dieser zu seinen Liedern als „Tanzbär" (Za IV, 303) tanzen werde: „Du glaubst nicht daran? Du schüttelst den Kopf? Wohlan! Wohlauf! Alter Bär! Aber auch ich – bin ein *Wahrsager*" (Za IV, 303).

Die letzten Zeilen wirken, als würde Zarathustra die Oberhand über den Wahrsager gewinnen. Andererseits hat der Wahrsager mit seiner letzten Provokation Zarathustra dazu bewegt, sich dem Hilferuf zu stellen. Ihm ist folglich gelungen, was er ankündigte, nämlich Zarathustra zu seiner „letzten Sünde [zu] verführe[n]" (Za IV, 301). Damit ist aber das Kampffeld zwischen Lebensbejahung und Lebensverneinung gerade erst eröffnet.

**Fragen und Anregungen**

- Wie wird der Typus des Wahrsagers im Zarathustra geschildert?
- Wie würden Sie das Verhältnis zwischen Wahrsager und Zarathustra deuten?
- Welche weiteren Hinweise finden Sie darauf, dass der Wahrsager mit dem Wiederkunftsgedanken verknüpft ist? Schauen Sie sich dafür die Kapitel „Der Wahrsager" (Za II; s. Abschn. 3.2.19) und „Der Genesende" (Za III; s. Abschn. 4.2.13) an.

### 5.2.3 Gespräch mit den Königen

Zarathustra ist weiterhin auf der Suche nach dem **höheren Mensch**, als er auf zwei merkwürdige Gestalten trifft: **zwei Könige** in auffälligen, fast lächerlichen Gewändern, die einen Esel bei sich führen. Zarathustra beobachtet sie zunächst heimlich und äußert ironisch: „Seltsam! Seltsam! Wie reimt sich Das zusammen? Zwei Könige sehe ich – und nur Einen Esel!" (Za IV, 304). Diese Bemerkung weist auf ein zentrales Motiv hin: den Zerfall der traditionellen Autoritäten und ihre Lächerlichkeit in einer degenerierten Gesellschaft.

Die Könige, einst Vertreter von Macht und Ordnung, befinden sich selbst auf der Flucht – nicht nur vor der ‚guten Gesellschaft', sondern auch vor sich selbst als Herrscher. Sie verachten die entartete Welt, in der nicht einmal mehr die bäuerliche, robuste Natur vorherrscht, sondern eine Mischung aller Typen, ein verwässerter

„Pöbel", der keine Klarheit mehr kennt: „Heiliger und Halunke und Junker und Jude" (Za IV, 305) – alles werde in einem entwerteten „Pöbel-Mischmasch" (Za IV, 305) aufgelöst. Auch ihre eigene Rolle als Könige empfinden sie als hohl und betrügerisch: Sie geben sich als „die Ersten" (Za IV, 305) aus, obwohl sie wissen, dass sie längst keine Macht mehr haben. Diese Selbstkritik lässt sie an der Gesellschaft und sich selbst verzweifeln.

Zarathustra, erfreut über die scharfsinnige Kritik der Könige an der gegenwärtigen Welt, tritt aus seinem Versteck. Er erkennt in ihren Worten seine eigene Philosophie wieder. Die *Könige* erklären, dass sie ebenfalls den höheren Menschen suchen – denjenigen, der nicht nur über der Masse steht, sondern der auch würdig sei, über die Erde zu herrschen. Diesen höheren Menschen identifizieren sie aber mit niemand anderem als mit Zarathustra selbst. Ihre Entscheidung, Zarathustra zu suchen, beruht auf dem Eindruck, den seine Worte auf sie gemacht haben: Die Einsicht, dass ‚zivilisierte Gesellschaft' in Wahrheit ‚Pöbelgesellschaft' sei, habe sie aufgerüttelt.

Zur Untermalung dieser Einsicht, die ihn erfreut, dichtet Zarathustra einige Spottverse, die in Form einer pseudo-prophetischen Rede („die Sibylle") die Geburt Christi („im Jahr des Heiles Eins") als Anfang des kulturellen und geistigen Verfalls markieren.

Die Könige amüsieren sich über den Spottvers und zeigen sich begeistert. Sie loben Zarathustra für seine Kraft und Kühnheit. Trotz der angsterfüllten Gerüchte über seine dämonische Natur haben sie sich ihm genähert – aus Bewunderung. Ihre Bewunderung gilt allerdings vor allem seinen kriegerischen Sprüchen, etwa: „Tapfer sein ist gut. Der gute Krieg ist's, der jede Sache heiligt" (Za IV, 307). Diese Sprüche erinnern sie an die Heroen der Vergangenheit, obwohl sie selbst, wie Zarathustra spöttisch feststellt, ganz sanfte, friedfertige Figuren geworden sind.

Zarathustra erkennt, dass die Könige zwar noch von heldischer Größe träumen, aber nicht mehr fähig sind, sie zu verkörpern. Er unterbricht daher ihre Gespräche und lädt sie in seine Höhle ein – denn er müsse weiterziehen, um den wahren höheren Menschen zu finden und ihm zu helfen.

Der Ton, so kann uns spätestens in diesem Kapitel auffallen, hat sich gegenüber dem dritten Teil von *Also sprach Zarathustra* geändert. So enthält das Kapitel „Gespräch mit den Königen" zahlreiche satirische Elemente, die einen burlesken Charakter aufweisen. Dies wird durch die Kombination von Ironie, Übertreibung, Parodie und einer grotesken Darstellung von Autoritäten und Konventionen erreicht. Auch in weiteren Kapiteln bleibt dieser Ton erhalten. An dieser Stelle sollen exemplarisch einige Beispiele herausgegriffen werden, um den burlesken Charakter anschaulich zu machen.

Die Könige, traditionell als höchste Autoritätsträger dargestellt, treten in einer absurden Szene auf: Sie führen einen Esel mit sich, der mit einem einzigen Laut („I-A") den Höhepunkt des Gesprächs markiert. Die zwei Könige mit dem Esel erinnern an die heiligen drei Könige und damit an Christi Geburt, wobei der Esel, der einen der Könige ersetzt, die Szene bereits karikiert. Die Szene entzieht der königlichen Würde ihren Ernst und verweist auf die Absurdität der Machtposition der Herrschenden.

Die Könige selbst reflektieren in einem teils klagenden, teils selbstironischen Ton ihre Situation. Sie kritisieren den Zustand der „guten Gesellschaft" (Za IV, 304) und die Entfremdung der Könige von wahrer Macht und Tugend. Ihre Selbstdarstellung als tragische Figuren, die „falsch wurden" (Za IV, 305) und „verkleidet" (Za IV, 305) leben, wirkt wie eine Parodie auf den Anspruch des Adels, moralisches und politisches Vorbild zu sein. Die Darstellung der Könige als bunt geschmückte, flamingoartige Gestalten mit Kronen und Purpurgürteln verstärkt den grotesken Charakter. Ihre Begegnung mit Zarathustra und die ernsthaften Diskussionen über Themen wie „Pöbel-Mischmasch" und „Ekel" stehen in starkem Kontrast zur absurden Szenerie und dem Auftreten des Esels.

Nietzsche nutzt das Gespräch, um die Dekadenz der aristokratischen Gesellschaft und die Nivellierung von Werten zu kritisieren. Die Könige beklagen die „Pöbel-Tugend" und die Verlogenheit ihrer Zeit, was als Satire auf die gesellschaftlichen und moralischen Verhältnisse gelesen werden kann. Gleichzeitig machen sie sich durch ihre theatralische Selbstklage selbst zu komischen Figuren. Der Esel, der mit einem einzigen Laut („I-A") das Gespräch der Könige kommentiert, fungiert als Symbol für die Absurdität und Sinnlosigkeit ihrer Selbstreflexion. Er verstärkt den humoristischen Charakter der Szene, indem er die hohen Gespräche auf eine triviale Ebene herabzieht. Die Könige, die eigentlich Würde und Autorität repräsentieren sollten, erscheinen als tragikomische Gestalten, während der Esel mit seinem schlichten Laut die Bedeutungslosigkeit ihres Diskurses unterstreicht.

**Fragen und Anregungen**

- Charakterisieren Sie die zwei Könige.
- Die Flamingo-Metapher tauchte im 12. Abschnitt „Von alten und neuen Tafeln" bereits auf. Lesen Sie den Abschnitt erneut und interpretieren Sie diese Metapher.
- Interpretieren Sie die Spottverse Zarathustras.
- Falls Sie sich über die Burleske informieren möchten, finden Sie Wissenswertes bei Dieter Werner (1966).

### *Exkurs: Nietzsche ein Antisemit?*

Das Kapitel „Gespräch mit den Königen" legt einen Verdacht nahe: Enthält Nietzsches *Zarathustra* entgegen der eigenen Selbstbezeichnung als Anti-Antisemit (vgl. 1886, 669, N. an Elisabeth Förster: 7.2.1886) eben doch antisemitisches Gedankengut?

> Einstmals – ich glaub', im Jahr des heiles Eins –
> Sprach die Sibylle, trunken sonder Weins:
> „Weh, nun geht's schief!
> „Verfall! Verfall! Nie sank die Welt so tief!
> „Rom sank zur Hure und zur Huren Bude,
> „Rom's Caesar sank zum Vieh, Gott selbst – ward Jude!"
> (Za IV, 307)

Diese drastischen Verse suggerieren eine ontologische Abwärtsspirale, an deren vermeintlichem Tiefpunkt die Verwandlung Gottes in einen **Juden** steht. Dass das

Judentum hier in unmittelbare Nähe zum „Vieh“ und zum moralischen Verfall Roms gerückt wird, provoziert die Frage: Spiegelt sich in diesen Versen nicht eine klare Judenverachtung?

Sollte diese Passage tatsächlich antisemitisch konnotiert sein, stünden auch andere Motive des Werks in einem neuen, zweifelhaften Licht: Wer sind jene „Überflüssigen“, die ihre „Galle“ erbrechen und das Resultat „Zeitung“ nennen (vgl. Za I, 63)? Und auf wen bezieht sich das „Gesindel“, dessen bloße Anwesenheit Zarathustra dazu veranlasst, sich „die Nase […] haltend“ (Za II, 125) seinen Weg durch die Gassen zu bahnen? In seinem Ekel artikuliert sich eine tiefsitzende Verachtung:

> Ach, des Geistes wurde ich oft müde, als ich auch das Gesindel geistreich fand! Und den Herrschenden wandt' ich den Rücken, als ich sah, was sie jetzt Herrschen nennen: schachern und markten um Macht – mit dem Gesindel! (Za II, 125)

Zarathustra geißelt hier eine korrumpierte Form des Regierens, die sich in bloßes „Schachern“ verwandelt hat. Doch wer sind diese Akteure, die mit ihrem „Krämer-Gold“ (Za III, 263) die Macht an sich reißen, und wer jene „Schmarotzer“, die sich parasitär an die edelsten Geister heften (vgl. Za III, 261)? Diese Begriffe – Krämer, Schacher, Gold – waren im 19. Jahrhundert hochgradig mit antisemitischen Codes aufgeladen.

Nietzsche selbst räumte später ein, sich auf „sehr inficirtem Gebiete“ (JGB 225) – womit er den Bayreuther Kreis um Richard Wagner meinte – zeitweilig mit dem Antisemitismus ‚angesteckt‘ zu haben. Zwar lag diese Phase zum Zeitpunkt der Niederschrift des Zarathustra offiziell hinter ihm, doch die Wurzeln seiner judenfeindlichen Aussagen reichen tiefer. Sie lassen sich nicht allein auf Wagners Einfluss reduzieren, sondern finden sich bereits in seinen Briefen aus der Studentenzeit: „Endlich habe ich mit Gersdorff eine Kneipe gefunden, wo man nicht Schmelzbutter und *Judenfratzen* zu genießen hat, sondern wo wir regelmäßig die einzigen Gäste sind.“ (1866, 502, N. an Franziska und Elisabeth Nietzsche: 22.4.1866).

Schließlich bricht Nietzsche mit Wagner und identifiziert dessen Antisemitismus rückblickend als einen der maßgeblichen Gründe für die Entfremdung. In *Menschliches, Allzumenschliches* klagt er die Instrumentalisierung der Juden als gesellschaftliche Sündenböcke (MA I, 475) offen an. In diese Phase fällt auch seine intensive Freundschaft mit dem jüdischen Philosophen Paul Rée – eine Verbindung, die Nietzsches Abkehr von völkischen Idealen zu besiegeln scheint.

Aber hatte in Nietzsche tatsächlich ein Umdenken stattgefunden? Oder beherzigte er nicht doch, auch nach seiner Abkehr vom wagnerischen Dunstkreis, den Ratschlag Cosima Wagners, wie es Mittmann nahelegt:

> Nun habe ich aber eine bitte an Sie die ich eine mütterliche nennen möchte, nämlich die ja nicht in das Wespennest zu stechen. […] Nennen Sie die Juden nicht, und namentlich nicht en passant; später wenn Sie den grauenhaften Kampf aufnehmen wollen, in Gottes Namen, aber von vornherein nicht, damit bei Ihrem Wege nicht auch alles Confusion und Durcheinander wird. (Zit. Mittmann 2001, S. 22)

Tatsächlich identifiziert Nietzsche das Judentum später als den Ursprung der Sklavenmoral par excellence. In der Antithese „Rom gegen Judäa“ (GM I, 16) sieht er das christliche Ressentiment aus jüdischen Wurzeln erwachsen. Viele Interpreten folgern daraus vorschnell, Nietzsche fordere eine schlichte Rückkehr zur „Herrenmoral“ der Vornehmen und verurteile die Sklavenmoral gänzlich.

Dabei übersehen sie jedoch den entscheidenden Clou: Für Nietzsche ist der Mensch mit Geist, Seele und einem komplexen Innenleben – kurz: der moderne Mensch – erst ein Produkt dieser Sklavenmoral. Das Seelenleben entwickelte sich durch die Verinnerlichung von Scham und Schuld; erst durch das Ressentiment, dem kontemplativen Charakter des Priesters wurde der Mensch zu einem „*interessante[n] Thier*“ (GM I, 6). Dass Nietzsche eine Rückkehr zur ‚tumben‘ und geistlosen Weltanschauung der frühen Herren anstreben könnte, erscheint bei genauerer Lektüre mehr als zweifelhaft.

Zudem stellt sich die methodische Frage: Darf sich Religionskritik ausschließlich auf die eigene Tradition beziehen, um nicht der Fremdenfeindlichkeit verdächtigt zu werden? Muss das kritische Denken ehrfürchtig vor der für absolut erklärten Wahrheit des „Anderen“ haltmachen, um dessen Andersheit nicht zu kränken? Nietzsche jedenfalls lag eine solche Rücksichtnahme fern; für ihn war die Sezierung von Moralsystemen ein Akt der intellektuellen Redlichkeit, der vor keiner sakrosankten Grenze stoppte.

Provokativ geht Nietzsche jedoch noch einen Schritt weiter: Sein Denken operiert mit philosophischen Experimentalfiguren – Typen, die eine spezifische Weltsicht sowie ein festes Set an Verhaltensweisen und Einstellungen repräsentieren. So finden sich die „Prediger des langsamen Todes“ im *Zarathustra* als Chiffre für das christliche Priestertum, ebenso in seinem aphoristischen Werk Typisierungen wie „der Franzose“ oder „der Jude“. Diese sind keinesfalls als reale Individuen oder gar als biologische Rassekategorien zu verstehen. Es handelt sich um ideengeschichtliche Konstrukte. Sie stehen bei Nietzsche in engem Zusammenhang mit der Genealogie – der Entwicklungsgeschichte des Geistes –, innerhalb derer ein Volk bestimmte moralische und psychologische Dispositionen herausgebildet hat.

Nietzsches Selbstverständnis als „Anti-Antisemit“ war keineswegs nur eine beiläufige Bemerkung, sondern eine explizite Kampfansage, die sich unmittelbar auch gegen sein engstes Umfeld richten konnte. Mit schmerzhafter Deutlichkeit artikuliert sich dies in einem Briefentwurf an seine Schwester, nachdem diese den Agitator Bernhard Förster geheiratet hatte. Nietzsche empört sich darin über die Dreistigkeit der antisemitischen Bewegung, seinen Namen in eigener Sache zu instrumentalisieren.

> Man hat mir inzwischen schwarz auf weiß bewiesen, daß Herr Dr Förster auch jetzt noch nicht seine Verbindung mit der antis<emitischen> Bewegung aufgegeben hat. Ein Leipziger Tolpatsch und Biedermeyer (Fritsch, wenn ich mich recht erinnere) unterzog sich dieser Aufgabe, – er übersandte mir bisher regelmäßig, trotz meines energischen Protestes die antis<emitische> Corresp<ondenz> (ich habe nichts Verächtlicheres bisher gelesen als diese Correspondenz) [...] Nachdem ich gar den Namen Z<arathustra> in der antis<emitischen> Correspondenz gelesen habe, ist meine Geduld am Ende – ich bin jetzt gegen die Partei Deines Gatten im Zustand der Notwehr. Diese verfluchten schmutzigen Antisemiten-

> Fratzen sollen nicht an mein Ideal greifen!! Daß unser Name durch Deine Ehe mit dieser Bewegung zusammen gemischt ist, was habe ich daran schon gelitten! (1887, 968, N. an Elisabeth Förster: Ende Dezember 1887)

Während seine Attacken gegen Eugen Dühring (s. Abschn. 3.2.7) noch die Form einer philosophischen Auseinandersetzung wahrten, radikalisierte sich seine Ablehnung im Angesicht des drohenden geistigen Zusammenbruchs. In den sogenannten „Wahnsinnszetteln", die bereits vom sich ankündigenden geistigen Zusammenbruch gezeichnet sind, fordert er schließlich eine letzte, gewaltsame Abrechnung mit den ideologischen Giftmischern

> Ich lasse eben alle Antisemiten erschiessen... Dionysos" [...]. (1889, 1249, N. an Franz Overbeck: um den 4. Januar 1889)

Vor diesem Hintergrund gewinnt der Spruch der Sibylle eine völlig neue, polemische Dimension: Anstatt als antisemitisches Klischee lässt er sich als radikale Kritik an der Genese des Christentums deuten. Der „Tiefpunkt", den die Sibylle für das Jahr Eins – erstes Lebensjahr von Jesus – konstatiert, markiert aus Nietzsches Sicht den Beginn einer Verfallsgeschichte. Hier wird die aristokratische Kultur Roms – die Nietzsche (wie in *Zur Genealogie der Moral*) als Inbegriff vornehmer Werte idealisiert – durch eine Religion verdrängt, die er als Sklavenaufstand in der Moral begreift.

Die provokante Zeile „Rom's Caesar sank zum Vieh, Gott selbst – ward Jude!" fungiert dabei als ironischer Spiegel: Sie erinnert die christliche Welt (und insbesondere die christlichen Antisemiten des 19. Jahrhunderts) an ihre eigenen, von ihnen oft verleugneten Wurzeln. Wenn Gott „Jude ward", so zielt dies auf die Tatsache, dass Jesus und sein Gottvater untrennbar mit der jüdischen Tradition verknüpft sind. Nietzsches Strategie ist hier die der maximalen Provokation: Er nutzt das Ressentiment der Antisemiten gegen sie selbst, indem er ihnen vorhält, dass ihr eigener Gott genau jenem Volk angehört, das sie verachten. Der Spruch der Sibylle ist somit keine Verurteilung des Judentums, sondern eine bösartige Erinnerung an die „jüdische Abkunft" des Christentums, die, so könnte man sagen, darauf angelegt ist, ‚alle Christenmenschen und Antisemiten tüchtig aufzuregen'.

In der Forschung bleibt Nietzsches Verhältnis zum Judentum und zum Antisemitismus umstritten. Zwar steht außer Frage, dass er den politischen Antisemitismus seiner Zeit als ein zutiefst verwerfliches Ressentimentphänomen verabscheute, doch bleibt zweifelhaft, ob Nietzsche selbst gänzlich frei von antijüdischen Vorurteilen war. Problematisch ist hierbei vor allem seine typologische Methode – trotz der Argumente, die man für sie ins Feld führen mag: Er assoziiert „die Juden" konsequent mit Attributen wie Intellektualität, finanzieller Macht und einer beispiellosen Anpassungsfähigkeit – allesamt Versatzstücke, die zum festen Inventar des zeitgenössischen antisemitischen Stereotyps gehörten.

Auch wenn Nietzsche diese Eigenschaften oft ins Positive wendet und sie im Rahmen seiner „Experimentalfiguren" als Zeichen von Überlebenswillen und Klugheit lobt, bleibt das strukturelle Problem bestehen: Positive Vorurteile sind letztlich ebenso reduktiv wie negative. Indem er „den Juden" als feststehenden psychologischen Typus festschreibt, bewegt er sich in einem Denksystem, das individuelle Vielfalt hinter kollektiven Zuschreibungen verschwinden lässt. Seine philosemitischen Äußerungen sind daher nur die eine Seite der Medaille, deren Kehrseite die traditionellen Vorurteile seiner Zeit sind.

**Fragen und Anregungen**

- Wie würden Sie die prophetischen Spottverse der Sybille deuten? Sehen Sie darin einen Angriff auf Juden oder auf etwas oder jemand anderes? Argumentieren Sie probehalber für beide Möglichkeiten. Welche Zuschreibung finden Sie überzeugender: Nietzsche als Antisemit oder als Anti-Antisemit?
- Falls Sie das Thema weiter vertiefen wollen, finden Sie bei Thomas Mittmann eine belesene und kritische Studie, die Nietzsche als „Judengegner" verortet (vgl. Mittmann 2001).
- Auf der anderen Seite bietet das Buch *Die Verachtung der Juden. Nietzsche, die Juden, der Antisemitismus* der französischen Philosophin Sarah Kofman, die selbst die Shoa überlebte und deren Vater im KZ starb, eine eindringliche Lektüre über Nietzsches komplexes Verhältnis zum Judentum und seine Abgrenzung vom zeitgenössischen Antisemitismus (vgl. Kofman 2002).
- Historisch interessant ist auch der Essay von Richard M. Lonsbach, einem jüdischen Anwalt, *Friedrich Nietzsche und die Juden*, der 1939 in einem wichtigen Exilverlag veröffentlicht wurde und gerade Nietzsches kulturkritischen Stellungnahmen aus *Zur Genealogie der Moral* gegen die verflachenden Vereinnahmungen durch die Nationalsozialisten (Lonsbach 1985, S. 9) interpretiert.

### 5.2.4 Der Blutegel

Zarathustra, der sich auf der Suche nach seinem **höheren Menschen** befindet, ist so in Gedanken versunken, dass er unachtsam auf einen Mann tritt, der, halb im Moor liegend, seinen Arm in das Gewässer hält. Der Getretene schreit erschrocken auf und beschimpft Zarathustra. Dieser wiederum reagiert im Schockmoment aggressiv: Er schlägt mit dem Stock auf den Mann ein, ehe er seinen Irrtum erkennt. Zarathustra versucht, sich mit einem Gleichnis zu entschuldigen: Ein Wanderer und ein Hund begegnen sich, schrecken voreinander zurück, und dabei fehlte wenig, dass sie sich sogar „liebkosen" würden – beide seien ja einsam (vgl. Za IV, 309).

Doch diese versöhnliche Metapher wird vom Liegenden als Beleidigung aufgefasst: Offenbar soll er der Hund in der Geschichte sein? Auch Zarathustras Nähe – körperlich wie sprachlich – empfindet er als Grenzüberschreitung und fordert ihn auf, sich zu entfernen. Das Territorium, so macht er klar, gehöre ihm. Zarathustra gibt sich nun namentlich zu erkennen. Diese Selbstoffenbarung bewirkt eine Kehrtwende: Der Mann erkennt ihn und ändert schlagartig seinen Ton. Zarathustra sei – neben dem Blutegel – das einzige Wesen, das ihn noch berühre. Es entsteht eine plötzliche Vertrautheit.

Der Mann erklärt, was er im Moor tut: Er forscht an Blutegeln, will sie mit dem eigenen Arm anlocken. Nun habe er aber einen „größeren Fang" gemacht – Zarathustra selbst, den er den „grosse[n] Gewissens-Blutegel" (Za IV, 311) nennt. Diese humorvolle, fast paradoxe Wendung – Zarathustra als blutiger Erkenntnisbiss – erfreut diesen zutiefst: Sie werden einander sympathisch.

Zarathustra will wissen, wer sein Gegenüber ist. Dieser stellt sich als *„der Gewissenshafte des Geistes"* (Za IV, 311) vor – eine von Nietzsches typisierten Figuren. Sein Leitsatz lautet: „Lieber nichts wissen als vieles halb wissen. Lieber ein Narr auf eigene Faust als ein Weiser nach fremdem Gutdünken" (Za IV, 311). Er beschreibt sich als einen radikalen Denker, der in der Erkenntnis nicht nach Größe, sondern nach Echtheit und Tiefe fragt: Eine Handbreit Grund genüge – solange es wirklich Grund und nicht Sumpf sei. Für ihn zählt detailliertes gründliches Wissen mehr gegenüber einem breiten Allgemeinwissen, das sich nicht der eigenen Grundlagen versichert.

Zarathustra vermutet, er habe es wohl mit dem „Erkenner des Blutegels" zu tun. Doch der Fremde verneint: Nicht das Ganze, nur das *„Hirn"* (Za IV, 311) des Blutegels sei sein Thema. Er lehnt alle Halbbildung, alles Schwärmerische und Vage entschieden ab. Er strebe nach einer strengen, ehrlichen, kompromisslosen Wissenschaft, die auch die Grausamkeit der Wahrheit nicht scheue: „Wo ich aber wissen will, will ich auch redlich sein, nämlich hart, streng, eng, grausam, unerbittlich" (Za IV, 312).

Die größte Inspiration fand er in Zarathustras Gedanken und vor allem dem Leitsatz: „‚Geist ist das Leben, das selber in's Leben schneidet'", der empfiehlt, Selbsterkenntnis sogar zum Preis eines schmerzhaften Aktes zu erringen. Das Gespräch wird von Zarathustra von der Reflexion über Erkenntnis auf die konkrete Verletzung zurückgeführt: Zarathustra lädt den **Gewissenhaften des Geistes** in seine Höhle ein, um sich um dessen blutenden Arm zu kümmern. Doch ehe sie sich gemeinsam auf den Weg machen können, hört Zarathustra einen „Nothschrei" (Za IV, 312) – ein neues Kapitel seiner Suche beginnt.

Wie sich unschwer erkennen lässt, wird auch der Gewissenhafte des Geistes als satirische Gestalt vorgestellt. Es handelt sich um den Typus des Wissenschaftlers, der auf der einen Seite durchaus geachtet, auf der anderen Seite aber weit stärker ironisiert wird. Der Wissenschaftler gibt vor, nur eine einzige Sache in jedem Detail erkennen zu wollen, aber er hat keine Antwort auf die Frage, warum er gerade diesen Forschungsgegenstand wählte. Insofern ist der „Hand breit Grund" (Za IV, 311), auf dem der Wissenschaftler steht, bodenlos, eben ein Sumpf. Der Blutegel, ein geringfügiges, belangloses Lebewesen im Gesamtgefüge der Welt, saugt dem Wissenschaftler das Blut aus den Adern. Der Wissenschaftler, der mit dem Studium sein Leben hinbringt, der vergeudet – so die Kritik – sein Leben durch belanglose Forschung. Dass darüber hinaus das Hirn des Blutegels gar nicht existiert, also der einzige Erkenntnisgewinn des Gewissenhaften des Geistes nur eine Negation sein kann, ist die heimliche Spitze, die Nietzsche im Konzept der Szene verankert.

Für einen minimalen Erkenntnisgewinn gibt der Wissenschaftler viele andere Lebensbereiche auf und leistet Verzicht. Er ist, so könnte man auf eine frühere Rede und Kritik Zarathustras zurückgreifen, einer jener umgekehrten Krüppel die eine einzige Sache an sich großgezogen haben und alles andere verkümmern ließen (s. Abschn. 3.2.20). Damit tut der Gewissenhafte des Geistes sich selbst Gewalt an. Er möchte die Natur erforschen und sie letztlich – wie wir noch sehen werden (s. Abschn. 5.2.15) – beherrschen. Die unterdrückte Natur bricht sich aber im Wissenschaftler selbst Bahn: „Geist ist das Leben, das selber in's Leben schneidet" (Za IV, 312, s. auch Abschn. 4.2.12) und zeigt sich als sadomasochistischer Trieb, Gewalttäter und Beherrschter in einer Person sein zu wollen.

Dennoch gibt es auch einige Aspekte des Gewissenhaften des Geistes, die auch Zarathustra imponieren können. Er ist das Gegenteil eines gefälligen Typus, wie sie die *zwei Könige* und die ‚gute Gesellschaft' repräsentieren. Er genießt die Einsamkeit, folgt nur seinem Gewissen, er denkt für sich selbst und lässt sich nicht durch hübsche Gleichnisse versöhnen. Alles, woran er glaubt, möchte er selbst prüfen.

Andererseits hat er sich auch nur einige von Zarathustras Lehren herausgesucht und sie sich zu eigen gemacht. Interessanterweise sind es gerade Sprüche, die für sich gesehen lebensfeindlich wirken. Der Gewissenhafte des Geistes, der Typus des Wissenschaftlers, entspricht einem gottlosen Asketen, der sich immer noch seine Bußübungen auferlegt, nun nicht mehr im Dienste Gottes, sondern akkurater Erkenntnis – und sei es im kleinsten aller Details.

**Fragen und Anregungen**

- Welche satirischen Elemente können Sie im Kapitel ausfindig machen?
- Der Typus des Wissenschaftlers als jüngste Form des asketischen Ideals ist Höhepunkt und stilistisches Glanzstück in der *Genealogie der Moral III*. Schauen Sie sich die Abschnitte 24–28 der 3. Abhandlung an. Sie sind unbedingt lesenswert.

### 5.2.5 Der Zauberer

Es dauert nicht lange, bis Zarathustra auf eine weitere Gestalt stößt. Da sie im tiefen Jammer gefangen scheint und sogleich zu Boden stürzt, glaubt Zarathustra für einen Moment, auf den **höheren Menschen** in seiner Not getroffen zu sein. Er eilt zur Hilfe, aber der Fremde scheint ihn kaum zu bemerken und monologisiert vor sich hin. Seine Rede ist als Gedicht wiedergegeben, das später einmal leicht verändert als *Klage der Ariadne* (DD 398–401) in ein anderes Werk Nietzsches eingehen wird, die *Dionysos-Dithyramben*, ein Zyklus von zehn Gedichten.

Das lyrische Ich klagt über seine Einsamkeit und das Fehlen eines Feuers, das sein Herz erwärmen könnte. Es fühlt sich krank, fiebrig, weil es von „eisigen Frost-Pfeilen" (Za IV, 314) gejagt werde, und zwar von einem Gedanken, der als lyrisches Du angesprochen wird. Dieses Du oszilliert zwischen verschiedenen Identitäten. Es wird charakterisiert als „Gedanke" (Za IV, 314), als „Jäger" (Za IV, 314), als „unbekannter Gott" (Za IV, 314) und als „Dieb" (Za IV, 315). Das lyrische Ich windet sich vor dem Angesprochenen. Warum wolle der Andere ihn nur quälen mit „zähnestumpfen Pfeilen" (Za IV, 314)? Lieber möchte das Ich die vollkommene Zerstörung in Kauf nehmen als die Marter weiter erdulden zu müssen: „Triff tiefer,/ Triff Ein

Mal noch!/ Zerstich, Zerbrich diess Herz!“ (Za IV, 314). Erneut fühlt es sich bedroht von dem Herannahenden. Was dieser von ihm wolle, fragt es. Es fühle sich vom eifersüchtigen Du bedrängt. Das lyrische Ich klagt das Du an, auch in seine heimlichsten Gedanken eindringen zu wollen. Es könne sich diese aber nur stehlen oder durch Folter erzwingen. Wie als ob es gerade einer Peinigung standhalte, zeigt das Ich, dass es Opfer, aber nicht Gefolgsmann ist: „Umsonst! Stich weiter,/ Grausamster Stachel! Nein,/ Kein Hund – dein Wild nur bin ich“ (Za IV, 315), und verlangt erneut zu wissen, was das lyrische Ich, der „Wegelagerer“ (Za IV, 315) und „unbekannte[…] Gott“ (Za IV, 315) denn wolle? Und als wäre ihm etwas ins Ohr geflüstert worden, spricht es, der Metapher des ‚Wegelagerers‘ entsprechend: „Wie? Lösegeld?/ Was willst du Lösegelds?“ (Za IV, 315) Aber statt dass es ausgelöst werden kann, scheint nun eine neue Botschaft ans Ohr des lyrischen Ichs zu gelangen, die eine Lösegeldforderung zunichtemacht: „Mich – willst du? Mich?/ Mich – ganz?“ (Za IV, 316). Dass vom Leser erwartete Entsetzen des lyrischen Ichs bleibt allerdings aus. Anstatt über dieses Urteil zu klagen, sich dagegen aufzulehnen oder fliehen zu wollen, erscheint diese Antwort als Rettung. Denn in seinem Wunsch nach Liebe zieht es die Liebe eines Feindes dem Nichtgeliebtwerden vor: „Gieb *Liebe* mir – wer wärmt mich noch?/ […] Gieb mir, dem Einsamsten,/ Den Eis, ach! Siebenfaches Eis/ […] Nach Feinden schmachten lehrt,/ Gieb, ja ergieb,/ Grausamster Feind,/ Mir – *dich*! – –“ (Za IV, 316). Als das Opfer seinen Opferstatus aufgibt, indem es den Täter als Besitz verlangt, flieht der Täter: „Davon!/ Da floh er selber,/ Mein letzter einziger Genoss“ (Za IV, 316) und lässt das lyrische Ich verzweifelt in der Einsamkeit zurück: „– Nein! Komm zurück,/ Mit allen deinen Martern!/ […] Und meine letzte Herzens-Flamme –/ Dir glüht sie auf!/ Oh komm zurück,/ Mein unbekannter Gott! Mein Schmerz! Mein letztes – Glück!“ (Za IV, 317).

Das Gedicht drückt eine existenzielle Krise und eine zutiefst emotionale Auseinandersetzung mit einem unbekannten, göttlichen Wesen aus. Der Sprecher fühlt sich von diesem Gott verfolgt, gequält und zerrissen, beschreibt ihn als Jäger, Dieb und sogar als Folterer, der in die tiefsten Gedanken und das Herz des Sprechers eindringt. Trotz des Schmerzes und der Qual, die dieser Gott verursacht, bleibt eine paradoxe Sehnsucht nach ihm bestehen.

Wer, so werden wir uns fragen, ist dieser Gott? In den *Dionysos-Dithyramben* wird durch die Hinzufügung einer letzten Strophe dieser als Dionysos identifiziert: „*Dionysos*: Sei klug Ariadne!... […] Muss man sich nicht erst hassen, wenn man sich lieben soll?... *Ich bin dein Labyrinth...*“ (DD, Klage der Ariadne. Dionysos steht für die untrennbare Einheit von Lust und Schmerz, er ist ein ekstatischer, grausamer Gott. Ohne diese Zeile bleibt die Deutung allerdings ambig. Der „Blitz-Verhüllte […]“ (Za IV, 315), versteckt hinter Wolken, der „Jäger“ (Za IV, 314), der Frauen nachstellt, um sie in anderer Gestalt zu bedrängen, der „Wegelagerer“ (Za IV, 315) mit seinen „schadenfrohen Götter-Blitz-Augen“ (Za IV, 314) scheint vor allem auf den höchsten Gott der Griechen, den blitzeschleudernden Göttervater Zeus hinzuweisen. Andere Indizien sprechen allerdings für den christlichen Gott. Es gehört zur christlichen Vorstellungswelt, dass der Mensch nur durch Gottes Liebe erlöst werden kann, was dem Begehren des lyrischen Ichs nach den „Herzens-Kohlenbecken“ (Za IV, 313), also dem Wunsch nach göttlicher Liebe entsprechen würde. Dass der christliche, allwissende Gott dem Menschen zu nahe tritt, weil er noch in die tiefsten Abgründe des Menschen, in seine geheimsten Gedanken schaut und danach beurteilt, gehört zum gängigen Inventar nietzschescher Kritik am christlichen Glauben und wird uns im Kapitel „Der hässlichste Mensch“ (s. Abschn. 5.2.7) noch beschäftigen. Der eifersüchtige Gott wiederum spielt auf den alttestamentarischen Gott und die zehn Gebote an. Wenn ausgerechnet das erste aller Gebote lautet „Ich bin der Herr, dein Gott [...]. Du sollst keine anderen Götter haben neben mir“ (2. Mose 20,2–3), erweist sich Gott vor allem als eifersüchtig. Indem die Götterbestimmung letztlich mehrdeutig bleibt, zeigt sich, dass in diesem Gedicht die universelle Frage nach dem Wesen und der Beziehung zum Göttlichen thematisiert wird.

Als ‚unbekannter Gott‘ wird das lyrische Du fünfmal bezeichnet, nur ein einziges Mal jedoch, und zwar in der allersten Strophe, als ‚Gedanke‘. Mit diesem Hinweis können wir versuchen, den Gott als Projektion des lyrischen Ichs zu deuten. Dazu passt, dass es keine wörtliche Äußerung des Gottes in dem Gedicht gibt, sondern das Ich, so als würde es wiederholen, was in sein Ohr geflüstert wird, spricht laut aus, was der Gott selbst sagt. Das Ich erfindet sich seinen Gott als Übermacht, welcher die vollkommene Unterwerfung verlangt. Warum aber erfindet sich der Mensch einen solch grausamen Gott, von dem es sich gequält – ja nahezu vergewaltigt – fühlt: „Ha! schon viel zu nahe!/ Weg! Weg!/ Du hörst mich athmen,“ (Za IV, 314)? Weil es von diesem Gott ganz unbedingt gewollt wird. Der nach Liebe bedürftige Mensch erfindet sich einen Gott, der sich für ihn interessiert, selbst wenn er den Menschen quält. Damit bekommt das Leiden des bedürftigen Menschen einen Sinn: Es ist gottgewollt, weil Gott den unwürdigen Menschen so sehr will, so sehr liebt. Die absolute Bedeutung, die der Gott dem Individuum zumisst, zeigt sich darin, dass die Lösegeldforderung abgelehnt wird. Der Gott will jeden einzelnen Menschen ganz – so wünscht es sich der Mensch. Solange der Mensch mit seiner Vorstellung kämpft, mit der Macht und Güte Gottes angesichts von Übeln in der Welt, mit der Gewissensfrage und -peinigung, mit den als ungerecht empfundenen Strafen, ringt der Mensch mit Gott. Und in diesem Ringen scheint Gott existent. Als das Ich aber seine vollkommene Unterwerfung deklariert und gleichzeitig den Gott in Besitz nehmen möchte, entzieht sich dieser. Die Liebe Gottes ist letztlich – gemäß nietzschescher Philosophie – leer, weil Gott nicht existiert. Damit bleibt das Ich in seiner Bedürftigkeit allein zurück und wünscht sich nun nichts mehr als die Rückkehr seines größten Peinigers in seine Vorstellungswelt. Der Mensch, so könnte das Fazit des Gedichts nahelegen, kommt ohne den Gottesglauben nicht aus. Er verzweifelt.

Zarathustra erkennt das dargestellte Leiden des alten Mannes als inszeniert und reagiert wütend, ja sogar handgreiflich darauf: Mit einem Stock schlägt er „mit allen Kräften auf den Jammernden los“ (Za IV, 317). Der alte Mann gibt sich daraufhin als Künstler und **Zauberer** zu erkennen. Er habe Zarathustra eine Kostprobe seiner Kunst geben wollen – und freue sich, ihn einen Moment lang getäuscht zu haben. Er behauptet, er habe eine Figur aus Zarathustras eigener Lehre dargestellt: den **Büßer des Geistes** (vgl. Za IV, 318), der an seiner Selbsterkenntnis zerbricht: „den Dichter und Zauberer, der gegen sich selber endlich seinen Geist wendet, den Verwandelten, der an seinem bösen Wissen und Gewissen erfriert" (Za IV, 318).

Zarathustra erkennt darin zwar einen wahren Kern, doch er wirft dem Zauberer vor, sich selbst in seinen Masken verloren zu haben. Selbst im Leiden sei er unehrlich: „Deine Krankheit würdest du noch schminken, wenn du dich deinem Arzte nackt zeigtest" (Za IV, 318). Das Kernproblem des Zauberers sei, dass dieser sich selbst unter seinen Masken abhandengekommen sei, er sei ein **Schauspieler** und könne nicht anders als zu lügen: „Du aber – *musst* betrügen: so weit kenne ich dich! Du musst immer zwei- drei- vier- und fünfdeutig sein!" (Za IV, 318). Seine Fantasien sind ihm zum Fluch geworden, er kann zwar alles darstellen, aber er kann sich nicht glauben, dass er irgendetwas noch für wahr hält: „Ich errathe dich wohl: du wurdest der Bezauberer Aller, aber gegen dich hast du keine Lüge und List mehr übrig, – du selber bist dir entzaubert!" (Za IV, 318).

Der Zauberer gesteht, dass seine gespielte Größe stets eine Lüge gewesen sei. Aber er habe Größe gesucht und der Glaube der anderen an ihn und seine Lüge sei schließlich über seine „Kraft" (Za IV, 219) gegangen. Der letzte Selbstbetrug sei ihm unmöglich gewesen. Nun drohe er zu zerbrechen.

Zarathustra schenkt ihn für diese Selbsterkenntnis Anerkennung, bleibt jedoch vorsichtig. Als er den Zauberer fragt, was er hier suche, antwortet dieser: „einen Ächten, Rechten, Einfachen, Eindeutigen, einen Menschen aller Redlichkeit, ein Gefäss der Weisheit, einen Heiligen der Erkenntniss, einen grossen Menschen!" (Za IV, 319) – nämlich Zarathustra selbst. Doch Zarathustra weist dieses Lob entschieden zurück: In der Gegenwart gebe es keine großen Menschen mehr, nur Selbsttäuschung und Aufgeblasenheit. Er lädt den Zauberer zwar in seine Höhle ein, doch seine letzten Worte verraten Misstrauen: „Du suchst nach grossen Menschen, du wunderlicher Narr? Wer lehrte's dich? [...] Oh du schlimmer Sucher, was – versuchst du mich?" (Za IV, 320). Dann verlässt er ihn.

Wir ahnen schon, der Zauberer gehört zu den ambivalenteren Gestalten, denen Zarathustra auf seiner Suche begegnet. Wie schon zuvor der **Wahrsager**, repräsentiert er eine ‚Schattenseite' von Zarathustra. Denn wer hat den Zauberer gelehrt, nach Größe zu suchen, wenn nicht Zarathustra selbst? Wie kann nun diese Suche als Narrheit herausgestellt werden? Der Zauberer steht für seine Mehrdeutigkeit in der Kritik, aber auch Zarathustras Reden sind mehrdeutig. Das Lob des Zauberers, mit dem er Zarathustra ehren möchte „einen Ächten, Rechten, Einfachen, Eindeutigen" (Za IV, 319), scheint angesichts von Zarathustras Lehren geradezu absurd. Auf das Lob, so demonstriert es diese Passage, fällt Zarathustra nicht herein und verwehrt sich gegen die Annahme, ein ‚großer Mensch' zu sein. Wir können daher versucht sein, den pessimistischen Wahrsager, die kriegsfreudigen, zahmen **Könige**, den masochistischen **Gewissenhaften des Geistes** und den Zauberer als Verfehlungen zarathustrischer Lehren zu deuten. Sie haben zwar einige Lehren verinnerlicht, sie dabei aber verzerrt und verkürzt. Während aber die letzten beiden Gestalten die Reden wörtlich nahmen, karikiert der Zauberer (als Dichtertypus) bewusst eine rhetorische Figur Zarathustras (der Dichter als Büsser des Geistes). Zarathustras durchgängiges Misstrauen gegenüber dem Zauberer, seine Abwehr des Lobs und seine vorsichtige Achtung deuten an, dass es sich beim Zauberer um einen rhetorisch geschickten Widersacher Zarathustras handelt. Zarathustra geht ihm nicht auf den Leim, vielmehr wappnet er sich mit „Arglist" (Za IV, 320) für eine mögliche Konfrontation. Wir dürfen gespannt sein, wie sich das Verhältnis zwischen diesen beiden großartigen Rednern entwickeln wird.

**Fragen und Anregungen**

- Das anspielungsreiche und von zahlreichen Metaphern durchsetzte Gedicht bleibt mehrdeutig. Wie wäre es zu interpretieren, wenn der Gedanke und folglich der **unbekannte Gott** selbst die Aufkündigung des bisherigen Gottesglaubens bedeutete?
- Inwiefern stellt das lyrische Ich im Gedicht eine Verwirklichung vom Typus des Büßers des Geistes vor? Schauen Sie sich gegebenenfalls noch einmal die Kapitel „Von den Erhabenen" und „Von den Dichtern" (s. Abschn. 3.2.13 und 3.2.17) an.
- Eine umfassende und gut lesbare Interpretation der *Dionysos-Dithyramben* finden Sie bei Wolfram Groddeck (1991).

### 5.2.6 Ausser Dienst

Zarathustra trifft auf seiner Wanderung als nächstes einen alten, bleichen Mann am Wegesrand, der um Hilfe bittet. Der Mann stellt sich als **der letzte Papst** vor – der letzte Diener eines inzwischen toten Gottes. Er erzählt, dass er ursprünglich den alten Einsiedler aus Zarathustras früher Begegnung habe aufsuchen wollen, in der Hoffnung auf gemeinsame fromme Erinnerungen. Doch dieser sei bereits tot, und so sei er nun **auf der Suche nach Zarathustra**, den er „den Frömmsten aller Derer, die nicht an Gott glauben" (Za IV, 322), nennt.

Gerade den, so gibt Zarathustra sich zu erkennen, habe der alte Papst gefunden: „Ich bin's, der gottlose Zarathustra, der da spricht: wer ist gottloser als ich, dass ich mich seiner Unterweisung freue?" (Za IV, 323). Der dialektisch geschulte Papst, erwidert, dass man ihn im Vergleich durchaus als den Gottloseren betrachten könne, denn da er Gott am meisten geliebt habe, habe er Gott auch am meisten verloren. Zarathustra drängt ihn, mehr darüber zu erzählen, wie Gott gestorben sei.

In dem anschließenden satirischen Dialog entfaltet sich zwischen dem Vertrauten Gottes, dem letzten Papst, und Zarathustra eine herbe Polemik gegen die christliche Religion.

Zarathustra fragt, ob Gott an seinem Mitleiden gestorben sei, „dass er es sah, wie *der Mensch* am Kreuze hieng, und es nicht ertrug, dass die Liebe zum Menschen seine Hölle und zuletzt sein Tod wurde?" (Za IV, 323). In der Anspielung auf Jesus und dessen Kreuzigung betont Zarathustra dessen Menschlichkeit. Seine Göttlichkeit als Sohn Gottes ist ihm damit abgesprochen, aber nicht nur das: Ein wahrer Gott, mit Sicherheit aber ein guter Vater, hätte es nicht zugelassen, dass der unschuldige Sohn aus Mitleid mit den Schuldigen die Todesstrafe auf sich nimmt. Was ist das für ein Gott der Liebe, der den Tod des Unschuldigen zulässt, fragt Zarathustra?

Zarathustra möchte den Papst über den Gottestod hinwegtrösten, dieser Gott, dass müsse der Papst doch wissen, sei „wunderliche Wege“ (Za IV, 323) gegangen. Der Papst erklärt, plötzlich recht munter, dass wisse er in der Tat besser als Zarathustra. Er sei in solchen Dingen aufgeklärter: „Es war ein verborgener Gott, voller Heimlichkeit. Wahrlich zu einem Sohne sogar kam er nicht anders als auf Schleichwegen. An der Thür seines Glaubens steht der Ehebruch“ (Za IV, 323). Sein Kommen sei mit Heimlichkeit, ja sogar mit einem Ehebruch verknüpft (eine Anspielung auf die Jungfrauengeburt und Marias Ehe mit Josef). Dies sei bereits ein Widerspruch zum eigenen göttlichen Gesetz („Du sollst nicht ehebrechen“).

Der letzte Papst fährt fort: „Wer ihn als einen Gott der Liebe preist, denkt nicht hoch genug von der Liebe selber. Wollte dieser Gott nicht auch Richter sein? Aber der Liebende liebt jenseits von Lohn und Vergeltung“ (Za IV, 324). Der Papst erkennt, dass der christliche Gott zwar als Gott der Liebe gepriesen wird, aber in Wahrheit ein richtender, strafender Gott geblieben sei. Echte Liebe urteilt nicht – sie liebt jenseits von Lohn und Strafe. Gottes angebliche Liebe habe also weder Jesus noch der Menschheit genützt – sie habe nur Opfer verlangt.

Diese These führt den letzten Papst zum Gedanken, Gott selbst einen Alterungsprozess zu unterstellen, der vom jüdischen Gott des Alten Testaments zum christlichen Neuen Testament führt:

> Als er jung war, dieser Gott aus dem Morgenlande, da war er hart und rachsüchtig und erbaute sich eine Hölle zum Ergötzen seiner Lieblinge. Endlich aber wurde er alt und weich und mürbe und mitleidig, einem Grossvater ähnlicher als einem Vater, am ähnlichsten aber einer wackeligen alten Grossmutter. Da sass er, welk, in seinem Ofenwinkel, härmte sich ob seiner schwachen Beine, weltmüde, willensmüde, und erstickte eines Tags an seinem allzugrossen Mitleiden. (Za IV, 324)

Der Gott des Alten Testaments sei, so legt es der Papst nahe, kaum in Übereinstimmung mit dem Gott des Neuen Testaments zu bringen, außer in der Vorstellung eines Verfallsprozesses, in dem Gott schließlich zum alten Großmütterchen verkommt. Eine solche Vorstellung steht im Gegensatz zu dem, was Götter grundsätzlich auszeichnet: Ihre Unsterblichkeit. Ein Gott, der schließlich nichts zu bieten hat außer Weltmüdigkeit und Mitleid, kann schließlich nicht überleben, weil er nicht mehr zu überzeugen vermag. Er wird unglaubwürdig und stirbt durch die Ungläubigkeit der Menschen.

Zarathustra stimmt dem Papst teilweise zu, bleibt aber distanziert: Es gebe viele Arten, wie Götter sterben. Dem Monotheismus wird mit diesem Satz eine Absage erteilt. Götter existieren in den Vorstellungen der Menschen und können auf unterschiedliche Weise an Glaubwürdigkeit verlieren. Der rachsüchtige, selbstgerechte Gott, so urteilt Zarathustra sei nicht nur irrational, sondern auch geschmacklos: „Zu Vieles missrieth ihm, diesem Töpfer, der nicht ausgelernt hatte! Dass er aber Rache an seinen Töpfen und Geschöpfen nahm, dafür dass sie ihm schlecht geriethen, – das war eine Sünde wider den *guten Geschmack*“ (Za IV, 324).

Zarathustra zieht eine radikale Konsequenz: „Fort mit einem *solchen* Gotte! Lieber keinen Gott, lieber auf eigne Faust Schicksal machen, lieber Narr sein, lieber selber Gott sein!“ (Za IV, 325).

Nach Zarathustras radikaler Absage an den alten Gott bringt der letzte Papst einen anderen Deutungsversuch ins Spiel: Vielleicht ist es Zarathustras eigene Frömmigkeit und seine übergroße Redlichkeit, die ihn nicht mehr an einen Gott glauben lassen. Damit unterstellt der Papst, dass Zarathustras Ablehnung nicht bloß ein Geschmacksurteil, sondern ein moralisches Urteil sei – eine Reaktion auf die Unredlichkeit eines Gottes, der Moral gebietet, ohne sie selbst zu verkörpern.

Doch dieser Gedanke führt in eine Paradoxie: Wenn Redlichkeit als moralischer Wert verstanden werden kann, und Zarathustra Redlichkeit fordert, dann greift Zarathustra doch wieder auf ein moralisches System zurück – obwohl er vorgibt, „jenseits von Gut und Böse" zu stehen. Der Papst erkennt diesen logischen Widerspruch in Zarathustra und hofft auf die Neugründung einer (religiösen) Moral durch ihn.

Kein Wunder also, dass der arbeitslos gewordene Papst sich auf die Suche nach Zarathustra begeben hat. Er sieht in ihm die beste Chance, einem Höheren zu dienen: „In deiner Nähe, ob du schon der Gottloseste sein willst, wittere ich einen heimlichen Weih- und Wohlgeruch von langen Segnungen: mir wird wohl und wehe dabei" (Za IV, 325). Zarathustras Lehre könnte im Sinne des Papstes möglicherweise ein Religionsersatz sein und ein fester Halt. Er deutet an, dass Zarathustra potentiell ein neuer Religionsstifter sein könnte.

Er bittet darum, eine Nacht bei Zarathustra verweilen zu dürfen. Zarathustra gewährt das freundlich – und zeigt zugleich klare Grenzen: Er respektiert den Papst, aber macht deutlich, dass der alte Gott unwiderruflich tot – „gründlich todt" (Za IV, 326) – sei, und es keine Rückkehr zu ihm geben werde.

**Fragen und Anregungen**

- In einer beiläufigen Klammer wird erwähnt, dass der Papst auf einem Auge blind ist. Welche Bedeutung hat diese Einäugigkeit?
- Wie würden Sie den letzten Papst charakterisieren?
- Wie sein Verhältnis zu Zarathustra?
- Welche satirischen Elemente finden Sie im Kapitel?

### 5.2.7 Der hässlichste Mensch

Zarathustra gelangt nach abwechslungsreicher Landschaft in ein trostloses Thal, dessen Todessymbolik unübersehbar ist: „Hier starrten schwarze und rothe Klippen empor: kein Gras, kein Baum, keine Vogelstimme. Es war nämlich ein Thal, welches alle Thiere mieden, auch die Raubthiere; nur dass eine Art hässlicher, dicker, grüner Schlangen […] kamen, um zu sterben. Darum nannten diess Thal die Hirten: Schlangen-Tod" (Za IV, 327). Zarathustra ist es, als sei er schon einmal dagewesen, er geht langsam und bleibt schließlich stehen. Da sieht er mit einem Mal „Unaussprechliches" (Za IV, 328), ein Mensch, der Zarathustra kaum mehr als solcher erscheint. Voller Scham möchte er sich abwenden und gehen, aber die „todte Öde […] gurgelt und röchelt" (Za IV, 328) und spricht: „Zarathustra! Zarathustra! Rathe mein Räthsel! Sprich, sprich! Was ist *die Rache am Zeugen?*" (Za IV, 328).

Zarathustra wird von einer rätselhaften, möglicherweise dämonischen Stimme angesprochen, die der griechischen Sphinx ähnelt. Wie in der Ödipus-Sage fordert die Stimme den Wanderer auf, ein Rätsel zu lösen, das zutiefst mit Menschsein, Schuld, Rache und Erkenntnis zu tun hat.

Sie stellt sich selbst als das Rätsel dar, das Zarathustra lösen muss, und droht mit Zerstörung, sollte Zarathustra bei der Beantwortung der Frage falsch liegen. Der Tonfall, die Wiederholungen und das eindringliche Sprechen deuten auf eine existenzielle Prüfung hin: „So rathe doch das Räthsel, du harter Nüsseknacker, – das Räthsel, das ich bin! So sprich doch: wer bin *ich*!“ (Za IV, 328).

Zarathustra wird vom „*Mitleiden*“ (Za IV, 328) angefallen und er sinkt nieder, wie ein gefällter Baum. Dann aber erhebt er sich und spricht mit einer Stimme wie aus Erz: „*du bist der Mörder Gottes*! Lass mich gehn“ (Za IV, 328). Der **Mörder Gottes** habe es nicht ertragen, dass Gott sein Innerstes ganz und gar und immerzu gesehen habe. Da habe er ihn getötet. Zarathustra möchte nur so schnell wie möglich dem Ort entkommen, aber er wird vom Mörder Gottes aufgehalten, der ihn zu bleiben bittet. Zarathustra sei seine „letzte Zuflucht“ (Za IV, 329). Vor dem Mitleiden seiner Mitmenschen sei er nämlich geflüchtet. Ihr Mitleiden sei „zudringlich“ (Za IV, 330) und ohne Verständnis. Denn diese verstünden nicht seinen Reichtum „an Furchtbarem, am Hässlichsten, am Unaussprechlichsten“ (Za IV, 329). Und sie bemerkten in ihrem Mitleiden noch nicht einmal, dass sie von ihm, dem „hässlichsten Mensch[en]“ (Za IV, 329), verachtet werden, mit ihren Tugenden einer Schafherde „wohlwollig[…] wohlwillig[…] grau[…]“ (Za IV, 330). Sie glauben sich erhaben, weil ihre Tugenden die Herrschenden wurden und nun glauben sie: „gut ist nur, was kleine Leute gut heissen“ (Za IV, 330).

Sie berufen sich auf den Heiligen, der sprach: „ich – bin die Wahrheit“ (Za IV, 330). Dieser Satz rekurriert auf Jesu Worte: „Ich bin der Weg und die Wahrheit und das Leben; niemand kommt zum Vater denn durch mich“ (Joh 14:6). Die kleinen Leute, von denen der Mörder Gottes spricht, sehen sich selbst also in der Nachfolge von Jesus. Auch Zarathustra habe auf die christliche Lehre und die Botschaft Jesu eine Antwort gegeben: „Du aber, oh Zarathustra, giengst an ihm vorüber und sprachst: ‚Nein! Nein! Drei Mal Nein!‘ Du warntest vor seinem Irrthum, du warntest als der Erste vor dem Mitleiden – nicht Alle, nicht Keinen, sondern dich und deine Art“ (Za IV, 330). Damit werden Jesus und Zarathustra vom **hässlichsten Menschen** diametral gegenübergestellt. Während der eine sich selbst als absolute Wahrheit verspricht, so verspricht der andere nur eine relative und subjektive Wahrheit. Der eine steht für die Liebe als Fürsorge, caritas, und die Nächstenliebe als Mitleid mit dem Leiden des anderen, der andere für die Mitleidlosigkeit, Selbsterschaffung und Zielgerichtetheit auf ein Werk, von dem man sich durch nichts und niemanden ablenken lässt.

Auch der, wie er sich selbst bezeichnet, hässlichste Mensch, zitiert aus Zarathustras Rede: „alle Schaffenden sind hart, alle grosse Liebe ist über ihrem Mitleiden“ (Za IV, 330 f.), und lobt diese Worte. Er warnt allerdings auch Zarathustra davor, dass viele „Leidende, Zweifelnde, Verzweifelnde“ (Za IV, 331) auf dem Weg zu ihm seien. Diesen Rat könne er Zarathustra geben, weil er sein Geheimnis kenne, nämlich „die Axt, die dich fällt“ (Za IV, 331). Auch Zarathustra ist, den Worten des hässlichsten Menschen nach, nicht frei vom Mitleiden. Mag er sich auch diesmal, so dürfen wir ahnen, rasch vom Anblick erholt haben, so könnte es doch sein, dass er dieser letzten Versuchung unterliegt, welche der Wahrsager (s. Abschn. 5.2.2) bereits ankündigte.

Der hässlichste Mensch endet seine Rede mit der Rechtfertigung seiner Tat. Der mitleidige Gott „kannte keine Scham" (Za IV, 331), er sei auch in die „schmutzigsten Winkel" (Za IV, 331) der Seele gekrochen. Der hässlichste Mensch spricht: „Er sah immer *mich*: an einem solchen Zeugen wollte ich Rache haben – oder selber nicht leben. Der Gott, der Alles sah, *auch den Menschen*: dieser Gott musste sterben! Der Mensch *erträgt* es nicht, dass solch ein Zeuge lebt" (Za IV, 331).

Das Rätsel, dass der hässlichste Mensch zu Anfang stellt, verlangt die gleiche Antwort, wie das Rätsel, dass die Sphinx Ödipus stellt. ‚Der Mensch' ist die Antwort darauf, wer der Mörder Gottes ist. Warum, so möchte man aber fragen, diese unbedingte Hässlichkeit, die immer wieder im Text betont wird? Wir können die Hässlichkeit als notwendigen Seelenanteil des Menschen verstehen, möglicherweise als Selbsterkenntnisse oder Erinnerungen, die wir ganz geheim für uns behalten, weil wir nicht ertragen würden, sie entblößt vor anderen zu sehen. Und würden sie entblößt, so ließen sie sich nur schwer anderen verständlich machen. Es handelt sich um Erlebnisse, Erinnerungen, Gedanken, Empfindungen, bei denen wir uns selbst als niedrig, hässlich und schwach empfinden. Wollen wir, dass jemand das sieht? Und gar das höchste, unfehlbare, allmächtige Wesen uns bemitleidet? Oder würden wir ein solches Wesen nicht noch viel mehr hassen, weil es uns auf eben diese Weise geschaffen hat? Der hässlichste Mensch gibt darauf eine Antwort, die als evident präsentiert wird: Das allmächtige Wesen, dass den Menschen in seiner Schmutzigkeit geschaffen hat und ihn nun in seinem Schmutz beobachtet und bemitleidet, ist unerträglich. Es ist auch, so könnten wir, wenn wir Nietzsches Kritik folgen wollen, schließen: unglaubwürdig. Es müsste sich entweder, so wird nahegelegt, im Gegensatz zur behaupteten Allgüte an unserem Leid ergötzen (dann erschiene es wie im Gedicht des Zauberers mehr als abseitige Synthese von Zeus und christlichem Gott) oder uns aus unserem Schmutz erlösen, was es nicht tut. Der allgütige, allmächtige und allwissende Gott ist unglaubwürdig, und wenn wir nicht mehr an ihn glauben, töten wir ihn. Das wird der Mensch tun, der seine eigene Hässlichkeit erkennt und sie als unerträglich empfindet. Daher ist der hässlichste Mensch der Mörder Gottes.

Andererseits können wir die Hässlichkeit auch als verzerrtes Selbstbild deuten. Der Mörder Gottes kommt nicht über seine Tat hinweg, nämlich, dass er das größte, schönste Ideal vernichtet hat, das es bisher gab. Weit davon entfernt, sich selbst gut zu heißen – „lieber selber Gott sein!" (Za IV, 325, s. Abschn. 5.2.6) –, tritt er „alle Wege todt und zu Schanden" (Za IV, 329). Der hässlichste Mensch bleibt im christlichen Kosmos gefangen, wenn auch als Antagonist. Ihm gelingt es nicht, sich selbst gut zu heißen oder sich neu zu definieren, er bleibt auf sein Verbrechen fixiert (s. Abschn. 2.3.6).

Der hässlichste Mensch und Zarathustra trennen sich. Aber wie schon die anderen zuvor lädt Zarathustra auch ihn in seine Höhle ein und empfiehlt ihm, mit seinen Tieren zu sprechen und zu lernen: „nur der Thäter lernt" (Za IV, 331). Als sich

Zarathustra wieder auf den Weg begibt, ist er voller Zweifel. Er beklagt die fehlende Selbstliebe des Menschen und seine große Scham. Immerhin der hässlichste Mensch habe sich geliebt wie verachtet und so fragt er sich: „Wehe, war *Der* vielleicht der höhere Mensch, dessen Schrei ich hörte?" (Za IV, 332). Ohne diese Frage zu beantworten, zieht Zarathustra zunächst weiter seines Wegs.

**Fragen und Anregungen**

- Die kleinen Leute berufen sich auf den Heiligen, der sprach: „ich – bin die Wahrheit." Dieser Satz rekurriert nicht nur auf Johannes 14:6 und Jesus Worte – „Ich bin der Weg und die Wahrheit und das Leben; niemand kommt zum Vater denn durch mich." –, sondern auch auf seine Verteidigung vor Pontius Pilatus: „Ich bin dazu geboren und in die Welt gekommen, dass ich die Wahrheit bezeuge. Wer aus der Wahrheit ist, der hört meine Stimme" (Joh 18:37). Pontius Pilatus antwortet darauf lakonisch: „Was ist Wahrheit?" Wenn der Mörder Gottes die rhetorische Frage stellt: „Ward einem Unbescheidnen jemals höflicher geantwortet?" (Za IV, 330), so bezieht er sich damit auf Pilatus Antwort. Wie wird Pilatus in nietzschescher Deutung durch diese Antwort charakterisiert? Schauen Sie sich auch den Aphorismus 46 aus dem Antichristen an.
- Charakterisieren Sie den Mörder Gottes als Typus.
- Die verschiedenen philosophischen Figuren geben Hinweise, wie Zarathustras Lehre interpretiert und fehlinterpretiert wird. Wie würden Sie das Verhältnis zwischen Zarathustra und dem hässlichsten Menschen beschreiben?

### 5.2.8 Der freiwillige Bettler

Zarathustras Stimmung ist noch geprägt von der Begegnung mit dem hässlichsten Menschen und es friert ihn. Als er aber durch verschiedene Landschaften – „grüne[…] Weiden" (Za IV, 333) und steinige Hügel – hindurchgewandert ist, wird er plötzlich von einer inneren Wärme ergriffen. Als er der Quelle des Gefühls nachgeht, entdeckt er eine Kuhherde, die in offenbar andächtiger Weise einer Menschenstimme lauscht. Inmitten der Kühe sitzt ein Mann – der **freiwillige Bettler** – und spricht mit den Tieren, als würde er sie belehren oder gar von ihnen lernen.

Zarathustra, von Neugier getrieben, nähert sich und unterbricht die Szene. Der freiwillige Bettler erklärt, dass er bei den Kühen das „Glück auf Erden" (Za IV, 334) suche. Die Tiere lehrten ihn, wie man durch Wiederkäuen und in der Sonne Liegen Zufriedenheit finde. Für den Bettler symbolisieren die Kühe eine natürliche Gelassenheit und die Abwesenheit von menschlicher Trübnis, die er in der Welt der Menschen – sowohl unter Reichen als auch unter Armen – nicht finden konnte.

Einst reich, entschied der freiwillige Bettler sich, seinen Wohlstand aus Scham und Ekel vor den Reichen und deren moralischer Verkommenheit aufzugeben. Er wollte den Armen helfen, doch diese nahmen seine Hilfe nicht an. So beschreibt er, wie er schließlich die Gesellschaft der Menschen hinter sich ließ und sich den Tieren zuwandte. Die Kühe symbolisieren für ihn die Einfachheit und Unschuld, die er im menschlichen Leben nicht finden konnte.

Zarathustra erkennt die Zerrissenheit des Bettlers: Dieser will zwar ein einfaches Leben führen, doch der Ekel und der Zorn über die Gesellschaft lasten schwer auf ihm. Zarathustra weist darauf hin, dass der Bettler, als er, nach den Gründen für seinen Rückzug von der Gesellschaft gefragt, in verächtlichen und hässlichen Worten von der menschlichen Gemeinschaft spricht, sich selbst verleugnet. Denn für solcherlei „harte Worte“ (Za IV, 336) sei er nicht geschaffen. Sein Wesen, so Zarathustra, sei sanft und friedfertig, und seine Suche nach dem Glück führe ihn eher zu den stillen Freuden eines naturnahen, vegetarischen Lebens, in dem man sein Glück im Pflanzensammeln, Körnermahlen und Honig Naschen finde (vgl. Za IV, 336).

Dennoch sieht Zarathustra in dem Bettler nicht nur einen Suchenden, sondern auch einen Schmeichler, weil er ihn – Zarathustra – wegen seiner Weisheit und Güte lobt. Zarathustra, der solche Bewunderung als Gefahr für die eigene Integrität betrachtet, weist diese Komplimente humorvoll zurück. Zum Abschluss lädt er den Bettler ein, ihn in seiner Höhle zu besuchen und von seinen eigenen Tieren – dem Adler und der Schlange – zu lernen.

Betrachtet man, wie positiv Zarathustra auf den freiwilligen Bettler reagiert und ihn sogar einen „Lieblich[en]“ (Za IV, 335) nennt, könnte einem fast entgehen, welch satirische Kritik sich hinter dieser Begegnung verbirgt. Denn der freiwillige Bettler ist eine Karikatur von Jesus sowie eine Persiflage der Bergpredigt.

In der Bergpredigt heißt es: „Selig sind, die da geistlich arm sind; denn ihrer ist das Himmelreich“ (Mt 5,3). Jesus preist die Armut – sowohl materiell als auch geistig – als ein Zeichen von Demut und Gottvertrauen. Der freiwillige Bettler hingegen gibt seinen Reichtum nicht aus spiritueller Überzeugung oder Demut auf, sondern aus Ekel vor der moralischen Verkommenheit der Reichen. Sein Versuch, den Armen zu dienen, scheitert, da diese ihn ablehnen. Nietzsche zeigt hier ironisch, dass weder Reichtum noch Armut automatisch Tugend erzeugen, sondern dass beide Klassen von Ressentiment, Stolz und Misstrauen geprägt sind. Dadurch wird die christliche Idealisierung der Armut infrage gestellt.

Jesus sprach in der Bergpredigt zu einer Menschenmenge und machte sie zu seinen Anhängern, indem er universelle Prinzipien der Nächstenliebe und des Glaubens predigte. Der freiwillige Bettler jedoch spricht zu Kühen, die ihn in stoischer Gelassenheit anhören. Nietzsche persifliert hier die Vorstellung, dass die Botschaft eines Erlösers Resonanz findet. Statt die Worte des freiwilligen Bettlers zu verstehen, eilen die Kühe vermutlich allein deswegen nicht auseinander, weil der Bettler mit sanfter, freundlicher Stimme zu ihnen spricht. Er stört die Herde in ihrem Herdendasein nicht. Jesu Anhänger, so die Kritik, seien mit einer friedfertigen, aber dümmlichen Kuhherde zu vergleichen.

In der Bergpredigt ermahnt Jesus die Menschen: „Darum sage ich euch: Sorgt euch nicht um euer Leben, was ihr essen und trinken werdet; auch nicht um euren Leib, was ihr anziehen werdet. Ist nicht das Leben mehr als die Nahrung und der Leib mehr als die Kleidung?“ (Mt 6,25). Jesus fordert damit eine Abkehr von materiellen Sorgen hin zu einem Gottvertrauen. Der freiwillige Bettler hingegen bewundert die Kühe für ihre Fähigkeit, ‚wiederzukäuen‘ – ein symbolischer Akt schlichter Wiederholung, der im Gegensatz zum kritischen Nachdenken steht. Die Kühe symbolisieren Gelassenheit, sind als Tiere aber schlicht nicht in der Lage, sich Sorgen über die Zukunft zu machen. Während Jesus einen geistigen Zustand des Vertrauens in Gott propagiert, idealisiert der Bettler das körperliche und natürliche Leben der Kühe. Diese Passage deutet an, dass das „Himmelreich" (Za IV, 334) des Bettlers nicht spirituell, sondern animalisch ist – eine drastische Umkehrung der Bergpredigt.

Jesus fordert: „Gib dem, der dich bittet, und wende dich nicht ab von dem, der etwas von dir borgen will" (Mt 5,42). Der freiwillige Bettler möchte den Armen dienen, doch diese lehnen ihn ab. Nietzsche zeigt hier die Diskrepanz zwischen dem idealisierten Bild der Armen in der christlichen Lehre und der Realität, in der gerade die Bedürftigen von Ressentiments geprägt sind. Die Vorstellung, dass Almosen und Hilfe automatisch Dankbarkeit oder Harmonie erzeugen, wird als naiv dargestellt. Dies ist eine direkte Persiflage der christlichen Auffassung von Nächstenliebe.

In der Bergpredigt verheißt Jesus: „Selig sind die Sanftmütigen, denn sie werden das Erdreich besitzen" (Mt 5,5). Der freiwillige Bettler interpretiert dies in seiner Aussage, das „Himmelreich" sei bei den Kühen. Dies ist eine bewusste Herabsetzung der christlichen Idee eines transzendenten Paradieses. Für den Bettler liegt das Glück nicht in einem jenseitigen Himmelreich, sondern in der irdischen Gelassenheit der Tiere. Nietzsche verspottet hier die christliche Vorstellung eines spirituellen Lohns für Tugend und Sanftmut, indem er das Paradies ins Banale und Natürliche verlagert.

Im Gegensatz zu Jesus verspricht der freiwillige Bettler allerdings kein transzendentes Himmelreich, sondern sucht irdisches Glück, wenn er spricht, dass allein bei den Kühen „das Glück auf Erden" (Za IV, 334) zu finden sei. Das heißt, der freiwillige Bettler gehört zu den Gestalten, welche vom **Tod Gottes** wissen und versuchen, eine Konsequenz daraus zu ziehen. Wenn das Himmelreich nach dem Tod nicht existiert, muss es im Leben des Menschen verwirklicht werden. Dazu aber findet der freiwillige Bettler die Menschen unfähig. Schuldig daran ist dem freiwilligen Bettler zufolge der menschliche Geist, weswegen er sich den Kühen zuwendet. In der Geistfeindlichkeit, so die nahegelegte Kritik, treffen sich die Thesen des freiwilligen Bettlers mit denen von Jesus, der ebenfalls eine Haltung lobt, die in Demut und Geringschätzung eigener Fähigkeiten sich der Fürsorge Gottes anvertraut (vgl. Mtt: 5.3).

Zarathustra, der den Bettler am Ende sanft tadelt, verkörpert einen bewussten Gegenentwurf zu Jesus. Während Jesus in der Bergpredigt universelle moralische Prinzipien aufstellt, bleibt Zarathustra individuell und kritisch. Er erkennt die Schwächen des Bettlers und weist darauf hin, dass dieser von Ekel und Zorn getrieben ist und dass seine friedfertige Lebensart auch von einer gewissen Bedürftigkeit und Schwäche kündet. Der freiwillige Bettler gehört zu einem Menschenschlag, der schlicht kein Fleisch verträgt. Erneut wird eine Lebenslehre zur Geschmacks- und Gesundheitsfrage degradiert. Zarathustra propagiert keine bedingungslose Demut oder Nächstenliebe, sondern die Überwindung von Ressentiments und die aktive Gestaltung des eigenen Lebens. Damit scheint die Überlegenheit Zarathustras über den freiwilligen Bettler keiner weiteren Erklärung mehr zu bedürfen.

**Fragen und Anregungen**

- Wie würden Sie den Typus des freiwilligen Bettlers charakterisieren?
- Der freiwillige Bettler reagiert positiv auf Zarathustra. Wie ist das zu deuten? Wie stellen Sie sich vor, würde Jesus auf Zarathustra reagieren?
- Welche weiteren Anspielungen auf die Bergpredigt können Sie noch finden?
- Wie sind die Reichen und die Armen zu charakterisieren, wenn Sie Armut und Reichtum auf den geistigen Bereich bezogen lesen? Berücksichtigen Sie vor allem folgende Passage: „Was trieb mich doch zu den Ärmsten oh Zarathustra? War es nicht der Ekel vor unsern Reichsten? – vor den Sträflingen des Reichthums, welche sich ihren Vortheil aus jedem Kehricht auflesen, mit kalten Augen, geilen Gedanken, vor diesem Gesindel, das gen Himmel stinkt – vor diesem vergüldeten verfälschten Pöbel, dessen Väter Langfinger oder Aasvögel oder Lumpensammler waren, mit Weibern willfährig, lüstern, vergesslich: – sie haben's nämlich alle nicht weit zur Hure" (Za IV, 336).
- Was bedeutet es, dass der freiwillige Bettler bei seiner Rede „schnauft[...] und schwitzt[...]" (Za IV, 336)?

### 5.2.9 Der Schatten

Zarathustra, wieder allein nach der Begegnung mit dem freiwilligen Bettler, hört eine Stimme hinter sich – sein **Schatten** ruft nach ihm. Genervt von der übermäßigen Gesellschaft, läuft Zarathustra davon. Als ihm klar wird, wie sinnlos das Unterfangen ist, dem eigenen Schatten zu entkommen, lacht er über sich selbst und bleibt stehen. Als Zarathustra sich umdreht, erschrickt er: Der Schatten ist so schwach und ausgezehrt, dass er kaum glaubt, es könne sein eigener sein.

Der Schatten selbst aber preist sich als bester Schatten Zarathustras, am längsten sei er ihm nachgefolgt und überall hin, wo Zarathustra gewesen sei. Er beschreibt sich als einen ruhelosen Wanderer, der keinem Ziel folgt und keinen festen Platz hat. Er habe alle Werte, Glaubenssätze und Ideale hinterfragt und zerstört, die er einst verehrte: „Mit dir zerbrach ich, was je mein Herz verehrte, alle Grenzsteine und Bilder warf ich um, den gefährlichsten Wünschen lief ich nach" (Za IV, 340). Nun könne er nicht mehr naiv an etwas Gutes glauben: „Ach, wohin ist jene verlogne Unschuld, die ich einst besass, die Unschuld der Guten und ihrer edlen Lügen" (Za IV, 340)? Er empfinde nur noch eine existenzielle Leere und Orientierungslosigkeit, die auch keinen Selbstwert mehr kenne: „zu Viel klärte sich mir auf: nun geht es mich Nichts mehr an. Nichts lebt mehr, das ich liebe, – wie sollte ich noch mich selber lieben?" (Za IV, 340). Ständige Skepsis und nagende Zweifel hätten seine Persönlichkeit unterhöhlt: „Was blieb mir noch zurück? Ein Herz müde und frech; ein unstäter Wille; Flatter-Flügel; ein zerbrochnes Rückgrat" (Za IV, 340). Dabei sei er eigentlich nur von einem einzigen Wunsch getrieben gewesen, nämlich eine Heimat zu finden: „Diess Suchen nach *meinem* Heim: oh Zarathustra, weisst du wohl, diess Suchen war *meine* Heimsuchung, es frisst mich auf" (Za IV, 341).

Zarathustra reagiert mit Mitgefühl und warnt seinen Schatten. Er erkennt die Gefahr, in der der Schatten als „freier Geist" (Za IV, 341) schwebt: die Versuchung, angesichts der Orientierungslosigkeit in neue, enge Glaubenssätze oder Ideologien zu fliehen: „Solchen Unstäten, wie du, dünkt zuletzt auch ein Gefängniss selig. [...] Hüte dich, dass dich nicht am Ende noch ein enger Glaube einfängt, ein harter, strenger Wahn!" (Za IV, 341). Zarathustra bietet dem Schatten an, in seiner Höhle eine vorläufige „Heimstätte" (Za IV, 341) zu finden, während er selbst allein weiter gehen will. Des Abends, so verspricht Zarathustra dem Schatten zuletzt, solle bei ihm allerdings „getanzt" (Za IV, 341) werden.

Der Schatten ist die letzte Gestalt, der Zarathustra begegnet, und sie gibt neue Rätsel auf. Ein Schatten ist keine eigenständige Figur, sondern nur das dunkle Abbild einer Sache, das von der Sonne (oder einer anderen Lichtquelle) geworfen wird. Ist der Schatten also nur eine Repräsentation von einem Seelenanteil Zarathustras?

In diesem Sinn ließe sich der Schatten als eine Projektion von Zarathustras eigenen inneren Konflikten deuten. Er würde die dunklen Aspekte des Ichs, die Unsicherheiten und Zweifel symbolisieren, die selbst einen so überlegenen Geist wie Zarathustra begleiten. Die rastlose Suche des Schattens nach einem Ziel oder einer Heimat würden demnach Zarathustras eigene Herausforderungen in seinem Streben nach Höherem widerspiegeln. Würde dies zutreffen, ließe sich fragen, wie es um die Existenz der anderen Menschen steht, denen Zarathustra an diesem Tag begegnete. Vielleicht müssten sie dann ebenfalls als Seelenanteile von Zarathustra interpretiert werden, die gerade daher seine Reden oder gar innersten Zweifel und Gedanken kennen. Schieben wir diese Frage aber zunächst auf und behandeln vorläufig den Schatten wie auch die anderen Menschen als externe Figuren.

Der Schatten verkörpert den Zustand, in dem alle bisherigen Werte und Ideale dekonstruiert wurden, ohne dass neue an ihre Stelle getreten sind. Die Aussage „Nichts ist wahr, Alles ist erlaubt" (Za IV, 340) drückt die letzten Konsequenzen dieser Dekonstruktion aus. Das Zitat wird der Legende nach mit Hassan-i Sabbah, dem Gründer der ‚Assassinen' in Verbindung gebracht. Historisch eindeutig belegt ist dieses Zitat jedoch nicht. Es drückt eine Haltung aus, in der die bisherigen absoluten Wahrheiten und moralischen Systeme als Konstrukte entlarvt werden. Nietzsche betont gerne, dass Wahrheit oft auf Vereinbarungen oder Machtstrukturen beruht, die auf historischen Gegebenheiten basieren: ‚An sich' sei aber nichts wahr. Das Zitat kann somit auch als Aufruf zur radikalen individuellen Freiheit interpretiert werden. Wenn nichts wahr ist, wird der Mensch vollkommen frei, seine eigene Wahrheit und Moral zu erschaffen. Mit dieser Freiheit geht jedoch die Verantwortung einher, Werte zu schaffen, die dem Leben einen Sinn geben. Demjenigen, dem das nicht gelingt, wie dem Schatten, droht allerdings der Untergang.

„Nichts ist wahr, alles ist erlaubt" gehört zu den Zitaten aus Nietzsches Philosophie, die am engsten mit dem **Nihilismus** verbunden sind. Der Nihilismus, wie Nietzsche ihn versteht, bedeutet „daß die obersten Werthe sich entwerthen" (NL

1887, 9[35]). Dabei kann der Nihilismus auf unterschiedliche Weise interpretiert werden:

- Negative Interpretation: Nihilismus kann einerseits als totale Sinnlosigkeit verstanden werden, die den Menschen existenziell zerbrechen lässt, weil sich keine absoluten Wahrheiten und Werte auffinden lassen, die das Leiden des Menschen rechtfertigen, indem sie diesem Sinn verleihen. Diese Sichtweise stellt die düsteren Konsequenzen eines Lebens ohne Werte und Zielsetzungen in den Vordergrund.
- Positive Interpretation: Andrerseits ließe sich Nihilismus als Ermöglichungsgrund für die subjektive, menschliche Freiheit verstehen. Anstatt dass die Sinnsysteme Wahrheit enthalten, dienen sie nach Nietzsche häufig dazu, eine bestimmte Herrschaftsform zu manifestieren: Sie nützen also den jeweiligen Herrschern. Wenn man sich klar macht, dass es keinen transzendenten Sinn gibt, kann das befreiend wirken. Statt sich an äußeren, gesellschaftlichen Konventionen zu orientieren, gilt es nach Nietzsche, den eigenen subjektiven Geschmack auszubilden.
- Moralische Kritik: Aus moralischer Perspektive wird oft argumentiert, dass die Akzeptanz dieser Haltung jegliche Basis für die Kritik an Verbrechen wie Willkürherrschaft, Völkermord oder Folter untergräbt. Wer den Nihilismus ernst nimmt, so die Kritik, könne keine objektiven Argumente gegen solche Vergehen formulieren. Dies steht im Gegensatz zur Annahme, dass die menschliche Vernunft universelle Prinzipien der Wahrheit und Gerechtigkeit zu finden imstande ist.

Das Zitat wird in diesem Kapitel von der Figur des Schattens ausgesprochen, nicht von Zarathustra selbst. Dies deutet darauf hin, dass Nietzsche den Satz kritisch reflektiert, indem er ihn einer Figur zuschreibt, die in Orientierungslosigkeit und Nihilismus gefangen ist. Jedoch taucht derselbe Satz in *Zur Genealogie der Moral* erneut auf, diesmal mit Bezug auf den Assassinen-Orden und wird in höchsten Tönen gelobt: „Wohlan, *das* war *Freiheit* des Geistes, *damit* war der Wahrheit selbst der Glaube *gekündigt…*" (GM III 24, KSA 5, 399). Nietzsche stellt den Satz als Bezugspunkt für ein Projekt vor, das noch (für ihn und seine Leser) in Angriff zu nehmen sei: „Von dem Augenblick an, wo der Glaube an den Gott des asketischen Ideals verneint ist, giebt es auch ein neues Problem: das vom Werthe der Wahrheit. – Der Wille zur Wahrheit bedarf einer Kritik" (GM III; 24, KSA 5, 401). Damit wird es möglich, diese Aussage als zentral für Nietzsches eigene Philosophie zu bestimmen.

Zu einfach sollte man es sich dabei in der Tat nicht machen. Denn eines sei an dieser Stelle noch angemerkt: Wenn wir diesen Satz unterschreiben wollen, also ihn für ‚wahr halten', widersprechen wir ihm sofort. Denn wenn ‚nichts wahr ist', ist auch dieser Satz mit seiner Folgerung genauso wahr wie unwahr. Er ist als logische Aporie formuliert und passt daher ausgezeichnet zum satirischen vierten Teil des *Zarathustra*.

Der Schatten jedenfalls erscheint im Vergleich zu Zarathustra als defizitär. Er folgt ihm wie einem Meister, dem er alles nachmacht. Aber was Zarathustra guttut, erweist sich für den Schatten als schädlich. Darüber hinaus bemerkt Zarathustra eine besondere Gefahr für den Schatten: Die Versuchung, sich in dogmatische Systeme oder feste Glaubenssätze, die zwar Sicherheit bieten, aber die Freiheit des Geistes einschränken, zu flüchten. Zarathustra beklagt, dass dem Schatten ein Ziel fehlt: „Du hast das Ziel verloren: wehe, wie wirst du diesen Verlust verscherzen und verschmerzen? Damit – hast du auch den Weg verloren!" (Za IV, 341). Mit dieser Aussage deutet sich ein weiterer Unterschied zwischen Zarathustra und dem Schatten an. Zwar ist auch Zarathustra ein Wanderer, der überkommene Wahrheiten und Traditionen mit seinem Zweifel zersetzt und auf negative Konsequenzen hin befragt. Auch er ist jemand, der verborgene Motive enttarnt und Heucheleien aufdeckt, aber er hat ein Ziel wie das „*Kinder Land*" (Za IV, 255, s. Abschn. 4.2.12) und eine Zukunft vor Augen. Nichtsdestotrotz haben wir auch Zarathustra schon in Zweifel und in Wehmut über seine eigene Heimatlosigkeit gesehen. Diese gehören notwendig zu den Prozessen der Überwindung. Nur wem es nicht gelingt, einen neuen Willen zu finden, der sich frei auf etwas richten kann, ohne dessen Sklave zu werden, droht unterzugehen.

**Fragen und Anregungen**

- Charakterisieren Sie den Typus des **freien Geistes** und seine ‚Schattenseiten'.
- Der Schatten selbst preist sich als bester Schatten Zarathustras. Wenn dieser Schatten aber Zarathustras bester ist, so fragt sich, was ist mit den Vorgängern passiert? Zerschleißt Zarathustra einen Schatten nach dem anderen? Oder hängen die Schatten mit Zarathustras Transformationen zusammen? Überlegen Sie.

### 5.2.10 Mittags

Endlich ist Zarathustra wieder allein und genießt seine Einsamkeit in vollen Zügen. Als er an einem „knorrichten Baume" (Za IV, 342) vorbeikommt, an dem sich ein Weinstock emporrankt und die Trauben ihn verlocken, seinen Durst zu stillen, bemerkt er, dass er sehr müde ist, und beschließt, sich bei dem Baum hinzulegen und zu schlafen.

Es ist gerade um die Mittagszeit, als er einzuschlafen beginnt, und er erlebt einen Moment vollkommenen Glücks, zu dem es, wie er gerade noch bemerkt, gar nicht viel bedarf: „*Wenig* macht die Art des *besten* Glücks. Still!" (Za IV, 344). Keine Rastlosigkeit quält ihn, keine Tätigkeit – noch nicht einmal das Singen verheißt ihm größeres Glück. Die Stille selbst bedeutet reine Erfüllung: „Oh Glück! Oh Glück! Willst du wohl singen, meine Seele? Du liegst im Grase. Aber das ist die heimliche feierliche Stunde, wo kein Hirt seine Flöte bläst. Scheue dich! Heisser Mittag schläft auf den Fluren. Singe nicht! Still! Die Welt ist vollkommen" (Za IV, 343).

Schließich will Zarathustra wieder aufwachen, er kämpft mit dem Bedürfnis zu schlafen und sinkt erneut in Schlaf. Als er wieder an die Oberfläche des Bewusstseins gelangt, schilt er seine Müdigkeit: „Steh auf, sprach Zarathustra, du kleine

Diebin, du Tagediebin! Wie? Immer noch sich strecken, gähnen, seufzen, hinunterfallen in tiefe Brunnen?“ (Za IV, 344). Zarathustra erhebt sich und bemerkt zu seinem Erstaunen und gegen sein eigenes Empfinden, dass er nur ganz kurz weggenickt ist, da die Sonne immer noch in ihrem Zenit steht.

Nietzsche beschreibt hier einen Moment vollkommenen Glücks. Erstaunlicherweise liegt dieser nicht in einer Tätigkeit, sondern in einem Bewusstseinszustand, der zwischen Wachheit und Bewusstlosigkeit liegt. Zarathustra denkt und genießt, er fühlt sich und fühlt sein Fühlen. Das Zeitempfinden ist entrückt, sodass dem Augenblick selbst Ewigkeitsqualitäten zukommen. Dieses Herausgefallensein aus den zeitlichen Zusammenhängen lässt sich gut an der überraschten Reaktion Zarathustras ablesen, als er – wieder wach – erstaunt ist, dass kaum Zeit vergangen ist.

Die letzte Zeile, die den Leser belehrt, hat dennoch einen komischen Effekt: „Es möchte aber Einer daraus mit Recht abnehmen, dass Zarathustra damals nicht lange geschlafen habe“ (Za IV, 345). Das Mittagsschläfchen, dem Zarathustra sich hier hingibt, sein Kampf gegen den Schlaf und sein Unterliegen sind thematisch gesehen Trivialitäten. Die Schlussfolgerung, die wie eine wichtige Erkenntnis daherkommt, wirkt daher humoristisch.

Auf der einen Seite erlebt Zarathustra also einen zeitlosen Moment reinen Glücks, wie er in Nietzsches Diktum „*amor fati*“ (EH, Warum ich so klug bin, 10) – liebe dein Schicksal – eingefordert wird. Zarathustra heißt das ganze Dasein gut. Vollkommene Bejahung des Lebens und der Welt werden eingeholt in einem Augenblick außerhalb der Zeit. Glück und Leid sind in der Vollkommenheitserfahrung miteinander verquickt: „Es sticht mich – wehe – in's Herz? In's Herz! Oh zerbrich, zerbrich, Herz, nach solchem Glücke, nach solchem Stiche!“ (Za IV, 344).

Auf der anderen Seite könnten wir aber durchaus fragen, ob Nietzsche sich nicht selbst persifliert. Zarathustra, immer auf der Suche nach Glück, Werk, Bejahung, Überwindung, findet das reine Glück ausgerechnet beim Einschlafen. Wie der von Zarathustra kritisierte romantische Dichter (s. Abschn. 3.2.17) liegt er in einer freundlich heimeligen Natur, sogar Weintrauben wachsen gerade über ihm – von denen er, so der Erzähler, aber nicht kostet. Zarathustra, der inzwischen ein alter Mann geworden ist, könnte durchaus ein Problem mit seinem Herz haben, das ihn sticht. Als er schließlich wirklich wach wird, beschäftigen sich seine Gedanken mit dem drohenden Tod: „Wann trinkst du diesen Tropfen Thau's, [...] wann trinkst du diese wunderliche Seele – wann, Brunnen der Ewigkeit! [...] wann trinkst du meine Seele in dich zurück?“ (Za IV, 345). Das hohe Glück, Erfüllung, Schmerz, Stille werden durch die äußere Situation – alter müder Mann, Mittagsschlaf, mögliche Herzprobleme – ironisch trivialisiert. Höhepunkt dieser Ironisierung ist dann freilich der letzte Satz, der, anstatt den Leser mit einer hohen geistigen Einsicht zu beglücken, nur mitteilt, dass Zarathustras Schlaf nicht so lang gedauert habe wie gedacht.

Die Gestalten, denen Zarathustra auf seiner Wanderung begegnete, sind tragisch, aber weit mehr noch sind sie komisch und stellen Verzerrungen Zarathustras eigener Lehren vor. Selbst Zarathustra ist Teil des komischen Reigens, beispielsweise, wenn er vor dem Schatten davonläuft oder gegen die Müdigkeit vergebens ankämpft. Nietzsche hat, wie wir wissen, den vierten Teil als Privatdruck an einige seiner

Freunde geschickt und war sehr bemüht, ihn wieder in seine Hände zu bekommen, sollte sich jemand seiner Meinung nach als unwürdig für den vierten Teil erwiesen haben. Warum diese Sorge, er könnte in falsche Hände gelangen?

Nietzsche distanziert sich im vierten Teil von den Lehren Zarathustras, indem er ihnen eine komische Note verleiht. Er spielt mit seinem Text und, so können wir ahnen, genoss im Schreiben die vielen Umdrehungen seiner Ideen. Dennoch sollte der vierte Teil keineswegs die anderen drei widerlegen oder gar lächerlich machen. Vielleicht befürchtete Nietzsche, genau das könne geschehen, wenn jemand, der ihn nicht gut kennt – eben jemand ‚Unwürdiges' –, diesen vierten Teil und den überbordenden Spaß, die burlesken Elemente, die spitzfindigen Ironien entdecken und missverstehen würde. Dies ist eine Interpretation, für die man weitere Hinweise suchen oder gegen die man Einwände vorbringen kann. Sicher ist, dass der vierte Teil die unterschiedlichsten Reaktionen bei Lesern und Forscherinnen hervorgerufen hat. Und wir bekommen langsam eine Ahnung davon, warum es sich so verhält.

**Fragen und Anregungen**

- Lesen Sie das Kapitel ‚ernst' als unironische Darstellung reinen Glücks? Oder fallen Ihnen eher komische Stellen auf? Begründen Sie Ihre Einstellung.
- In *Ecce homo* finden Sie eine interessante Passage: „das *Nothwendige* verletzt mich nicht; amor fati ist meine innerste Natur. Dies schliesst aber nicht aus, dass ich die Ironie liebe, sogar die welthistorische Ironie" (EH, Der Fall Wagner 4). Wenn Sie mögen, lesen Sie auch das irritierende Ende des Aphorismus, das zwischen Scherz und Wahnsinn zu oszillieren scheint.
- Sollten Sie das Thema Ironie vertiefen wollen, seien Sie auf *„Also sprach Zarathustra". die Ironie Nietzsches als Gestaltungsprinzip* von Margot Paronis (1976) hingewiesen.

### 5.2.11 Die Begrüssung

Nachmittags kehrt Zarathustra zu seiner Höhle zurück. Kurz bevor er dort ankommt, hört er erneut den *„Nothschrei"* (Za IV, 346). Nun aber erkennt er, dass der Schrei aus seiner eigenen Höhle dringt. All die Menschen, die er tagsüber auf seiner Wanderung in seine Höhle schickte, sind zusammengenommen der **höhere Mensch**, der ihn zu Hilfe rief. Schon bald breitet sich vor seinen Augen das karnevaleske Schauspiel des Beisammenseins dieser verschiedenen und eigenwilligen Charaktere aus, gekrönt vom verkleideten **hässlichsten Menschen**, der sich mit Purpurgürtel und Krone geschmückt hat. Allerdings wirkt die Gesellschaft seltsam unwillig, inklusive der Tiere, die den Gästen gegenüberstehen und mit Fragen bedrängt werden, die sie nicht beantworten wollen.

Zarathustra begrüßt seine Gäste und heißt sie willkommen. Er erkennt sie als Unglückliche, die eines „Tänzer[s]" und „alte[n] Narr[ens]" (Za IV, 347) bedürfen, um wieder froh zu werden. Und wenn er sie so anblicke, werde er selbst „muthwillig" (Za IV, 347), aber das sei ja ein Leichtes, denn „[j]eder nämlich wird muthig, der einem Verzweifelten zuschaut. Einem Verzweifelten zuzusprechen – dazu dünkt sich Jeder stark genug" (Za IV, 347). Seiner eigenen Devise entsprechend versucht Zarathustra mit seiner Hilfe nicht zu beschämen, indem er sich selbst als ‚alten Narren' bezeichnet. Mit dieser Bezeichnung ist es ihm freilich auch möglich, ihnen unliebsame Wahrheiten umso leichter ins Gesicht zu sagen. Er bietet seinen Gästen seine Höhle als Ruhestätte an und verspricht ihnen „Sicherheit" (Za IV, 348).

Als alle vor Ehrfurcht schweigen, ist es einer der **Könige**, der Zarathustra im Namen aller dankt und ihn preist. In seinen Gesten und Worten zeige er sich untrüglich als Zarathustra, als derjenige, der sich noch mit Stolz vor ihnen erniedrigen könne. Und schon seien sie entzückt und gestärkt. Er vergleicht Zarathustra – ihn in seiner Redeweise und sogar in der Baummetapher imitierend – mit einer Pinie, welche „lang, schweigend, hart, allein, besten biegsamesten Holzes, herrlich" (Za IV, 348) stehe. Sie – sich und den anderen König meinend – seien einst aufgebrochen, um solches zu schauen: „Als Schaulustige nämlich kamen wir, wir wollten sehn, was trübe Augen hell macht" (Za IV, 348). Zarathustra werde einst wie die Pinie mit ihren „starken grünen Ästen" (Za IV, 348) nach Herrschaft ausgreifen. Dazu eben seien sie auf „hohe Berge" (Za IV, 348) gestiegen. Nun sähen sie selbst, wie Zarathustra jeden wieder stark mache. Überall gebe es jetzt „Versteckte[...]" und „Einsiedler" und „Zweisiedler" (Za IV, 349), die nirgendwo mehr leben könnten außer bei Zarathustra. So kämen sie alle, die Verzweifelten, als „Wahr- und Vorzeichen [...], dass Bessere zu dir unterwegs sind" (Za IV, 349). Sie aber seien „der letzte Rest Gottes unter Menschen, das ist: alle die Menschen der grossen Sehnsucht, des grossen Ekels, des grossen Überdrusses" (Za IV, 349). Das seien diejenigen, die der „*grosse[n]* Hoffnung" (Za IV, 349) bedürften.

Als der König auch noch Zarathustras Hand küssen will, entzieht sich dieser und spricht plötzlich zu seinen Gästen, nicht auf sie habe er gewartet, sie seien ihm nicht „hoch und stark genug" (Za IV, 350). Jeder, der krank sei, wolle letztlich nur eins, „dass er *geschont* werde" (Za IV, 350). Aber er sei kein Mensch, der andere schonen würde. Sie seien nicht tauglich für seine Kriege und als seine Krieger. Vielmehr fürchtet er, auf ihrer „Oberfläche" (Za IV, 350) könnte sich noch sein „eignes Bildniss" (Za IV, 350) verzerren. Zwar sei in ihnen viel hoch, aber es sei in ihnen auch „vorborgene[r] Pöbel" (Za IV, 350). Sie seien nur „Brücken" und „Stufen" (Za IV, 351), über die die Richtigen hinwegschreiten würden. Er warte nicht auf „den Überrest Gottes" (Za IV, 351) oder „die Menschen der grossen Sehnsucht" (Za IV, 351), sondern auf „Höhere, Stärkere, Sieghaftere, Wohlgemuthere" (Za IV, 351), auf „*lachende Löwen*" (Za IV, 351). Fast wehmütig bittet Zarathustra, ob die höheren Menschen nicht Kunde hätten von seinen „Kindern" (Za IV, 351), von diesen sollten sie sprechen als „Gastgeschenk" (Za IV, 351). Tief betroffen schweigt Zarathustra gleich seinen Gästen, bis der **Wahrsager** ein Zeichen gibt.

Die Rede des Königs misslingt, so stellen wir fest, auf ganzer Linie und bringt Zarathustra gegen seine Gäste auf. Als gesellschaftlicher Redner schmeichelt der König Zarathustra, ganz wie es sich gegenüber einer Autorität gehört. Damit zeigt sich, dass der König immer noch Teil derjenigen Welt ist, die ihm eigentlich zu Ekel wurde und von der er sich trennen wollte. Auch kamen die Könige nicht zu Zarathustra, um sich wirklich zu verändern, sondern nur als „Schaulustige" (Za IV, 348), die einer großen Sache beiwohnen wollten, um sich daran zu ergötzen. Sie eignen sich den Redestil und die Metaphern von Zarathustra an, ohne zu bemerken, dass dieser seine reine Individualität und sein Misstrauen gegen vorschnelles Verständnis gerade auch durch sein Vokabular ausdrückt. Ein tiefes Anlehnungsbedürfnis offenbart sich in der Rede des Königs, sei es, dass er von all den anderen Menschen spricht, die jetzt nicht mehr leben könnten, die keinen Wert im Leben mehr sähen, außer bei Zarathustra, sei es, dass er von sich und den anderen als Verzweifelten spricht, die aber sofort von Zarathustra aufgerichtet würden. Zuletzt zeigt sich dieses Anlehnungsbedürfnis, das nur knapp den Wunsch nach Gehorchen verhehlt, in dem zum Ausdruck gebrachten Begehren, dass Zarathustra herrschen möge.

Diese Rede führt Zarathustra beispielhaft vor Augen, was er schon ahnt, dass diese höheren Menschen lächerliche Gestalten oder sogar gefährliche sind, da sie seine Lehre verfälschen könnten. Es sind Gestalten, wie er sie zu Anfang seiner Reise suchte, nämlich „Einsiedler" (Za IV, 349) und „Zweisiedler" (Za IV, 349), „Menschen der grossen Sehnsucht" (Za IV, 351). Diese sind für ihn aber nur Vorläufer, denen selbst keine maßgebliche Wertschätzung gelingt, welche das ganze Leben verwandelt. Sie sind nur Verzweifelte und Sehnsüchtige, die bemerken, dass etwas Großes fehlt, nachdem Gott gestorben ist. Der König nennt sie „Überrest Gottes" (Za IV, 351) und weist mit dieser Namensgebung darauf hin, dass sie diejenigen sind, die nicht ertragen, dass der bisherige Lebenssinn des Menschen außer Kraft gesetzt wurde. Sie sind der Rest und der Wunsch nach Transzendenz, nachdem der wahre Glaube an solche Transzendenz getilgt wurde. Sie gehören, wenn auch nur als Rest, zum christlichen Kosmos und kommen nicht darüber hinaus.

Zarathustra scheint kaum weiter als am Anfang und die Verwirklichung seiner Lehre im Übermenschen so fern wie eh und je. Kein Wunder, dass er frustriert ist und mit den höheren Menschen deutlich und jenseits aller Schmeichelei reden will. Obwohl er die höheren Menschen zurückweist, erkennt er sie doch als eine höhere Art an (vgl. Za IV, 350). Vergleicht er sie aber mit denjenigen, die er mit seiner Lehre erziehen wollte, erscheinen sie ihm vollkommen unzureichend. Es sind alte, wunderliche Männer, unzufrieden, mürrisch oder verlogen und weit entfernt von dem frohgemuten Ideal seiner „Kinder" (Za IV, 351). Verzweifelt wünscht er sich von seinen **Kindern** etwas zu erfahren, denn gibt es sie nicht, droht auch seine Lehre bzw. drohen die Bruchstücke seiner Lehre gemeinsam mit den alten Männern unterzugehen. Es sieht ganz so aus, als könnte die Begegnung mit den höheren Menschen für alle Beteiligten zum Fiasko geraten. Nur der Wahrsager scheint sich zu einem Versuch zu entschließen, das vorzeitige Scheitern abzuwenden.

### Fragen und Anregungen

- Untersuchen Sie den Satz des anderen Königs: „Deutsch und deutlich? Dass Gott erbarm! Sagte hier der König zur Linken, bei Seite; man merkt, er kennt die lieben Deutschen nicht, dieser Weise aus dem Morgenlande! Aber er meint ‚deutsch und derb' – wohlan! Das ist heutzutage noch nicht der schlimmste Geschmack!'" (Za IV, 350). Inwiefern wirken die Sätze satirisch? Welche Verständigungsschwierigkeiten gibt es zwischen Zarathustra und den

Königen? Wodurch fällt die Passage aus dem typischen Stil des Zarathustra (I–III) heraus?
- Interpretieren Sie die Metapher „*lachende Löwen*“ (Za IV, 351).
- Wie würden Sie in eigenen Worten „den Überrest Gottes“ (Za IV, 351) charakterisieren? Inwiefern passt diese Charakterisierung auf die höheren Menschen?
- Warum schreitet der Wahrsager an dieser Stelle ein? Was bezweckt er? Spekulieren Sie.

### 5.2.12 Das Abendmahl

Der **Wahrsager** hat es eilig, für bessere Stimmung zu sorgen. Geschwind greift er nach Zarathustras Hand und erinnert ihn daran, dass er ein Mahl für seine Gäste versprochen habe. Außerdem wolle er Wein genießen. Für solchen haben glücklicherweise die Könige gesorgt, die ihn auf dem Esel mitbrachten. „Brod“ (Za IV, 354) fehlt ihnen zwar, aber dafür weist Zarathustra, offenbar bereits besänftigt, auf seine zwei Lämmer hin, die man schlachten solle.

Der **freiwillige Bettler**, der sich von Fleisch und Wein distanziert, äußert scherzhaft Kritik an Zarathustras opulenten Plänen. Aber es gebe auch Nüsse, Wurzeln, Früchte und wenn er wolle, so Zarathustra, könne der *freiwillige Bettler* ja seine Körner „malme[n]“ (Za IV, 354). Zarathustras Küche taugt wie sein „Gesetz“ (Za IV, 354) nur für die seinen. Mit guter Laune heißt Zarathustra die anderen, im Leben stets zuzugreifen und sich selbst zu besorgen, was man freiwillig nicht gereicht bekomme: „die beste Nahrung, den reinsten Himmel, die stärksten Gedanken, die schönsten Fraun!“ (Za IV, 355).

Die **Könige**, hingerissen von solcher Weisheit, loben Zarathustra, der klug und kein Esel sei, wozu der von ihnen mitgebrachte Esel bestätigend „IA“ sagt. Dieses Geschehnis sei, wie wir am Ende erfahren, als „Abendmahl“ (Za IV, 355) in die „Historien-Bücher“ (Za IV, 355) eingegangen. Bei diesem wurde über den **höheren Menschen** und nichts anderes gesprochen.

Warum, so können wir uns beim Lesen des Kapitels fragen, greift ausgerechnet der trübsinnige Wahrsager so beherzt in die Situation ein und führt sie zum Besseren? Sind wir geneigt, ihn als jene mitleidsvolle Gestalt aufzufassen, die mit „überströmende[m] Herzen“ (Za IV, 301, s. Abschn. 5.2.2) zu Zarathustra spricht, so können wir auch seine Worte als Unterstützung Zarathustras denken. Der Wahrsager leidet mit ihm, als er schweigt, und befürchtet, dass es in der Welt kein Zeichen seiner ‚Kinder‘ gebe. So vertreibt der Wahrsager nach bestem Gewissen die düstere Stimmung und lenkt auf ein leichtes Thema.

Sind wir misstrauischer gegenüber dem Wahrsager eingestellt und meinen, in ihm einen Gegner Zarathustras zu erkennen, der ihn zum Mitleiden verführen will, auf dass er letzten Endes die pessimistische Weltsicht des Wahrsagers teile, werden wir das Handeln des Wahrsagers strategisch deuten. Vielleicht würde Zarathustra als nächstes und ohne Ablenkung durch den Wahrsager all seine Gäste aus der

Höhle jagen und hätte damit bereits dem Mitleid und dem **Notschrei** widerstanden. Der Wahrsager, lässt sich spekulieren, will Zarathustra enger an seine Gäste binden, um ihn umso mehr zu schwächen. Denn im zweiten Kapitel des vierten Teils „Der Nothschrei" wurde doch ein Wettstreit zwischen Zarathustra und dem Wahrsager angekündigt.

Das Kapitel ist, typisch für den vierten Teil, in mehrfacher Hinsicht ironisch gebrochen. Das **Abendmahl** spielt auf das letzte Mahl, das Jesus mit seinen Jüngern zu sich nahm, an. Ironisch ist, dass ausgerechnet der pessimistische Wahrsager nach Wein verlangt und auch keine Einwände dagegen hat, Fleisch zu essen. Die Tiere befürchten gar, den „Einen Wahrsager" (Za IV, 353) nicht hinreichend „stopfen" (Za IV, 353) zu können und machen sich eiligst auf den Weg, noch mehr Futter zu besorgen. Der Wahrsager, der, wie wir wissen auch eine Persiflage auf Schopenhauer darstellt, ist zwar theoretisch, seinen Worten nach, irdischen Genüssen abgeneigt, in praktischer Hinsicht ihnen aber verfallen. Der implizite Vorwurf, nicht zu leben, was man predigt, erhebt Nietzsche auch an anderer Stelle gegen Schopenhauer (vgl. z. B. GD, Streifzüge eines Unzeitgemässen 36).

Der „IA" äußernde Esel, die Könige, die über jedes Wörtchen Zarathustras – egal wie profan – in Begeisterung ausbrechen, der putzige freiwillige Bettler mit seinen Körnern, das fehlende Brot, das durch Fleisch ersetzt wird, sind weitere humoristische Elemente. Sie dienen dazu, eine Stimmung der Absurdität zu kreieren, die lustig-fröhlich und ausschweifend ist. Das Ernste, das Gespräch über den höheren Menschen und das opulente Mahl mit zahlreichen lustigen Einwürfen sollen im Werk *Also sprach Zarathustra* keinen Widerspruch bilden.

Das Abendmahl des neuen Testaments als das letzte Mahl, das Jesus mit seinen Jüngern zu sich nimmt, wird dadurch antithetisch bespiegelt. Ist das biblische Abendmahl Symbol für Ernst, Abschied, jenseitige Hoffnung und die Folgen des Verrats, steht das zarathustrische für irdischen Genuss, schalkhafte Lust, angeregtes Gespräch und die Hoffnung auf die Zukunft eines neuen, natürlich irdischen Ideals.

**Fragen und Anregungen**

- Ergänzen Sie Ihre bisherigen Charakterisierungen der Könige, des freiwilligen Bettlers und des Wahrsagers.
- Lesen Sie im neuen Testament Matthäus 26,26–29, Markus 14,22–25, Lukas 22,14–20, Johannes 13–17 und außerdem 1. Korinther 11,23–26.
- Wir erfahren am Ende, dass dieses Abendmahl in die Historienbücher eingegangen sei. Dies ist ein rhetorisches Mittel, um den *Zarathustra* in den Rang eines heiligen Textes zu erheben. Was sind aber die Unterschiede zwischen *Also sprach Zarathustra*, der von Nietzsche verfassten Schrift, und heiligen Texten wie der Bibel, dem Koran, den Veden? Finden Sie, dass damit der *Zarathustra* aufgewertet wird oder dass heilige Texte abgewertet werden? Wie würden Sie argumentieren?

### 5.2.13 Vom höheren Menschen

In zwanzig Abschnitten redet Zarathustra vom **höheren Menschen**. Motive aus der Rede „Von alten und neuen Tafeln" werden erneut aufgegriffen.

**1. Wider dem Markt**
Zarathustra erzählt den höheren Menschen von seiner Torheit, auf dem Markt gesprochen zu haben. Dort herrsche der Pöbel, der nicht an höhere Menschen, sondern nur an einen Gott zu glauben bereit ist, vor dem alle gleich sind. Dass sich jemand erdreisten könnte, sich aus der Gleichheit zu erheben, errege ihren Hass.

**2. Für den Übermenschen**
Erst seitdem Gott tot sei, dürfe der Mensch wieder nach eigener Größe streben, daher sei „dieser Gott […] eure grösste Gefahr" (Za IV, 357). Solange Gott noch existiert hätte – so können wir schließen –, wäre der Versuch, sich selbst ein Gesetz zu geben und sich zu vergöttlichen, Hybris und Sünde gewesen, was zum Ausschluss aus der Gesellschaft geführt oder Bestrafung nach sich gezogen hätte. Nun aber könnten die höheren Menschen nach dem neuen Ideal streben, der Ermöglichung des Übermenschen.

**3. Wider die Selbsterhaltung**
In der jetzigen Gesellschaft werde allerdings die Selbsterhaltung zum höchsten Wert erhoben. Die wichtigsten Fragen der Zeit lauteten: „wie bleibt der Mensch erhalten?" (Za IV, 357) und „wie erhält sich der Mensch, am besten, am längsten, am angenehmsten?" (Za IV, 358). Die Frage, die Zarathustra interessiere, laute stattdessen, „wie […] der Mensch *überwunden*" (Za IV, 357) werde. Er achtet die höheren Menschen dafür, dass ihnen die Tugenden der **kleinen Leute** und die Fragen der Erhaltung nichts bedeuteten, auch wenn sie daran zugrunde gingen.

**4. Für den Mut ohne Zeugen**
Zarathustra fragt die höheren Menschen, ob sie mutig genug seien, um keiner Zeugen zu bedürfen. Dies heiße nicht, frei von Angst zu sein, sondern sie zu überwinden: „Herz hat, wer Furcht kennt, aber Furcht *zwingt*, wer den Abgrund sieht, aber mit *Stolz*" (Za IV, 358).

**5. Für mehr Bosheit**
Zarathustra fordert mehr Bosheit: „Der Mensch muss besser und böser werden" (Za IV, 359). Als Böse, erinnern wir uns, wurden Zarathustra zufolge Wollust, Selbstsucht und Herrschsucht gebrandmarkt. Im Kapitel „Von den drei Bösen" versuchte Zarathustra diese drei ‚Sünden' zu rehabilitieren (s. Abschn. 4.2.10). Die ‚Weisheit' von der Bosheit sei allerdings nicht für „lange Ohren" (Za IV, 359) und auch nicht für „jedes Maul" (Za IV, 359) gemacht. Sie gehört für Zarathustra zu denjenigen Weisheiten, die leicht missverstanden werden könnten. So sollten auch keine „Schafs-Klauen" (Za IV, 359) nach ihr greifen. Das Herdentier ‚Schaf', das Zarathustra mit der christlichen Gemeinschaft assoziiert, gibt sich harmlos, obwohl die

Eigenschaften eines Raubtiers – die Klauen – bloß verborgen werden. Somit wird das friedfertige Schaf zu einem ‚Wolf im Schafspelz' bzw. einem ‚Raubvogel im Schafspelz'.

**6. Wider die Fürsorge**
Die höheren Menschen sollten nicht erwarten, dass Zarathustra sie umsorge, stützte oder aufrichte. Noch viel Bessere, als sie, sollten zugrunde gehen. Es liege nichts an ihnen. Sie würden nicht einmal die Tiefe seines Leidens erreichen: „Denn ihr leidet an euch, ihr littet noch nicht *am Menschen*" (Za IV, 359). Erneut erscheint Zarathustras Projekt nicht als eines persönlicher Selbstvervollkommnung, sondern als ein kulturell-gesellschaftlich ambitioniertes.

**7. Wider die heutigen Menschen**
Seine Weisheit solle nicht den heutigen Menschen dienen, sondern gar schädlich für sie sein: „Diesen Menschen von Heute will ich nicht *Licht* sein, nicht Licht heissen: *Die* – will ich blenden: Blitz meiner Weisheit! Stich ihnen die Augen aus!" (Za IV, 360). Zarathustra möchte den Untergang der ungenügenden Ideale der Jetztzeit selbst herbeiführen, daher soll untergehen, was und wer für die neuen Ideale untauglich ist.

**8. Für die Anerkennung der eigenen Talentgrenzen**
Zarathustra warnt, man solle nichts begehren, was über das eigene Talent hinausgehe. Sonst werde man schnell zum **Schauspieler** eines Ideals, das man nicht zu sein vermag. Hinter der Maskerade aber fresse das Ressentiment an einem. Wir erinnern uns, dass der Schauspieler eng mit dem Typus des Künstlers bzw. Dichters verknüpft ist, der besonders der Versuchung unterliegt, mehr scheinen zu wollen als er ist.

**9. Für die Geheimhaltung**
Geheimhaltung der eigenen Gründe sei vonnöten, denn Offenherzigkeit mache den Pöbel misstrauisch und die „unfruchtbar[en]" (Za IV, 361) Gelehrten aufmerksam. Gerade von letzteren würden die höheren Menschen gehasst. Vor den Gelehrten liege „jeder Vogel entfedert" (Za IV, 361). Mit dieser Metapher macht Zarathustra auf die analytischen Fähigkeiten der Gelehrten aufmerksam, die im Zergliedern das Objekt ihrer Forschung seiner Schönheit und Lebendigkeit berauben. Die Gelehrten rechnen es sich selbst hoch an, frei von Leidenschaften zu sein, während Zarathustra darin keinen Verdienst sieht, denn nur wer sich bezwingen muss, hat eine Eigenleistung erbracht: „Freiheit von Fieber ist lange noch nicht Erkenntniss! Ausgekälteten Geistern glaube ich nicht. Wer nicht lügen kann, weiss nicht, was Wahrheit ist" (Za IV, 361).

**10. Für die eigene Anstrengung**
Nur durch eigene Anstrengung könne man seinen Gipfel erreichen, von niemanden könne man sich tragen lassen. Wer das doch versuche, werde übel scheitern, denn auf der Höhe angekommen werde sie einem gefährlich.

**11. Für das Werk, nicht für den Anderen**
Zarathustra beschwört die höheren Menschen, alle Kraft für das eigene **Kind**, d. i. das eigene Werk, zu bewahren. Keinesfalls soll man sich durch die Tugenden der kleinen Menschen zur Fürsorge und Nächstenliebe überreden lassen. An dem „Eigennutz" (Za IV, 362) einer Schwangeren solle man sich ein Beispiel nehmen.

**12. Für die Waschung der Seele**
Von der Metapher der Schwangerschaft angeregt empfiehlt Zarathustra besondere Reinlichkeit nach der ‚Geburt' eines Werks. Denn eine Gebärende sei „krank" (Za IV, 362), sie bringe „viel Unreines" (Za IV, 362) auf die Welt, daher brauche es besondere Hygiene. Eine solche sei auch dem Schaffenden angeraten.

**13. Für die Anerkennung eigener Laster**
Man solle nicht gegen die eigenen (ungeliebten) Neigungen ankämpfen und ihr Gegenteil zu Ziel und Tugend verklären, sondern vielmehr mit den Neigungen umgehen lernen. Das Kloster sei für einen sexuell umtriebigen Menschen nur ein „Zucht- und Fluchthaus" (Za IV, 363). Mehr Freiheit erringe, wer die Triebe einschränke, ohne sie zu negieren. Ein letzter Seitenhieb des Abschnitts gilt den „Wüsten-Heilige[n]" (Za IV, 363). In ihren Versuchungen, so können wir die Zeilen deuten, offenbare sich ihr wahrer Charakter, denn um sie sei „nicht nur der Teufel los [gewesen], – sondern auch das Schwein" (Za IV, 363). Sie seien also besonders von tierischen Bedürfnissen beherrscht gewesen, sonst hätten sie die Wüste nicht nötig gehabt.

**14. Neue Versuche**
Wenn etwas missglücke, könne man einen neuen Versuch wagen. Das ganze Leben sei Spiel und Spott. Zarathustra setzt sich für eine Betrachtung des Lebens ein, welche gescheiterte Versuche nicht tragisch nimmt, sondern als Anlass, über sich selbst zu lachen. Der einzelne Versuch wie sein Scheitern seien genauso wenig tragisch wie der einzelne Mensch wichtig sei.

**15. Für das wahrscheinliche Scheitern**
„Je höher von Art, je seltener geräth ein Ding" (Za IV, 364), spricht Zarathustra. Da sie – seine Zuhörer und Gäste – höhere Menschen seien, seien sie wohl auch missraten. Aber das solle sie nicht bekümmern. Das erste Mal in der Rede werden die höheren Menschen dazu aufgerufen, über sich selbst lachen zu lernen. Außerdem sollten sie „kleine gute vollkommne Dinge" (Za IV, 364) um sich stellen, diese bewahrten das Hoffen.

**16. Wider einen Gott, der das Lachen verbat**
Zarathustra verurteilt die Losung, nach der nicht gelacht werden darf. Platon beklagte bei den homerischen Göttern, dass sich für Götter das Lachen nicht gehöre. Ernster noch mit dem Lachen nimmt es das Christentum. Dass Gott die Lachenden nicht lieben konnte, beweise ein weiteres Mal, dass dieser Gott nicht einer der Liebe sei. Seine Begehrlichkeit nach Liebe sei ein weiterer Beweis seiner eigenen Un-

fähigkeit zu lieben: „Alle grosse Liebe *will* nicht Liebe: – die will mehr" (Za IV, 365). Zarathustra warnt vor „allen solchen Unbedingten" (Za IV, 365). Gott kann als Chiffre des Unbedingten verstanden werden, da er seinen Grund nur in sich selbst hat.

**17. Fürs Tanzen auf dem Eis**

Zarathustra empfiehlt das Tanzen auf der eigenen „Bahn" (Za IV, 365), so könnten die höheren Menschen in ihm denn auch kein „Standbild" (Za IV, 365), keine „Säule" (Za IV, 366) entdecken. Das Tanzen steht für die Beweglichkeit und Veränderlichkeit zarathustrischer Weisheiten. Sie sind keine festen Säulen, auf denen sich bauen ließe oder die ewig dieselben blieben.

**18. Rosenkranzkrone des Lachens**

Er habe sich selbst die „Krone des Lachenden, diese Rosenkranz-Krone" (Za IV, 366), aufgesetzt, kein Anderer sei „stark genug dazu" (Za IV, 366) gewesen. Die **Rosenkranz-Krone** spielt auf die Passion Christi an. Verhöhnt von der Menge mit einem Rosenkranz zur Verspottung auf seinem Haupt musste Jesus sein Marterkreuz zum Richtplatz schleppen. Die Heftigkeit der intendierten Provokation, dass Nietzsche seinen Zarathustra sich seinen Rosenkranz selbst aufsetzen lässt, um zu lachen, lässt sich leicht erahnen. Zarathustra weicht dem Leid nicht aus, er verharmlost es nicht, er leidet selbst und wird verhöhnt – das sagt das Bild des Rosenkranzes –, aber er steht über dem Leid, er lacht darüber, jedes Leid, das ihm zustößt, ist noch selbst gewählt: „Zarathustra der Wahrsager, Zarathustra der Wahrlacher, kein Ungeduldiger, kein Unbedingter, Einer, der Sprünge und Seitensprünge liebt; ich selber setzte mir diese Krone auf!" (Za IV, 366). Die Rosenkranzmetapher kann als Sinnbild des **amor fati** verstanden werden – die Einstellung zum Leben, jederzeit selbst wählen zu können, unabhängig vom jeweiligen Leben selbst, d. h. die tatsächliche Realität, all das, was ist, rückhaltlos zu bejahen.

**19. Das Gute am Schlechten**

Zarathustra fordert seine „Brüder" (Za IV, 366) zum Tanzen auf. Sie sollten ihren Trübsinn vergessen und bemerken, dass auch „das schlimmste Ding [...] gute Tanzbeine" (Za IV, 367) hat. Zarathustra fordert zu nichts anderem heraus, als über den Traurigkeiten der Welt zu stehen und sich an sich selbst zu erfreuen.

**20. Lernt lachen**

Zarathustra beschwört den wilden Wind des freien Geistes, der wie ein „Sturmwind" (Za IV, 367) komme. Er fege alles Morsche, Welke, Vertrocknete, Trübsinnige hinweg. Er klagt die höheren Menschen an, sie hätten das Tanzen nie gelernt. Was würde sie ihr Scheitern angehen? Sie sollten lernen, über sich „hinweg [zu] tanzen! Was liegt daran, dass ihr missriethet!" (Za IV, 367). Die höheren Menschen, so legt es Zarathustra nahe, ertragen sich selbst kaum. Sie können sich nicht gutheißen, denn sie sind gescheitert. Mit Scham blickten sie auf sich und ihre misslungenen Versuche zurück. Zarathustra aber empfiehlt, die Kausalität zwischen Scheitern und Scham zu durchtrennen. Sie könnten sich von ihren misslungenen

Versuchen lossagen, anstatt sich stolz an sie zu ketten. Freiheit, so können wir uns vorstellen, wird durch eine Perspektivänderung erworben: Sind die großen Lebensentscheidungen für den Einzelnen auch von eminenter Bedeutung, so sind sie angesichts der vielen Leben und des unausweichlichen Todes lächerlich unwichtig. Noch unsinniger ist die Selbstdefinition über gescheiterte Versuche. Abhilfe schafft das Lachen, welches das Scheitern anerkennt, aber sich nicht darum bekümmert. Die subversive Kraft des Lachens sprengt – nach Zarathustra – letztlich alle Ketten. Und so haben die höheren Menschen vor allem eins zu lernen: „Diese Krone des Lachenden, diese Rosenkranz-Krone: euch, meinen Brüdern, werfe ich diese Krone zu! Das Lachen sprach ich heilig: ihr höheren Menschen, *lernt* mir – lachen!" (Za IV, 368).

**Fragen und Anregungen**

- Geben Sie den Abschnitten eigene Titel. Wie würden Sie den höheren Menschen beschreiben? Wie würden Sie *die* höheren Menschen von *dem* höheren Menschen unterscheiden?
- In einigen Abschnitten der Rede wird antihumanistisches Gedankengut proklamiert. Sammeln Sie einige Zitate, erklären Sie, inwiefern sie als antihumanistisch zu begreifen sind und ob man sie auch anders interpretieren kann. Welcher Interpretationsmöglichkeit geben Sie anschließend selbst den Vorzug?
- Der neidische Künstler (Abschn. 8), dessen großer Ehrgeiz über sein Talent hinausgeht, ist Hauptthema in einigen klassischen Romanen des 20. Jahrhunderts. Falls Sie das das Thema interessiert, lesen Sie z. B. *Der Untergeher* von Thomas Bernhard.
- Zarathustra empfiehlt im neunten Abschnitt die Geheimhaltung seiner Gründe. Häufig erscheint er aber als eine Figur, die ohne Vorsicht und Misstrauen seine Botschaften verkündet. Ist das ein Widerspruch? Inwiefern? Kann er aufgelöst werden oder nicht?
- Im 18. Abschnitt scheint Zarathustra durch das Lachen im Leid vom Leid befreit. Die Möglichkeit, das eigene Schicksal zu lieben, wird durch Zarathustra repräsentiert. Im Gedicht „Zwischen Raubvögeln" aus den *Dionysos-Dithyramben* sieht es sehr viel düsterer für Zarathustra aus. Falls Sie das Gedicht um den „Selbstkenner! Selbsthenker!" interessiert, finden Sie es in DD, Zwischen Raubvögeln, KSA 6, 389–392.

### 5.2.14 Das Lied der Schwermuth

Das Gedicht „Das Lied der Schwermuth", das später in den *Dionysos-Dithyramben* als erstes unter dem Namen „Nur Narr! nur Dichter!" den Gedichtzyklus einleiten wird, ist im Werk *Also sprach Zarathustra* in einen narrativen Rahmen eingebettet. Im ersten Abschnitt wendet sich Zarathustra, nachdem er gerade noch die letzten Zeilen zum höheren Menschen – „*lernt* mir – lachen!" – gesprochen hat, von seinen

Zuhörern ab und schlüpft nach draußen zu seinen Tieren, um die Stille zu genießen. Er stellt fest, dass dort die Luft viel besser ist und er sich von ihrem Geruch befreien kann. Der Geruch der höheren Menschen ist eine Metapher für deren Schwächen und ihre Halbherzigkeit, wahrhaft neue Werte zu schaffen.

Die Abwesenheit (Abschnitt zwei) nutzt der **Zauberer**, um zu Zarathustras Gästen zu sprechen. Kaum sei Zarathustra fort, sei alle Fröhlichkeit dahin und es falle ihn jener Geist an, der auch Zarathustras „Widersacher" (Za IV, 370) sei, der „schwermüthige[...] Teufel" (Za IV, 370), der vor ihnen zaubern wolle. Er schmeichelt seinen Zuhörern, indem er sie direkt anspricht und ihre selbstgewählten Namen gebraucht: „die freien Geister", „die Wahrhaftigen", „die Büsser des Geistes", „die Entfesselten" (Za IV, 370), und stellt zwischen sich und ihnen ihre Gemeinsamkeit heraus: Ihre Zerrissenheit, da sie alle zwischen dem Tod alter Werte und dem Fehlen neuer, tragfähiger Ideale stehen. Wiederholend stellt er sein Wissen heraus: Er kenne sie, die **höheren Menschen**, er kenne seinen „schwermüthigen Teufel" und er kenne Zarathustra, der ihm öfters wie eine „Heiligen-Larve" (Za IV, 370) erscheine. Der Zauberer spricht von Zarathustra als „Mummenschanz" (Za IV, 370), als Maskerade, „in dem sich mein böser Geist, der schwermüthige Teufel," (Za IV, 370) gefalle. Ist Zarathustra ein pessimistischer Geist in lebensbejahender Verkleidung? Das scheint der Zauberer nahelegen zu wollen. Durch seine einleitende Rede verschwimmen die Grenzen der jeweiligen Identitäten, und auch wenn der Zauberer vorgibt, der „böse Geist" (Za IV, 370) wolle „nackt" (Za IV, 370) zu ihnen sprechen, also ohne jede Verkleidung und Maske, rein und unverstellt, so scheinen die Gestalten Zauberer, Zarathustra und **Geist der Schwere** durch die Einleitungsrede zu changieren. Der Zauberer ergreift seine Harfe und trägt sein Lied im dritten Abschnitt vor.

Es thematisiert die Existenz des Dichters, der zwischen Wahrheitssuche, Selbsttäuschung und künstlerischer Illusion oszilliert. Der **Dichter** wird im Gedicht als ambivalente Figur gezeichnet, die zugleich Wahrheit begehrt und doch notwendig von ihr ausgeschlossen bleibt.

Das Gedicht beginnt mit der Aufforderung, sich eine melancholische Erinnerung wieder ins Gedächtnis zu rufen, in der das lyrische Ich von der Sehnsucht nach göttlichem Trost getrieben war. Diese Erinnerung wird durch die Beschreibung einer Seelenlandschaft vermittelt, in der die zerstörerische Kraft der Sonne, Symbol für Wahrheit und Erkenntnis, dominiert. Die Natur erscheint hier feindlich, und das Ich sieht sich von der lebensspendenden Wirkung der Wahrheit ausgeschlossen. Während in der ersten und den letzten beiden Strophen (8–9) das lyrische Ich zu seinem Herzen „du" spricht, tragen die eingerahmten Strophen (2–7) die grausamen Worte der höhnischen **Sonnenstrahlen** vor, an die sich das lyrische Ich erinnert.

Ein zentrales Motiv, das bereits in der zweiten Strophe ausgesprochen wird, ist die Verurteilung des lyrischen Ichs durch die Sonnenstrahlen, „[n]ur ein Dichter" (Za IV, 371) zu sein. Insofern aber die Sonnenstrahlen einen Aspekt im Selbst des Ichs repräsentieren, handelt es sich bei der erinnerten Verurteilung um eine Selbstverurteilung, die bloß externalisiert wird. Das lyrische Ich, von den Sonnenstrahlen als lyrisches Du angesprochen, wird als „Narr" (Za IV, 371) und Lügner beschrieben, der sich selbst täusche und keinen unmittelbaren Zugang zur Wahrheit besitze.

Die wiederholte Anklage „Nur Narr! Nur Dichter!“ (Za IV, 371) verweist auf die paradoxe Sehnsucht des Dichters nach Wahrheit – ein ‚Freier der Wahrheit‘ zu sein. Das lyrische Ich möchte sich also als Philosoph und nicht als Dichter betrachten, da letzterer als minderwertige Existenzform abgewertet wird. Der Dichter wird hier mit einem listigen **Raubtier** verglichen, das Beute sucht, letztlich aber nur sich selbst täuscht. Die „Larve“ (Za IV, 372), ein wiederkehrendes Symbol, steht für die Verkleidung, die der Dichter anlegt, um andere zu täuschen, die jedoch zur Selbsttäuschung gerät. Gleichzeitig verweist die Larve auf das Potenzial, sich zu etwas Höherem zu entwickeln (die Metamorphose von einem Larvenstadium zu einem adulten Lebewesen), was im Verlauf des Gedichts jedoch fraglich bleibt.

Der Dichter wird als Raubtier beschrieben, das die Zivilisation verlässt und in der Wildnis Zuflucht sucht. In der dritten Strophe tritt er als Raubkatze auf, die sich durch ihre animalischen Instinkte definiert, und in einer vierten als **Adler**, der introspektiv in die „Abgründe“ (Za IV, 373) seines eigenen Wesens blickt. Beide Tiere symbolisieren unterschiedliche Aspekte des Dichters: Der **Panther** verkörpert die vitale, triebhafte Natur, während der Adler für die geistige Reflexion steht. Doch in beiden Fällen bleibt der Dichter ein destruktives Wesen, das von einem inneren Widerspruch geprägt ist.

Die Ambivalenz des Dichters wird durch die Tiere deutlich. Die Raubkatze und der Adler stehen einerseits für Instinkt und Introspektion, andererseits aber auch für die zerstörerischen Kräfte des Dichters. Während die Tiere auf der einen Seite die Freiheit und Stärke des Dichters symbolisieren, verdeutlichen sie zugleich seine Isolation und Entfremdung von der menschlichen Gesellschaft. Die Katze, die durch das Fenster „Husch! in jeden Zufall“ springt, um im Urwald als vollendete Großkatze zu gesunden, hat sich von der Zivilisation abgewendet. Der Adler, einsam, auf seinem Berggipfel, erscheint von vornherein als Einzelgänger.

Die religiöse Symbolik, besonders präsent in der 4. und 6. Strophe, spielt eine zentrale Rolle im Gedicht. Der Dichter wird als Antithese zur christlichen Vorstellung von Wahrheit dargestellt. Das Lamm, ein Symbol für Jesus Christus und dessen Opferbereitschaft (s. Abschn. 5.2.12), wird vom Adler als Beute betrachtet. Diese Darstellung verdeutlicht die feindliche Haltung des Dichters zur christlichen Moral, die er als einengend empfindet. Gleichzeitig bleibt der Dichter selbst in diesem religiösen Kontext gefangen, was sich durch das gewählte christliche Vokabular („sündlich“, „selig“) ausdrückt (vgl. Strophe 3, 4, 6): „Sündlich-gesund und bunt und schön liefest,/ Mit lüsternen Lefzen,/ Selig-höhnisch, selig-höllisch, selig-blutgierig,/ Raubend, schleichend, lügend liefest: –“ (Za IV, 372).

Der Dichter erkennt (Strophe 6), dass Gott eine menschliche Erfindung ist, und verspürt den Wunsch, diese Vorstellung zu zerstören. Die Zerstörung wird jedoch nicht nur als aggressiver Akt gegen die Religion, sondern auch als ein Akt der Selbstzerstörung dargestellt, da die Religion auch im eigenen Innern des Dichters, eben „im Menschen“ (Za IV, 373), präsent ist: „Den Gott *zerreissen* im Menschen/ Wie das Schaf im Menschen,/ Und zerreisend *lachen* – “ (Za IV, 373). Das „*[Z]erreißen*“ (Za IV, 373) Gottes im Menschen wird als sadomasochistischer Akt beschrieben, der abermals die destruktive Natur des Dichters widerspiegelt.

Der Konflikt zwischen den animalischen Sehnsüchten des Dichters und der gleichzeitigen Verurteilung derselben kann auch als Konflikt des Dichters mit den Erwartungen der Gesellschaft interpretiert werden. In diesem Sinn würden die Sonnenstrahlen die Wahrheiten und Erwartungen der Gesellschaft repräsentieren. Der Dichter ist von dieser Perspektive aus gesehen böse. Er ist kein Teil der Gemeinschaft und er ist von der Wahrheit dieser Gemeinschaft, die im Wesentlichen christlich ist, ausgeschlossen.

Obwohl der Dichter sich von den christlichen Werten lösen möchte, zeigt das Gedicht, dass er weiterhin von ihnen geprägt ist. Seine Selbstverurteilung und sein Wunsch nach Zerstörung entspringen einem inneren Konflikt, der durch die Unvereinbarkeit seiner Natur mit den moralischen Erwartungen der Gesellschaft entsteht. Dieser Konflikt wird durch die wiederkehrende Selbstanklage „Nur Narr! Nur Dichter!" (Za IV, 373) verdeutlicht, die den Dichter als jemanden beschreibt, der seine wahre Natur nicht akzeptieren kann.

„Das Lied der Schwermuth" zeichnet das Bild eines Dichters, der in einem ständigen Spannungsfeld zwischen Wahrheitssehnsucht und Selbsttäuschung lebt. Seine Existenz ist geprägt von einer Ambivalenz, die ihn einerseits von der Wahrheit ausschließt, ihn andererseits aber auch von der ‚Schafsmoral' der ‚Herdenmenschen' abhebt.

Das Gedicht endet in der neunten Strophe mit der Verbannung des Dichters aus den Tages-Wahrheiten, weg von der Sonne hin zur Nacht. Das lyrische Ich erinnert sich:

> So sank ich selber einstmals
> [...]
> Des Tages müde, krank vom Lichte,
> – sank abwärts, abendwärts, schattenwärts:
> Von Einer Wahrheit
> Verbrannt und durstig:
> – gedenkst du noch, gedenkst du, heisses Herz,
> Wie da du durstest? –
> *Dass ich verbannt sei*
> *Von aller Wahrheit,*
> *Nur Narr!*
> *Nur Dichter!* (Za IV, 374).

Ob sich das lyrische Ich inzwischen mit der Nacht abgefunden hat, erfahren wir als Leser nicht. Was, so werden wir uns fragen, ist aber ‚die Wahrheit', von der der Dichter verbannt ist. In der letzten Strophe begegnet sie uns sowohl in der Einzahl „Einer Wahrheit" (Za IV, 374) als auch der Mehrzahl „aller Wahrheit" (Za IV, 374). Die eine Wahrheit, die das lyrische Ich verbrennt, ist die Wahrheit, von aller Wahrheit ausgeschlossen zu sein. Aber dass der unbestimmte Artikel großgeschrieben wird, „Einer Wahrheit" (Za IV, 374), deutet an, dass es sich vielleicht auch um eine andere, größere – das heißt göttliche – Wahrheit handelt, von der das Ich ausgeschlossen wird. Indem der Dichter ungläubig, Atheist, wird, verliert er die Grundlage der Wahrheit, deren Wert (nach Nietzsche) in Gott begründet liegt. Gleichzeitig stellt diese Formulierung ein Paradoxon dar: Seine Ablehnung der Wahrheit setzt die Existenz einer Wahrheit voraus, die er zugleich zu negieren versucht. Damit wird die dichterische Existenz selbst zur paradoxen Wahrheit – eine Wahrheit, die in ihrer Ambivalenz die Grenzen von Erkenntnis aufzeigt.

Zu beachten ist, dass die Sonnenstrahlen immer höhnisch und verurteilend zum lyrischen Ich sprechen, in der Tat aber auch Bilder evozieren, die sich positiv begreifen lassen. Die Verwandlungsfähigkeit des Dichters, wenn die Larve nicht nur als Verkleidung, sondern als Metamorphose begriffen wird, die Gesundheit der Raubkatze, die schön und frei ist, die geistige Überlegenheit des Adlers, der sich mit Abgründen auseinandersetzt und bereit ist, die eigenen Schwächen auszumerzen. Wenn es dem Dichter also gelänge – und vielleicht ist es ihm in Zarathustra gelungen –, die Geborgenheit menschlicher Gesellschaft als Bedürfnis in sich abzuschaffen und seine Freiheit und Raubtierhaftigkeit zu bejahen, würde sich der Dichter selbst erlösen. Andererseits legt die ironisch gebrochene Melancholie, deutlich beispielsweise in der Metapher von den hingesichelten „Rosen-Hängematten" (Za IV, 374) nahe, dass eine endgültige Lösung nicht gelungen und der Dichter nur in sein Lügenreich gefallen ist, welches ihm den Schmerz und sein eigenes Ausgestoßen-Sein verbirgt.

Bedenkt man, dass der Zauberer, wie wir in seiner Einleitungsrede gesehen haben, das lyrische Ich mit Zarathustra identifizieren möchte, muss man sich fragen, was der Zauberer über Zarathustra aussagen möchte: Zarathustra sei in einem unauflösbaren Widerspruch gefangen. Indem er den Tod Gottes verkünde, negiere er zwar metaphysische Wahrheiten, bliebe jedoch immer noch an die christliche Tradition gebunden, die er zu überwinden suche. Darüber hinaus wirft der Zauberer Zarathustra vor, dass er unfähig sei, das Ende der metaphysischen Wahrheiten vollständig zu akzeptieren, weshalb er in dessen Nachfolge als „Heiligen-Larve" (Za IV, 370) trete. Möglicherweise sind all die Ideale Zarathustras – darunter **Übermensch**, **Wille zur Macht**, **ewige Wiederkunft des Gleichen** – nur dichterische Wahrheiten, also mithin Lügen. Zarathustra wird damit als eine Figur dargestellt, die zwischen Philosophie und Dichterexistenz oszilliert und sich möglicherweise selbst nicht in ihrer Gesamtheit versteht.

### Fragen und Anregungen

- Schauen Sie sich den Unterabschnitt 2 an: Wer ist wessen Widersacher? Stehen Zarathustra und der Zauberer auf der gleichen Seite? Ist ihnen beiden der gemeinsame Widersacher, der Geist der Schwere, zu eigen? Oder ist der Zauberer ein Widersacher Zarathustras? Wie würden Sie argumentieren?
- Das Paradoxon ‚die Wahrheit von aller Wahrheit verbannt zu sein' geht auf das klassische Paradoxon vom lügenden Kreter zurück. Sie finden dieses sowie weitere spannende logische Rätsel in: *What is the name of this book? The riddle of Dracula and other logical puzzles* (Smullyan 1978). Zum Training des eigenen logischen Denkens ist auch: *Philosophieren* von Jay F. Rosenberg (1986) sehr interessant.
- Ergänzen Sie Ihre Notizen zum Zauberer und seiner Beziehung zu Zarathustra.

- Inwiefern legt der Zauberer nahe, dass er in seinem Gedicht Zarathustras Identität als Dichter und sein Verhältnis zur Wahrheit thematisiert? Zu welchem Urteil über Zarathustra will der Zauberer die höheren Menschen verleiten?

### 5.2.15 Von der Wissenschaft

Als das Lied des **Zauberers** verklingt, sind die **höheren Menschen**, mit Ausnahme des **Gewissenhaften des Geistes**, ganz betört von der „schwermüthigen Wollust" (Za IV, 375) des Gedichts. Das Lied des Zauberers ist durchzogen von Gefühlen des Schmerzes und der Vergeblichkeit, die er jedoch auf eine verführerische Weise dargestellt werden. Diese Elemente, kombiniert mit einer betonten Lust am Leiden, verstricken die Anwesenden in einen emotionalen Bann. Der Gewissenhafte des Geistes, der als einzige Figur dem Zauber widersteht, erkennt die Gefahr hinter der Tiefe des Liedes. Er kritisiert den Zauberer dafür, dass er die höheren Menschen zu pessimistischen Traditionen verlocke, die letztlich der Dekadenz verfielen: „Du verführst, du Falscher, Feiner, zu unbekannten Begierden und Wildnissen. [...] du lehrst und lockst zurück in Gefängnisse" (Za IV, 375). In melancholisch-pessimistischer Weltanschauung wird das Leiden nicht überwunden, sondern als erhabenes Erlebnis glorifiziert. Es erhebt sich über die Alltäglichkeiten, bleibt jedoch ohne Konsequenz: Weder führt es zur Selbstvernichtung noch zur Bejahung des Leidens als kreativer Quelle. Es feiert den Dichter als jemanden, der über den Durchschnittsmenschen hinausweist, und hebt die Tragik der Existenz hervor. Doch statt einer klaren Richtung verführt es die höheren Menschen zu einer gefährlichen Dämmerzone, in der Kritik und Verherrlichung der Dichterexistenz changieren.

Der Zauberer, der verbirgt, dass er sich durch den Widerspruch des Gewissenhaften beleidigt fühlt, setzt ihn herab und meint, er habe wohl wenig von seinem Lied verstanden und nur wenig von einem „Zaubergeiste" (Za IV, 376) in sich.

Das wiederum kann der Gewissenhafte des Geistes nur bestätigen. Und es gereiche ihm zum Lob: „Wir *suchen* Verschiednes auch hier oben, ihr und ich. Ich nämlich suche mehr *Sicherheit*, desshalb kam ich zu Zarathustra. Der nämlich ist noch der festeste Thurm und Wille – heute, wo Alles wackelt, wo alle Erde bebt" (Za IV, 376). Der Gewissenhafte ist, wie er selbst herausstellt, im Gegensatz zu den anderen keiner, der das gefährliche Leben sucht. Für ihn ist ein gefährliches Leben mit dem Zusammenbruch der bisherigen Ordnung verbunden. Während die höheren Menschen aber Gefallen daran finden und gar auf eine Vorstufe der Zivilisation zurücktreten wollen (Wildnis), möchte er möglichst schnell eine neue Sicherheit finden. War Wahrheit zuvor durch Gott verbürgt, versprechen die Wahrheiten der empirischen Wissenschaft immerhin Schutz vor der Übermacht einer gewalttätigen Natur:

> Furcht nämlich – das ist des Menschen Erb- und Grundgefühl; aus der Furcht erklärt sich Jegliches, Erbsünde und Erbtugend. Aus der Furcht wuchs auch *meine* Tugend, die heisst: Wissenschaft. Die Furcht nämlich vor wildem Gethier – die wurde dem Menschen am

> längsten angezüchtet, einschliesslich das Thier, das er in sich selber birgt und fürchtet: – Zarathustra heisst es ‚das innere Vieh'. Solche lange alte Furcht, endlich fein geworden, geistlich, geistig – heute, dünkt mich, heisst sie: *Wissenschaft.* (Za IV, 376 f.)

Der Gewissenhafte des Geistes erkennt, dass, wenn er als Tier auch Verstand hat, er doch dem Naturreich zugehört, das er beherrschen will. Nicht nur der äußeren Natur, sondern auch der inneren muss Gewalt angetan werden, um sie zu beherrschen. Dieses doppelte Unterdrückungsverhältnis wurde bereits durch die Bereitschaft des Gewissenhaften des Geistes gezeigt, seine eigene körperliche Unversehrtheit im Namen der Wissenschaft zu riskieren, wenn er im Moore liegt und mit seinem Arm nach Blutegeln sucht. Das „innere Vieh" ist Symbol derjenigen Triebkräfte des Menschen, die der Gewissenhafte aufgrund ihrer Unberechenbarkeit kontrollieren will.

Zarathustra, der nicht das Lied des Zauberers, wohl aber die letzten Worte des Gewissenhaften gehört hat, als er eben die Höhle wieder betritt, stellt die Diskussion auf den Kopf. Er widerspricht der Behauptung, dass Furcht das Grundgefühl des Menschen sei, wie der Gewissenhafte des Geistes behauptete. Stattdessen hebt Zarathustra den Mut und die Lust am Ungewissen hervor: „*Furcht* nämlich – ist unsre Ausnahme. Muth aber und Abenteuer und Lust am Ungewissen, am Ungewagten, – *Muth* dünkt mich des Menschen ganze Vorgeschichte" (Za IV, 377).

Erst durch die Nachahmung und Aneignung der Tugenden der „wildesten Tiere" – symbolisiert durch Adler und Schlange – habe sich der Mensch zu einem Wesen entwickelt, das Abenteuer, Unsicherheit und Schöpferkraft als zentrale Lebensinhalte anerkennt. Für Zarathustra ist Mut nicht nur eine historische, sondern auch eine existentielle Voraussetzung für die menschliche Entwicklung. Der Mensch, der sich vor der Natur schützt, mag der These des Gewissenhaften entsprechen, während Zarathustras Gegenrede Abenteuerreisen und Entdeckungen assoziiert. Damit zeigt Zarathustra indirekt die Kraft der Rhetorik, in der jede These ihre eigene Überzeugungskraft durch Metaphorik entwickeln kann. Ein rationales Argument gegen den Gewissenhaften des Geistes bringt Zarathustra allerdings nicht vor.

Damit, so könnten wir schließen, erweist sich Zarathustra – entgegen den Wünschen des Gewissenhaften – als Verführer. Die Situation kippt allerdings ins Komische, als alle höheren Menschen Zarathustras Rede einmütig mit der Feststellung beenden, dass Zarathustra der Name des feinen, geistigen Mutes geworden sei. In vorläufiger Harmonie lachen alle gemeinsam und der Zauberer zieht sich aus der Diskussion zurück: „Wohlan! Er ist davon, mein böser Geist!" (Za IV, 377). Er versucht Zarathustra zu besänftigen, der zu ahnen scheint, dass der Zauberer in seiner Abwesenheit einiges angerichtet hat, und zitiert Zarathustras Gebot, die Feinde zu achten: „Der – liebt seine Feinde: diese Kunst versteht er am besten von Allen, die ich sah. Aber er nimmt Rache dafür – an seinen Freunden!" (Za IV, 378). Die leichte Provokation sorgt allseits für gute Stimmung, auch Zarathustra schüttelt allen die Hände und doch drängt es ihn, der Gesellschaft zu entfliehen, die Höhle abermals zu verlassen und zu seinen Tieren nach draußen zu gehen.

**Fragen und Anregungen**

- Der Gewissenhafte klagt den Zauberer an, dass er in die „Wildnis“ (Za IV, 375) und „zurück in Gefängnisse“ (Za IV, 375) locke. Aber ist Wildnis nicht das Gegenteil eines Gefängnisses? Wie können Sie die Metaphern miteinander in Beziehung setzen?
- Vervollständige Sie Ihre Skizze über den Gewissenhaften des Geistes als Typus des Wissenschaftlers.
- Wer gewinnt Ihrer Meinung nach die Diskussion? Der Zauberer, der Gewissenhafte des Geistes oder doch Zarathustra?

### 5.2.16 Unter Töchtern der Wüste

Bevor aber Zarathustra wieder hinaus ins Freie schlüpfen kann, wird er vom **Schatten** aufgehalten. Wenn er ginge, würden sie alle wieder trübsinnig werden. Er lobt Zarathustras Worte und die „gute Luft“ (Za IV, 379), die er verbreite. Da rege sich eine alte Erinnerung bei ihm, von einem „Nachtisch-Lied“ (Za IV, 380), das er einst im Orient zu Ehren der „Morgenland-Mädchen“ (Za IV, 380) dichtete. Inspiriert ergreift der Schatten die Harfe und trägt sein Lied mit einer „Art Gebrüll“ vor.

Das Lied, das den Vers „Die Wüste wächst: weh Dem, der Wüsten birgt!“ (Za IV, 380) als Rahmen und Leitmotiv verwendet, ist eine ironische Selbstbespiegelung des Europäers. Die **Wüste** steht für innere Leere, Verzweiflung und Isolation, die die europäische Geisteshaltung zu prägen scheinen. Heitere, ironische Bilder wie das „Ältliche Eheweibchen“ (Za IV, 381) Europa ziehen allerdings selbst die Klage über die wachsende Wüste ins Groteske. Der Schatten besingt die exotische Atmosphäre, die gedankenlosen Mädchen und die Freiheit des Orients, während er das „feucht[...] schwermüthige[...]“ (Za IV, 380) Europa verspottet. Doch die Freude, die er in der Oase zu finden glaubt, ist letztlich eine Projektion der eigenen Sehnsüchte auf das Fremde. Seine Neigung zum Orient ist eine Flucht vor der eigenen Leere, die aus einem Spannungsfeld hervorgeht: Auf der einen Seite ein zum gehaltlosen Relikt verkommener Glaube und auf der anderen Seite eine zur Attitüde gewordene Skepsis. Die Oase wird zur imaginären Gegenwelt, in der erotische Fantasien und sinnliche Sehnsüchte Raum finden, die in der Realität des Europäers unterdrückt bleiben.

Das lyrische Ich beschreibt sich als Europäer, dessen prägende Eigenschaft die ‚Zweifelsucht‘ (vgl. Za IV, 381) sei. Dieser Zweifel ist nicht erkenntnisfördernd, sondern eine bloß distanzierende Haltung, ein leerer Gestus. So zweifelt das lyrische Ich, ob der biblische Jonas, der von einem Wal verschluckt worden sei, es so bequem gehabt habe wie er in seiner Oase: „was ich aber in Zweifel ziehe,/ – dafür komme ich aus Europa,/ Das zweifelsüchtiger ist als alle/ Ältlichen Eheweibchen“ (Za IV, 381). Die Metapher des ältlichen Eheweibchens Europa bespottet die geistesgeschichtliche Tradition, auf die sich Europäer – gedacht als zugehörige Ehemänner – etwas zugutehielten und auf die sie unablässig anspielen müssten, so wie das lyrische Ich in seinen Versen auf die Bibel (Jonas und der Wal), Lord Byron (der eine Mädchenname „Dudu“ aus Byrons *Don Juan*), Goethe (der andere Mädchenname „Suleika“ aus dem *West-östlichen Diwan*) und Martin Luther („Hier stehe ich! Ich kann nicht anders. Gott helfe mir, Amen!“).

Trotz der betonten Zweifelsucht werden letztlich alle Fragen und Lösungen an Gott delegiert: „Möge Gott es bessern!/ Amen!“ (Za IV, 383). Dass die religiösen Formeln indes längst nicht mehr überzeugen, sondern nur ihre Lächerlichkeit demonstrieren, steht außer Frage. Der Vers „Die Wüste wächst: weh Dem, der Wüsten birgt!“ (Za IV, 380) steht als Warnung vor der sich ausbreitenden inneren Leere, die den Europäer heimsucht. Die Wüste wird zum Sinnbild der Entfremdung, die durch das zweifelnde, sich selbst hinterfragende Denken verstärkt wird. Noch sehr viel drastischer enden die letzten Verse des Gedichts, das sich – wie schon die Lieder des Zauberers – in den *Dionysos-Dithyramben* wiederfindet. Dort lauten die Endverse:

> Die Wüste wächst: weh dem, der Wüsten birgt!
> Stein knirscht an Stein, die Wüste schlingt und würgt.
> Der ungeheure Tod blickt glühend braun
> und *kaut*, – sein Leben ist ein Kaun...
>
> *Vergiss nicht, Mensch, den Wollust ausgeloht:*
> *du bist der Stein, die Wüste, bist der Tod...*
>
> (DD, Unter Töchtern der Wüste, KSA 6, 387)

Die Wüste entspricht einem Menschentypus, der einen Endpunkt darstellt. Wüste, **Nihilismus** und Tod gehen eine unheilverkündende Trias ein.

Die paradiesische Oase des Orients, die in den Fantasien des Schattens auftaucht, dient als Gegenbild zu dieser Leere – ein Ort sinnlicher Fülle und unintellektuellen Gleichmuts. Doch diese Oase existiert nicht wirklich, sie ist lediglich eine Projektion, die die unerfüllten Begierden des Europäers offenbart. Das lyrische Ich imaginiert die Mädchen der Oase als rätselhafte, katzenhafte Wesen (vgl. Za IV, 380 und 382), deren Tiefe dennoch gedankenlos ist. Die sich biegende und schmiegende Palme, die wie ein Mädchen auf nur einem Bein zu tanzen scheint, lässt das lyrische Ich, „das andre Bein“ (Za IV, 383), das sich „In der heiligen Nähe/ Ihres allerliebsten, allerzierlichsten Fächer- und Flatter- und Flitterröckchens“ (Za IV, 383) bewegen müsste, vermissen. Diese Bilder, die als sexuelle Wunschphantasien gelesen werden können, kulminieren schließlich in der Frage des lyrischen Ichs an sich selbst, ob die Mädchen „Dudu und Suleika“ (Za IV, 382) nicht „Etwas Herz-Stärkendes“ (Za IV, 384) bedürften, das sie über den Verlust eines Beines hinwegtrösten könnte. Darunter versteht das lyrische Ich, wie die nächste Zeile verrät, nicht die Möglichkeit, selbst Liebhaber zu werden und gemeinsam orgiastische Erfüllung zu suchen, sondern lediglich mit „Ein[em] gesalbte[n] Spruch“ (Za IV, 384) zu helfen. Sexuelle Begierde wird durch moralische Sprüche sublimiert, denn was das lyrische Ich zu bieten hat, ist nichts anderes als: „Tugend-Würde! Europäer-Würde!/ [...] Blasebalg der Tugend“ (Za IV, 384).

Das Lied des Schattens ist nicht nur eine Selbstkritik, sondern auch eine Persiflage auf den Typus des Europäers. Der Schatten entlarvt den Europäer als moralischen ‚Brüllaffen', dessen einziger emotionaler Ausdruck das „Tugend-Geheul" (Za IV, 385) ist, das nur notdürftig unterdrückte Sexualität kaschiert. Die behauptete moralische Überlegenheit wird in leeren Begriffen wie „Würde" (Za IV, 384) und „Gott" (Za IV, 385) ausgedrückt, die jedoch keine Substanz mehr besitzen. Die große Geste der moralischen Standhaftigkeit – „Ich kann nicht anders, Gott helfe mir!" (Za IV, 385) – wirkt angesichts des inneren Zustands des Europäers hohl und lächerlich.

**Fragen und Anregungen**

- Schreiben Sie eine chronologische Zusammenfassung der einzelnen Strophen.
- Welche Anspielungen haben Sie erkannt? Wussten Sie, dass die genauen Lutherworte, die er am 18.4.1521 vor dem Reichstag geäußert haben soll, umstritten sind? So steht auf dem Lutherdenkmal, welches 1868 in Worms enthüllt wurde: „‚Hier stehe ich! Ich kann nicht anders. Gott helfe mir! Amen.' Nach der ältesten Darstellung hat er aber nur die im Sprachgebrauche der Zeit gewöhnlichen Worte: ‚Gott helfe mir, Amen!' gesprochen" (Büchmann 1887, S. 376).
- Das Lied *Unter Töchtern der Wüste* hat zum Teil stark ablehnende Reaktionen hervorgerufen. So urteilt Thomas Mann über das Lied, in dem er autobiografische Elemente zu entdecken meint: „Im vierten Teil des ‚Zarathustra' […] findet sich, in dem Kapitel ‚Unter Töchtern der Wüste', ein orientalisierendes Gedicht, dessen gräßliche Scherzhaftigkeit eine kasteite Sinnlichkeit und ihre Nöte, bei schon gelockerten Hemmungen, mit qualvoller Geschmacklosigkeit verrät. In diesem Gedicht von den ‚allerliebsten Freundinnen und Mädchen-Katzen, Dudu und Suleika', einem erotischen Wachtraum von peinlicher Humorigkeit, sind die ‚Flatter- und Flitteröckchen' jener Kölner gewerbetreibenden Damen wieder da, noch immer da" (Mann 1948, S. 10 f.). Auch insgesamt urteilt Thomas Mann trotz seiner Bewunderung für Nietzsche, wie sich aus der Schrift entnehmen lässt, nicht positiv über den Zarathustra.

### 5.2.17 Die Erweckung

Nach dem Lied des Schattens herrscht viel Fröhlichkeit in der Höhle, sodass Zarathustra beschließt, für einen Moment ins Freie zu entwischen. Obwohl er ihre gute Laune positiv bewertet, spürt er doch einen gewissen Widerwillen gegen seine Gäste.

Wieder draußen bei seinen Tieren spricht er sich Geduld zu, es seien ja alte Leute mit Eigenarten. Aber immerhin, seinen „Erzfeind" (Za IV, 387), den **Geist der Schwere**, habe er vertrieben. Nach und nach stellt sich bei Zarrathustra eine positivere Einstellung gegenüber den **höheren Menschen**, aber auch gegenüber seinem eigenen Gelingen ein. Sein „Köder" (Za IV, 387) habe gewirkt, mit starker „Manns-Kost" (Za IV, 387) habe er sie gefüttert, der „*Ekel*" (Za IV, 387) weiche bereits, es seien „*Genesende*", die „[s]chon lernen […] über sich selber [zu] lachen" (Za IV, 387).

Plötzlich aber wird es beunruhigend still und Weihrauchduft treibt aus der Höhle, sodass Zarathustra sich misstrauisch zum Eingang schleicht. Als er einen Blick in seine Höhle wirft, muss er feststellen: „Sie sind Alle wieder *fromm* geworden, sie *beten*, sie sind toll!" (Za IV, 388). Er sieht, wie alle höheren Menschen, einschließlich des **Gewissenhaften des Geistes**, auf Knieen vor dem Esel hocken und diesen anbeten, derweil der **hässlichste Mensch** ein selbsterfundenes Glaubensbekenntnis spricht. Zu jeder Zeile lässt der Esel sein „IA" ertönen, als würde er sein vollstes Einverständnis erteilen.

Der hässlichste Mensch verkündet: Der Esel, ihr neuer Gott, trage all ihre Last und widerspreche ihnen nie. Er rede nicht, sondern preise die Welt mit einem steten „Ja" (Za IV, 389). Er sei bescheiden, weil er sich in ein graues Gewand kleide, die Welt habe er geschaffen nach eigenem Bilde, „nämlich so dumm als möglich" (Za IV, 389). Krumme Wege gehe er, „Jenseits von Gut und Böse" (Za IV, 389). Niemanden schließe er aus, alle essbaren Genüsse genieße er, dies sei seine Weisheit. Mit einem letzten bestätigenden „I-A" (Za IV, 389) des Esels schließt das Gebet.

In dem Glaubensbekenntnis, das der hässlichste Mensch spricht, finden sich sowohl Anspielungen auf christliche Lehren als auch auf diejenigen Zarathustras. Die Gottesebenbildlichkeit des Menschen – in diesem Gebet jedoch der Welt – gehört zu den zentralen Lehren des Christentums und begründet in der Genesis die Herrschaft der Menschen über die Natur. Dass im Gedicht die Welt aber „so dumm wie möglich" (Za IV, 389) geschaffen wurde, kann nur als beißende Satire auf die Bibel gedeutet werden. Als weitere Anspielung können die „Kindlein" (Za IV, 389) verstanden werden, die der Esel – wie auch Jesus in der Bergpredigt – zu sich einlädt. Ebenso wird die Opferbereitschaft, mit der Jesus sich für die Menschen hingibt, mit der „Knechtsgestalt" (Za IV, 388) des Esels karikiert. Die Lobpreisung des Esels parodiert christliche Gebete und Heiligenverehrung. Der Esel steht für Tugenden, die in der dekadenten Gesellschaft eines verfallenen Christentums als ideal gelten: Geduld, Bescheidenheit, Duldsamkeit und die Unfähigkeit, Nein zu sagen. Nietzsche entlarvt durch die Predigt des hässlichsten Menschen diese Eigenschaften als Schwäche und hinterfragt damit, warum Gesellschaften gerade solche Charakterzüge heiligsprechen – nämlich, so die implizite Antwort, weil es für die Mächtigen leichter ist, über eine widerspruchslose und anspruchslose Herde zu herrschen als über Menschen, die sich ihren Willen nicht aufoktroyieren lassen.

Aber auch Zarathustras Lehre, sein Wunsch, das Leben und die Welt bedingungslos zu bejahen, werden ins Lächerliche gezogen. Das Reich des Esels jenseits von Gut und Böse spielt auf das künftige Zarathustra-Reich an, wobei Zarathustra mit dem Esel die Unfähigkeit teilt, nicht zu erkennen, was Unschuld ist. Zuletzt zeigt Zarathustras Einladung, dass er wenig wählerisch in seiner Gesellschaft ist und stets bereit, sie für besser zu halten als sie ist. Kaum allein gelassen beten die höheren Menschen schon wieder etwas vermeintlich ‚Höheres' an, obwohl es selbst dem offensichtlichen Augenschein widerspricht. Diese Geschmacklosigkeit Zarathustras in der Wahl seiner Gäste karikiert das Gebet, wenn der hässlichste Mensch erklärt, dass der Esel „Niemanden" (Za IV, 389) von sich stoße und kein „Kostverächter" (Za IV, 389) sei, sondern sich eben mit „Distel[n]" (Za IV, 389) begnüge.

Auf der einen Seite stehen die höheren Menschen in der Kritik: Es zeigt sich, dass selbst diejenigen Menschen, die auf ihre geistige Unabhängigkeit pochen, die sich als Künstler, Dichter, Wissenschaftler, Atheisten, Adelige oder Freigeister begreifen, sich sehr schnell neue Formen der Verehrung erschaffen, denen sie sich bereitwillig unterwerfen. Statt wirklich neue Werte zu schaffen, reproduzieren sie bloß alte Strukturen mit neuem Inhalt. Zarathustras Lehren geraten so selbst in Gefahr, zum Religionsersatz zu werden. Statt sich selbst zu finden und eigene Wege zu bahnen, erstarren komplexe Lehren zu dogmatischen Lehrsätzen.

Auf der anderen Seite, so müssen wir denn feststellen, steht auch Zarathustra in der Kritik: Zarathustra, das zeigt der erste einleitende Abschnitt, ist durchaus bereit, sich über die Würde seiner Gäste zu täuschen. Er will in der Welt etwas bewirkt haben und sucht nach Indizien für das Fruchten seiner Lehre, um gut über die höheren Menschen denken zu können. Dies könnten wir als Bedürftigkeit Zarathustras deuten. Darauf folgt die Enttäuschung. Dass die **höheren Menschen** den Esel anbeten, kann, wie wir als Leser ahnen, Zarathustra aber nicht ignorieren. Würde er das tun, würde er dem Selbstbetrug anheimfallen oder – wie der Zauberer es ausdrücken würde – dem Reich des ‚lügnerischen Mondes' (s. Abschn. 5.2.14). Sein **Zarathustra-Reich** wäre nichts anderes als entweder ein irreales Jenseits, eine **Hinterwelt**, die nicht existieren kann, oder ein Gefängnis, ein Dogma, das alles, was er hofft, ins Gegenteil verkehrt. Wie wird Zarathustra also auf diese Enttäuschung reagieren?

**Fragen und Anregungen**

- Spekulieren Sie, wie Zarathustra auf die Enttäuschung reagieren wird, ohne einen Blick in das nächste Kapitel zu werfen.
- Im Aphorismus 21 der *Fröhlichen Wissenschaft* hinterfragt Nietzsche die Gründe, die Gesellschaften vorbringen, um Tugenden wie Hilfsbereitschaft und Uneigennützigkeit zu propagieren. Er stellt fest, dass Gesellschaften, die die Selbstlosigkeit loben, von dieser profitieren, also selbst nicht uneigennützig sind. Fassen Sie den Aphorismus zusammen. Halten Sie Nietzsches Argumentation für überzeugend? Erklären Sie die Figur des immanenten Selbstwiderspruches anhand des Aphorismus.
- Haben die höheren Menschen Zarathustras Lehren nicht verstanden, da sie diese ständig auf wenige Sätze reduzieren? Oder hat Zarathustra die Menschen schlecht verstanden, weil er eine Lehre entwirft, die vielleicht niemand verstehen und erst recht nicht leben kann?

### 5.2.18 Das Eselsfest

Mit einem Satz springt Zarathustra unter seine Gäste und brüllt laut „I-A" (Za IV, 390). Nachdem er so ihre Aufmerksamkeit gewonnen hat, stellt er sie einzeln zur Rede und fragt, wie es denn sein kann, dass sie wieder gläubig wurden. Würde ihnen das nicht gegen ihren Geschmack, ihre intellektuelle Redlichkeit, gegen ihren Charakter gehen? Nacheinander rechtfertigen sich die **höheren Menschen**. Der

**Papst** erklärt, es sei doch besser, „[l]ieber Gott […] an[zu]beten, in dieser Gestalt, als in gar keiner Gestalt!" (Za IV, 390). Darüber hinaus biete der Esel als Gottheit einige Vorteile. Der Esel sei sichtbar und konkret, derjenige, der Gott zum Geist erklärte, „machte bisher auf Erden den grössten Schritt und Sprung zum Unglauben" (Za IV, 390). Juden- und Christentum trügen, so wird durch den süffisanten Satz des *letzten Papstes* deutlich, den Kern des Atheismus bereits in sich. Denn das zweite Gebot verlangt, sich kein Bild Gottes zu machen: „Du sollst dir kein Bildnis noch irgendein Gleichnis machen, weder von dem, was oben im Himmel, noch von dem, was unten auf Erden, noch von dem, was im Wasser unter der Erde ist: Bete sie nicht an und diene ihnen nicht!" (2. Mose 20,4). Der Atheismus geht nach Nietzsche selbst aus der jüdisch-christlichen Tradition hervor. Er markiert den Endpunkt einer Entwicklung, deren Keim aber schon immer in ihr enthalten war.

Der **Schatten** rechtfertigt sich ebenfalls: „Tod ist bei Göttern immer nur ein Vorurtheil" (Za IV, 391). Damit spielt er auf die Neigung des Menschen zum Transzendenten an. Demnach erträgt der Mensch die Transzendenzlosigkeit nur schlecht, der Atheismus gerät zum Übergangsstadium, an dessen Ende nur ein neuer Glaube steht.

Auch der **Gewissenhafte des Geistes** weiß sich zu verteidigen. Die Weisheit bedürfe zum Ausgleich ihres eigenen Gegenteils, also der „Dumm- und Narrheit" (Za IV, 392). Gebe nicht Zarathustra selbst dafür das beste Beispiel?

Zuletzt befragt Zarathustra den **hässlichsten Menschen**, der den Priester dieses obskuren Gottesdienstes spielt und der, vor dem Esel liegend, ihm Wein zu trinken gibt. Sich auf Zarathustras einstige Rede beziehend, antwortet er: „wer am gründlichsten tödten will, der lacht. ‚Nicht durch Zorn, sondern durch Lachen tödtet man'" (Za IV, 392; s. Abschn. 2.3.7).

Durch diesen rhetorischen Kniff entzieht der hässlichste Mensch Zarathustra die Möglichkeit der Kritik. Denn wenn das Eselsfest nur eine Persiflage auf den Glauben ist, welche ihn aber eigentlich im zarathustrischen Sinn durch Lachen destruiert, dann gibt es nichts zu kritisieren.

Zarathustra aber glaubt den höheren Menschen nicht, dass sie den Glauben und den Gottesdienst nur spielen, und klagt sie an, einen infantilen Wunsch durch ihre Gläubigkeit zu befriedigen, der sich aber letztlich nicht einholen lasse: „dass ihr endlich wieder thatet wie Kinder thun, nämlich betetet, hände-faltetet und ‚lieber Gott' sagtet! […] Freilich: so ihr nicht werdet wie die Kindlein, so kommt ihr nicht in das Himmelreich" (Za IV, 393). Dass aber das Himmelreich nicht existiere, müsse der Erwachsene anerkennen, um dann dasjenige in Eigenverantwortung zu kultivieren, was er allein gestalten kann: „das Erdenreich" (Za IV, 393). Auch wenn Zarathustra die Infantilität des christlichen Glaubens nicht weiter expliziert, wie dies Freud wenige Jahre später tun wird, so ist doch die Entlastungsfunktion des christlichen Glaubens deutlich angesprochen. Kinder dürfen elterlicher Weisung kritiklos folgen. Und genau solch kindlicher Gehorsam gegenüber kirchlicher Autorität wird von Religionen stets gern gesehen: „Wahrlich, ich sage euch: Wenn ihr nicht umkehrt und werdet wie die Kinder, so werdet ihr nicht in das Himmelreich kommen" (Matthäus 18,3). Jesus spricht hier zu seinen Jüngern und betont Demut und kindliches Vertrauen als Voraussetzungen für das Himmelreich. Nietzsche greift diese Stelle oft auf, allerdings meist ironisch oder kritisch, insbesondere im Kontext seiner Auseinandersetzung mit christlicher Moral und der Naivität im Glauben.

Dass die höheren Menschen die Schwermut abgelegt haben zugunsten einer ‚Eselei' wie dem „Eselsfest" (Za IV, 393), heißt Zarathustra aber letztlich gut und nimmt es als Zeichen ihrer Genesung. Er fordert die höheren Menschen auf, das **Eselsfest** dieses Mal und alle zukünftigen Male in seinem Namen zu feiern. Zarathustra möchte also neue, irdische Feier- und Festtage stiften, neue Riten, in denen der Mensch sich im Gegensatz zu religiösen Festen allerdings selbst feiert.

**Fragen und Anregungen**

- Zarathustra rückt mit seiner Weisung, auch künftige Male ihm zu Ehren das Eselsfest zu feiern, noch näher an die Figur eines Religionsstifters. Ist Zarathustras Lehre ein irdischer Religionsersatz? Kommen ihr, Ihrer Meinung nach, transzendente Merkmale zu? Was unterscheidet Zarathustras ‚Lehre' von einer Religion?
- Drängen die höheren Menschen Zarathustra in die Rolle eines Religionsstifters? Inwiefern? Gelingt es Zarathustra, sich dem zu widersetzen, oder lässt er sich zumindest teilweise in diese Position manövrieren?
- Die Idee, neue Festtage zu schaffen, ist eine, die Nietzsche häufiger aufgreift. Schauen Sie sich beispielsweise Aphorismus 283 aus der Fröhlichen Wissenschaft an.

### 5.2.19 Das Nachtwandler-Lied

Das enigmatische Kapitel vom **Nachtwandler-Lied** gehört mit zwölf Abschnitten – die den Glockenschlägen entsprechen – zu den längsten des vierten Teiles. In ihnen verkündet Zarathustra den **höheren Menschen** den **Gedanken der ewigen Wiederkunft** in lyrischer Form.

Alle höheren Menschen und auch Zarathustra treten nach draußen ins Freie und genießen die feierliche Stille der Nacht. Wie sie so beisammenstehen, ist Zarathustra versöhnt mit seinen Gästen und er bemerkt, wie gut sie ihm gefallen, obgleich es doch alles alte Männer sind.

Da geschieht die Verwandlung des **hässlichsten Menschen**, die sich unter Krämpfen ankündigt. Er beginnt „zu gurgeln und zu schnauben" (Za IV, 395), bis eine Frage aus seinem Mund dringt: „Meine Freunde insgesammt, […] was dünket euch? Um dieses Tags Willen – *ich* bin's zum ersten Male zufrieden, dass ich das ganze Leben lebte" (Za IV, 395). Was auf den ersten Blick wie ein schlichtes Urteil wirkt, enthält bereits den Gedanken, der Zarathustras geheimster ist. Denn der hässlichste Mensch spricht weiter: „Es lohnt sich auf der Erde zu leben: Ein Tag, Ein Fest mit Zarathustra lehrte mich die Erde lieben. ‚War *Das* – das Leben?' will ich zum Tode sprechen. ‚Wohlan! Noch Ein Mal!'" (Za IV, 396). Der hässlichste Mensch, das Sinnbild größter Selbstverachtung und Scham, ist nicht umsonst derjenige, der als erster das Leben in seiner Gesamtheit bejaht. Wer sich am meisten verachtet, ist, wie Zarathustra schon zu Beginn seiner Reden zu erzählen wusste (s. Abschn. 2.2.4), als erster bereit, sich selbst zu überwinden. Die Überwindung wird in der Szene durch das krampfartige Schütteln des hässlichsten Menschen angedeutet. In diesem Schütteln kämpft das zu überwindende Ich seinen letzten Lebenskampf, bis es abgetötet ist und das Ich verwandelt dasteht.

Gleichzeitig stehen die Krämpfe aber auch für eine prophetische Gabe, wenn jemand, nach deutscher Redewendung, ‚in Zungen' spricht. Drogenräusche, Wahnsinn, epileptische Anfälle, die dem prophetischen Sprechen vorangehen, brechen mit der alltäglichen Erfahrungswelt und haben selbst in der Absichtlichkeit eines Drogenrausches einen Moment der Unverfügbarkeit. Der Mensch hat sich nicht mehr unter Kontrolle, etwas bricht aus ihm heraus. Dieses Hervorbrechende ist traditionell eine höhere Wahrheit.

Die Wahrheit, die der hässlichste Mensch ausspricht, ist ein bloßes Bekenntnis zur Bejahung des Lebens. Ein einzelner Moment, „Ein Fest mit Zarathustra" (Za IV, 396), ermöglicht es ihm, ein Leben, das zum größten Teil mit Selbsthass und Verachtung anderer dahinging, als wiederholenswertes zu wollen: „War *Das* – das Leben? [...] Wohlan! Noch Ein Mal!" (Za IV, 396). Es wird wohl niemandem beim Lesen entgangen sein, dass der hässlichste Mensch die Worte ausspricht, die als Bejahung des Wiederkunftsgedankens aufgefasst werden können. Der hässlichste Mensch affirmiert den Gedanken der ewigen Wiederkunft. Damit ist er verwandelt und vielleicht auch – für einen Moment – Übermensch. Ob die ewige Wiederkunft als metaphysische Tatsache wahr ist, bleibt allerdings dahingestellt. Wichtig ist, dass der hässlichste Mensch auch seine elenden Stunden akzeptiert. Das gelingt ihm, weil er die Wiederkehr der leidvollen Zeiten wollen kann und sie nicht etwa als inzwischen vergangene bloß abtut. Glück und Leid sind echt, aber das Glück wird über das Leid gesetzt, Glück rechtfertigt Leid, weil es Ewigkeit herbeisehnt (wie weiter unten noch ausgeführt wird).

Kaum hat der hässlichste Mensch diese Worte gesprochen, geraten auch die anderen höheren Menschen in Ekstase. Sie umarmen Zarathustra, überschütten ihn mit Zärtlichkeit und werden sich ihrer eigenen Verwandlung bewusst: „Der alte Wahrsager aber tanzte vor Vergnügen" (Za IV, 396). Mit dieser lakonischen Feststellung wird der Sieg Zarathustras über den **Wahrsager** und vor allem über die pessimistische Weltsicht verkündet. Zarathustras Worte: „Und du selber sollst zu meinen Liedern als mein Tanzbär tanzen" (Za IV, 303; s. Abschn. 5.2.2), haben sich bewahrheitet.

Interessanterweise rekurriert Nietzsche an dieser Stelle auf die Erzählebene des Textes, indem er den *Zarathustra* als Erzählung, die von verschiedenen Erzählern tradiert wäre, ausweist und somit die Leserinnen von der unmittelbaren Szene distanziert: „und wenn er [der Wahrsager] auch, wie manche Erzähler meinen, damals voll süssen Weines gewesen war, so war er gewissentlich noch voller des süssen Lebens [...]. Es giebt sogar Solche, die erzählen, dass damals der Esel getanzt habe [...]. Diess mag sich nun so verhalten oder auch anders [...], was liegt daran!'" (Za IV, 396). Wie genau sich die Situation zugetragen hat, wissen wir also nicht, und ob die vorliegende Erzählung ganz adäquat alles wiedergibt oder nicht schon gewisse Deutungen nahelegt, bleibt dahingestellt. Die Erzählungen, die sich den Anschein von Heiligkeit und höherer Wahrheit geben, werden von Menschen zunächst mündlich weitererzählt, bevor sie in kanonische Formen wie die Bibel gegossen werden. Dass darin dann solche Kuriositäten wie tanzende Esel vorkommen können, soll die Bibel – nebenbei – in ihrer Glaubwürdigkeit angreifen.

Im zweiten Abschnitt erfahren wir, dass aber nicht nur der hässlichste Mensch im Taumel befangen ist, sondern auch Zarathustra: „Zarathustra aber, als sich diess mit dem hässlichsten Menschen zutrug, stand da, wie ein Trunkener: sein Blick erlosch, seine Zunge lallte, seine Füsse schwankten" (Za IV, 396). Seine prophetische Gabe reißt ihn vor und zurück „zwischen Vergangenem und Zukünftigen" (Za IV, 397). Schließlich kommt er in den Armen der Anderen zur Besinnung und ruft sie auf, jetzt zur Stunde der „*Mitternacht*" (Za IV, 397) mit ihm gemeinsam durch die Nacht zu wandeln, damit er ihnen jenes Geheimnis ins Ohr flüstern könne, das ihm einst „jene alte Glocke" (Za IV, 397) verkündete.

In den Abschnitten Drei bis Elf bettet Nietzsche die Zeilen des Gedichts, das uns aus dem Kapitel „Das andere Tanzlied" (s. Abschn. 4.2.15) bekannt ist, in eine lyrische Erzählung ein, die voller Symbolik auf den Wiederkunftsgedanken verweist. Im zwölften Abschnitt werden nochmal alle zwölf Verse ohne Einschübe wiederholt und das Gedicht erhält von Zarathustra den Namen „Noch ein Mal" (Za IV, 403):

> *Oh Mensch! Gieb Acht!*
> *Was spricht die tiefe Mitternacht?*
> *„Ich schlief, ich schlief –,*
> *„Aus tiefem Traum bin ich erwacht: –*
> *„Die Welt ist tief,/ Und tiefer als der Tag gedacht.*
> *„Tief ist ihr Weh –,*
> *„Lust – tiefer noch als Herzeleid:*
> *„Weh: spricht: Vergeh!*
> *„Doch alle Lust will Ewigkeit –,*
> *„– will tiefe, tiefe Ewigkeit!"* (Za IV, 404)

Dass das Gedicht mit dieser letzten Wiederholung dreimal im Zarathustra steht, betont den exzeptionellen Charakter. In ihm enthüllt sich die Essenz des Gedankens der Wiederkunft.

Lust und Leid sind miteinander zutiefst verwoben. Das Glück will auch Leid: „sie [die Lust] will Liebe, sie will Hass, sie ist überreich, schenkt, wirft weg, bettelt, dass Einer sie nimmt, [...] so reich ist Lust, dass sie nach Wehe durstet, nach Hölle, nach Hass, nach Schmach" (Za IV, 403). Die Lust will, so Zarathustra, Alles, selbst den Schmerz. Tragische Stimmung und Symbolik ziehen sich durch die einzelnen Abschnitte, Gegensätze prallen aufeinander: „Tagewerk! Tagewerk! Wer soll der Erde Herr sein?/ Der Mond ist kühl, der Wind schweigt" (Za IV, 399). Die Mitternachtsgedanken führen in eine Traumwelt, die irreal erscheint: „Wehe mir! Wo ist die Zeit hin? Sank ich nicht in tiefe Brunnen? Die Welt schläft" (Za IV, 398). Die Forderung, auch den Tod zu besiegen, die „Gräber" (Za IV, 399) zu erlösen, drängt sich in den Vordergrund. Der Schmerz der Vergänglichkeit wird immer schon als schmerzlich süß erlebt: „Süsse Leier! Ich liebe deinen Ton, deinen trunkenen Unken-Ton!" (Za IV, 399). Während der Tag Forderungen erhebt, schwingt das lyrische Ich weiter auf den Wogen der Nacht, deren Wahrheit tiefer sei: „Die Reinsten sollen der Erde Herrn sein, die Unerkanntesten, Stärksten, die Mitternachts-Seelen, die heller und tiefer sind als jeder Tag“ (Za IV, 400). Voller Genuss ergeht sich das lyrische Ich in seinem Schmerz der Vergänglichkeit: „Dahin! Dahin! Oh Jugend! Oh Mittag! Oh Nachmittag!“ (Za IV, 401). Alles Leidende wolle, dass das Leiden vergehe und sich etwas Neues einstelle. Das leidende Ich ist „sehnsüchtig nach Fernerem, Höherem, Hellerem“ (Za IV, 401). Das glückliche Ich währenddessen will nichts anderes als sich selbst: „Lust will sich selber, will Ewigkeit, will Wiederkunft, will Alles-sich-ewig-gleich“ (Za IV, 402). Zarathustra fragt die höheren Menschen, ob sie bereits erkennen, dass alles sein Gegenteil enthält: „Schmerz ist auch eine Lust, Fluch ist auch ein Segen, Nacht ist auch eine Sonne, – geht davon oder ihr lernt: ein Weiser ist auch ein Narr“ (Za IV, 402). Wer das Leben liebt, wer nur einen Augenblick bejaht, muss alles bejahen, weil alles miteinander verknüpft ist. Die Radikalität der Lust kulminiert in einem alles umfassenden Glücksgefühl, das sadomasochistisch auch nach dem eigenen „Wehe“ (Za IV, 403) verlangt.

Die Überfülle an Symbolik, an emotionaler Sprache und schäumender Metaphorik soll ausdrücken, dass eine Wahrheit geäußert wird, die nicht vollends ausgesprochen werden kann. Sie entzieht sich dem Sprachlichen und muss von jedem Einzelnen selbst erlebt werden. Andererseits nutzt Nietzsche mit besonderer Vorliebe eine barocke Überfülle von Bildlichkeit und Emotion, um sich über etwas lustig zu machen. Es kennt Nietzsche nur schlecht, wer nicht auch seine Kritik des Rausches, des Irrationalismus und dichterischer Überschwänglichkeit im Blick hat.

Ironisiert Nietzsche den Gedanken der Wiederkunft, wenn er ihn als Nachtgedanken ausbreitet, wenn der Mond – eine im Zarathustra häufig negativ genutzte Metapher (z. B. s. Abschn. 3.2.15), die mit Lug und Diebstahl in Verbindung steht – still am Himmel steht?

Dies ist eine schwer zu beantwortende Frage. Mit keinem nachträglichen Kommentar werden die Strophen eingeordnet. Dass zu allerletzt noch einmal die zwölf Verse des Gedichts wiederholt stehen, spricht mehr für ihren essentiellen Charakter als für eine ironisierende Verfremdung. Dennoch können wir uns auch an das **Lied der Schwermut** erinnert fühlen, dessen Bildgewaltigkeit die Melancholie genauso aufwerten wollte wie die Nacht, in deren Unwahrheit das lyrische Ich fällt, nachdem es von den Sonnenstrahlen des Tags verbannt wurde. Das Lied der Schwermut identifizierte Zarathustra mit dem **Geist der Schwere**, seinem Erzfeind. Wenn Zarathustra tatsächlich als eine allen andere überlegene Figur gedacht ist, dann sollte sie allerdings nicht mit dem Geist der Schwere identifiziert werden können. Und doch tun sich einige Parallelen zwischen dem **Nachtwandler-Lied** und dem Lied der Schwermut auf. Auch die Schönheit und Süße des „Unken-Ton[s]“ könnte für einen ironischen Einschlag der ‚Mitternachtsgedanken‘“ sprechen. Möglicherweise ließ Nietzsche das Kapitel absichtlich in der Schwebe. Gut möglich, dass die als eingeweiht gedachten Lesenden verschiedene und auch gegensätzliche Anspielungen verstehen sollten, oder aber, dass Nietzsche mit zwei Ebenen spielte. Eine Ebene, auf der der *Gedanke der ewigen Wiederkunft* als höchste Formel der Bejahung ernst gemeint ist, den Nietzsche später in *Ecce Homo* als außergewöhnliche Erfahrung „6000 Fuss jenseits von Mensch und Zeit“ (EH, Zarathustra 1) stilisieren wird. Auf der anderen Ebene könnte es durchaus sein, dass Nietzsche seinen Freunden zeigen wollte, dass er selbst mit den Ideen frei, spielerisch und selbstironisch umgehen kann, die ihm selbst seine höchsten – und heiligsten – sind. Ja, dass er sie sogar zum Lachen finden kann. Insofern würde das Kapitel auch performativ die Zusammengehörigkeit von „Weisheit" und „Narrheit" zum Ausdruck bringen. Den Gedanken der ewigen Wiederkunft des Gleichen als ungebrochene Kernidee und metaphysische Wahrheit des Zarathustra zu betrachten, damit sollte man in der Tat vorsichtig sein.

**Fragen und Anregungen**

- Ordnen Sie nach Belieben einigen der Symbole Stichworte zu und betrachten Sie, welche Ideen bisher im Zarathustra mit ihnen verknüpft wurden. Folgende Symbole bieten sich an: Mitternacht, Hund, Mond, Spinne, Tau, Tänzer, Gräber, Leier, Gottes-Hölle, Weinstock, Winzermesser, Mittag, Augenblick, Honig, Abendroth. Sie können sich aber auch selbst welche im Text aussuchen.
- Wie beurteilen Sie den Ausgang des Wettstreits von Zarathustra und dem Wahrsager? Hat Zarathustra ganz und gar gewonnen?
- Wenn Sie mögen, versuchen Sie eine eigene Interpretation des Gedichts im Kontext der gemeinsamen Nachtwanderung. Wie würden Sie den Gedanken der ewigen Wiederkunft und seine Implikationen innerhalb des Zarathustra bewerten? Bildet er die „Grundconception" (EH, Zarathustra 1) des Zarathustra oder würden Sie Nietzsches eigener Einschätzung aus *Ecce homo* widersprechen?
- Sehen Sie Hinweise auf Ironie im Kapitel oder bevorzugen Sie eine ernste Lesart? Begründen Sie.
- KZ und Holocaust wurden im 20. Jahrhundert von Philosophen als Gesamtwiderlegung des Gedankens der Wiederkunft als höchster Formel der Bejahung gewertet. Wenn Sie das Thema interessiert, lesen Sie das vierte Kapitel von Susan Neiman: *Das Böse denken* (2004).

### 5.2.20 Das Zeichen

Am nächsten Morgen erwacht Zarathustra früh und geht nach draußen, die Sonne zu begrüßen. Er spricht zu ihr, preist sie als „Glücks-Auge" (Za IV, 405) und ist froh, zeitig zur Stelle zu sein. Denn, so fragt sich Zarathustra, was wäre die Sonne, wenn sie nicht diejenigen hätte, „welchen du leuchtest!" (Za IV, 405). Der Kreis schließt sich im letzten Kapitel. Genau wie die „Vorrede" beginnt das allerletzte Kapitel mit dem Sonnenaufgang, dem Gebet zur Sonne, das auch als Selbstgespräch gedeutet werden kann, und mit der bereits bekannten Umkehrung von Schenkendem und Beschenktem. Es ist der Schenkende, welcher derjenigen bedarf, denen er schenken kann.

Die **höheren Menschen** schlafen noch und Zarathustra stellt fest, dass diese nicht seine rechten Gefährten sein können, denn während sie noch an seinen „Mitternächten" (Za IV, 405) kauten, sei er voller Tatendrang nach seinem „Werke" (Za IV,

405). Vergessen und weit weg scheint die Nostalgie der Nacht und der zu ihr gehörigen Gedanken. Für solche rasanten Wechsel der Stimmungen und Ziele sind die höheren Menschen offensichtlich nicht gemacht. Sie können mit Zarathustra nicht Schritt halten: „Das Ohr, das nach *mir* horcht, – das *gehorchende* Ohr fehlt in ihren Gliedern“ (Za IV, 405).

Zarathustra sieht seinen Adler am Himmel kreisen und ist zufrieden mit seinen Tieren, beklagt aber, dass ihm die „rechten Menschen“ (Za IV, 406) fehlen.

Plötzlich verändert sich die Szenerie wie in einem Traum. Zarathustra ist umschwärmt von Vögeln, die flügelschlagend als „Wolke der Liebe“ (Za IV, 406) zu ihm hindrängen. Zarathustra begreift, dass *„[d]as Zeichen kommt“* (Za IV, 406). Als er hinter sich fasst, um die Vögel zu streicheln, berührt seine Hand das Fell eines **Löwen**, der zahm zu seinen Knien liegt. Zarathustra wird mit der Liebe der Vögel und des Löwen überschüttet. Bevor Zarathustra vor Rührung überwältigt wird, spricht er, die Zeichen deutend, *„meine Kinder sind nahe, meine Kinder“* (Za IV, 406), dann schweigt er. Er weint stumm, während die Tiere ihn vereint zu trösten suchen und seine Tränen auflecken.

Die Szene erscheint als Vision, die Erfüllung verspricht. Zarathustra hat bislang nicht erfahren, ob die Saat seiner Lehre aufgegangen ist, ob Menschen nach Idealen wie den seinen streben. Ob die Menschen die Reste ihres Glaubens aufgegeben oder die Ideallosigkeit des **letzten Menschen** überwunden und neue, lebensbejahende Ziele, die dem **Sinn der Erde** entsprechen, gefunden haben, all das weiß Zarathustra – gleich uns – nicht. Auch die höheren Menschen haben es ihm nicht verraten. Wenn die höheren Menschen als alte Männer und als Verzerrungen und Verkürzungen der zarathustrischen Lehre zu begreifen sind, wäre es naheliegend, Zarathustras Lehre als vom Aussterben bedroht zu deuten. Mit dem Zeichen, dem **lachenden Löwen**, wird eine andere Interpretation nahegelegt. Selbst wenn Zarathustra in seinem Leben keiner Gesellschaft mehr begegnen wird, in der seine Ideale herrschen, verspricht die Vision, dass in naher Zukunft eine solche Gesellschaft entstehen könnte. Sie steht aber noch ganz am Anfang.

Eine ungewisse Zeitspanne vergeht. Inzwischen sind die höheren Menschen aufgestanden, bilden einen Zug wie eine Mönchsprozession und wollen Zarathustra ihren „Morgengruss“ (Za IV, 407) bringen. Da entdeckt sie mit einem Male der Löwe, springt laut brüllend auf und vertreibt sie: „als sie ihn brüllen hörten, schrieen alle auf, wie mit Einem Munde, und flohen zurück und waren im Nu verschwunden“ (Za IV, 407).

Zarathustra findet sich plötzlich allein wieder. Sowohl die Tiere als auch die höheren Menschen sind fort. Erst langsam kommt er zur Besinnung und begreift, „was zwischen Gestern und Heute sich begeben hatte“ (Za IV, 407). Er bemerkt, dass er auf genau jenem Stein sitzt, auf dem er saß, als der **Wahrsager** zu ihm kam und ihm vom **Notschrei** kündete und seiner „letzten Sünde“ (Za IV, 408). Da begreift Zarathustra, dass seine letzte Sünde das Mitleid mit den höheren Menschen war: *„Mitleiden! Das Mitleiden mit dem höheren Menschen!* schrie er auf, und sein Antlitz verwandelte sich in Erz. Wohlan! *Das* – hatte seine Zeit!“ (Za IV, 408).

Er lässt die Verirrungen und schönen Momente des gestrigen Tags getrost hinter sich. Denn was ihn eigentlich angehe, sei nicht das *„Glück[…]“* (Za IV, 408), sondern vielmehr sein „*Werk[…]*“ (Za IV, 408). Er beschwört den **großen Mittag** und verlässt seine Höhle, um weiterzuziehen: „glühend und stark, wie eine Morgensonne, die aus dunklen Bergen kommt“ (Za IV, 408). Mit diesen Worten endet der letzte Teil von *Also sprach Zarathustra*.

## 5.3 Scheitert Zarathustra?

Das letzte Kapitel gibt mehr Rätsel auf als es auf den ersten Blick scheinen mag und evoziert Fragen, die uns schon zuvor in den Sinn kamen, deren Beantwortung aber hinausgeschoben wurde. Auf fünf Fragen wollen wir im Folgenden besonders eingehen:

1. Sind die höheren Menschen eine Projektion Zarathustras?
2. Wie ist das Verhältnis zwischen Glück und Werk? Zwischen Nacht und Tag? Zwischen Wiederkunft und Übermensch?
3. Warum spielt das Mitleiden im letzten Teil eine so große Rolle?
4. Bespottet der vierte Teil des Zarathustra nicht nur die Bibel und religiöse Erzählungen, sondern auch Zarathustra selbst?
5. Ist Zarathustra erfolgreich oder scheitert er?

### 5.3.1 Sind die höheren Menschen eine Projektion Zarathustras?

Die **höheren Menschen** kennen Zarathustra und seine Lehren gut, sie beziehen sich auf sie und können sie zitieren. Möglicherweise haben sie die Lehren gehört oder sie kennen die Lehren, weil sie selbst Persönlichkeitsanteile Zarathustras sind. Im letzteren Fall wären die höheren Menschen nicht als reale Personen existent, Zarathustras Auseinandersetzung mit ihnen wäre eine Auseinandersetzung mit sich selbst.

Was spricht dafür, dass sie lediglich Persönlichkeitsanteile sind? Den **Wahrsager** erkennt Zarathustra zunächst als Schatten. Er blickt nachdenklich zu Boden, als er neben seinem Schatten einen zweiten Schatten sieht, dann erst erblickt er den Wahrsager. Der Schatten des Wahrsagers wie Zarathustras eigener **Schatten** könnten für den geisterhaften Charakter der höheren Menschen sprechen. Sie alle könnten als Schattenteile Zarathustras begriffen werden. Manchmal scheinen die höheren Menschen zu einer einzigen Person zu verschmelzen, um sich dann wieder in Einzelerscheinungen abzugrenzen. So dringt der Schrei des höheren Menschen aus der Höhle Zarathustras, nachdem er alle Menschen, denen er tagsüber begegnete, dorthin geschickt hatte. Die höheren Menschen sprechen an einer Stelle wie aus einem Mund und werden zuletzt vom Löwen vertrieben, der selbst zu einer Vision zu gehören scheint – nämlich zu einer Dimension, die keine Zeit kennt: „Diess Alles dauerte eine lange Zeit, oder eine kurze Zeit: denn, recht gesprochen, giebt es für dergleichen Dinge auf Erden *keine* Zeit“ (Za IV, 407). Wenn Zarathustra, auf dem Stein sitzend, sich irritiert an den vergangenen Tag erinnert, so scheint der gesamte, verworrene Ablauf wie eine Traumsequenz. Ist überhaupt Zeit verstrichen? Der gestrige Tag überhaupt vergangen? Sitzt Zarathustra vielleicht die ganze Zeit auf dem Stein und bildet sich alle Begegnungen nur ein? Dies mag *eine* Deutungsebene sein und doch kann sie sich nicht allein behaupten. Wenn die höheren Menschen Persönlichkeitsanteile von Zarathustra sind, wäre seine letzte Sünde nicht das Mitleiden, sondern das Selbstmitleid. Allerdings hat die Mitleidskritik innerhalb von Nietzsches Philosophie einen prominenten Stellenwert, nicht aber das Selbstmitleid, das davon lediglich ein Teilaspekt ist. Dass sich dieses gerade zu einem Hauptthema des letzten Teiles gestalten würde, kann nicht überzeugen. Wir müssen den höheren Menschen also eine doppelte Seinsmöglichkeit zugestehen: einerseits als zur Innenwelt Zarathustras gehörige Alter Egos und andererseits als außergewöhnliche Männer und Außenseiter, welche sich als erste von Zarathustras Lehre berühren lassen.

### 5.3.2 Wie ist das Verhältnis zwischen Glück und Werk? Zwischen Nacht und Tag? Zwischen Wiederkunft und Übermensch?

Betrachten wir die letzten beiden Kapitel, tut sich zwischen ihnen eine Diskrepanz auf. Auf der einen Seite haben wir eine Erfahrung, die das Unaussprechliche berührt, eine Erfahrung, die erlebt und nicht vollends mitgeteilt werden kann, in der Lust und Leid ineinander zerfließen und die wir die ‚Mitternachtswahrheit' nennen können. In ihr enthalten ist: die Möglichkeit, dass ein einziger Moment das ganze Leben und alle Vergangenheit rechtfertigt, sowie der Wunsch nach unendlicher Wiederholung und damit Ewigkeit.

Auf der anderen Seite leuchtet die Wahrheit des Tages. Sie bedeutet Glücksverachtung und Tatendrang. Worum es einzig geht, ist das Werk, nach dessen Verwirklichung man strebt und wofür alle Verfestigungen der Vergangenheit aufgegeben werden müssen. Das Vergangene wird abgeschüttelt, etwas Neues begonnen, der Blick richtet sich auf eine bestimmte Zukunft, sie nicht zu verwirklichen bedeutet zu scheitern.

Kann die Wahrheit des Tages als Ideal des **Übermenschen** gedeutet werden, die ‚Mitternachtswahrheit' als Gedanke der **ewigen Wiederkunft des Gleichen**? Das erscheint durchaus plausibel. Die Wiederkunft des Gleichen ist mit der Nacht assoziiert. Der ersten Version „Von Gesicht und Räthsel" (s. Abschn. 4.2.2), in der ein Hirt der schwarzen Schlange den Kopf abbeißt, geht die nächtliche Szene eines geisterhaften Mondes und eines heulenden Hundes voraus. Als Zarathustra mit dem personifizierten Leben dasitzt und gefragt wird, ob er wisse, was niemand sonst wisse, ist es bereits Abend geworden und die „Brumm-Glocke" (Za III, 285; s. Abschn. 4.2.15) schlägt in 12 Takten die 12 Verse des **Nachtwandler-Liedes**, des „Noch ein Mal" (Za IV, 403), an. Dieses Gedicht, das die Liebe zur Ewigkeit besingt, ist mit nächtlichen Motiven verknüpft: „Was spricht die tiefe Mitternacht?" (Za IV, 285). In dem vorletzten Kapitel wird es wiederholt: Während die **höheren Menschen** durch die Nacht wandeln, lehrt Zarathustra sie den Gedanken der Wiederkunft durch ebendieses Gedicht.

Der **Übermensch** kann mit dem Tag verknüpft verstanden werden, insbesondere mit dem **großen Mittag**, wenn die Sonne ihren höchsten Stand erreicht, also im Zenit steht. Dies ist der Zeitpunkt, wenn die Dinge ganz sie selbst sind und am wenigsten Schatten werfen. Es ist die Zeit des Übergangs schlechthin. Zwischen der aufgehenden und der untergehenden Sonne markiert der große Mittag den Umschlagspunkt. So wie der Stand der Sonne im Zenit kann der Übermensch sich nur im Moment verwirklichen und zwar in der ‚Verwandlung' selbst. Danach drohen sich neue Formen zu verfestigen und zu einem Gefängnis zu werden. Der Übermensch ist das reine Prinzip ständiger Selbstüberwindung und daher – inhaltlich leer. Letztlich kann nur der einzelne Mensch selbst wissen, ob die neue Form eine Überwindung oder ein Rückschritt ist, denn auch letzteres ist möglich. Auch könnte ein Selbstbetrug verschleiern, dass eine vermeintliche Weiterentwicklung eigentlich eine verminderte Form von Leben darstellt. Sosehr Veränderung im Zarathustra und im Ideal des Übermenschen gepriesen wird, sollte nicht vergessen werden, dass der Übermensch nicht mit zielloser Dynamik gleichgesetzt werden kann. Stattdessen fordert er eine ständige Höherentwicklung in redlicher Selbsterkenntnis.

Wenn der Gedanke der Wiederkunft wahr wäre, würde jede Vorstufe wiederkehren. Wir als Einzelne fallen immer wieder auf die schambelasteten, unselbstständigen Formen früherer Ichs zurück, genauso wie die Menschheit insgesamt mit all ihren Völkermorden, ihrer Grausamkeit und ihrer Unwissenheit. Wir sollen fortwährend nach dem Ideal des Übermenschen streben, während wir dem Gedanken der Wiederkunft zufolge wissen, dass keine Überwindung von Dauer ist. Jeder Teleologie wird eine Absage erteilt. Wie verhalten sich also Wiederkunft und Übermensch zueinander?

Eine Möglichkeit, sie zusammenzudenken, wäre, den Gedanken der Wiederkunft nur punktuell zuzulassen. Im Rausch mancher Nächte kann der Gedanke nicht nur ertragen werden, sondern erscheint als höchste Hoffnung menschlichen Begehrens nach ewiger Lust. Die Wiederkunft sollte wahr sein: „Noch ein Mal", ruft der Mensch, der das Leben Zarathustra zufolge für nur einen Moment wahrhaft liebt. Aber der Wiederkunftsgedanke ist auch erschütternd und zersetzend, er geht selbst bei einer solch außerordentlichen Gestalt wie derjenigen Zarathustras mit Suizidgedanken einher. Im Reich des Tags darf der Gedanke nicht herrschen, weil er den Tatendrang untergräbt. Der Übermensch als Ideal grenzenloser Selbstverwirklichung will das Höchste aus dem Menschen herausholen und darf daher nicht nach Lust streben, die sich nur als unverfügbare einstellen und daher nicht gesucht und erst recht nicht gezwungen werden kann.

### 5.3.3 Warum spielt das Mitleiden im letzten Teil eine so große Rolle?

Wenn wir die drei Themen betrachten, die klassischerweise als die zentralen des Zarathustra gelten: der **Übermensch**, der **Wille zur Macht** und die **ewige Wiederkunft des Gleichen**, scheint das Mitleiden bzw. die Mitleidskritik ohne herausragende Bedeutung. Ihm sind nicht die Größe und das Pathos der anderen drei zu eigen, weshalb man ihm meistens weniger Beachtung schenkt. Dabei gibt es zahlreiche Kapitel im Zarathustra, die auf das Thema des Mitleidens rekurrieren und es kritisch beleuchten, wie wir gesehen haben (*Von den Predigern des Todes*; s. Abschn. 2.3.9, *Von der Keuschheit*; s. Abschn. 2.3.13, *Vom Freunde*; s. Abschn. 2.3.14, *Von den Mitleidigen*; s. Abschn. 3.2.3, *Auf dem Oelberge*; s. Abschn. 4.2.6, *Von alten und neuen Tafeln*; s. Abschn. 4.2.12). Nietzsche, der von Schopenhauers Philosophie stark beeinflusst war, übernimmt von ihm die Prominenz des Themas. Für Schopenhauer ist das Mitleid das umfassende Gefühl, das die Vereinzelung des Menschen, die eine bloße Illusion sei, sprengt. Im Mitleid durchbreche der Mensch seinen Egoismus, die im Alltagleben herrschende Haupttriebkraft, und erweise sich als fähig, moralisch zu handeln. Jenseits des Mitleids kenne der Mensch nur Egoismus und Bosheit, daher sei jede wahrhaft moralische Handlung eine, die aus Mitleid geschehe. Dies ist eine drastische Aufwertung des Mitleids, das von den Philosophen traditionell kritisch gesehen wird. Auch Nietzsche wird zu den scharfen Kritikern des Mitleids gehören. Während es für Philosophen wie Kant zu den randständigen Phänomenen gehört, avanciert die Mitleidskritik bei Nietzsche zu einem Thema, das bis in sein Spätwerk nichts von seinem Impetus verliert.

Warum aber sollte das Mitleiden eine so große Versuchung für Zarathustra sein, der ihm ja bereits kritisch gegenübersteht? Die Tiere deuten Zarathustra im Kapitel „Der Genesende“ (s. Abschn. 4.2.13) als **Lehrer der Wiederkunft**. Wir lernen ihn aber als solchen nicht kennen. Überhaupt sehen wir, dass Zarathustra, nachdem er zu den Menschen geht, sich ihnen nach und nach entzieht, bis er im dritten Teil schließlich wieder ganz allein ist. Als er seine Jünger auf den glückseligen Inseln verlässt, ist er todtraurig und muss seine Einsamkeit erst wieder genießen lernen. Menschliche Gesellschaft stellt das Werk *Also sprach Zarathustra* als Versuchung vor. Die Nestwärme, die Liebe, die Unterordnung anderer verführen einen ‚höheren Menschen‘, sich mit weniger zufrieden zu geben als dem, wozu er als Einzelner fähig ist. Dies ist auch dann der Fall, wenn ein Philosoph wie Zarathustra sich der Lehre widmet und andere zu einem höheren Ideal erziehen will. So gerieren sich die **höheren Menschen** zuletzt als eine Art Mönche, die Zarathustra ihren „Morgengruss“ (Za IV, 407) darbringen möchten. Sie wollen an ihn als Religionsersatz glauben, an dem man sich aufrichten kann. Sie sind allzu schnell bereit, den Anspruch, sich selbst zu finden und zu verwirklichen, aufzugeben. Kleinlich genießen sie sogar die Momente, in denen sie Zarathustra auf ihre Stufe herabzuziehen vermeinen: Der **letzte Papst**, der Zarathustra zum Propheten ausrufen möchte, der **Zauberer**, der Zarathustra als verzweifelten Dichter verspottet, der **Wahrsager**, der ihm verkündet, kein glücklicher, tanzender Mensch zu sein, sondern jemand, der sich nur drehend aufrecht halten kann. Die Liebe der Menschen, die menschliche Gesellschaft, ist mit Dornen gespickt. Gleichzeitig bietet die menschliche Gesellschaft Sinn, gerade für jemanden, der in der Welt wirken möchte. Anstatt einsam neue Ideen auszubrüten und zu testen, sieht er, was er bewirken, welche Lebensfreude er in anderen wecken kann, wenn er sich nur um sie kümmert. Immer wieder, in geradezu grotesker Wiederholung, überredet sich Zarathustra, dass die höheren Menschen Genesende seien, die ihm gut gefielen, obwohl er instinktiv ihren „schlechten Geruch“ (vgl. Za IV, 369) wahrnimmt. Die Versuchung Zarathustras, sich als Mitleidiger zu gebärden und den anderen eine Krücke und Stütze zu sein, könnte in einen möglichen Selbstbetrug münden. Ein Charakteristikum, das allerdings mit ihm auf Tiefste verbunden ist, ist seine Aufrichtigkeit bzw. seine **Redlichkeit**. Dauerhaft bei den höheren Menschen zu bleiben, wäre Selbstverrat und Lüge. Zarathustra würde sich damit als Philosoph, der Stimmigkeit zwischen Leben und Denken verlangt, selbst diskreditieren. Der Einsame ist aber besonders anfällig für denjenigen, der sich hilfesuchend an ihn wendet. Denn auch derjenige, der allein ist, begehrt Liebe oder wie es im Zarathustra immer wieder heißt, er begehrt nach demjenigen, dem er schenken darf. Diese Gefahr setzt Nietzsche im vierten Teil dramatisch in Szene, weil sie ein großes Thema seiner Philosophie ist – und andere würden noch hinzufügen: seines Lebens war.

### 5.3.4 Bespottet der vierte Teil des Zarathustra nicht nur die Bibel und religiöse Erzählungen, sondern auch Zarathustra selbst?

Es gibt einige Indizien dafür, dass der vierte und letzte Teil die drei vorangehenden persifliert. Durch ihn ziehen sich burleske Elemente: Von den **höheren Menschen** mit ihren teils lächerlich anmutenden Charakterzügen und Verhaltensweisen (der einäugige **Papst** oder der **Gewissenhafte des Geistes**, der ausgerechnet das Hirn des Blutegels erforscht) über absurde Szenen wie dem Abendmahl, dem Eselsfest und Zarathustras ständigen Versuchen, die höheren Menschen zu mögen, bis hin zur traumhaften Vision kommender Erfüllung im letzten Kapitel.

Zweifellos können wir die Vision mit dem Taubenschwarm und dem lachenden, zärtlichen Löwen ernst nehmen und als Zeichen dafür deuten, dass Zarathustras Lehren bald schon Früchte tragen werden. Andererseits lässt sich kaum leugnen, dass auch diese Szene (wie schon das bilderreich, überfrachtete Gedicht der vorangegangenen Nacht) symbolisch überzeichnet ist und die Erfüllung geradezu übertrieben deutlich ausgemalt wird: „Die Tauben aber waren mit ihrer Liebe nicht minder eifrig als der Löwe; und jedes Mal, wenn eine Taube über die Nase des Löwen huschte, schüttelte der Löwe das Haupt und wunderte sich und lachte dazu“ (Za IV, 406). Zarathustra ist emotional erschüttert und weint: „Da flogen die Tauben ab und zu und setzten sich ihm auf die Schulter und liebkosten sein weisses Haar und wurden nicht müde mit Zärtlichkeit und Frohlocken“ (Za IV, 407). Vielleicht – so können wir spekulieren – leidet Zarathustra unter Wahnvorstellungen, vielleicht braucht er Visionen, die von der Erfüllung seiner Hoffnungen künden, um das Leben überhaupt ertragen zu können. Diese Szene, der man entweder Kitsch oder Ironie unterstellen kann, wird aber rasch hinweggefegt, als der **Löwe** brüllend die höheren Menschen vertreibt. Schließlich reckt sich Zarathustra und geht als alter Mann, der er ist, getrost dem Tag und seinem stets uneingeholten „Werk“ entgegen. Ist Zarathustra weiter als am Anfang? Oder hat Nietzsche in seinem Zarathustra eine Protoversion von „täglich grüßt das Murmeltier“ erfunden? Genau wie am allerersten Tag erwacht die Sonne, begrüßt Zarathustra sie oben in seinen Bergen und macht sich auf den Weg, um ein Werk zu verwirklichen, das stets vage bleibt.

Ziehen wir die Darstellung des Zauberers aus dem **Lied der Schwermut** mit Zarathustras und seiner Gäste Nachtgang aus **Das Nachtwandler-Lied** in Eins, könnte sich auch eine herbe Kritik zarathustrischer Ideale ergeben, wie sie schon im Kapitel „Von den Dichtern" angedeutet wurde: nämlich, dass sich Dichter-Philosophen mit ihren Idealen von Göttern und Übermenschen selbst zur Beute werden: Dass sie eines Selbstbetruges bedürfen, um das Leben bejahen zu können (s. Abschn. 5.2.14 und 5.2.19).

### 5.3.5 Ist Zarathustra erfolgreich oder scheitert er?

Wenn Zarathustra eines illusorischen Wahns bedarf, nämlich des **Zeichens** seiner Vision von **Löwe** und **Taube**, könnten wir ihn als schwach begreifen. Genauso wenn er in der Nostalgie der ‚Mitternachtswahrheit' gefangen bliebe. Tatsächlich eignet aber sowohl dem Beginn als auch dem Ende des letzten Kapitels eine gewisse Nüchternheit an, welche den visionären Inhalt einrahmt. Letztlich weint Zarathustra den **höheren Menschen** keine Träne nach, er kettet sich nicht an sie und widersteht dem Bedürfnis, von anderen geachtet und verehrt zu werden. Nicht die hoffnungsvollen Tränen stehen am Ende, sondern sein in „Erz" (Za IV, 408) verwandeltes „Antlitz" (Za IV, 408). Der letzten Versuchung widersteht Zarathustra, die Herausforderung des **Wahrsagers** nimmt er erfolgreich an, schließlich geht er frohgemut in den Tag und lässt sich nicht von seinen eigenen Ideen, und seien sie emotional noch so berührend oder melancholisch, einfangen. Zwar haben solche Ideen und ihre Gefühle ihre „Zeit!", aber letztlich gilt es, über die eigenen Perspektiven und Ideale frei zu verfügen. Zarathustra geht selbst „glühend und stark, wie eine Morgensonne" (Za IV, 408) einem offenen Horizont entgegen, heraus aus seiner Höhle, in der Abbilder zu Besuch waren (die höheren Menschen).

Wir können uns Zarathustra als einen vollendeten Typus denken, ohne seinen selbstironischen Charakter leugnen zu müssen. Als jemanden, der über sich selbst zu lachen vermag, wie Nietzsche – so können wir uns vorstellen – beim Schreiben manchmal lachte:

„Diese Krone des Lachenden, diese Rosenkranz-Krone: ich selber setzte mir diese Krone auf, ich selber sprach heilig mein Gelächter. Keinen Anderen fand ich heut stark genug dazu. [...] Zarathustra der Wahrsager, Zarathustra der Wahrlacher, kein Ungeduldiger, kein Unbedingter, Einer, der Sprünge und Seitensprünge liebt; ich selber setzte mir diese Krone auf!" (Za IV, 366, s. Abschn. 5.2.13).

**Fragen und Anregungen**

- Versuchen Sie, in Stichworten eigene Positionen zu den fünf Fragen zu entwickeln. Bei welchen Fragen kommen Sie zu eindeutigen Antworten, bei welchen bleibt die Antwort ambivalent?
- Den eigenen Werdegang in Form von Entwicklungsschritten zu betrachten, ist ein gängiges Narrativ. Nicht jede Veränderung kann man aber im zarathustrischen Sinn als Überwindung einer ‚verknöcherten Form' betrachten. Über-

legen Sie verschiedene Beispiele, in denen Menschen ihre Geschichte erzählen wie: „früher war ich ein wilder Revoluzzer. Jetzt habe ich mich mit einigem abgefunden und gemerkt, dass es wichtiger ist, den eigenen Frieden zu erringen, als mich sinnlos zu verausgaben." Gehen Sie Ihre Beispiele durch, welchen gestehen sie zu Überwindungsstatus zu, welche müssten als Rückschritte gedeutet werden? Überlegen Sie danach Kriterien. Aber wer darf schließlich urteilen, ob es ein Fortschritt oder Rückschritt ist? Sind die Kriterien allgemeingültig? Wenn nein, wozu das ganze Konstrukt? Wenn ja, welche Folgen hat dies für Zarathustras Aussagen von Geschmack und Wahrheit?

- Denken Sie an das Höhlengleichnis von Platon, wenn Sie überlegen, welche Bedeutung es hat, dass Zarathustra die höheren Menschen – die Schattenbilder – in seine Höhle einlädt. Versuchen Sie, den vorletzten Tag als Gleichnis zu formulieren. Welche Gemeinsamkeiten und welche Unterschiede gibt es zu Platons Gleichnis?
- Wenn der Gedanke der Wiederkunft und der Übermensch zwei einander widersprechende Seiten wären, welche Bedeutung könnte dann dem Willen zur Macht zukommen?
- Angenommen, der Übermensch, der Wille zur Macht und der Gedanke der Wiederkunft wären nicht die Hauptthemen – welche drei würden Sie stattdessen als Kerngedanken des Zarathustra herausstellen?
- Welches Philosophieverständnis vermittelt der *Zarathustra*? Sammeln Sie fünf Aspekte.
- Welcher Teil des Zarathustra hat Sie am meisten interessiert oder berührt? Warum?
- Können Sie etwas von Zarathustra lernen? Halten Sie (Teile) seine(r) Lehre für inspirierend oder für abschreckend, vielleicht gar für gefährlich? Warum?

# 6 Fazit: Spätes Beben eines Buches

## 6.1 Vom Einsamen zum Weltberühmten

Als Nietzsche in den 1880er-Jahren an seinem *Zarathustra* schrieb, tat er dies in fast völliger Isolation. Nur wenige Freunde lasen seine Schriften, und nur wenige Reaktionen empfand Nietzsche als angemessen. „Das Spaaßhafteste, was ich erlebte war J<acob> Burckhardts Verlegenheit, mir etwas über den *Zarathustra* sagen zu müssen: er brachte nichts Anderes heraus als – ‚ob ich es nicht auch einmal mit dem Drama versuchen wolle'" (1884,522; N. An Heinrich Köselitz: 25.7.1884). „Ich bin kein Mensch, ich bin Dynamit" (EH, Warum ich ein Schicksal bin 1, KSA 6, 365) schrieb Nietzsche später in *Ecce homo*, ein Satz, der zu dieser Zeit wie ein verzweifelter Wunschtraum klang. Zu Lebzeiten verkaufte sich *Also sprach Zarathustra* kaum; die Erstausgabe blieb zum Teil auf Nietzsches eigenen Kosten liegen. Was er selbst als sein „non plus ultra" (1888,989; N. an Reinhart von Seydlitz: 12.2.1888) bezeichnete, wurde vom Publikum weitgehend übersehen.

Erst Ende des 19. Jahrhunderts und mit dem Beginn des 20. änderte sich dieses Bild. Nietzsches Schwester Elisabeth Förster-Nietzsche veröffentlichte in Weimar die erste Gesamtausgabe, richtete das Nietzsche-Archiv ein und sorgte dafür, dass der Name ‚Nietzsche' in die öffentliche Diskussion gelangte – oft um den Preis starker ideologischer Verzerrungen. Aus dem einsamen Denker wurde ein Mythos, eine Projektionsfläche für ganz unterschiedliche Bewegungen: Lebensphilosophie, Expressionismus, Dekadenzkritik, später auch für politische Ideologien.

Gottfried Benn fasste die Wirkung Nietzsches rückblickend zusammen:

> „Eigentlich hat alles, was meine Generation diskutierte, innerlich sich auseinanderdachte, man kann sagen: erlitt, man kann auch sagen: breittrat – alles das hatte sich bereits bei Nietzsche ausgesprochen und erschöpft, definitive Formulierung gefunden, alles Weitere war Exegese. Seine gefährliche stürmische blitzende Art, seine ruhelose Diktion, sein Sichversagen jeden Idylls und jeden allgemeinen Grundes, seine Aufstellung der Triebpsychologie, des Konstitutionellen als Motiv, der Physiologie als Dialektik – ‚Erkenntnis als Affekt', die ganze Psychoanalyse, der ganze Existentialismus, alles dies ist seine Tat. Er ist,


N. Schulte, *Nietzsches „Zarathustra"*, https://doi.org/10.1007/978-3-662-72820-8_6

wie sich immer deutlicher zeigt, der weitreichende Gigant der nachgoetheschen Epoche" (Benn 1977, S. 154).

Tatsächlich sprach Nietzsches *Zarathustra*-Prosa – ihr Pathos, ihre rhythmische Bildkraft, ihr biblischer Ton – zunächst weniger die akademischen Philosophen als vielmehr Künstler und Literaten an. In seiner Mischung aus Dichtung und Prophetie lag ein entscheidender Grund für den späteren Ruhm. *Zarathustra* wurde gelesen wie ein poetisches Evangelium des modernen Menschen: eines, das nicht erlöst, sondern zur Selbstüberwindung ruft.

Dass Nietzsche diesen Ton bewusst wählte, macht das Werk zugleich sperrig und zeitlos. „Ihr hattet euch noch nicht gesucht: da fandet ihr mich. So thun alle Gläubigen; darum ist es so wenig mit allem Glauben" (Za I, 101), – diese Sätze könnten paradigmatisch für die fehlgehende nietzscheanische Wirkungsgeschichte des sogenannten Nietzsche-Kults stehen. Das Buch verlangt Leser, die sich prüfen, nicht solche, die folgen. Dennoch wurde es über Jahrzehnte hinweg als Offenbarung eines neuen Glaubens verstanden.

## 6.2 Der Übermensch und die Missverständnisse

Kaum ein Begriff aus dem *Zarathustra* ist so berühmt – und so missverstanden – wie der des **Übermenschen**. Nietzsche selbst stellt ihn in den Mittelpunkt der ersten Rede: „Der Mensch ist Etwas, das überwunden werden soll" (Za I, 14). Der Übermensch ist hier Symbol der Selbsttransformation, der bewussten Neuschöpfung des Menschen aus sich selbst heraus. Er steht für eine neue Wertsetzung, für eine bejahende Haltung zum Leben und die Bereitschaft, auch jede neue Form, sobald sie einschränkt, zu sprengen, um sich selbst in der eigenen Wandlungsfähigkeit treu zu bleiben: „Werde, der du bist" (Za IV, 297).

Doch schon früh wurde versucht, den Übermenschen konkreter zu bestimmen. Der junge Expressionismus sah in ihm den genialen Künstler, der über die Masse hinausragt. Die Lebensphilosophie entdeckte in ihm eine neue Form heroischer Vitalität. Zugleich griffen auch politische Bewegungen das Schlagwort auf – allen voran der Nationalsozialismus, der in ihm ein Synonym für ‚überlegene Rasse' und ‚Herrschaft' fand.

Nietzsche hatte freilich anderes gemeint. Der Übermensch ist keine biologische und keine soziale Kategorie, sondern eine existentielle. Er bedeutet: das Menschsein als Übergang zu verstehen. „Der Mensch ist ein Seil, geknüpft zwischen Tier und Übermensch – ein Seil über einem Abgrunde" (Za I, 14). In diesem Bild liegt keine Herrschaftsphantasie, sondern eine Warnung. Existentiell sind wir ohne Geländer, wir leben über einem Abgrund, den wir nur dann bemerken, wenn wir uns von den sozial anerkannten Wahrheiten, den Rollenvorgaben, Mustern, Erwartungen und Gewissheiten entfernen, wenn wir etwas anderes werden wollen als das, was man bisher in der Gesellschaft sein wollte. Sobald wir uns aus dem allgemeinen menschlichen Zusammenhang lösen, sind wir auf uns selbst gestellt. Aber wir können nie das Ende des Seiles erreichen. Würden wir tatsächlich an dessen Endpunkt

Übermensch ankommen, so würde dieser auch nur zu einer Verfestigung geraten. Man kann in der Metapher des Übermenschen eine glorreiche Überhöhung menschlicher Möglichkeiten sehen, oder die moralische (!) Forderung würdigen, sich seiner Verantwortung und Freiheit zu stellen. Wir können aber auch das Ideal des Übermenschen als ein perpetuierendes Sollen, einer schlechten Unendlichkeit, die niemals Erfüllung verspricht, kritisieren.

Trotz – oder gerade wegen – dieser Ambivalenz wurde der Begriff zu einem der bekanntesten philosophischen Symbole des 20. Jahrhunderts, auch in seiner politischen Gestalt, die sich nur schwerlich aus dem Zarathustra ableiten lässt. Aber Nietzsche hatte genug andere Textstellen zu bieten, die sich fantasiereich verknüpfen ließen. Nietzsche schrieb in *Jenseits von Gut und Böse* mit einiger Emphase: „Die Zeit für kleine Politik ist vorbei: schon das nächste Jahrhundert bringt den Kampf um die Erd-Herrschaft, – den *Zwang* zur grossen Politik" (JGB 208) und in *Ecce homo*: „Ich kenne mein Loos. Es wird sich einmal an meinen Namen die Erinnerung an etwas Ungeheures anknüpfen, – an eine Krisis, wie es keine auf Erden gab, an die tiefste Gewissens-Collision, an eine Entscheidung heraufbeschworen gegen Alles, was bis dahin geglaubt, gefordert, geheiligt worden war. […] es wird Kriege geben, wie es noch keine auf Erden gegeben hat. Erst von mir an giebt es auf Erden grosse Politik.". Der *Übermensch* jenseits der existentiellen Ebene, der Übermensch als politische Vision hatte sich in der zweiten Hälfte des 20. Jahrhunderts erledigt. Und so kann auch die mitschwingende Erleichterung in Habermas' Urteil nach zwei Weltkriegen, dem Holocaust, dem Abwurf der Atombomben über Hiroshima und Nagasaki nicht verwundern:

> „Nietzsches Werk hat zwischen den Kriegen, zumal in Deutschland, eine eigentümliche Faszination ausgeübt. Das Pathos seiner Urteile […] und das verführerisch Affirmative der ‚jasagenden Affekte' haben den geistigen Duktus […] einer ganzen Generation scheinradikaler, mit westlichen Traditionen zerfallener Intellektueller bestimmt. […] Nietzsche hat damals eine Mentalität geprägt und verstärkt. […] Das alles liegt hinter uns und ist fast schon unverständlich geworden. Nietzsche hat nichts ansteckendes mehr" (Habermas 1972, S. 239).

Wie auch immer man über die Infektiosität von Nietzsches Denken urteilen möchte, erledigt hatte sich seine Philosophie mitnichten. Dafür ist das nietzscheanische Denken viel zu sehr verknüpft mit den richtungsweisenden Theorien des Existentialismus (der Mensch ist zur Freiheit verdammt), der Frankfurter Schule (das restlos aufgeklärte Individuum glaubt nicht mehr an die Moral), der Postmoderne (der Mensch ist metaphysisch obdachlos) und der Psychoanalyse (Triebe und internalisierte soziale Machtstrukturen kämpfen im Einzelnen miteinander und produzieren Schuld- und Schamgefühle), die den philosophischen Diskurs bis heute mitbestimmen.

*Zarathustra* wurde, wie andere Werke Nietzsches, zu einem Schlüsseltext des modernen (Nach-)Denkens über Selbstüberschreitung, Kreativität und Sinnstiftung, genauso wie über Nihilismus, Ressentiment und Moralkritik. Bis heute taucht der Übermensch in vielen populären Diskursen auf – von Comics über Psychologie bis hin zu Transhumanismus und Künstlicher Intelligenz – oft entstellt, aber stets mit der Spur jener ursprünglich zarathustrischen Idee, dass der Mensch erst wahrhaft zum Menschen wird, wenn er ,übergeht' zu dem, was er noch nicht ist.

## 6.3 Wille zur Macht, Ewige Wiederkunft – und die bleibende Herausforderung

Der **Wille zur Macht** ließ sich ähnlich leicht wie der Übermensch vereinfachen und politisch instrumentalisieren. Kaum ein anderer Begriff Nietzsches wurde so wirkmächtig missverstanden. Schon in der Rezeption um 1900 galt er vielen als das ,letzte Wort' seiner Philosophie – als metaphysischer Schlüssel, als Weltprinzip oder gar als Formel für das Recht des Stärkeren. Diese Lesart wurde durch die postum von Elisabeth Förster-Nietzsche veröffentlichte Schrift *Der Wille zur Macht* (1906) befördert, die den Eindruck eines geschlossenen ,Systems' hinterließ, das Nietzsche selbst allerdings nie auf diese Weise konzipiert hat. Auch hier griff die Nachwelt zu Vereinfachungen. In der ersten Hälfte des 20. Jahrhunderts wurde der Begriff oft für die aggressive Expansion und die ,Machtpolitik' der westlichen Moderne verwendet.

Martin Heidegger versuchte, den Willen zur Macht, genau wie die **Wiederkunft des Gleichen**, als metaphysische Grundannahmen in Nietzsches Philosophie nachzuweisen, statt diese Formeln als Experimentalbegriffe zu verstehen, wie es beispielsweise ein Zitat aus *Jenseits von Gut und Böse* nahelegt:

> „Gesetzt endlich, dass es gelänge, unser gesammtes Triebleben als die Ausgestaltung und Verzweigung Einer Grundform des Willens zu erklären – nämlich des Willens zur Macht, wie es mein Satz ist –; gesetzt, dass man alle organischen Funktionen auf diesen Willen zur Macht zurückführen könnte und in ihm auch die Lösung des Problems der Zeugung und Ernährung – es ist *Ein Problem* — fände, so hätte man damit sich das Recht verschafft, alle wirkende Kraft eindeutig zu bestimmen als: *Wille zur Macht*. Die Welt von innen gesehen, die Welt auf ihren ,intelligiblen Charakter' hin bestimmt und bezeichnet – sie wäre eben ,Wille zur Macht' und nichts ausserdem. –" (JGB 36)

Die mehrmalige Wiederholung des Wortes „gesetzt", das bereits im nicht zitierten Teil am Anfang des Aphorismus vorkommt, zeigt deutlich an, dass es sich bei dem Aphorismus um ein Gedankenexperiment und nicht um ein letztes Ergebnis handelt, ebenso die konsequente Verwendung des Konjunktiv II.

Der Wille zur Macht blieb bei genauerer Betrachtung für Nietzsche ein Gedankenexperiment. Wie steht es mit der Idee der Ewigen Wiederkunft des Gleichen? Für Nietzsche war sie, wie er selbst schrieb, „die höchste Formel der Bejahung, die überhaupt erreicht werden kann" (Eh, Bücher, Za 1). Sie fordert, das Leben so zu leben, dass man es – samt allem Leid – immer wieder leben möchte. Diese Zumutung, die Zarathustra in den Kapiteln „Vom Gesicht und Räthsel" (s. Abschn. 4.2.2) und „Der Genesende" (s. Abschn. 4.2.13) vorführt, wurde von der Nachwelt in unterschiedlicher Weise verstanden: als metaphysische Hypothese, als ethischer Imperativ oder als psychologische Probe.

Heute, mehr als ein Jahrhundert nach seinem Tod, ist Nietzsche zu einem der meistzitierten Philosophen der Welt geworden – und *Zarathustra* zu einem seiner wirkmächtigsten Werke. Doch dieser Ruhm ist zwiespältig. Er beruht einerseits auf Missverständnissen, auf Zurechtmachungen, Umwandlungen und Vereinfachungen, andererseits aber auch auf dem Labyrinthischen und Rätselhaften, das Nietzsche selbst in den Text gewoben hat und das so eindringlich zu seinen Lesenden spricht.

Der *Zarathustra* ist ein Buch, das, wie Nietzsche selbst sagte, „für Alle und Keinen" geschrieben wurde – offen für Deutung, aber verschlossen für Besitznahme. Nietzsches Ruhm verdankt sich weniger der Zustimmung als dem Widerspruch. *Also sprach Zarathustra* bleibt eine Herausforderung: philosophisch, sprachlich, moralisch. Seine dort vorgestellten Ideen – von denen Übermensch, Wille zur Macht oder Ewige Wiederkunft nur die populärsten darstellen – sind keine Antworten, sondern Übungen im Denken. Wer sie ernst nimmt, muss sich selbst prüfen. Und vielleicht liegt in dieser Zumutung die bleibende Größe des Werkes: dass es uns nicht erlöst, sondern aufwecken will.

# Literatur

## Nietzsches Werke


Nietzsche, Friedrich: *Sämtliche Werke. Kritische Studienausgabe in 15 Bänden*, hg. von Giorgio Colli und Mazzino Montinari, München/New York 1980.

Nietzsche, Friedrich: *Sämtliche Briefe. Kritische Studienausgabe*, hg. von Giorgio Colli und Mazzino Montinari, München/New York 1886.


## Zur Einleitung


Altheim, Franz: Zarathustra [1952], in: Bernfried Schlerath (Hg.): *Zarathustra*, Darmstadt 1970, S. 169–198.

Aschheim, Steven E.: *Nietzsche und die Deutschen. Karriere eines Kults*, Stuttgart/Weimar 1996.

Bartholomae, Christian: Zarathuštras Leben und Lehre [1918], in: Bernfried Schlerath (Hg.): *Zarathustra*, Darmstadt 1970, S. 1–19.

Birus, Hendrik: ‚mein Sohn Zarathustra'. Zur Vorgeschichte einer Namensgebung, in: Mathias Mayer (Hg.): *Also wie sprach Zarathustra? West-östliche Spiegelungen im kulturgeschichtlichen Vergleich*, Würzburg 2006.

Busch, Ulrich: Friedrich Nietzsche und die DDR, in: *Utopie kreativ*, Heft 118, August 2000, S. 762–777, online frei verfügbar unter: https://bayern.rosalux.de/fileadmin/rls_uploads/pdfs/Utopie_kreativ/118/118_Busch.pdf, zuletzt überprüft am: 02.10.2025.

Frye, Richard N: Zarathustra, in: Emma Brunner-Traut (Hg.): *Die Stifter der großen Religionen. Echnaton, Zarathustra, Mose, Jesus, Mani, Muhammad, Buddha, Konfuzius, Laotze*, Freiburg im Breisgau 1994, S. 50–61.

Gerhardt, Volker (Hg.): *Klassiker Auslegen. Friedrich Nietzsche. Also sprach Zarathustra*, Berlin 2012.

Henning, W. B.: Zoroaster [1949], in: Bernfried Schlerath (Hg.): *Zarathustra*, Darmstadt 1970, S. 118–164.

Hintze, Almut: Words without context: the Gathas between two worlds, in: Sarah Stewart/Firoza Punthakey Mistree/Ursula Sims-Williams/Almut Hintze/Pheroza J Godrej (Hg.): *The Everlasting Flame. Zoroastrianism in History and Imagination*, University of London 2013, S. 2–10.

Hinz, Walther: *Zarathustra*, Stuttgart, 1961.

Lessing, Theodor: *Nietzsche* [1925], München 1985.

Mittmann, Thomas: Der ‚Irrenzhäusler' als ‚jüdisches Modestück'. Nietzscheanismus und Nietzsche-Kult im Deutschland der Jahrhundertwende in der antisemitischen Kritik, in: Sandro Barbera/Paolo D'Iorio/Justus H. Ulbricht (Hg.): *Friedrich Nietzsche. Rezeption und Kultus*, Pisa 2004, S. 77–103.





N. Schulte, *Nietzsches „Zarathustra"*, https://doi.org/10.1007/978-3-662-72820-8

Ottmann, Henning: Kompositionsprobleme von Nietzsches Zarathustra, in: Volker Gerhardt (Hg.): *Klassiker Auslegen. Friedrich Nietzsche. Also sprach Zarathustra*, Berlin 2012, S. 35–50.
Riehl, Alois: *Friedrich Nietzsche, der Künstler und Denker. Ein Essay*, Stuttgart 1897.
Rudolph, Kurt: Zarathuštra – Priester und Prophet. Neue Aspekte der Zarathuštra- bzw. Gâthâ-Forschung [1961], in: Bernfried Schlerath (Hg.): *Zarathustra*, Darmstadt 1970, S. 270–313.
Schlerath, Bernfried: Vorwort, in: Bernfried Schlerath (Hg.): *Zarathustra*, Darmstadt 1970, S. VII–X.
Seydl, Ernst: Also sprach Zarathustra. Eine Nietzsche-Studie, in: Johann Michael Raich (Hg.): *Frankfurter Zeitgemäße Broschüren*, Bd. XXI, Hamm 1902.
Strausberg, Michael: Zarathus(h)tra-Zoroaster: Ost-westliche Spiegelungen von den Anfängen bis Nietzsche, in: Mathias Mayer (Hg.): *Also wie sprach Zarathustra? West-östliche Spiegelungen im kulturgeschichtlichen Vergleich*, Würzburg 2006, S. 11–30.
Strohm, Harald: *Die Geburt des Monotheismus im alten Iran. Ahura Mazda und sein Prophet Zarathustra*, München 2014.
Tönnies, Ferdinand: Nietzsche – Narren, in: Ferdinand Tönnies: *Der Nietzsche-Kultus: eine Kritik*, Saarbrücken 2007, S. YY–YY.

## Zum I. Teil des Zarathustra

Aristoteles: *Nikomachische Ethik*, hg. von Ursula Wolf, Reinbek bei Hamburg 2023.
Aschheim, Steven: *Nietzsche und die Deutschen*, Stuttgart 1996.
Descartes, René: *Meditationes de prima philosophia*, Auf Grund der Ausgaben von Artur Buchenau neu hg. von Lüder Gäbe, Hamburg 1992.
*Deutsches Wörterbuch von Jacob Grimm und Wilhelm Grimm*, Erstbearbeitung (1854–1960), digitalisierte Version im Digitalen Wörterbuch der deutschen Sprache, https://www.dwds.de
*Digitales Wörterbuch der Deutschen Sprache*, digitalisierte Version, https://www.dwds.de
Figal, Günter: *Nietzsche. Eine philosophische Einführung*, Stuttgart 1999.
Fink, Eugen: *Nietzsches Philosophie*, Stuttgart 1960.
Freud, Sigmund: *Selbstdarstellung. Schriften zur Geschichte der Psychoanalyse*, Frankfurt 1947.
Gerhardt, Volker: Die Erfindung eines Weisen. Zur Einleitung in Nietzsches Zarathustra, in: Volker Gerhardt (Hg.): *Klassiker Auslegen. Friedrich Nietzsche. Also sprach Zarathustra*, Berlin 2012, S. 1–11.
Gerhardt, Volker (Hg.): *Klassiker Auslegen. Friedrich Nietzsche. Also sprach Zarathustra*, Berlin 2012.
Goethe, Johann Wolfgang: *Faust. Texte*, Frankfurt a. M. 2005.
Höffe, Otfried: *Kants Kritik der reinen Vernunft. Die Grundlegung der modernen Philosophie*, München 2023.
Janz, Curt Paul: *Friedrich Nietzsche*, München/Wien 1993.
Kant, Immanuel: *Grundlegung zur Metaphysik der Sitten*, hg. von Bernd Kraft und Dieter Schönecker, Hamburg 1999. Textgrundlage ist in erster Linie die 1786 erschienene zweite Auflage (A).
Kant, Immanuel: *Kritik der reinen Vern*unft, hg. von Jens Timmermann, Hamburg 1998. Zit. nach der zweiten Originalausgabe B von 1787.
Kant, Immanuel: *Kritik der Urteilskraft*, hg. von Heiner F. Klemme, Hamburg 2009. Zit. nach der zweiten Originalausgabe B von 1792.
Katsafanas, Paul: *The Nietzschean Self. Moral Psychology, Agency, and the Unconscious*, Oxford 2016.
Lütkehaus, Ludger: *Nietzsche, die Peitsche und das Weib*, Rangsdorf 2012.
Pieper, Annemarie: *Ein Seil, geknüpft zwischen Thier und Übermensch. Philosophische Erläuterungen zu Nietzsches Also sprach Zarathustra von 1883*, Basel 2010.
Platon: *Politeia*, in: *Platon. Werke in acht Bänden. Griechisch und Deutsch, Vierter Band, Übersetzt von Friedrich Schleiermacher*, hg. von G. Eigler, Darmstadt 1971.

Platon: *Theaitetos*, in: *Platon. Werke in acht Bänden. Griechisch und Deutsch, Sechster Band, Übersetzt von Friedrich Schleiermacher*, hg. von G. Eigler, Darmstadt 1970.
Reschke, Renate (Hg.): *Frauen: Ein Nietzschethema? – Nietzsche: Ein Frauenthema?*, Berlin 2012.
Safranski, Rüdiger: *Das Böse oder das Drama der Freiheit*, Frankfurt a. M. 2008.
Schopenhauer, Arthur: *Die beiden Grundprobleme der Ethik. Behandelt in zwei akademischen Preisschriften von Dr. Arthur Schopenhauer. Mitglied des Königl. Norwegischen Societät der Wissenschaften*, Zürich 1977.
Schopenhauer, Arthur: *Die Welt als Wille und Vorstellung. Gesamtausgabe*, München 1998.
Seydl, Ernst: Also sprach Zarathustra. Eine Nietzsche-Studie, in: Johann Michael Raich (Hg.): *Frankfurter Zeitgemäße Broschüren*, Bd. XXI, Hamm 1902.
Sommer, Andreas Urs: Gott – Nihilismus – Skepsis. Aspekte der Religions- und Zeitkritik bei Nietzsche, in: Carlo Gentili/Cathrin Nielsen (Hg.): *Der Tod Gottes und die Wissenschaft. Zur Wissenschaftskritik Nietzsches*, Berlin 2010, S. 17–30.
Stein, Ludwig: *Friedrich Nietzsche's Weltanschauung und ihre Gefahren. Ein Essay*, Berlin 1893.
Tönnies, Ferdinand: *Der Nietzsche-Kultus: eine Kritik* [1897], Saarbrücken 2007.

## Zum II. Teil des Zarathustra

Gerhardt, Volker (Hg.): *Klassiker Auslegen. Friedrich Nietzsche. Also sprach Zarathustra*, Berlin 2012.
Gerhardt, Volker: *Vom Willen zur Macht: Anthropologie und Metaphysik der Macht am exemplarischen Fall Friedrich Nietzsches*, Berlin, New York, 1996.
Goethe, Johann Wolfgang: *Faust. Texte*, Frankfurt a. M. 2005.
Kant, Immanuel: *Kritik der Urteilskraft*, hg. von Heiner F. Klemme, Hamburg 2009. Zit. nach der zweiten Originalausgabe B von 1792.
Krause, Ralf (Hg.): *Nietzsche – Perspektiven der Macht*, Berlin 2009
Krebs, Angelika (Hg.): *Naturethik*, Frankfurt a. M. 1997.
Mirelli, Raffaele: *Der Daimon und die Figur des Sokrates. Entstehung einer gegenwärtigen, akademischen Subjektivität am Leitfaden von Platon und Nietzsche*, Würzburg 2013.
Schopenhauer, Arthur: *Die Welt als Wille und Vorstellung. Gesamtausgabe*, München 1998.
Schwedhelm, Karl (Hg.): *Propheten des Nationalismus*, München 1969.
Wall, Ralph: *Der Wille zur Macht – der Wille zum Nichts. Über den Willen zur Macht in Friedrich Nietzsches Philosophie*, Berlin 2003.
Wolf, Ursula: Haben wir moralische Verpflichtungen gegen Tiere?, in: Angelika Krebs (Hg.): *Naturethik*, Frankfurt a. M. 1997, S. 47–75.

## Zum III. Teil des Zarathustra

Deleuze, Gilles: *Nietzsche und die Philosophie*, Hamburg 1991.
*Deutsches Wörterbuch von Jacob Grimm und Wilhelm Grimm*, Erstbearbeitung (1854–1960), digitalisierte Version im Digitalen Wörterbuch der deutschen Sprache, https://www.dwds.de
*Digitales Wörterbuch der Deutschen Sprache*, digitalisierte Version, https://www.dwds.de
Figal, Günter: *Nietzsche. Eine philosophische Einführung*, Stuttgart 1999, S. 254–281.
Fink, Eugen: *Nietzsches Philosophie*, Stuttgart 1960.
Gerhardt, Volker (Hg.): *Klassiker Auslegen. Friedrich Nietzsche. Also sprach Zarathustra*, Berlin 2012.
Gerhardt, Volker: *Sensation und Existenz. Nietzsche nach hundert Jahren*, in: Günter Abel/Josef Simon/Werner Stegmaier (Hg.): *Nietzsche-Studien. Internationales Jahrbuch für die Nietzsche Forschung*, Bd. 29, Berlin/New York 2000, S. 102–135.

Kundera, Milan: *Die unerträgliche Leichtigkeit des Seins*, Frankfurt a. M. 1987.
Lütkehaus, Ludger: ‚Die indische Circe, das Nichts'. Nietzsches Kampf gegen den Nihilismus, in: Barbara Neymeyr/Andreas Urs Sommer (Hg.): *Nietzsche als Philosoph der Moderne*, Heidelberg 2012.
Nehamas, Alexander: For whom the Sun shines. A reading of Also sprach Zarathustra, in: Volker Gerhardt (Hg.): *Klassiker Auslegen. Friedrich Nietzsche. Also sprach Zarathustra*, Berlin 2012.
Neymeyr, Barbara/Sommer, Andreas Urs (Hg.): *Nietzsche als Philosoph der Moderne*, Heidelberg 2012.
Reckwitz, Andreas: *Das Ende der Illusionen. Politik, Ökonomie und Kultur in der Spätmoderne*, Berlin 2020.
Reckwitz, Andreas: *Die Gesellschaft der Singularitäten. Zum Strukturwandel der Moderne*, Berlin 2017.
Salaquarda, Jörg: *Die Grundconception des Zarathustra*, in: Volker Gerhardt (Hg.): *Klassiker Auslegen. Friedrich Nietzsche. Also sprach Zarathustra*, Berlin 2012, S. 51–69.
Strachwitz, Sigrid: *Franz Marc und Friedrich Nietzsche. Zur Nietzsche-Rezeption in der Bildenden Kunst*, Bonn 1997.

## Zum IV. Teil des Zarathustra

Bernhard, Thomas: *Der Untergeher*, Frankfurt a. M. 1983.
Büchmann, Georg: *Geflügelte Worte. Der Citatenschatz des deutschen Volkes*, Berlin 1887.
Deleuze, Gilles: *Nietzsche und die Philosophie*, München 1976.
Gerhardt, Volker (Hg.): *Klassiker Auslegen. Friedrich Nietzsche. Also sprach Zarathustra*, Berlin 2012.
Groddeck, Wolfram: *Friedrich Nietzsche Dionysos-Dithyramben*, Bd. 2: *Bedeutung und Entstehung von Nietzsches letztem Werk*, Berlin/New York 1991.
Kofman, Sarah: *Die Verachtung der Juden. Nietzsche, die Juden, der Antisemitismus*, Berlin 2002.
Lampert, Laurence: *Nietzsche's Teaching An Interpretation of Thus spoke Zarathustra*, New York 1986.
Lonsbach, Richard Maximilian: *Friedrich Nietzsche und die Juden. Ein Versuch*, Bonn 1985 (erstmals erschienen 1939 im Bermann-Fischer Verlag in Stockholm).
Mann, Thomas: *Nietzsches Philosophie im Lichte unserer Erfahrung*, Vortrag erstmals gehalten in gekürzter englischer Form im Hunter College, New York, 1947 u. erstmals veröffentlicht 1947 im Herbstheft der *Neuen Rundschau*, Stockholm/Berlin: Bermann-Fischer Verlag 1948.
Mittmann, Thomas: *Friedrich Nietzsche. Judengegner und Antisemitenfeind*, Erfurt 2001.
Nehamas, Alexander: *For Whom the Sun Shines. A Reading of Also sprach Zarathustra*, in: Volker Gerhardt (Hg.): *Klassiker Auslegen. Friedrich Nietzsche. Also sprach Zarathustra*, Berlin 2000, S. 165–190.
Neiman, Susan: *Das Böse denken. Eine andere Geschichte der Philosophie*, Frankfurt a. M. 2004.
Ottmann, Henning: Kompositionsprobleme von Nietzsches Also sprach Zarathustra, in: Volker Gerhardt (Hg.): *Friedrich Nietzsche. Also sprach Zarathustra*, Berlin 2000, S. 47–67.
Paronis, Margot: *„Also sprach Zarathustra". Die Ironie Nietzsches als Gestaltungsprinzip*, Bonn 1976.
Rosenberg, Jay F.: *Philosophieren. Ein Handbuch für Anfänger*, Frankfurt a. M. 1986.
Schellong, Dieter: Einige Interpretationsfragen zu Nietzsches Verurteilung des Christentums, in: *Nietzsche Studien* 18 (1989), S. 338–358.
Shapiro, Gary: *Nietzschean Narratives*, Bloomington/Indianapolis 1989.
Smullyan, Raymond M.: *What is the name of this book?: the riddle of Dracula and other logical puzzles*, Englewood Cliffs 1978.
Werner, Dieter: *Das Burleske. Versuch einer literaturwissenschaftlichen Begriffsbestimmung*, Berlin 1966.

## Zum Fazit

Benn, Gottfried: Doppelleben, in: Dieter Wellershoff (Hg.): *Autobiographische und Vermischte Schriften. Gesammelte Werke in vier Bänden*, Bd. 4, Wiesbaden 1977.

Habermas, Jürgen: Zu Nietzsches Erkenntnistheorie (ein Nachwort) [1968], in: Jürgen Habermas: *Kultur und Kritik. Verstreute Aufsätze*, Frankfurt a. M. 1973, S. 239.

# Stichwortverzeichnis




N. Schulte, *Nietzsches „Zarathustra“*, https://doi.org/10.1007/978-3-662-72820-8

FSC
www.fsc.org
MIX
Papier | Fördert gute Waldnutzung
FSC® C083411

Zeitfracht Medien GmbH
Ferdinand-Jühlke-Straße 7
99095 Erfurt, Deutschland
produktsicherheit@kolibri360.de